四川高速公路
工程抗震设计指南及示例

主　编　王克海
副主编　李永林　陈渤　黄兵　牟力

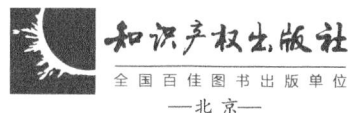

图书在版编目（CIP）数据

四川高速公路工程抗震设计指南及示例/王克海主编. —北京：知识产权出版社，2022.1
ISBN 978-7-5130-7903-7

Ⅰ.①四… Ⅱ.①王… Ⅲ.①高速公路—防震设计—四川 Ⅳ.①U412.36

中国版本图书馆 CIP 数据核字（2021）第 239796 号

责任编辑：张　冰　　　　　　　　　　　责任校对：潘凤越
封面设计：杰意飞扬·张　悦　　　　　　责任印制：刘译文

四川高速公路工程抗震设计指南及示例

主　编　王克海
副主编　李永林　陈渤　黄兵　牟力

出版发行：知识产权出版社 有限责任公司		网　址：http://www.ipph.cn	
社　址：北京市海淀区气象路 50 号院		邮　编：100081	
责编电话：010-82000860 转 8024		责编邮箱：740666854@qq.com	
发行电话：010-82000860 转 8101/8102		发行传真：010-82005070/82000893	
印　刷：北京九州迅驰传媒文化有限公司		经　销：各大网上书店、新华书店及相关专业书店	
开　本：787mm×1092mm 1/16		印　张：25.75	
版　次：2022 年 1 月第 1 版		印　次：2022 年 1 月第 1 次印刷	
字　数：580 千字		定　价：168.00 元	
ISBN 978-7-5130-7903-7			

出版权专有　侵权必究
如有印装质量问题，本社负责调换。

本书编委会

主　编：王克海
副主编：李永林　陈　渤　黄　兵　牟　力
编　委：王克海　李永林　陈　渤
　　　　黄　兵　牟　力　袁飞云
　　　　郑　斌　刘家民　杰罗拉提
　　　　王　浩　张盼盼　李　悦

前言

我国是一个多地震国家，在过去的100年里，共发生造成1 000人以上伤亡的地震12次，平均每10年左右发生一次伤亡大、破坏性强的地震。近年来，我国发生了汶川地震、玉树地震等几次破坏性地震。在汶川地震后，交通运输部组织开展了十余项公路结构物抗震课题的研究，本书编者主持或参与了这些课题的研究。为了将研究成果用于四川高速公路的建设中，同时弥补现行公路工程规范标准指导四川高速公路的不足，本书编者在总结汶川地震、玉树地震等的震害经验及编者30余年公路工程抗震的基础上，引进国外公路工程抗震技术、理念，借鉴国内其他行业的抗震经验，开展了本书的编写工作。

四川高速公路所处构造地质环境异常复杂，与四川的区域性"Y"字形三大活动断裂带（鲜水河断裂带、龙门山断裂带、安宁河断裂带）均有交叉。由于参与四川高速公路建设的有十多个设计单位，所以各个设计单位的设计理念和标准很难一致，为协调统一设计单位的设计理念和标准，四川省交通投资集团有限责任公司立项资助，组织编写了《四川高速公路工程抗震设计指南》（并组织了宣贯），并针对四川公路的特点，组织编写了本书。全书由三部分组成：第一篇，四川高速公路工程抗震设计指南；第二篇，四川典型公路桥梁抗震分析示例；第三篇，四川典型公路隧道抗震设计计算示例。

本书中的研究成果得到了西部交通建设科技项目（200231800028、2009318223094、200831800098、2009318000096）及交通运输部标准项目（JTG-C-201012、JTG-202060）的资助，在此一并致谢。

本书对指导四川高速公路抗震设计具有指导意义，对其他地区公路结构物的抗震设计也有参考价值。本书可作为公路工程管理技术人员、施工技术人员以及高等院校相关专业的教师、研究生等专业人员的参考资料。

由于编者学识有限，本书中偏颇、疏忽、不当之处在所难免，恳请读者批评指正（邮箱：kehaiwang@263.net 或 kh.wang@rioh.cn）。

编者

2021 年 12 月

目 录

第一篇　四川高速公路工程抗震设计指南

1　四川高速公路桥梁工程抗震设计指南 ················ 3
　1.1　一般规定 /3
　1.2　桥墩抗震概念设计 /4
　1.3　支座概念设计 /5
　1.4　地震作用 /5
　1.5　桥墩抗震验算 /7
　1.6　支座系统抗震验算 /8
　1.7　桥梁抗震构造措施 /9

2　四川高速公路隧道工程抗震设计指南 ················ 12
　2.1　一般规定 /12
　2.2　衬砌抗震设计 /14
　2.3　明洞及棚洞的抗震设计 /18
　2.4　洞门抗震设计 /20
　2.5　隧道抗震构造措施 /24
　2.6　隧道减震 /26

3　四川高速公路挡土墙和支挡工程抗震设计指南 ············ 28
　3.1　一般规定 /28
　3.2　强度和稳定性验算 /28
　3.3　抗震构造措施 /30

4 四川高速公路路基工程抗震设计指南 ················· 31
   4.1 一般规定 /31
   4.2 强度和稳定性验算 /31
   4.3 抗震构造措施 /33

第二篇 四川典型公路桥梁抗震分析示例

5 简支梁桥抗震分析示例一 ························· 37
   5.1 设计资料、主要材料和尺寸 /37
   5.2 抗震设防目标的确定 /38
   5.3 结构有限元模型的建立 /38
   5.4 模态分析 /40
   5.5 反应谱分析 /42
   5.6 非线性动力时程分析 /54

6 简支梁桥抗震分析示例二 ························· 92
   6.1 设计资料、主要材料和尺寸 /92
   6.2 抗震设防目标的确定 /93
   6.3 结构有限元模型的建立 /94
   6.4 模态分析 /95
   6.5 反应谱分析 /98
   6.6 非线性动力时程分析 /114

7 简支梁桥抗震分析示例三 ························ 134
   7.1 设计资料、主要材料和尺寸 /134
   7.2 抗震设防目标的确定 /136
   7.3 结构有限元模型的建立 /136
   7.4 模态分析 /137
   7.5 反应谱分析 /140
   7.6 非线性动力时程分析 /154

8 连续梁桥抗震分析示例一 ························ 171
   8.1 设计资料、主要材料和尺寸 /171
   8.2 抗震设防目标的确定 /173
   8.3 结构有限元模型的建立 /173

8.4 模态分析 /174
8.5 反应谱分析 /177
8.6 非线性动力时程分析 /191

9 连续梁桥抗震分析示例二 ········· 205
9.1 设计资料、主要材料和尺寸 /205
9.2 抗震设防目标的确定 /207
9.3 结构有限元模型的建立 /207
9.4 模态分析 /208
9.5 反应谱分析 /211
9.6 非线性动力时程分析 /229

10 连续梁桥抗震分析示例三 ········· 242
10.1 设计资料、主要材料和尺寸 /242
10.2 抗震设防目标的确定 /244
10.3 结构有限元模型的建立 /244
10.4 模态分析 /246
10.5 反应谱分析 /248
10.6 非线性动力时程分析 /270

11 连续梁桥抗震分析示例四 ········· 298
11.1 设计资料、主要材料和尺寸 /298
11.2 抗震设防目标的确定 /300
11.3 结构有限元模型的建立 /301
11.4 模态分析 /303
11.5 反应谱分析 /305
11.6 非线性时程分析 /335

第三篇 四川典型公路隧道抗震设计计算示例

12 典型隧道抗震设计计算示例一 ········· 365
12.1 设计资料 /365
12.2 隧道抗震结构设计 /365

13 典型隧道抗震设计计算示例二 ········· 382
13.1 设计资料 /382

13.2 隧道抗震结构设计 /382

主要参考文献 ……………………………………………… 399

第一篇

四川高速公路工程抗震设计指南

1 四川高速公路桥梁工程抗震设计指南

1.1 一般规定

1.1.0 本指南适用于四川高速公路工程涉及的各等级和各类型的公路桥梁的抗震设计。

1.1.1 公路桥梁根据其在路网中的地位与作用分为重要桥梁和一般桥梁。

（1）重要桥梁。满足以下条件之一的公路桥梁属于重要桥梁：

1）为医院提供通道的桥梁，承担输电、供水管线等生命线工程的桥梁，跨越提供医院通道或生命线路线的桥梁。

2）一旦损坏将对区域经济产生巨大影响的桥梁。

3）在地区紧急救援公路网中承担重要角色的桥梁。

4）在国防公路网中起关键连接作用的桥梁。

（2）一般桥梁。除重要桥梁以外的其他公路桥梁为一般桥梁。

1.1.2 抗震性能水平分类根据损伤程度和震后使用功能分为如下四个水平：

（1）抗震性能水平 PL1：在地震中桥梁无损伤或轻微损伤，检查后，不需修复可继续使用，不影响车辆正常通行。

（2）抗震性能水平 PL2：在地震中桥梁中等损伤，损伤可修复，或临时加固后，不影响紧急救援车辆通行。

（3）抗震性能水平 PL3：在地震中桥梁损坏严重，但不倒塌或坍塌，临时加固后，不影响紧急救援车辆通行，震后桥梁可能需要拆除或重建。

（4）抗震性能水平 PL4：没有抗震性能要求。

1.1.3 对应不同的抗震设防水准，公路梁桥应具有表 1.1.3 给出的抗震性能水平。

表 1.1.3 桥梁抗震性能水平

地震动水平	抗震性能水平	
	重要桥梁	一般桥梁
地震动水平 P1（50 年超越概率 40%，或 100 年超越概率 63%；相当于重现期 100 年）	PL1	PL1
地震动水平 P2（50 年超越概率 10%，或 100 年超越概率 19%；相当于重现期 475 年）	PL1	PL1
地震动水平 P3（100 年超越概率 10%，或 50 年超越概率 5%；相当于重现期 975 年）	PL2	PL3
地震动水平 P4 或 P5（50 年超越概率 2.5% 或 2%，或 100 年超越概率 5% 或 4%；相当于重现期 1 975 年或 2 475 年）	PL3	PL3

1.2 桥墩抗震概念设计

1.2.1 对于基本地震动峰值加速度等于及大于 $0.2g$ 的场地,梁桥不应连续采用独柱墩。

1.2.2 对多柱式桥墩,宜根据墩柱的刚度和变形设置横系梁。

1.2.3 一联内的桥墩刚度宜相近。

对于连续梁桥,同一联内各桥墩的高度相差较大而导致其抗推刚度分配不均匀,刚度大的墩柱将承受较大的水平地震力,严重时可能导致刚度较大的桥墩发生破坏,从而导致全桥的损毁。如果刚度扭转中心和质量中心不一致,上部结构将产生水平转动,可能导致落梁或者上部结构的碰撞。可以通过改变桥墩截面的形式或大小、支座高度调整其抗侧移刚度(见图 1.2.3)。

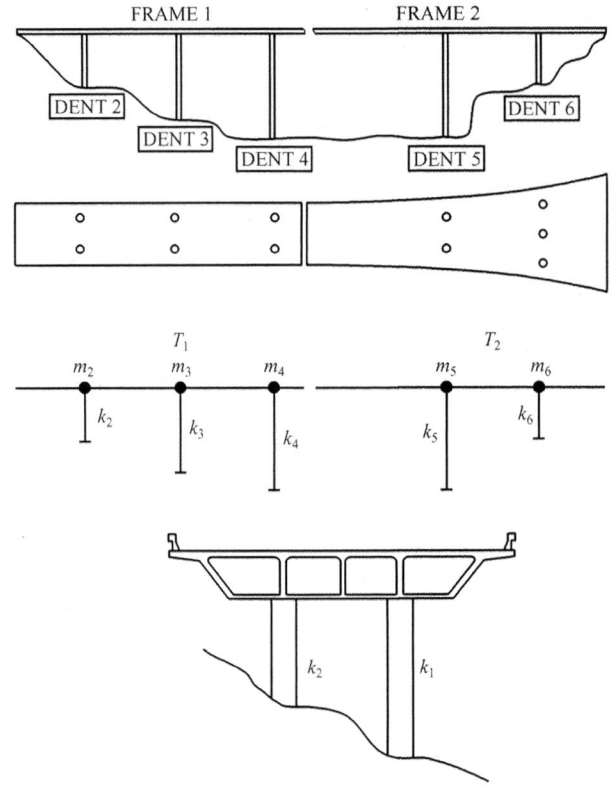

图 1.2.3 梁桥刚度平衡的理念

对于梁桥,一联内桥墩的刚度比宜满足下列要求。

(1) 任意两桥墩刚度比。

桥面等宽:
$$\frac{k_i^e}{k_j^e} \geqslant 0.5 \qquad (1.2.3-1)$$

桥面变宽：
$$\frac{k_i^e m_j}{k_j^e m_i} \geq 0.5 \quad (1.2.3\text{-}2)$$

（2）相邻桥墩刚度比。

桥面等宽：
$$\frac{k_i^e}{k_j^e} \geq 0.75 \quad (1.2.3\text{-}3)$$

桥面变宽：
$$\frac{k_i^e m_j}{k_j^e m_i} \geq 0.75 \quad (1.2.3\text{-}4)$$

式中：k_i^e、k_j^e——第 i 和第 j 桥墩考虑支座、挡块或剪力键后计算出的组合刚度（含顺桥向和横桥向），且 $k_j^e \geq k_i^e$；

m_i、m_j——第 i 和第 j 桥墩墩顶等效上部结构质量。

1.2.4 当一联内的桥墩刚度相差较大时，可采用调整桥墩的截面尺寸、配筋和支座的设计参数等措施。

1.2.5 相邻联的基本周期比宜满足下列公式的要求：
$$\frac{T_i}{T_j} \geq 0.7 \quad (1.2.5)$$

式中：T_i、T_j——第 i 和第 j 联的基本周期（含顺桥向和横桥向），且 $T_j \geq T_i$。

1.3 支座概念设计

1.3.1 支座系统包括支座、位移限制装置等。
1.3.2 地震作用下，支座宜设计为易损构件。
1.3.3 应评价支座对桥梁整体抗震性能的影响。
1.3.4 跨径 40 m 以下的桥梁，宜优先采用普通板式橡胶支座。

1.4 地震作用

1.4.1 一般规定

（1）一般情况下，梁桥可只考虑水平向地震作用，直线桥应考虑顺桥向 X 和横桥向 Y 的地震作用。

（2）当进行曲线桥梁地震反应分析时，宜分别沿相邻两桥墩连线方向和垂直于连线水平方向进行多方向地震输入，以确定最不利地震水平输入方向。

（3）当桥址距活动断层 10 km 以内时，或地震动峰值加速度大于 0.4g，应考虑竖向地震作用。

1.4.2 利用反应谱分析方法计算桥梁结构在对应水准地震作用下的响应，当同时考虑三个正交方向（顺桥向 X、横桥向 Y 和竖向 Z）的地震作用时，可分别单独计算 X 向地震作用在计算方向产生的最大效应 E_X、Y 向地震作用在计算方向产生的最大效应 E_Y 与 Z 向地震作用在计算方向产生的最大效应 E_Z，计算方向总的设计最大地震作用效应 E 按下式求取：

$$E = \sqrt{E_X^2 + E_Y^2 + E_Z^2} \tag{1.4.2}$$

1.4.3 当采用时程分析法时，应同时输入三个方向分量的一组地震动时程计算地震作用效应。

1.4.4 阻尼比为5%的水平加速度反应谱应由下式确定：

$$S = \begin{cases} S_{\max}(5.5T + 0.45) & T \leq 0.1\text{ s} \\ S_{\max} & 0.1\text{ s} < T \leq T_g \\ S_{\max}(T_g/T) & T > T_g \end{cases} \tag{1.4.4}$$

式中：T_g——场地特征周期（s），按《中国地震动参数区划图》（GB 18306—2015）的规定取值，当地震动水平 P4 或 P5 作用时，特征周期宜增加 0.05 s；

T——结构自振周期（s）；

$S_{\max}$——场地水平设计加速度反应谱最大值。

1.4.5 水平设计加速度反应谱由下式确定：

$$S_{\max} = 2.5 R_i C_s C_d A_h \tag{1.4.5}$$

式中：R_i——地震作用调整系数，即不同地震重现期地震动峰值加速度与基本地震动加速度峰值的比值，如表 1.4.5-1 所示；

C_s——场地系数，按《中国地震动参数区划图》（GB 18306—2015）的规定取值；

C_d——阻尼调整系数，按《中国地震动参数区划图》（GB 18306—2015）的规定取值；

A_h——Ⅱ类场地抗震评价水平向基本地震动加速度峰值，如表 1.4.5-2 所示。

表 1.4.5-1　地震动水平与 R_i 的对应关系

地震动水平	P1	P2	P3	P4	P5
R_i	0.5/0.333	1.0	1.3	1.7	1.9

表 1.4.5-2　Ⅱ类场地设计地震动加速度峰值 A_h 与地震烈度对照表

地震烈度	Ⅵ	Ⅶ	Ⅷ	Ⅸ	Ⅹ
A_h	$0.04g \leq A_h < 0.09g$	$0.09g \leq A_h < 0.19g$	$0.19g \leq A_h < 0.38g$	$0.38g \leq A_h < 0.75g$	$A_h \geq 0.75g$
A_h 建议值	$0.05g$	$0.10\ (0.15)\ g$	$0.20\ (0.30)\ g$	$0.40g$	$0.80g$

1.4.6 竖向设计加速度反应谱由水平向加速度反应谱乘以下式给出的竖向/水平向谱比函数 R。

基岩场地：

$$R = 0.65 \tag{1.4.6-1}$$

土层场地：

$$R = \begin{cases} 1.0 & T < 0.1\text{ s} \\ 1.0 - 2.5(T - 0.1) & 0.1\text{ s} \leq T < 0.3\text{ s} \\ 0.5 & T \geq 0.3\text{ s} \end{cases} \tag{1.4.6-2}$$

1.4.7 对位于活动断层两侧 10 km 以内的桥梁结构，应进行场地地震安全性评价，并评估近断层效应对桥梁的影响，计算时采用的地震动参数应计入近场影响。

1.4.8 已作地震安全性评价的桥址，设计地震动时程应根据地震安全性评价报告提供的地震动参数值确定。

1.4.9 未进行地震安全性评价的桥址，可根据设计加速度反应谱，拟合与其匹配的设计加速度时程；也可选用与设定地震震级、距离、场地特性相近的实际地震动加速度记录。

1.5 桥墩抗震验算

1.5.1 应评价桥墩（柱）的抗剪能力，计算桥墩（柱）的抗剪能力与地震需求的比值，并评价其对桥梁结构整体抗震性能的影响。桥墩（柱）抗剪能力应满足式（1.5.1-1）的要求，沿顺桥向和横桥向的斜截面抗剪强度应按式（1.5.1-2）计算。

$$\phi V_n \geq V_0 \quad (1.5.1\text{-}1)$$

$$V_n = V_c + V_s \quad (1.5.1\text{-}2)$$

式中：ϕ——折减系数，取 0.9；

V_0——剪力设计值（N）；

V_n——斜截面抗剪强度（N）；

V_c——混凝土抗剪强度（N），按式（1.5.1-3）计算；

V_s——箍筋提供的抗剪能力（N），按式（1.5.1-8）计算。

（1）混凝土抗剪强度 V_c：

$$V_c = \nu_c \times A_e \quad (1.5.1\text{-}3)$$

1）墩柱塑性铰区域内：

$$\nu_c = 1.10 f_1 \times f_2 \times \sqrt{f_{ck}} \leq 0.363 \sqrt{f_{ck}} \quad (1.5.1\text{-}4)$$

2）墩柱塑性铰区域外：

$$\nu_c = 0.275 \times f_2 \times \sqrt{f_{ck}} \leq 0.363 \sqrt{f_{ck}} \quad (1.5.1\text{-}5)$$

$$0.025 \leq f_1 = \frac{\rho_s f_{yh}}{12.5} + 0.305 - 0.083\mu \leq 0.25 \quad (1.5.1\text{-}6)$$

$$f_2 = 1 + \frac{P}{13.8 \times A_g} < 1.5 \quad (1.5.1\text{-}7)$$

式中：ν_c——混凝土允许剪应力（MPa），当墩柱轴向所受轴力的组合值为拉力时，$\nu_c = 0$；

A_e——核芯混凝土面积（mm²）；

A_g——毛截面面积（mm²）；

f_{yh}——箍筋抗拉强度设计值（MPa）；

ρ_s——箍筋体积配筋率，即箍筋体积与核芯混凝土体积之比；

P——轴力（N）；

f_{ck}——混凝土轴心抗压强度标准值（MPa）；

μ——局部延性系数。

（2）箍筋提供的抗剪能力 V_s，按下式计算：

$$V_s = 100\frac{A_k b}{S_k}f_{yh} \leq 73.7 \times \sqrt{f_{ck}}A_e \qquad (1.5.1-8)$$

式中：A_e——核芯混凝土面积（cm²）；
　　　A_k——同一截面上箍筋的总面积（cm²）；
　　　S_k——箍筋的间距（cm）；
　　　b——沿计算方向墩柱的宽度（cm）。

1.5.2 应计算桥墩（柱）的延性变形能力，按式（1.5.2-1）验算潜在塑性铰区域沿顺桥向和横桥向的塑性转动能力：

$$\theta_p \leq \theta_u \qquad (1.5.2-1)$$

其中

$$\theta_u = L_p(\phi_u - \phi_y)/K \qquad (1.5.2-2)$$

$$L_p = 0.08H + 0.22f_{yk}d_s \geq 0.44f_{yk}d_s \qquad (1.5.2-3)$$

$$L_p = \frac{2}{3}b \qquad (1.5.2-4)$$

式中：θ_p——潜在塑性铰区域的地震塑性转角；
　　　θ_u——塑性铰区域的最大容许转角；
　　　ϕ_u——截面极限破坏状态的曲率；
　　　ϕ_y——截面的等效屈服曲率；
　　　K——延性安全系数，取 2.0；
　　　L_p——等效塑性铰长度（cm），可取式（1.5.2-3）和式（1.5.2-4）两式计算结果的较小值；
　　　H——悬臂墩的高度或塑性铰截面到反弯点的距离（cm）；
　　　f_{yk}——纵向钢筋抗拉强度标准值（MPa）；
　　　d_s——纵向钢筋的直径（cm）；
　　　b——矩形截面的短边尺寸或圆形截面直径（cm）。

1.5.3 对于高宽比大于 2.5 的桥墩，桥墩墩顶位移按式（1.5.3-1）验算。对于高宽比小于 2.5 的矮墩，可不验算桥墩的变形，但应按本指南第 1.5.1 条计算抗剪强度。

$$\Delta_d \leq \Delta_u \qquad (1.5.3-1)$$

其中

$$\Delta_u = \frac{1}{3}H^2 \times \phi_y + \left(H - \frac{L_p}{2}\right) \times \theta_u \qquad (1.5.3-2)$$

式中：Δ_d——墩顶的位移（cm）；
　　　Δ_u——桥墩容许位移（cm）。

1.6 支座系统抗震验算

1.6.1 为使板式橡胶支座更好地发挥隔震作用，可采用分级限位措施。
1.6.2 对采用板式橡胶支座的桥梁结构，应对不同地震动水平下的支座剪切应变和抗滑稳定性进行验算。在中震作用下，支座剪切应变和抗滑稳定性应分别满足式（1.6.2-1）和式（1.6.2-2）的要求。在地震作用下，若支座剪切应变和抗滑稳定性不满足要求，应设置有效防落梁构造。

（1）支座剪切应变验算：

$$\frac{D_{x0}}{\Sigma t} \leq \tan\gamma \qquad (1.6.2-1)$$

式中：D_{x0}——P1地震作用和永久作用效应组合后引起的橡胶支座顶面相对于底面的水平位移（m）；

Σt——橡胶层总厚度（m）；

$\tan\gamma$——橡胶片剪切角正切值，取 $\tan\gamma = 1$。

（2）支座抗滑稳定性验算：

$$E_{hzb} \leq \mu_d R_b \qquad (1.6.2-2)$$

式中：E_{hzb}——对应水平地震作用和永久作用效应组合后橡胶支座的水平地震力（kN）；

R_b——上部结构重力在支座上产生的反力（kN）；

μ_d——支座的动摩阻系数，橡胶支座与混凝土表面的动摩阻系数采用0.15；与钢板的动摩阻系数采用0.10。

1.6.3 当桥梁采用盆式支座时，应进行下列验算：

（1）活动盆式支座：

$$X_0 \leq X_{\max} \qquad (1.6.3-1)$$

（2）固定盆式支座：

$$E_{hzb} \leq E_{\max} \qquad (1.6.3-2)$$

式中：X_0——对应水平地震作用效应和永久作用效应组合得到的活动盆式支座水平滑动位移需求（m）；

$X_{\max}$——活动盆式支座容许滑动的水平位移（m）；

E_{hzb}——地震作用效应和永久作用效应组合得到的固定盆式支座水平力设计值；

$E_{\max}$——固定支座容许承受的水平力（kN）。

1.7 桥梁抗震构造措施

1.7.1 防落梁设计应遵循"多道设防、分级耗能"的设防理念，根据地震响应采取相应的措施。

1.7.2 宜设置双层挡块限制桥梁上部结构横向位移（见图1.7.2-1和图1.7.2-2）。

1.7.3 防落梁系统由墩-梁连接装置、梁-梁连接装置、梁支承宽度三部分组成。

1.7.4 限位装置作为传力构件，设计原则如下：

（1）地震动水平P3、P4和P5情况下，限位装置起到限制位移和抗剪切的作用。

（2）限位装置不能妨碍支座的安装、检修和功能发挥。

1.7.5 在下列情况下，应增加上部结构的支承宽度：

（1）桥墩较高，对结构基本周期影响显著。

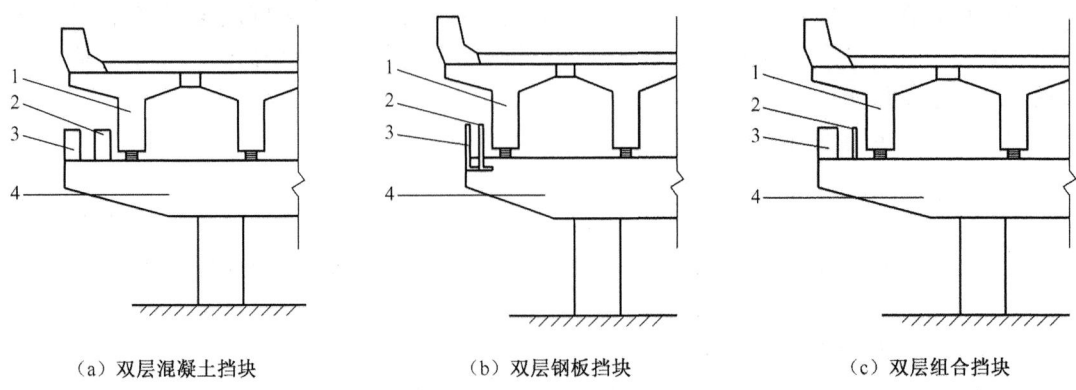

(a) 双层混凝土挡块　　　　　(b) 双层钢板挡块　　　　　(c) 双层组合挡块

1—主梁；2—内侧挡块；3—外侧挡块；4—盖梁。

图 1.7.2-1　双层挡块示意（盖梁外缘）

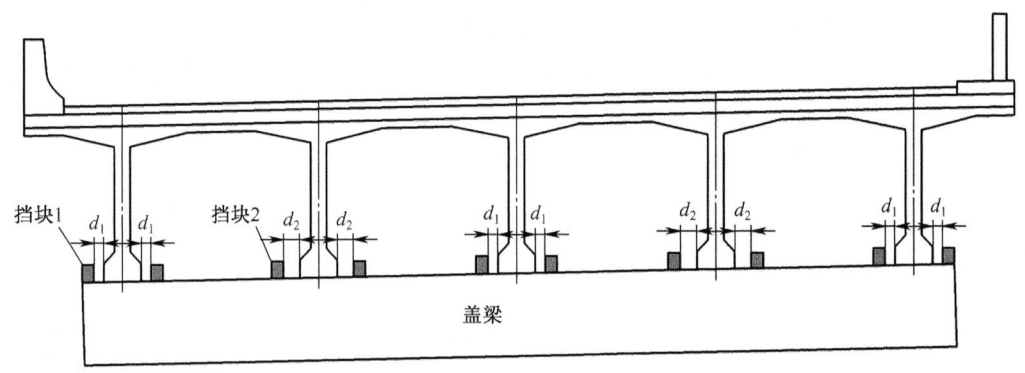

d_1—内侧挡块与主梁间隙，cm；d_2—外侧挡块与主梁间隙，cm。

图 1.7.2-2　双层挡块示意（T梁两侧）

（2）场地出现液化，可能引起下部结构产生较大位移的桥梁。

1.7.6　连续梁桥、桥面连续简支梁桥和简支梁桥纵桥向梁端至桥墩（桥台）或盖梁边缘的最小距离，应满足下列要求。

（1）简支梁梁端至墩、台帽或盖梁边缘的最小距离 a（cm）按下式计算：

$$a \geqslant 70 + 0.5L \tag{1.7.6-1}$$

式中：L——梁的计算跨径（m）。

（2）当满足式（1.7.6-2）的条件时，斜桥梁（板）端至墩、台帽或盖梁边缘的最小距离 a（cm）应按式（1.7.6-1）和式（1.7.6-3）计算，取大值。

$$\frac{\sin 2\theta}{2} \geqslant \frac{b}{L_\theta} \tag{1.7.6-2}$$

$$a \geqslant 50 L_\theta [\sin\theta - \sin(\theta - \alpha_E)] \tag{1.7.6-3}$$

式中：L_θ——上部结构总长度（m），对简支梁取其跨径；

　　　b——上部结构总宽度（m）；

θ ——斜交角（°）；

α_E ——极限脱落转角（°），一般取5°。

（3）当满足式（1.7.6-4）的条件时，曲线桥梁端至墩、台帽或盖梁边缘的最小距离按式（1.7.6-1）和式（1.7.6-5）计算，取大值。

$$\frac{115}{\varphi} \times \frac{1-\cos\varphi}{1+\cos\varphi} > \frac{b}{L} \tag{1.7.6-4}$$

$$a \geqslant \delta_E \frac{\sin\varphi}{\cos(\varphi/2)} + 30 \tag{1.7.6-5}$$

其中
$$\delta_E = 0.5\varphi + 70 \tag{1.7.6-6}$$

式中：δ_E ——上部结构端部向外侧的移动量（cm）；

φ ——曲线梁的中心角（°）；

L ——上部结构总弧线长度（m）。

2 四川高速公路隧道工程抗震设计指南

2.1 一般规定

2.1.0 本指南适用于四川高速公路工程涉及的各等级和各类型的公路隧道的抗震设计。

2.1.1 各类公路隧道的抗震设防目标应符合表 2.1.1 的规定。

表 2.1.1 各类公路隧道的抗震设防目标

隧道结构安全等级	设防目标	
	E1 地震作用	E2 地震作用
一级	一般不受损坏或不需修复可继续使用（不坏）	可发生局部轻微损伤，不需修复或经简单修复可继续使用（可修）
二级	一般不受损坏或不需修复可继续使用（不坏）	应保证不致坍塌，经临时加固后可供维持应急通行（不塌）
三级	一般不受损坏或不需修复可继续使用（不坏）	—

2.1.2 结构安全等级为一级、二级的隧道，应进行 E1 地震作用和 E2 地震作用下的抗震设计；结构安全等级为三级的隧道，只需进行 E1 地震作用下的抗震设计。在地震作用下，当隧道结构在弹性范围工作时，可认为其不会受损（不坏）；当隧道结构某处进入塑性状态时，可认为其受损轻微（可修）；当隧道结构出现的塑性铰不多于 3 处时，可认为其不会坍塌（不塌）。

2.1.3 公路隧道抗震设防地震动参数应根据工程重要性和区域地震环境确定，其设计地震动参数应按表 2.1.3 的规定执行。

表 2.1.3 各类公路隧道的抗震设防目标

隧道主体结构设计基准期	常遇地震动作用（小震）	基本地震动作用（中震）	罕遇地震动作用（大震）
50 年	50 年超越概率63%	50 年超越概率10%	50 年超越概率2%~3%

（1）对处于一般场地条件下设计基准期为 50 年的公路隧道，可直接采用《中国地震动参数区划图》（GB 18306—2015）中所规定的本地区地震动参数进行抗震设计。

（2）对于高等级公路隧道，当基本地震动峰值加速度大于或等于 $0.3g$ 时，必须在进行场地地震安全性评价后确定设计地震动参数。

2.1.4 各类公路隧道的重要性系数 C_i，应根据隧道结构设计安全等级及地震作用分类按表 2.1.4 的规定确定。

表 2.1.4　各类公路隧道的重要性修正系数 C_i

隧道结构安全等级	重要性修正系数	
	E1 地震作用	E2 地震作用
一级	1.00	1.7
二级	0.43	1.3
三级	0.23	—

2.1.5 当场地内存在发震断裂时，应对断裂的工程影响进行评价，并应符合下列要求：

（1）当符合下列条件之一时，可不考虑发震断裂错动对隧道的影响：

1）基本地震动峰值加速度小于 0.2g。

2）非全新世活动断裂。

3）当基本地震动峰值加速度为 0.2g 时，隧底前第四纪基岩隐伏断裂的土层覆盖厚度大于 60 m；当基本地震动峰值加速度为 0.4g 时，土层覆盖厚度大于 90 m。

（2）当不能满足上述条件时，宜采取下列措施：

1）隧道应避开主断裂，基本地震动峰值加速度大于或等于 0.2g 的场地，其避开主断裂的距离分别不宜小于 300 m 和 500 m。

2）当隧道直接穿越发震断裂带时，宜布设在断裂带较窄的部位，且应对断裂带的发震烈度及错动速率等进行专题论证，并在隧道设计中采取应对措施。

3）当隧道平行于活动性断裂布置时，宜布设在断裂带的下盘内。

2.1.6 地震对支护结构的作用可按静力法计算。当验算隧道结构的抗震强度和稳定性时，地震作用应与结构重力和土压力组合，隧道衬砌和明洞结构强度安全系数应符合表 2.1.6 的规定。

表 2.1.6　衬砌和明洞结构强度安全系数

受力特征	材料种类		
	钢筋混凝土	混凝土	石砌体
混凝土或石砌体达到抗压极限强度	—	1.8	2.0
混凝土达到抗拉极限强度	—	2.5	—
钢筋达到设计强度或混凝土达到抗压极限强度	1.5	—	—
混凝土达到抗拉极限强度（主拉应力）	1.8	—	—

2.1.7 当验算隧道结构地震作用时，水平地震系数 K_h 及竖向地震系数 K_v 应按表 2.1.7 的规定采用。

表 2.1.7　地震系数

地震动峰值加速度	0.10g	0.15g	0.20g	0.30g	0.40g
水平地震系数 K_h	0.10	0.15	0.20	0.30	0.40
竖向地震系数 K_v	0	0	0.10	0.17	0.25

注：表中水平与竖向地震系数均为地表值，对深埋隧道不适用。

2.1.8 当隧道处于液化土层或软弱黏土层时,应采取措施防止地层液化、不均匀沉降以及震陷对结构的不利影响。

2.2 衬砌抗震设计

2.2.1 隧道洞口段、浅埋偏压段、深埋段内软弱围岩段、断层破碎带等,为抗震设防地段,其设防长度可根据地形、地质条件确定,最小设防长度宜参照表2.2.1的规定采用。衬砌结构的设防范围宜适当向两端围岩质量较好的地段延伸:中跨度及其以下隧道宜延伸5~10 m,大跨度及其以上隧道宜延伸10~20 m。

表 2.2.1 隧道抗震设防范围的最小长度　　　　　单位:m

地段	围岩级别	地震动峰值加速度				
		0.1g	0.15g	0.2g	0.3g	0.4g
洞内段	Ⅲ~Ⅳ	15	15	20	20	20
	Ⅴ~Ⅵ	20	20	25	25	25
洞口段	Ⅲ~Ⅳ	15	20	25	25	30
	Ⅴ~Ⅵ	25	25	30	30	35

2.2.2 抗震设防段衬砌结构的建筑材料可按表2.2.2的规定采用。

表 2.2.2 抗震隧道衬砌建筑材料基本要求

工程名称	围岩级别	地震动峰值加速度				
		0.1g	0.15g	0.2g	0.3g	0.4g
深埋衬砌	Ⅲ	混凝土				钢筋混凝土
	Ⅳ	混凝土				钢筋混凝土
	Ⅴ~Ⅵ	混凝土或钢筋混凝土				钢筋混凝土
浅埋偏压衬砌	Ⅲ	混凝土				钢筋混凝土
	Ⅳ	混凝土				钢筋混凝土
	Ⅴ~Ⅵ	混凝土或钢筋混凝土				钢筋混凝土
活动性断层衬砌	Ⅳ~Ⅵ	钢筋混凝土				

注:本表适用于结构安全等级为一级的双车道隧道,其他等级或跨度的隧道可参照执行。

2.2.3 衬砌抗震设防构造应符合以下规定:

(1)软弱围岩地段隧道衬砌应采用带仰拱的曲墙式衬砌。

(2)明暗洞交界处、软硬岩交界处及断层破碎带段,宜结合沉降缝、伸缩缝综合设置抗震缝。对于地震动峰值加速度为0.2g~0.4g的地区,抗震缝的纵向间距可取10~15 m。

(3) 严禁衬砌背后存在空洞，衬砌背后的空洞应压注水泥砂浆进行充填。

(4) 当隧道穿越发震断裂时，衬砌断面应适当加大。

2.2.4 对基本地震峰动峰值加速度大于或等于 $0.1g$ 场地的隧道，应根据结构设计安全等级及抗震设防水准确定是否应对结构强度及整体稳定性进行验算分析，可按表 2.2.4 的规定确定。

表 2.2.4 结构强度和稳定性验算建议

结构安全等级	隧道类型	结构条件	基本地震动峰值加速度		
			$0.1g$	$0.2g$	$0.4g$
一级	双车道单洞	浅埋偏压Ⅲ～Ⅳ级围岩	●	★	★
	四车道连拱	Ⅴ～Ⅵ级围岩	●	★	★
		浅埋偏压Ⅲ～Ⅳ级围岩	●	★	★
	四车道小净距	Ⅴ～Ⅵ级围岩	●	★	★
		浅埋偏压Ⅲ～Ⅳ级围岩	●	★	★
		Ⅴ～Ⅵ级围岩	●	★	★
二级		浅埋偏压Ⅲ～Ⅳ级围岩	—	●	★
		Ⅴ～Ⅵ级围岩	—	★	★
三级		浅埋偏压Ⅲ～Ⅳ级围岩	—	—	●
		Ⅴ～Ⅵ级围岩	—	—	★

注：1. ★表示一般情况下应进行验算，●表示动参数取高值或为大跨度隧道时应进行验算。

2. 当为大跨度隧道或特大跨度隧道时，应适当扩大验算范围。

3. 当基本地震动峰值加速度大于 $0.4g$ 时，应进行专门研究。

2.2.5 隧道衬砌结构自重产生的地震力，应按下式计算：

水平地震力：

$$E_{ih} = C_i C_z K_h G_{is} \qquad (2.2.5-1)$$

竖向地震力：

$$E_{iv} = C_i C_z K_v G_{is} \qquad (2.2.5-2)$$

式中：E_{ih}——作用于隧道衬砌上任一质点的自重水平地震力（kN）；

E_{iv}——作用于隧道衬砌上任一质点的自重竖向地震力（kN）；

K_h——水平地震系数，按表 2.1.7 的规定采用；

K_v——竖向地震系数，按表 2.1.7 的规定采用；

C_i——重要性修正系数，按表 2.1.4 的规定采用；

C_z——场地影响系数，按表 2.2.5 的规定采用；

G_{is}——隧道衬砌计算点的结构重力（kN）。

表 2.2.5　场地影响系数 C_z

地震动峰值加速度		0.50g	0.1g	0.15g	0.2g	0.3g	0.4g
洞身地质	Ⅲ级围岩	1.2	1.0	0.9	0.9	0.9	0.9
	Ⅳ级围岩	1.0	1.0	1.0	1.0	1.0	1.0
	Ⅴ级围岩	1.1	1.3	1.2	1.2	1.0	1.0
	Ⅵ级围岩	1.2	1.4	1.3	1.3	1.0	1.0

2.2.6 浅埋偏压隧道地震土压力可按以下规定计算。

（1）假定偏压分布图形与地面坡相似，作用于隧道上的垂直土压力总值为

$$Q = \frac{\gamma}{2}[(h_1 + h_2)B - (\lambda_1 h_1^2 + \lambda_2 h_2^2) \times \tan\theta_0] \quad (2.2.6\text{-}1)$$

其中

$$\lambda_1 = \frac{(\tan\beta_1 - \tan\varphi_1)(1 - \tan\theta_1\tan\theta)}{(\tan\beta_1 - \tan\alpha)[1 + \tan\beta_1(\tan\varphi_1 - \tan\theta_1) + \tan\varphi_1\tan\theta_1]} \quad (2.2.6\text{-}2)$$

$$\lambda_2 = \frac{(\tan\beta_2 - \tan\varphi_2)(1 + \tan\theta_2\tan\theta)}{(\tan\beta_2 + \tan\alpha)[1 + \tan\beta_2(\tan\varphi_2 - \tan\theta_2) + \tan\varphi_2\tan\theta_2]} \quad (2.2.6\text{-}3)$$

$$\tan\beta_1 = \tan\varphi_1 + \sqrt{\frac{(\tan^2\varphi_1 + 1)(\tan\varphi_1 - \tan\alpha)}{\tan\varphi_1 - \tan\theta_1}} \quad (2.2.6\text{-}4)$$

$$\tan\beta_2 = \tan\varphi_2 + \sqrt{\frac{(\tan^2\varphi_2 + 1)(\tan\varphi_2 - \tan\alpha)}{\tan\varphi_2 - \tan\theta_2}} \quad (2.2.6\text{-}5)$$

$$\varphi_1 = \varphi_c - \theta \quad (2.2.6\text{-}6)$$

$$\varphi_2 = \varphi_c + \theta \quad (2.2.6\text{-}7)$$

$$\theta_1 = \theta_0 - \theta \quad (2.2.6\text{-}8)$$

$$\theta_2 = \theta_0 + \theta \quad (2.2.6\text{-}9)$$

式中：γ——围岩重度（kN/m³）；

h_1、h_2——内、外侧拱顶水平线至地面的高度（m）；

B——隧道跨度（m）；

θ_0——土柱两侧摩擦角（°）；

α——如图 2.2.6 所示角度；

λ_1、λ_2——地震时内、外侧侧压力系数；

φ_c——围岩计算摩擦角（°）；

φ_1、φ_2——地震时修正后的内、外侧围岩计算摩擦角（°）；

θ——地震角（°），应按表 2.2.6 的规定采用。

浅埋偏压隧道地震土压力分布如图 2.2.6 所示。

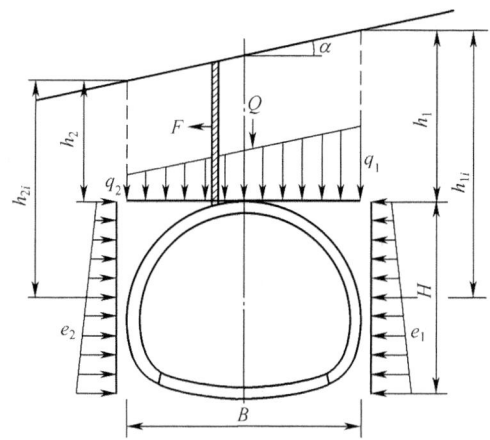

图 2.2.6 浅埋偏压隧道地震土压力分布

表 2.2.6 地 震 角

围岩浸水情况	基本地震动峰值加速度		
	0.1g	0.2g	0.4g
非浸水	1.5°	3.0°	6.0°
浸水	2.5°	5.0°	10.0°

（2）洞顶土柱产生的水平地震力（可假定该土压力均匀分布于拱部）：

$$F_{hi} = C_i C_z K_h Q \qquad (2.2.6\text{-}10)$$

式中符号意义分别同式（2.2.5-1）、式（2.2.5-2）。

（3）洞顶土柱产生的竖向地震力（可假定该土压力均匀分布于拱部）：

$$F_{vi} = C_i C_z K_v Q \qquad (2.2.6\text{-}11)$$

式中符号意义分别同式（2.2.5-1）、式（2.2.5-2）。

（4）内、外侧土体产生的地震荷载增量：

$$\Delta e_{1i} = C_i C_z q_{1i} (\lambda_1 - \lambda_2) \qquad (2.2.6\text{-}12)$$

$$\Delta e_{2i} = C_i C_z q_{2i} (\lambda_2 - \lambda_1) \qquad (2.2.6\text{-}13)$$

$$\lambda_1 = \tan^2\left(45° - \frac{\varphi_c}{2}\right), \quad \lambda'_1 = \tan^2\left(45° - \frac{\varphi_c - \theta}{2}\right) \qquad (2.2.6\text{-}14)$$

$$\lambda_2 = \tan^2\left(45° - \frac{\varphi_c}{2}\right), \quad \lambda'_2 = \tan^2\left(45° - \frac{\varphi_c + \theta}{2}\right) \qquad (2.2.6\text{-}15)$$

式中：Δe_{1i}、Δe_{2i}——内、外侧衬砌上任意点的侧压力增量（kPa）；

　　　　q_{1i}、q_{2i}——内、外侧边计算点对应的竖向荷载（kPa），$q_{1i}=\gamma h_{1i}$，$q_{2i}=\gamma h_{2i}$；

　　　　λ_1、λ'_1——内侧土体非地震及地震条件下的侧压力系数；

　　　　λ_2、λ'_2——外侧土体非地震及地震条件下的侧压力系数；

　　　　C_i——重要性修正系数；

　　　　C_z——场地影响系数；

φ_c——围岩计算摩擦角（°）；

θ——地震角（°）。

当浅埋隧道洞顶地面平缓时，可用 $\alpha=0$ 以及 $h_1=h_2$ 代入以上各式进行计算。洞顶土柱的水平地震力作用点可设定位于土柱质心，且洞顶土柱水平地震力全部作用在衬砌上。

2.2.7 深埋隧道地震土压力可按以下规定计算

（1）洞顶松散土体产生的水平地震荷载：

$$q_{he} = C_i C_z K_h q \qquad (2.2.7-1)$$

（2）洞顶松散土体产生的竖向地震荷载：

$$q_{ve} = C_i C_z K_v q \qquad (2.2.7-2)$$

（3）侧边松散土体产生的水平地震荷载：

$$\Delta e_e = C_i C_z q(\lambda - \lambda') \qquad (2.2.7-3)$$

其中

$$\lambda = \tan^2\left(45° - \frac{\varphi_c}{2}\right) \qquad (2.2.7-4)$$

$$\lambda' = \tan^2\left(45° - \frac{\varphi_c + \theta}{2}\right) \qquad (2.2.7-5)$$

式中：q——拱部松散土压力荷载（kPa）；

q_{he}、q_{ve}——拱部松散土压力荷载引起的水平地震荷载及竖向地震荷载（kPa）；

Δe_e——侧边地震水平荷载增量（kPa）；

λ、λ'——侧边土体在非地震及地震条件下的侧压力系数。

2.2.8 对于抗震设防水平较高地区且重要性高的深埋隧道或特殊隧道，地震作用可采用时程分析法进行计算，输入地震波宜采用地震安全性评价所推荐的时程曲线。

2.3 明洞及棚洞的抗震设计

2.3.1 地震区明洞应采用钢筋混凝土结构。当基本地震动峰值加速度大于 $0.1g$ 时，明洞边墙外侧应采用浆砌片石或贫混凝土回填；单压明洞的外侧平衡挡墙与明洞衬砌宜采用结构分离的构造方式；棚洞应采取防止落梁的措施。

基本地震动峰值加速度大于 $0.2g$ 的场地，不宜采用悬壁式棚洞。

2.3.2 拱形明洞的抗震设防措施应符合以下规定：

（1）明洞基础应保证置于稳定地基之上。当地基可能出现地震液化或震陷等不良地震反应时，应采取可靠的处置措施。

（2）当明洞整体稳定受滑动稳定控制时，应采取抗滑动措施，如加强仰拱、增加基础的埋置深度、设钢筋混凝土拉杆或采用桩基础等。

（3）耳墙式明洞的耳墙与拱部结构间的空隙，宜采用浆砌片石或混凝土回填密实。

（4）应对难以避免的纵向施工缝进行加强处理，增强结构的整体性。

（5）当明洞左右侧或前后端基础差异较大时，应采取处理措施，减小地震发生时的不均匀沉降。

2.3.3 棚洞的抗震设防措施应符合以下规定：

（1）当棚洞采用预制"T"形顶梁或"H"形梁结构时，应采用与梁翼等宽的垂榫嵌固于内边墙的钢筋混凝土顶帽凹槽内；若为就地灌注的顶梁，应用钢筋与内边墙顶帽作柔性连接。

（2）内边墙钢筋混凝土顶帽宜用锚杆锚固于边坡基岩中，当已成路堑内边墙墙后修建空腹结构物时，宜将锚杆通过空腹结构物锚固于边坡基岩中。

（3）对于刚架式棚洞，当立柱基底埋置在路面以下大于3 m时，应设置钢筋混凝土纵撑和横撑；当埋深超过10 m时，应另行验算。

2.3.4 位于基本地震动峰值加速度大于0.1g场地的明洞及棚洞，应根据结构设计安全等级以及地震动参数确定是否对结构强度及整体稳定性进行验算分析，可按照表2.3.4的规定执行。

表2.3.4 明洞及棚洞抗震强度和稳定性验算建议

结构安全等级	基本地震动峰值加速度		
	0.1g	0.2g	0.4g
一级	●	★	★
二级	—	★	★
三级	—	—	★

注：1. ★表示一般情况下应进行计算，●表示地震动参数取高值时应进行计算。
2. 当为大跨度或特大跨度隧道时，应适当扩大验算范围。

2.3.5 明洞及棚洞的地震作用可按以下规定计算：

（1）结构自重产生的地震力可按2.2.5条规定计算。

（2）洞顶回填土体的水平地震土压力荷载：

$$q_{ih} = C_i C_z K_h h_i \gamma \quad (2.3.5-1)$$

（3）拱顶回填土体的竖向地震土压力荷载：

$$q_{iv} = C_i C_z K_v h_i \gamma \quad (2.3.5-2)$$

（4）侧边回填土体产生的水平地震荷载：

$$\Delta e_e = C_i C_z q(\lambda - \lambda') \quad (2.3.5-3)$$

式中：h_i——计算点回填土厚度（m）；
γ——回填土重度（kN/m³）；
λ——侧边土体在非地震条件下的侧压力系数；
λ'——侧边土体在地震条件下的侧压力系数。

2.3.6 棚洞的抗震计算可按以下规定进行：

（1）顶梁地震力应考虑填土及梁自重的水平地震力及竖向地震力。

（2）内边墙（临山侧）应按承受山体土压力荷载、土体产生的地震荷载、顶梁传来的全部水平及竖向荷载进行设计。

（3）土压力应按经地震角修正后的围岩物理力学参数计算。

(4) 外边墙或柱（临空侧）的地震力应考虑由顶梁传来的全部水平力。
(5) 当水平向与竖向地震力为有利组合时，起次要作用的地震力可只取其25%进行组合。

2.4　洞门抗震设计

2.4.1　隧道洞口应避免设置在易发生滑坡、岩堆、泥石流等地段；提倡零开挖进洞理念，严禁洞口大刷大挖，避免出现过高的边坡和仰坡；位于陡崖下的隧道洞口应采取接长明洞或其他防落石的措施。

2.4.2　有抗震设防要求的隧道洞门宜优先采用削竹式、明洞式、环框式等洞门形式。在抗震设防烈度较高的地震区不宜采用斜交洞门，当地形地质条件不利时可以采用翼墙式洞门。

2.4.3　地震区隧道洞门设计应从建筑材料、洞门形式、地基处理、构造措施等多方面提高隧道洞门的抗震性能，并宜符合以下规定：

（1）根据地质与地形条件选择抗震性能良好的洞门形式。
（2）进行必要的抗震验算。
（3）采取有效、可靠的构造措施。

2.4.4　有抗震设防要求的洞门建筑材料应符合表2.4.4的要求。

表2.4.4　洞门建筑材料

工程部位		基本地震动峰值加速度		
		0.1g	0.2g	0.4g
洞门端墙	单车道	—	M15浆砌片石	C20浆砌片石
	双车道	M7.5浆砌片石	C20片石混凝土	C20混凝土
	三车道	M10浆砌片石		C25钢筋混凝土
洞口挡土墙或翼墙	墙高$H \leqslant 10$ m	M7.5浆砌片石	M15浆砌片石	
	墙高$H > 10$ m	M10浆砌片石	C20片石混凝土或C20混凝土	

2.4.5　对处于基本地震动峰值加速度大于或等于0.1g的洞门，应根据结构设计安全等级以及地震动参数确定是否对洞门强度及整体稳定性进行验算分析，可参照表2.4.5执行。

表2.4.5　抗震强度和稳定性验算建议

结构安全等级	基本地震动峰值加速度		
	0.1g	0.2g	0.4g
一级	—	★	★
二级	—	●	★
三级	—	—	●

注：1. ★表示一般情况下应进行计算，●表示地震动参数取高值时应进行计算。
　　2. 当为大跨度或特大跨度隧道时，应适当扩大验算范围。

2.4.6 削竹式洞门抗震设计应符合以下要求：

（1）必须确保洞门正面回填土坡的稳定，仰坡坡率的确定应充分考虑地震的影响。当地质条件较差时，应采用锚、喷、注浆等措施进行处理，以提高坡面的稳定性。

（2）洞门边仰坡宜采用植物防护，充分利用植物根系稳固松散的边坡。

（3）洞门结构宜突出仰坡面之外一定距离，基本地震动峰值加速度小于或等于 $0.2g$ 不宜小于 2 m，基本地震动峰值加速度大于 $0.2g$ 不宜小于 3 m。

（4）洞门衬砌端部外侧宜设环框，环框高度不宜小于 0.3 m。

2.4.7 墙式洞门抗震设计应符合以下要求：

（1）墙式洞门宜采用仰斜式。

（2）洞门端墙平面及立面布置应对称、简洁，端墙顶部宜避免设置凸出或挑出结构；若需设置，应采取与墙体保证连接牢固的构造措施。

（3）在基本地震动峰值加速度大于等于 $0.2g$ 的场地洞门端墙与衬砌之间、端墙与翼墙或挡土墙之间应加设短钢筋或设置榫头等抗震连接措施，端墙嵌入两侧边坡的深度应适当加大。

（4）洞门端墙、翼墙及其他挡土墙后的空隙要保证回填密实，填料可用浆砌片石，应设置完善的排水设施，防止堵塞墙后地下水或墙背积水。

（5）洞门端墙与靠近洞门不小于 3 m 范围内的翼墙、挡土墙及洞口衬砌应同时连续施工，连接为整体。

（6）洞门基底应牢固可靠，当基底地基承载力不足时，应采取换填、扩大基础、基底注浆等措施予以处理。

（7）当洞口在地震作用下可能发生坍塌或落石时，应严格限制边、仰坡的开挖高度，并在抗震不利的洞口地段设置明洞或其他防落石措施。

（8）当洞口墙较长时或在地基条件有明显变化处应设置抗震缝。

2.4.8 隧道洞门的地震作用可按静力法计算，应对墙身截面强度、偏心距、基底应力、抗滑和抗倾覆稳定性进行验算，并应符合以下规定：

（1）地震荷载只与墙体重力和土压力组合。

（2）洞门墙的抗滑动稳定系数 $K_c \geq 1.1$，抗倾覆稳定系数 $K_0 \geq 1.2$。

（3）墙体圬工偏心距 $e \leq 0.4h$（h 为墙体厚度）。

（4）基底合理偏心距应满足表 2.4.8 的要求。

表 2.4.8 洞门墙基底合力偏心距 e

地 基 土	e
岩石，密实的碎石土，密实的砾、粗、中砂，老黏性土，$[\sigma_0] \geq 300$ kPa 的一般黏性土	$\leq 2.0\rho$
中密的碎石土，密实的砾、粗、中砂，老黏性土，200 kPa $\leq [\sigma_0] < 300$ kPa 的一般黏性土	$\leq 1.5\rho$
密、中密的细砂、粉砂，100 kPa $\leq [\sigma_0] < 200$ kPa 的一般黏性土	$\leq 1.2\rho$
新近沉积黏性土，软土，松散的砂、填土，$[\sigma_0] < 100$ kPa 的一般黏性土	$\leq 1.0\rho$

注：ρ 为基底截面核心半径，$\rho = W/A$，其中 W 为基底边缘截面抵抗矩，A 为基底面积。

2.4.9 由洞门墙和洞口挡土墙自重引起的水平地震荷载,可按下式计算:

$$E_{ihw} = C_i C_z K_h \psi_{iw} G_{iw} \quad (2.4.9)$$

式中:E_{ihw}——第 i 截面以上墙身重心处的水平地震荷载(kN);
C_i——重要性系数;
C_z——综合影响系数,取 0.25;
K_h——水平地震系数;
G_{iw}——第 i 截面以上墙身自重(kN);
ψ_{iw}——水平地震荷载沿墙高的分布系数,可按表 2.4.9 的规定采用。

表 2.4.9 水平地震荷载沿墙高的分布系数 ψ_{iw}

墙 高	公路等级	
	高速公路,一、二级公路	三、四级公路
$H \leqslant 12$ m	1	1
$H > 12$ m	$1 + H_{iw}/H$	1

注:H 为墙趾至墙顶面的高度(m);H_{iw} 为验算第 i 截面以上墙身重心至墙底的高度(m),如图 2.4.9 所示。

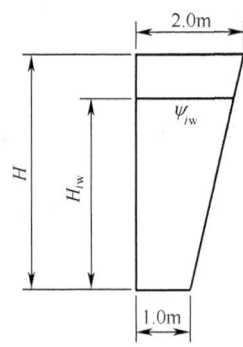

图 2.4.9 H、H_{iw} 示意

2.4.10 洞门墙和洞口挡土墙地震主动土压力可按式(2.4.10-1)计算(见图 2.4.10):

$$E_{ea} = \left[\frac{1}{2}\gamma H^2 + qH \frac{\cos\alpha}{\cos(\alpha-\beta)} \right] K_a - 2cH K_{ca} \quad (2.4.10\text{-}1)$$

其中

$$K_a = \frac{\cos^2(\varphi - \alpha - \theta)}{\cos\theta \cos^2\alpha \cos(\alpha+\delta+\theta) \left[1 + \sqrt{\frac{\sin(\varphi+\delta)\sin(\varphi-\beta-\theta)}{\cos(\alpha-\beta)\cos(\alpha+\delta+\theta)}} \right]^2}$$

$$(2.4.10\text{-}2)$$

$$K_{ca} = \frac{1 - \sin\varphi}{\cos\varphi} \quad (2.4.10\text{-}3)$$

式中:γ——填土重度(kN/m³),水下采用浮重度;
H——墙高(m);
q——滑裂楔体上的均布荷载标准值(kPa);

α——墙面与竖直方向之间的夹角（°）;
β——填土表面与水平面的夹角（°）;
c——黏性填土的黏聚力（kPa），当为砂性土时，$c=0$;
K_a——地震主动土压力系数;
φ——填土的内摩擦角（°）;
δ——填土与挡土墙背的摩擦角（°）;
θ——地震角（°），按表2.2.6的规定采用。

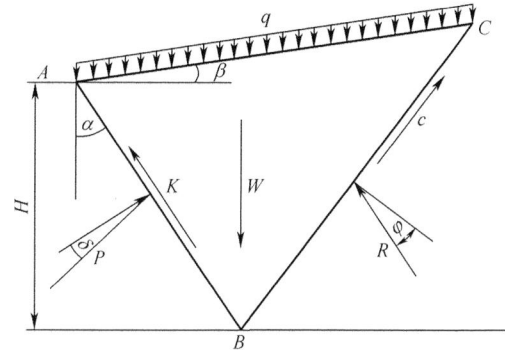

图2.4.10 地震主动土压力计算示意

2.4.11 洞门墙和洞口挡土墙地震被动土压力可按下式计算：

$$E_{\mathrm{ep}} = \left[\frac{1}{2}\gamma H^2 + qH\frac{\cos\alpha}{\cos(\alpha-\beta)}\right]K_{\mathrm{psp}} + 2cHK_{\mathrm{cp}} \quad (2.4.11\text{-}1)$$

其中

$$K_{\mathrm{psp}} = \frac{\cos^2(\varphi_0 + \alpha - \theta)}{\cos\theta\cos^2\alpha\cos(\alpha-\delta+\theta)\left[1+\sqrt{\dfrac{\sin(\varphi_0+\delta)\sin(\varphi_0+\beta-\theta)}{\cos(\delta+\theta-\alpha)\cos(\alpha-\theta)}}\right]^2}$$

(2.4.11-2)

$$K_{\mathrm{cp}} = \frac{\sin(\varphi_0-\theta)+\cos\theta}{\cos\theta\cos\varphi_0} \quad (2.4.11\text{-}3)$$

式中：K_{psp}——地震被动土压力系数;
K_{cp}——土体黏聚力产生的被动土压力系数。

2.4.12 当验算洞门墙地基抗震强度时，地基土的抗震容许承载力应按下式进行计算：

$$[\sigma_e] = K[\sigma] \quad (2.4.12)$$

式中：$[\sigma_e]$——地基土抗震容许承载力;
K——地基土抗震容许承载力调整系数，应按表2.4.12的规定采用;
$[\sigma]$——地基土修正后的容许承载力。

表2.4.12 地基抗震承载力调整系数

岩土名称及性状	K
岩石，密实的碎石土，密实的砾、粗、中砂，老黏性土，$[\sigma_e]\geq 300$ kPa的一般黏性土	1.5

续表

岩土名称及性状	K
中密的碎石土,密实的砾、粗、中砂、老黏性土,200 kPa≤ $[\sigma_e]$ <300 kPa 的一般黏性土	1.3
密、中密的细砂、粉砂,100 kPa≤ $[\sigma_e]$ <200 kPa 的一般黏性土	1.1
新近沉积黏性土,软土,松散的砂、填土, $[\sigma_e]$ <100 kPa 的一般黏性土	1.0

2.5 隧道抗震构造措施

2.5.1 隧道洞口应采取控制路堑边坡和仰坡的开挖高度等措施防止坍塌震害;位于悬崖陡壁下的洞口,宜采取设置明洞等措施防止落石的危害。

地震区的隧道洞口、路堑边坡和仰坡的开挖高度,在岩层整体性较差、土质不良地段,由于长期风化剥蚀作用,在地震过程中极易产生坍塌落石,堵塞洞口,危及行车安全。因此,要求严格控制洞口开挖高度,并在地形不利的洞口地段设置明洞或采取其他有效防护措施,以保证安全。

2.5.2 洞口建筑材料不应低于表 2.5.2 的要求。

表 2.5.2 洞门建筑材料

工 程 部 位		设计基本地震动峰值加速度	
		0.20g（0.30g）	≥0.40g
洞门端墙	单车道	不低于 M10 浆砌片石	片石混凝土或混凝土
	双车道	片石混凝土	混凝土
	三车道及以上	混凝土	混凝土
洞口挡土墙或翼墙	H≤10	不低于 M10 浆砌片石	
	H>10	片石混凝土或混凝土	

注: H 为挡土墙或翼墙的高度（m）。

2.5.3 设计基本地震动峰值加速度大于或等于 0.10g 的地区,隧道洞口浅埋和偏压地段应采取抗震措施,并宜采用带仰拱的曲墙式衬砌。设防长度应根据地形、地质条件,按下列规定确定:

（1）设计基本地震动峰值加速度大于或等于 0.10g 的场地、洞口为Ⅴ~Ⅵ级围岩的双车道隧道和设计基本地震动峰值加速度大于或等于 0.20g 的场地、洞口为Ⅲ~Ⅵ级围岩的双车道隧道,设防长度不宜小于 25 m。

（2）设计基本地震动峰值加速度大于或等于 0.20g 的地区、洞口为Ⅳ~Ⅵ级围岩的单车道隧道,设防长度不宜小于 15 m。

地震区隧道的洞口,浅埋或偏压地段,是抗震设防重点,要与围岩级别结合考虑加强其衬砌构造。

隧道加强段的长度,主要根据隧道拱肩土的最小覆盖厚度及洞口地面纵坡的变化情况,并结合隧道断面宽度及围岩级别等计算其抗震设防段的长度。在实际工程中,隧道处的地形、地质条件变化十分复杂,还要根据施工具体情况,适当留有余地,取其设防长度。实践证明,隧道采用曲墙带仰拱现浇混凝土衬砌,抗震能力较强。如采用直墙式断面,则一般不能满足抗震要求。

2.5.4 抗震设防地段隧道衬砌和明洞的建筑材料不应低于表 2.5.4 的要求。设计基本地震动峰值加速度小于 $0.10g$ 地区的单压拱形明洞外边墙、棚式明洞衡重式边墙可采用 M10 浆砌片石。

表 2.5.4 隧道衬砌和明洞建筑材料

工程项目	围岩或结构类型	材料种类
隧道衬砌	V～Ⅵ	钢筋混凝土
	Ⅳ	混凝土或钢筋混凝土
	Ⅲ	混凝土
拱形明洞	Ⅳ～Ⅵ级围岩段拱圈	拱圈用钢筋混凝土
	Ⅲ级及以上围岩段拱圈	拱圈用混凝土或钢筋混凝土
	单压明洞外边墙	混凝土或钢筋混凝土
棚式明洞	顶梁	钢筋混凝土
	外支承结构	混凝土或钢筋混凝土
	内侧锚杆式边墙	混凝土
	衡重式边墙	混凝土

根据国内发生的数次震害调查,采用现浇混凝土或钢筋混凝土,可提高结构的整体性和抗震能力。从浅埋隧道理论分析,在Ⅴ级围岩中的隧道,即使提高混凝土强度等级,有关指标也难以符合抗震要求,采用钢筋混凝土结构才能达到要求。而在Ⅳ级及以上围岩中的隧道,一般采用混凝土衬砌已能抵御地震力的破坏。

2.5.5 设计基本地震动峰值加速度大于或等于 $0.20g$ 的地区,隧道洞口端墙与衬砌环框间、端墙与洞口挡土墙或翼墙间的施工接缝处,应采取加设短钢筋或设置榫头等抗震连接措施。

结构的整体性对抗震能力有很重要的影响,因此,洞门端墙与衬砌环框之间、端墙与挡墙或翼墙施工缝处,以及明洞等具有悬臂形式的耳墙结构等抗震薄弱环节,要求采取加强连接措施。

2.5.6 浅埋、偏压以及位于断裂破碎带等地质不良地段的隧道段落,除设置系统锚杆外,还宜在衬砌背后一定范围内压注水泥砂浆。

根据以往实践经验,隧道压降能加固地层,并使衬砌与围岩密贴,改善相互间接触条件及地震时的振动状态,提高其抗震能力。因此,规定地震区的浅埋、偏压隧道,以及通过断层破碎带、流沙等不良地质地段的隧道,要求压入水泥砂浆加固。

2.5.7 当隧道建筑范围内有发震断裂时,应考虑发震断裂错动对隧道的影响。设计基本地震动峰值加速度大于或等于 $0.20g$ 或 $0.40g$ 的地区,当必须修建隧道时,隧道边缘距离主断裂边缘的距离应分别大于 300 m 和 500 m。

隧道边缘至主断裂带边缘的距离分别规定为 300 m 和 500 m，主要的依据是国内外地震断裂破裂宽度的资料，取值有一定的保守程度。在受各种客观条件限制，难以避开数百米时，美国加利福尼亚州的相关规定为：一般而言，场地的避让距离应由负责场地勘察的岩土工程师与主管建筑和规划的专业人员协商确定。当有足够的地质资料可以精确确定存在活断层迹线的地区，且该地区并不复杂时，避让距离可规定为 16 m；在复杂的断层带宜要求较大的避让距离。倾滑的断层通常会在较宽且不规则的断层带内产生多处破裂，在上盘边缘受到的影响大、下盘边缘的扰动很小，避让距离在下盘边缘可稍小，上盘边缘则应较大。

2.6 隧 道 减 震

2.6.1 隧道结构可以通过改变结构自身的性能（刚度、强度、质量、阻尼等）进行减震，如减小隧道结构的刚性，使之易于随地层的变形，从而减小结构的地震反应，或者在结构与地层之间设置减震层，使地层的变形难以传递到结构上，从而使结构的地震反应减小。

2.6.2 隧道结构常用减震技术如表 2.6.2 所示。

表 2.6.2 隧道结构减震技术分类

序号	结构情况	减震方法	实 现 途 径
1	改变结构	减小质量	采用轻集料混凝土
2		增加强度	采用钢纤维混凝土
3		增加阻尼	采用聚合物混凝土
4			粘贴大阻尼材料，使其成为复合结构
5		减小刚度	喷锚网支护或钢纤维喷混凝土
6	不改变结构	设置减震装置	在衬砌与围岩间设置减震器
7			在衬砌与围岩间设置板式减震层
8			在衬砌与围岩间压注减震材料

2.6.3 隧道结构的减震装置一般设置在隧道衬砌与围岩之间，其弹性系数比围岩小，主要用来吸收围岩的位移，使围岩的位移难以传递给隧道衬砌，从而减小隧道结构的内力。

2.6.4 减震装置主要包括减震器、板式减震层、压注式减震层等（见表 2.6.4）。

表 2.6.4 减震装置

序号	减震装置	基 本 特 征
1	减震器	由提供刚度的弹簧和提供阻尼的橡胶材料组成，主要有承压式和承剪式减振器
2	板式减震层	由橡胶等材料制成的具有一定厚度的板材或由软质橡胶和废轮胎，用黏合剂固结形成橡胶碎片板

续表

序号	减震装置	基 本 特 征
3	沥青系	在沥青乳胶剂中混入硬化材料作为主材,添加作为胶凝材料的高吸水性、高分子物质
4	氨基甲酸乙酯系	由主材和硬化材料构成的两液混合型氨基甲酸乙酯系材料,加入调整塑性的多元醇化合物形成
5	硅树脂系	由主材和硬化材料构成的两液混合型硅树脂系材料,加入调整塑性的多元醇化合物形成
6	液状橡胶系	由液化橡胶系和沥青构成主材,加入硬化材料形成

2.6.5 穿越断层破碎带修建的隧道主要采取四种方法减小地震对隧道结构的破坏,即加固围岩、设置柔性接头、设置减震层、超挖设计。

(1) 加固围岩。加固围岩一方面可以提高围岩强度,另一方面可以减小因围岩条件不同而造成隧道的不均匀地震变形。

(2) 设置柔性接头。穿越断层破碎带修建的隧道衬砌采用柔性接头形式,一方面可以适应断层的地震变形,另一方面可以使地震破坏局部化,避免结构发生整体破坏。

(3) 设置减震层。减震层可以设置在围岩与衬砌之间或者设置在初期支护与二次衬砌之间。地震时,减震层吸收围岩应变,从而减小围岩对隧道衬砌的应变输入,达到减震的目的。

(4) 超挖设计。根据地震引起断层的可能最大位错量,扩大隧道断面尺寸。在地震后扩大的隧道断面尺寸可以保证隧道断面的净空面积,为后续修复提供冗余空间。超挖量主要依据地震烈度、围岩条件和隧道断面等因素综合确定。

3 四川高速公路挡土墙和支挡工程抗震设计指南

3.1 一般规定

3.1.0 本指南适用于四川高速公路工程涉及的各等级和各类型的公路挡土墙和支挡结构的抗震设计。

3.1.1 设计基本地震动峰值加速度大于或等于 $0.20g$ 的场地不宜采用加筋土挡土墙。

3.1.2 当挡土墙范围内有发震断裂，且按本指南第 2.1.5 条判定，需考虑发震断裂的错动对挡土墙的影响时，应优先采取避开措施。

3.1.3 高速公路和一级公路上的挡土墙距离主断裂边缘不宜小于 100 m；若无法满足，应采取降低挡土墙高度、采用整体浇筑的重力式混凝土挡土墙、设置合理有效的伸缩缝和沉降缝等措施，并应设置完善的排水系统。

3.2 强度和稳定性验算

3.2.1 挡土墙应按表 3.2.1 规定的范围和要求验算其抗震强度和稳定性。

表 3.2.1 挡土墙抗震强度和稳定性验算范围

地基类型		设计基本地震动峰值加速度				
		高速公路、一级公路、二级公路			三级公路、四级公路	
		$0.10g$ $(0.15g)$	$0.20g$ $(0.30g)$	$0.40g$	$<0.40g$	$0.40g$
岩石、非液化土及非软土地基	非浸水	不验算	$H>4$，验算	验算	不验算	验算
	浸水	不验算	验算	验算	不验算	验算
液化土及软土地基		验算	验算	验算	不验算	验算

注：H 为路基高度（m）。

3.2.2 公路挡土墙可采用静力法验算挡土墙体抗震强度和稳定性。设计基本地震动峰值加速度大于或等于 $0.10g$ 地区的高速公路、一级公路上的挡土墙，高度超过 20 m，且地基处于抗震危险地段的，应作专门研究。

3.2.3 按静力法验算，挡土墙第 i 截面以上墙身重心处的水平地震作用可按式 (3.2.3-1) 计算：

$$E_{ih} = C_i C_z A_h \psi_i G_i / g \qquad (3.2.3-1)$$

式中：E_{ih}——第 i 截面以上墙身重心处的水平地震作用（kN）；

C_i——抗震重要性修正系数；

C_z——综合影响系数,重力式挡土墙取 0.25,轻型挡土墙取 0.3;
A_h——水平向设计基本地震动峰值加速度;
G_i——第 i 截面以上墙身圬工重力（kN）;
ψ_i——水平地震作用沿墙高的分布系数,可按式（3.2.3-2）计算取值。

$$\psi_i = \begin{cases} \dfrac{1}{3}\dfrac{h_i}{H} + 1.0 & (0 \leqslant h_i \leqslant 0.6H) \\ \dfrac{3}{2}\dfrac{h_i}{H} + 0.3 & (0.6H < h_i \leqslant H) \end{cases} \quad (3.2.3\text{-}2)$$

式中：h_i——挡土墙墙趾至第 i 截面的高度。

3.2.4 位于斜坡上的挡土墙,作用于其重心处的水平向总地震作用可按式（3.2.4-1）、式（3.2.4-2）计算：

岩基： $E_h = 0.30 C_i A_h W/g$ （3.2.4-1）

土基： $E_h = 0.35 C_i A_h W/g$ （3.2.4-2）

式中：E_h——作用于挡土墙重心处的水平向总地震作用（kN）;
W——挡土墙的总重力（kN）。

3.2.5 路肩挡土墙的地震主动土压力可按式（3.2.5-1）、式（3.2.5-2）计算。

$$E_{ea} = \frac{1}{2}\gamma H^2 K_a (1 + 0.75 C_i K_h \tan\varphi) \quad (3.2.5\text{-}1)$$

其中 $K_a = \cos^2\varphi / (1 + \sin\varphi)^2$ （3.2.5-2）

式中：E_{ea}——地震时作用于挡土墙背每延米长度上的主动土压力（kN/m）,其作用点为距挡土墙底 $0.4H$ 处;
γ——土的重度（kN/m³）;
H——挡土墙高度（m）;
K_a——非地震作用下作用于挡土墙背的主动土压力系数;
φ——挡土墙背土的内摩擦角（°）。

3.2.6 挡土墙墙身的截面偏心距 e 应符合式（3.2.6）的规定。基础底面的合理偏心距 e 应符合表 3.2.6 的规定。

$$e \leqslant 2.4\rho \quad (3.2.6)$$

式中：ρ——截面核心半径（m）。

表 3.2.6 基础底面的合力偏心距 e

地 基 土	e
岩石,密实的碎石土,密实的砾、粗、中砂,老黏性土,$f_a \geqslant 300$ kPa 的黏性土和粉土	$\leqslant 2.0\rho$
中密的碎石土,密实的砾、粗、中砂,老黏性土,150 kPa $\leqslant f_a < 300$ kPa 的黏性土和粉土	$\leqslant 1.5\rho$
密、中密的细砂、粉砂,100 kPa $\leqslant f_a < 150$ kPa 的黏性土和粉土	$\leqslant 1.2\rho$
新近沉积黏性土,软土,松散的砂、填土,$f_a < 100$ kPa 的黏性土和粉土	$\leqslant 1.0\rho$

3.2.7 挡土墙的抗震稳定性验算应按《公路桥涵地基与基础设计规范》（JTG 3363—

2019）进行，其抗滑动稳定系数 K_c 不应小于 1.1，抗倾覆稳定系数 K_0 不应小于 1.2。

3.3 抗震构造措施

3.3.1 当设计基本地震动峰值加速度大于或等于 $0.20g$ 时，干砌片（块）石挡土墙的高度不宜超过 5 m；当设计基本地震动峰值加速度大于或等于 $0.40g$ 时，不宜超过 3 m。高速公路、一级公路不应使用干砌片石挡土墙。

3.3.2 当设计基本地震动峰值加速度大于或等于 $0.10g$ 时，浆砌片（块）石挡土墙的最低砂浆强度等级应按现行《公路圬工桥涵设计规范》（JTG D61—2005）的要求提高一级采用，挡土墙高度不宜大于表 3.3.2 的规定。当挡土墙高度大于表 3.3.2 所列数值时，宜采用混凝土整体浇筑或分级式挡土墙。

表 3.3.2 浆砌片（块）石挡土墙的高度限制

公路等级		高度/m	
		设计基本地震动峰值加速度	
		$0.20g$、$0.40g$	$\geqslant 0.40g$
公路等级	高速公路、一级公路	12	10
	二级公路、三级公路	14	12

3.3.3 混凝土挡土墙的施工缝和衡重式挡土墙的变截面处，应采用短钢筋加强、设置不少于占截面面积 20% 的榫头等措施提高抗剪强度。

3.3.4 挡土墙应分段修筑，每段长度不宜超过 15 m；在墙的分段处、地基土及墙高变化处，应设置沉降缝。

3.3.5 位于液化土及软土地基上的挡土墙，当采用桩基时，桩尖应伸入稳定土层。

4 四川高速公路路基工程抗震设计指南

4.1 一般规定

4.1.0 本指南适用于四川高速公路工程涉及的各等级和各类型的公路路基的抗震设计。

4.1.1 应根据公路等级、场区设计基本地震动峰值加速度、地形地质条件,合理选择填料,确定路基高度和断面形式,并采取必要的防护措施,保证路基安全。

4.1.2 当路线经过规模较大、性质复杂的滑坡、崩塌、岩溶等不良地质地段时,应采用排、挡及改善软弱层带的工程性质等措施进行综合治理,减轻地震诱发的地质灾害对路基的危害。

4.2 强度和稳定性验算

4.2.1 路基应按表 4.2.1 规定的范围和要求验算其抗震稳定性。

表 4.2.1 路基抗震稳定性验算的范围

项 目			基本地震动峰值加速度			
			高速公路、一级公路、二级公路			三级公路、四级公路
			$0.10g$($0.15g$)	$0.20g$($0.30g$)	$\geq 0.40g$	$\geq 0.40g$
岩石、非液化土及非软土地基	非浸水	用岩块及细粒土(粉性土、有机质土)填筑	不验算	$H>20$,验算	$H>15$,验算	$H>20$,验算
		用粗粒土(极细粒、细砂除外)	不验算	$H>12$,验算	$H>6$,验算	$H>12$,验算
	浸水	用渗水性土填筑	不验算	$H_w>3$,验算	$H_w>2$,验算	水库地区,$H_w>3$,验算
	地面横坡度大于 1:3 的路基		不验算	验算	验算	验算
路堑	黏性土、黄土、碎石类土		一般不验算	$H>20$,验算	$H>15$,验算	$H>20$,验算

注:H 为路基高度(m);H_w 为路基浸水常水位深度(m)。

4.2.2 公路路基可采用静力法进行抗震稳定性验算。设计基本地震动峰值加速度大于或等于 $0.20g$ 地区的高速公路、一级公路,挖方高度超过 20 m,填方路堤高度超过 15 m,且处于滑坡地段的路基,宜对抗震稳定性进行专门研究。

4.2.3 当路堤高度大于 20 m 且位于设计基本地震动峰值加速度大于或等于 $0.20g$ 地区

时，路基抗震稳定性验算应考虑垂直路线走向的水平地震作用和竖向地震作用，其他情况只考虑垂直路线走向的水平地震作用。

4.2.4 地震作用应与结构重力、土重力组合，对于水库地区浸水路基以及滨河地区高速公路和一级公路浸水路基，还应计入常水位的水压力和浮力。

4.2.5 当采用静力法对路基进行抗震稳定性验算时，高速公路和一级、二级公路路基边坡高度大于 20 m 的，路基边坡抗震稳定系数不应小于 1.15；路基边坡高度小于或等于 20 m 的，路基边坡抗震稳定系数不应小于 1.1；三级、四级公路的路基边坡抗震稳定系数不应小于 1.05。

4.2.6 当采用静力法对路基进行抗震稳定性验算时，应按下列公式计算路基边坡抗震稳定系数 K_c。

(1) 作用于各土体条块重心处的地震作用应按下式计算：

水平地震作用：
$$E_{hsi} = C_i C_z A_h \psi_j G_{si}/g \tag{4.2.6-1}$$

竖向地震作用：
$$E_{vsi} = C_i C_z A_v G_{si}/g \tag{4.2.6-2}$$

其中
$$\psi_j = \begin{cases} 1.0 & H \leq 20\text{m} \\ 1.0 + \dfrac{0.6}{H-20}(h_i - 20) & H > 20\text{m} \end{cases} \tag{4.2.6-3}$$

式中：E_{hsi}——作用于路基计算土体重心处的水平地震作用（kN）；
E_{vsi}——作用于路基计算土体重心处的竖向地震作用（kN）；
C_i——抗震重要性修正系数；
C_z——综合影响系数，取 0.25；
ψ_j——水平地震作用沿路堤边坡高度增大系数；
A_h——路基所处地区的水平向设计基本地震动峰值加速度；
G_{si}——路基计算第 i 条土体重力（kN）；
A_v——路基所处地区的竖向设计基本地震动峰值加速度，作用方向取不利于稳定的方向，计算时向上取负，向下取正；
h_i——路基计算第 i 条土体的高度（m）；
H——路基边坡高度（m）。

(2) 土质路基抗震稳定系数 K_c 应根据图 4.2.6，按式（4.2.6-4）确定，也可采用其他可靠方法计算。

$$K_c = \frac{\sum\limits_{i=1}^{n}\{cB\sec\theta + [(G_{si} + E_{vsi})\cos\theta - E_{hsi}\sin\theta]\tan\varphi\}}{\sum\limits_{i=1}^{n}[(G_{si} + E_{vsi})\sin\theta + M_h/r]} \tag{4.2.6-4}$$

式中：K_c——抗震稳定系数；
r——圆弧半径（m）；
B——滑动体条块宽度（m）；
θ——条块底面中心切线与水平线的夹角（°）；
M_h——F_h 对圆心的力矩（kN·m）；

c——土石填料在地震作用下的黏聚力（kN）；
φ——土石填料在地震作用下的摩擦角（°）。

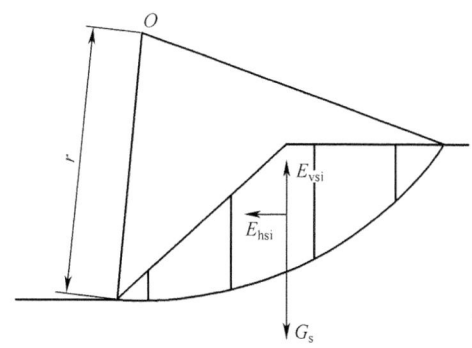

图 4.2.6 圆弧滑动法计算示意

4.3 抗震构造措施

4.3.1 路堤填料的选择应符合下列规定：
（1）路堤填方宜采用抗震稳定性较好的碎石土、黏性土、卵石土和不易风化的石块等材料。当采用砂类土填筑路基时，应对边坡坡面采取适当防护措施。
（2）路堤浸水部分的填料，宜选用抗震稳定性较好的渗水性土。
（3）位于设计基本地震动峰值加速度大于或等于 0.20g 地区的高速公路和一级公路，当采用粉砂、细砂作填料时，应采取防止液化的措施。

4.3.2 当公路路堤或路堑的高度大于表 4.3.2 规定时，采取放缓边坡或加固等措施。

表 4.3.2 路基高度限制

填土类别	高度/m				
	设计基本地震峰值加速度				
	高速公路、一级公路		二级公路	三级公路、四级公路	
	0.20g（0.30g）	0.40g	0.40g	0.30g	0.40g
岩块和细粒土（粉土和有机质土除外）路基	15	10	15	—	—
粗粒土（细砂、极细砂除外）路基	6	3	6	—	—
黏性土路堑	15	15	10	15	20

4.3.3 对于设计基本地震动峰值加速度大于或等于 0.20g 地区的高速公路和一级、二级、公路，当在自然坡度大于 1∶5 的稳定斜坡上填筑路堤时，应在原地面挖台阶，台阶宽度不宜小于 2 m，坡脚处应采取设置支挡构筑物等防滑措施。

4.3.4 当在自然坡度大于 1∶3 的稳定斜坡上填筑路堤时，应验算路堤整体沿基底的滑动稳定性，其抗滑稳定性系数不应小于 1.1。

4.3.5 路基地基存在液化土层,当满足下列条件之一时,可不采取抗震措施:

(1) 高速公路和一级公路路堤高度小于 3 m,二级、三级、四级公路路堤高度小于 4 m。

(2) 上覆非液化土层厚度 d_u 或地下水位的深度 d_w 值大于表 4.3.5 规定的限制。

(3) 设计基本地震动峰值加速度大于或等于 0.10g(0.15g)、0.20g(0.30g)、0.40g 的地区,对应地面以下 5 m、6 m、7 m 深度内,液化土层的累计厚度不小于 2 m,且高速公路和一级公路路堤高度小于 5 m,二级公路路堤高度小于 6 m。

表 4.3.5　d_u 或 d_w 的限值　　　　　　　　　　单位:m

公路等级	设计基本地震动峰值加速度		
	0.10g(0.15g)	0.20g(0.30g)	0.40g
高速公路和一级公路	5	6	7
二级公路	4	5	6
三级公路、四级公路	3	4	5

4.3.6 高速公路和一级公路的路基地基为液化土层,不满足第 4.3.5 条规定时,应采取抗液化措施。

4.3.7 筑于软土地基且高度大于 6 m 的路堤,可根据具体情况适当采取下列措施,提高路基的抗震稳定性:

(1) 降低填土高度,置换软土设置反压护道。

(2) 取土坑和边沟浅挖、远离路基。

(3) 保护路基与取土坑之间的地表植被或采取地基加固措施。

4.3.8 软土地基上的高速公路和一级公路,地表设置垫层时,垫层材料应采用碎、卵石或粗砂夹碎石(卵石),不得采用细砂。

4.3.9 边坡高度超过 10 m 的岩石路堑,边坡坡度宜参考表 4.3.9 的规定确定。边坡岩体石质破碎或有危石的岩石路堑,当上覆层受震易坍塌时,应采取支挡措施;对于高速公路和一级公路,宜采用明洞或隧道方案通过。

表 4.3.9　边坡高度超过 10 m 的岩石路堑参考边坡坡度

岩石种类	设计基本地震动峰值加速度	
	0.20g(0.30g)	0.40g
风化岩石	1:0.6~1:1.5	1:0.75~1:1.5
一般岩石	1:0.1~1:0.5	1:0.2~1:0.6
坚石	1:0.1~直立	1:0.1~直立

4.3.10 路基通过发震断裂,按本指南第 2.1.5 条判定,需要考虑发震断裂错动对路基的影响,高速公路、一级公路和二级公路,距发震断裂带边缘 100 m 范围内,路堤高度和路堑边坡高度宜小于 3 m,三级公路和四级公路宜小于 4 m。

第二篇

四川典型公路桥梁抗震分析示例

5 简支梁桥抗震分析示例一

5.1 设计资料、主要材料和尺寸

5.1.1 设计资料

简支梁桥示例一上部结构采用3×30 m直线预应力混凝土简支"T"形梁,桥长105 m。下部结构采用钢筋混凝土圆柱式墩、桩基础,桩柱及重力式台、桩基础。桥面宽度为0.5 m(防撞护栏)+12.25 m(桥面净宽)+0.5 m(防撞护栏)。

下部结构与支座的信息详见表5.1。

表5.1 下部结构与支座

墩台号	形式	墩高/m	支座/mm
0	重力式桥台	7.6	GJZ-300×450×74
1	双柱式桥墩	7.5	GJZ-300×450×74
2	双柱式桥墩	7.6	GJZ-300×450×74
3	重力式桥台	6.6	GJZ-300×450×74

混凝土选用详见表5.2。

表5.2 混凝土选用

混凝土标号	构件
C50	预制"T"形梁
C50 纤维混凝土	伸缩缝
C40	桥面铺装、支座垫石
C30	防撞护栏、护栏过渡段、防震挡块、盖梁、墩身、基础、桥台

5.1.2 技术规范
(1)《四川高速公路工程抗震设计指南》。
(2) 中华人民共和国行业标准《公路工程技术标准》(JTG B01—2014)。
(3) 中华人民共和国行业标准《公路桥涵设计通用规范》(JTG D60—2015)。
(4) 中华人民共和国行业标准《公路钢筋混凝土及预应力混凝土桥涵设计规范》(JTG 3362—2018)。

5.1.3 技术指标
(1) 荷载等级:公路Ⅰ级。
(2) 桥面宽度:2×净11.0 m。

(3) 设计洪水频率：1/100。
(4) 基本地震动峰值加速度：0.15g。
(5) 标准跨径：3×30 m。
(6) 场地类别：Ⅱ类。

5.1.4 材料指标

材料指标见表 5.3。

表 5.3 混凝土主要力学指标

强度等级	弹性模量/MPa	容重/(kN/m³)	轴心抗压设计强度/MPa	抗拉设计强度/MPa	轴心抗压标准强度/MPa	抗拉标准强度/MPa
C50	3.45×10⁴	25	22.4	1.83	32.4	2.65
C40	3.25×10⁴	25	18.4	1.65	26.8	2.40
C30	3.00×10⁴	25	13.8	1.39	20.1	2.01

5.2 抗震设防目标的确定

根据示例一简支梁桥的重要性，以及地震破坏后桥梁结构的性能要求、修复（抢修）的难易程度，采用 50 年超越概率 10%、2% 地震作用输入作为设防标准，其抗震性能目标见表 5.4。

表 5.4 示例一简支梁桥抗震设防目标

抗震设防水准		主 要 构 件
E1地震作用	50 年超越概率 10%（中震）（相当于地震重现期 475 年）	地震后可能损坏，经修补，短期内恢复其正常使用功能；结构基本处于弹性工作阶段，其中主梁、桥墩、盖梁和桩基础保持弹性工作状态，支座允许出现剪切失效和移位失效
E2地震作用	50 年超越概率 2%（大震）（相当于地震重现期 2 475 年）	地震后可能产生较大破坏，但不出现整体倒塌，经抢修后可限速通车；结构处于弹塑性工作阶段，其中桥墩的转动能力满足限值要求，桥墩不出现剪切破坏，盖梁和桩基础保持弹性工作状态

5.3 结构有限元模型的建立

根据示例一简支梁桥的设计方案，采用 Sap2000 有限元程序，建立三维有限元动力计算模型进行抗震性能分析，计算模型均以顺桥向为 x 轴、横桥向为 y 轴、竖桥向为 z 轴；上部结构、盖梁和下部结构采用梁单元，赋予框架截面属性；固定型板式橡胶支座以束缚方式与其顶端与上部结构共用节点，底端与帽梁锚固，不考虑支座端部与结构之间的滑移。

示例一简支梁桥的有限元模型示意如图 5.1 所示。上部结构采用梁格单元，上部结构的横截面形式如图 5.1（b）所示，单跨横桥向相邻空心板梁之间采用刚性连接，不考虑空心板梁间接缝对整体性能的影响。桥面连续的简支梁桥在顺桥向具有较大的轴向刚度，在横桥向具有较大的抗弯和抗剪刚度，从而将各跨主梁连接为整体，但其竖向抗剪刚度和绕横桥向的抗弯刚度却很弱，几乎不能传递竖向剪力和绕横桥向弯矩。因此，在模拟该传力特点时，放松梁端的竖向抗剪和绕横桥向弯曲自由度。

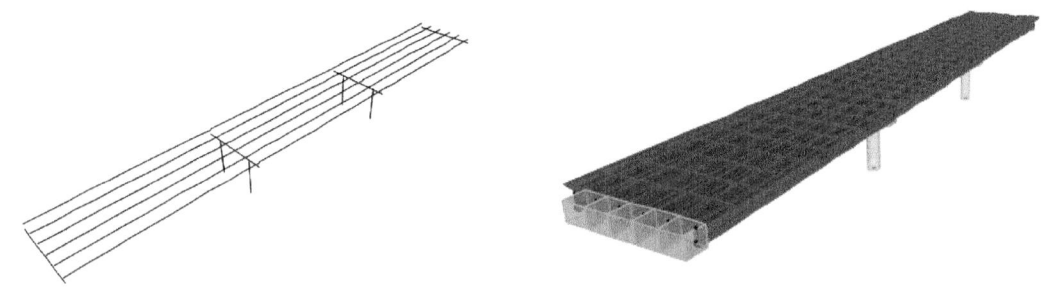

（a）整桥有限元模型

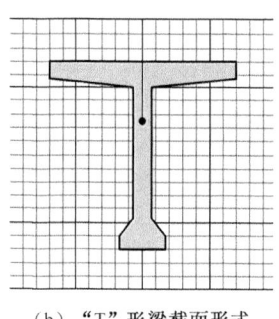

（b）"T"形梁截面形式

图 5.1 采用梁格单元的整桥动力计算有限元模型

墩台编号如图 5.2 所示。

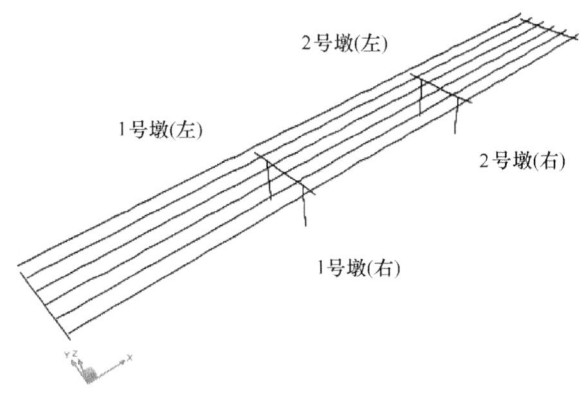

图 5.2 桥墩台编号

5.4 模态分析

上部结构采用梁格单元的桥梁动力特性计算结果分别列举如下。前 20 阶周期、频率、顺桥向和横桥向累计振型贡献率见表 5.5，前 10 阶振型示意图见图 5.3~图 5.12。由表 5.5 可知，顺桥向前 20 阶累计振型贡献率达到 97%，横桥向前 20 阶累计振型贡献率达到 98%，且收敛速度较快。

表 5.5 动力特性计算结果

振型阶数	周期/s	频率/Hz	顺桥向累计振型贡献率	横桥向累计振型贡献率
1	1.310 847	0.762 866	0.856 17	4.013×10^{-16}
2	1.268 055	0.788 609	0.856 17	0.830 48
3	1.136 388	0.879 981	0.856 17	0.830 5
4	0.236 271	4.232 428	0.856 17	0.830 5
5	0.235 861	4.239 785	0.973 55	0.830 5
6	0.142 346	7.025 136	0.973 55	0.973 9
7	0.139 997	7.143 01	0.973 55	0.973 9
8	0.133 286	7.502 663	0.973 55	0.973 9
9	0.133 285	7.502 72	0.973 55	0.973 9
10	0.122 824	8.141 731	0.973 55	0.973 9
11	0.101 164	9.884 939	0.973 55	0.980 09
12	0.085 037	11.759 59	0.973 55	0.980 09
13	0.070 142	14.256 79	0.973 55	0.980 1
14	0.059 525	16.799 66	0.973 55	0.980 1
15	0.055 522	18.010 88	0.973 55	0.980 13
16	0.032 252	31.005 83	0.973 56	0.980 13
17	0.032 252	31.005 83	0.973 59	0.980 13
18	0.030 828	32.438 04	0.973 59	0.980 13
19	0.026 91	37.160 91	0.973 59	0.980 13
20	0.026 4	37.878 79	0.973 59	0.980 13

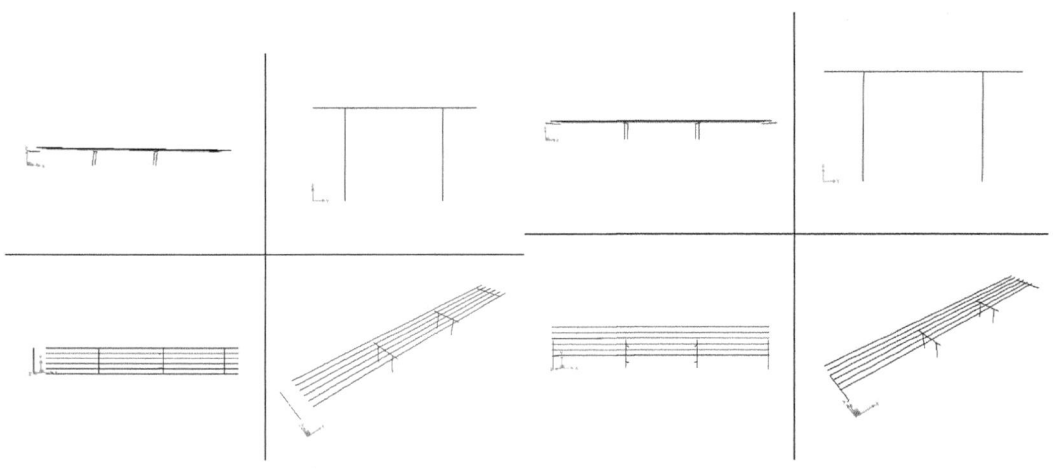

图 5.3　第 1 阶，周期 1.311 s　　　　图 5.4　第 2 阶，周期 1.268 s

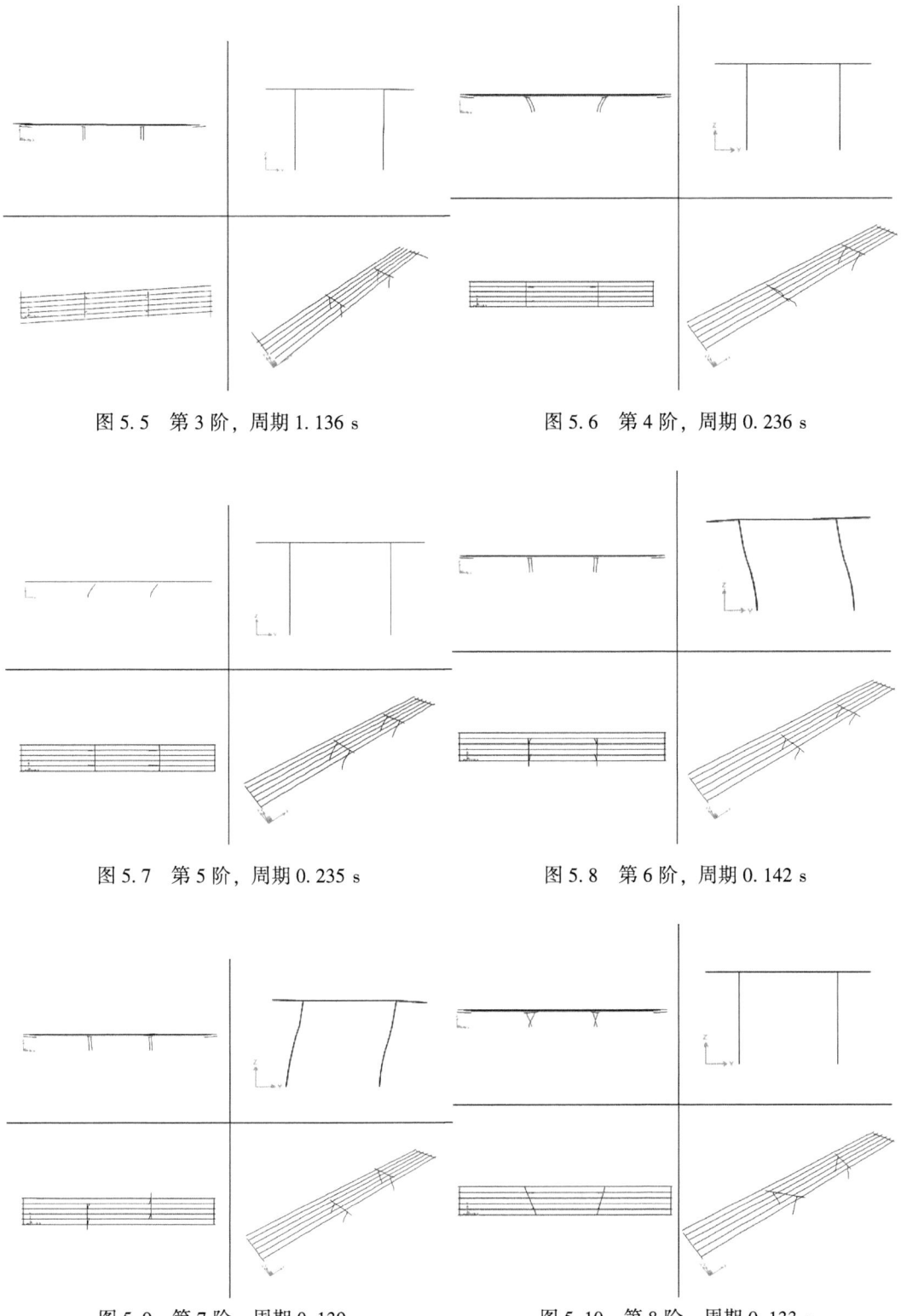

图 5.5　第 3 阶，周期 1.136 s　　　　　图 5.6　第 4 阶，周期 0.236 s

图 5.7　第 5 阶，周期 0.235 s　　　　　图 5.8　第 6 阶，周期 0.142 s

图 5.9　第 7 阶，周期 0.139 s　　　　　图 5.10　第 8 阶，周期 0.133 s

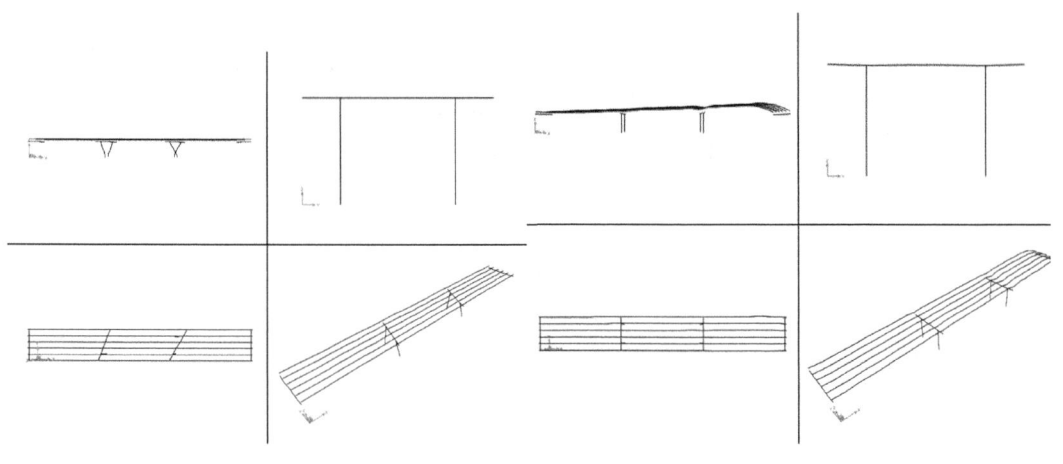

| 图 5.11 第 9 阶，周期 0.132 s | 图 5.12 第 10 阶，周期 0.122 s |

5.5 反应谱分析

5.5.1 设计加速度反应谱

根据《四川高速公路工程抗震设计指南》及梁桥的地理位置，水平设计加速度反应谱 S 由下式确定：

$$S = \begin{cases} S_{\max}(5.5T + 0.45) & T < 0.1 \text{ s} \\ S_{\max} & 0.1 \text{ s} \leq T \leq T_g \\ S_{\max}(T_g/T) & T > T_g \end{cases} \quad (5.1)$$

式中：$S_{\max}$——设计加速度反应谱最大值；
　　　　T——结构自振周期；
　　　　T_g——场地特征周期。

水平设计加速度反应谱最大值 $S_{\max}$ 由下式确定：

$$S_{\max} = 2.5 R_i C_s C_d A \quad (5.2)$$

式中：R_i——地震作用调整系数，即不同地震重现期地震动峰值加速度与基本地震动加速度的比值；E1 地震作用取 1.0；E2 地震作用取 1.9；
　　　　C_s——场地系数，根据桥梁所在场地条件，取 1.0；
　　　　C_d——阻尼调整系数，当结构阻尼比采用 5% 时，取 1.0；
　　　　A——水平设计基本地震动加速度峰值，取 $0.15g$。

E1 地震作用和 E2 地震作用的水平设计地震动反应谱分别如图 5.13 和图 5.14 所示。

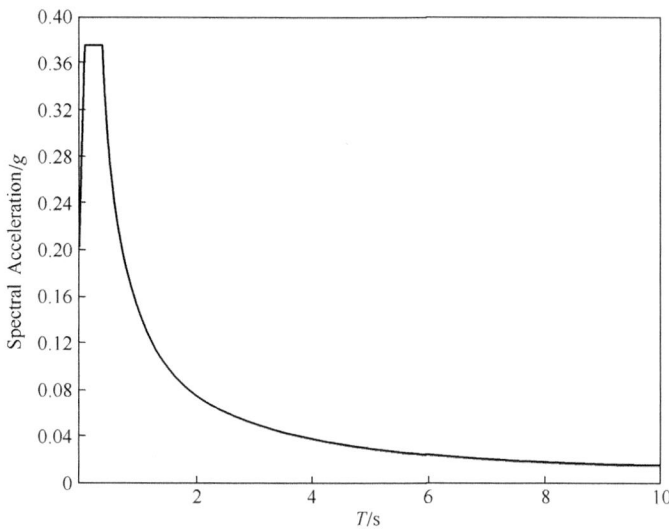

图 5.13　E1 地震作用的反应谱

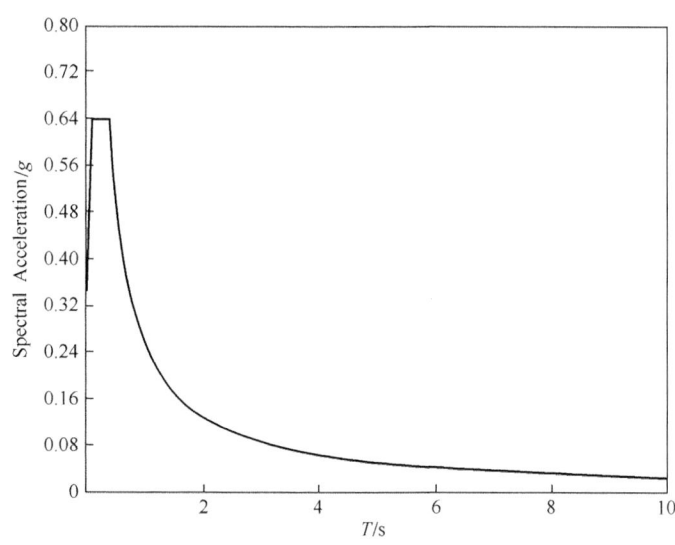

图 5.14　E2 地震作用的反应谱

5.5.2　桥墩的计算

5.5.2.1　桥墩关键截面内力分析

桥墩关键截面内力分别提取 E1 地震作用和 E2 地震作用下桥墩底部关键截面的内力分析结果见表 5.6 和表 5.7。

表 5.6　E1 地震作用下桥墩关键截面内力

墩　号		取值	P/kN	V_y/kN	V_z/kN	M_y/(kN·m)	M_z/(kN·m)
纵向地震作用							
1号墩（左）	墩顶	max	−3 160.097	472.715	−35.507	−161.004 9	1.113 4
		min	−3 197.034	−472.485	−36.045	−162.847 6	−0.944 4
	墩底	max	−3 451.674	489.06	−35.505	75.256 3	3 189.126
		min	−3 488.615	−488.831	−36.047	73.129 1	−3 190.472 4
1号墩（右）	墩顶	max	−3 159.789	472.462	36.442	164.292	0.371 8
		min	−3 195.283	−472.185	35.103	159.357 1	−0.064 9
	墩底	max	−3 451.366	488.816	36.444	−72.301 9	3 188.008 2
		min	−3 486.864	−488.539	35.101	−76.245 5	−3 189.529 8
2号墩（左）	墩顶	max	−3 170.758	502.071	−35.68	−161.482	0.594 7
		min	−3 199.098	−501.994	−36.152	−163.565 2	−0.630 7
	墩底	max	−3 337.373	515.226	−35.68	−26.853 6	1 919.563 4
		min	−3 365.716	−515.148	−36.153	−27.282 4	−1 919.890 1
2号墩（右）	墩顶	max	−3 170.733	502.111	36.207	163.733 1	0.708 6
		min	−3 198.931	−501.983	35.629	161.307 1	−0.602 3
	墩底	max	−3 462.311	518.343	36.208	−73.818	3 383.591 2
		min	−3 490.512	−518.215	35.627	−75.253 2	−3 384.328 6
横向地震作用							
1号墩（左）	墩顶	max	−2 632.916	4.205	454.711	1 383.228 4	11.314 1
		min	−3 724.215	−3.976	−526.262	−1 707.081	−11.145 2
	墩底	max	−2 923.871	4.23	480.183	1 873.536 7	15.225 5
		min	−4 016.418	−4	−551.734	−1 725.151 3	−16.571 9
1号墩（右）	墩顶	max	−2 631.837	3.977	528.134	1 715.266 8	11.382 8
		min	−3 723.235	−3.7	−456.589	−1 391.617 6	−11.075 8
	墩底	max	−2 922.791	4.001	553.516	1 728.812 5	13.478 4
		min	−4 015.439	−3.724	−481.971	−1 877.359 9	−15.000 1
2号墩（左）	墩顶	max	−2 583.35	3.364	505.808	1 540.455 3	8.862 3
		min	−3 786.506	−3.287	−577.641	−1 865.502 5	−8.898 2
	墩底	max	−2 749.551	3.384	524.077	349.196	3.583 2
		min	−3 953.539	−3.307	−595.909	−403.331 9	−3.909 8
2号墩（右）	墩顶	max	−2 583.206	3.015	575.669	1 856.754 2	8.932 8
		min	−3 786.458	−2.887	−503.834	−1 531.714	−8.826 5
	墩底	max	−2 874.2	3.041	599.514	1 893.928 9	10.374 9
		min	−4 078.623	−2.913	−527.678	−2 043.000 1	−11.112 3

表 5.7 E2 地震作用下桥墩关键截面内力

墩号		取值	P/kN	V_y/kN	V_z/kN	M_y/(kN·m)	M_z/(kN·m)
纵向地震作用							
1号墩（左）	墩顶	max	-3 147.169	803.535	-35.318	-160.36	1.833 6
		min	-3 209.962	-803.305	-36.233	-163.492 6	-1.664 7
	墩底	max	-3 438.744	831.322	-35.315	76.000 8	5 421.985 4
		min	-3 501.545	-831.093	-36.236	72.384 6	-5 423.331 8
1号墩（右）	墩顶	max	-3 147.365	803.088	36.911	166.019 2	0.524 7
		min	-3 207.707	-802.811	34.634	157.629 9	-0.217 7
	墩底	max	-3 438.941	830.891	36.914	-70.921 7	5 420.146 5
		min	-3 499.289	-830.614	34.631	-77.625 8	-5 421.668 2
2号墩（左）	墩顶	max	-3 160.839	853.494	-35.515	-160.752 9	1.023 6
		min	-3 209.018	-853.417	-36.318	-164.294 4	-1.059 6
	墩底	max	-3 452.453	875.856	-35.514	-26.703 5	5 752.332 2
		min	-3 500.636	-875.779	-36.319	-27.432 5	-5 752.921 4
2号墩（右）	墩顶	max	-3 160.864	853.544	36.409	164.582 2	1.167 4
		min	-3 208.8	-853.416	35.426	160.458	-1.061 1
	墩底	max	-3 452.44	881.138	36.411	-73.315 6	5 752.363 1
		min	-3 500.382	-881.01	35.424	-75.755 5	-5 753.100 5
横向地震作用							
1号墩（左）	墩顶	max	-2 250.962	7.069	798.051	2 464.836 7	19.174 9
		min	-4 106.169	-6.839	-869.602	-2 788.689 2	-19.005 9
	墩底	max	-2 541.48	7.11	841.353	3 133.077 5	26.354 6
		min	-4 398.809	-6.881	-912.905	-2 984.692 1	-27.701
1号墩（右）	墩顶	max	-2 249.848	6.663	872.787	2 802.676 3	19.243 3
		min	-4 105.224	-6.386	-801.242	-2 479.027 2	-18.936 3
	墩底	max	-2 540.364	6.704	915.937	2 990.972 8	23.445 9
		min	-4 397.867	-6.427	-844.392	-3 139.520 3	-24.967 6
2号墩（左）	墩顶	max	-2 162.246	5.691	885.016	2 732.540 5	15.078 4
		min	-4 207.61	-5.614	-956.848	-3 057.587 8	-15.114 3
	墩底	max	-2 328.155	5.726	916.072	612.580 8	6.205 7
		min	-4 374.935	-5.649	-987.904	-666.716 7	-6.532 4
2号墩（右）	墩顶	max	-2 162.068	5.08	953.495	3 042.718 1	15.148 6
		min	-4 207.596	-4.953	-881.66	-2 717.677 8	-15.042 3
	墩底	max	-2 452.652	5.125	994.031	3 271.854 1	17.895 4
		min	-4 500.171	-4.997	-922.196	-3 420.925 2	-18.632 8

5.5.2.2 桥墩强度验算

对 1~2 号桥墩进行桥墩关键截面的强度验算,验算结果见表 5.8~表 5.9。本部分内容结合有限元分析方法进行,通过分析不同轴压荷载作用下设计截面的弯矩曲率关系,得出其抗弯承载能力,其设计截面模型和弯矩-曲率关系分别如图 5.15 和图 5.16 所示。验算结果表明,相当于地震重现期 2 475 年地震作用下,桥墩进入塑性。

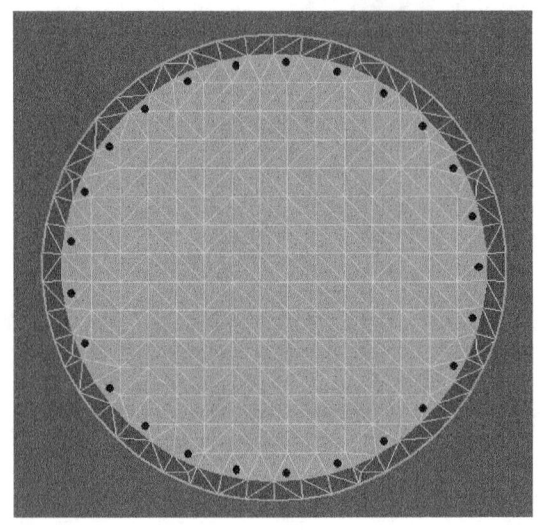
图 5.15 设计截面模型

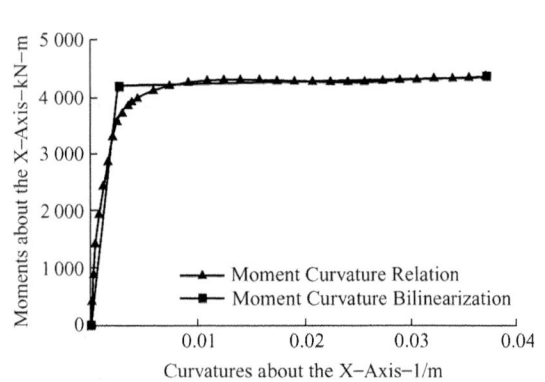
图 5.16 弯矩-曲率关系

当墩柱处于弹性阶段时,区域沿顺桥向和横桥向的斜截面抗剪强度应按下列公式计算:

$$V \leqslant \left(\frac{1.75}{\lambda + 1} f_t b h_0 + f_{yv} \frac{A_{sv}}{s} h_0 + 0.07N\right) \Big/ \gamma_{RE} \tag{5.3}$$

式中:λ——偏心受压构件计算截面的剪跨比,取为 $M/(Vh_0)$,当 $\lambda < 1.5$ 时取 1.5,当 $\lambda > 3$ 时取 3;

N——与剪力值 V 相应的轴向压力值(kN),当 $N > 0.3f_c A$ 时,取为 $0.3f_c A$,此处,A 为构件的截面面积(m^2),f_c 为混凝土抗压强度设计值(MPa);

f_t——混凝土的抗拉强度设计值(MPa);

b——截面宽度(m);

h_0——截面的有效高度(m);

f_{yv}——箍筋的抗拉强度设计值(MPa);

A_{sv}——同一截面内箍筋的总面积(m^2);

s——沿构件长度方向的箍筋间距;

γ_{RE}——承载力抗震调整系数。

墩柱塑性铰区域沿顺桥向和横桥向的斜截面抗剪强度应按下列公式计算:

$$V_{co} \leqslant \phi(0.0023\sqrt{f'_c} A_e + V_s) \tag{5.4}$$

其中
$$V_s = 0.1 \frac{A_k b}{S_k} f_{yh} \leq 0.067 \sqrt{f'_c} A_e$$

式中：f'_c——混凝土抗压强度标准值（MPa）；

A_e——核心混凝土面积（cm²）；

V_s——箍筋提供的抗剪能力（kN）；

ϕ——抗剪强度折减系数，$\phi = 0.85$。

表 5.8　E1 地震作用下桥墩强度验算结果

墩 号		取值	P/kN	V_x/kN	M_y/(kN·m)	抗弯承载力/(kN·m)	抗剪承载力/kN	抗弯结果	抗剪结果
纵向地震作用									
1号墩（左）	墩顶	max	-3 160.097	472.715	1.113 4	3 591	655	弹性	满足
		min	-3 197.034	-472.485	-0.944 4	3 606	655	弹性	满足
	墩底	max	-3 451.674	489.06	3 189.126	3 656	655	弹性	满足
		min	-3 488.615	-488.831	-3 190.472	3 661	655	弹性	满足
1号墩（右）	墩顶	max	-3 159.789	472.462	0.371 8	3 591	655	弹性	满足
		min	-3 195.283	-472.185	-0.064 9	3 604	655	弹性	满足
	墩底	max	-3 451.366	488.816	3 188.008	3 656	655	弹性	满足
		min	-3 486.864	-488.539	-3 189.529	3 662	655	弹性	满足
2号墩（左）	墩顶	max	-3 170.758	502.071	0.594 7	3 597	655	弹性	满足
		min	-3 199.098	-501.994	-0.630 7	360 8	655	弹性	满足
	墩底	max	-3 337.373	515.226	1 919.563 4	3 643	655	弹性	满足
		min	-3 365.716	-515.148	-1 919.890 1	3 645	655	弹性	满足
2号墩（右）	墩顶	max	-3 170.733	502.111	0.708 6	3 597	655	弹性	满足
		min	-3 198.931	-501.983	-0.602 3	3 606	655	弹性	满足
	墩底	max	-3 462.311	518.343	3 383.591 2	3 658	655	弹性	满足
		min	-3 490.512	-518.215	-3 384.328 6	3 662	655	弹性	满足
横向地震作用									
1号墩（左）	墩顶	max	-2 632.916	454.711	1 383.228 4	3 377	655	弹性	满足
		min	-3 724.215	-526.262	-1 707.081	3 688	655	弹性	满足
	墩底	max	-2 923.871	480.183	1 873.536 7	3 500	655	弹性	满足
		min	-4 016.418	-551.734	-1 725.151 3	3 724	655	弹性	满足
1号墩（右）	墩顶	max	-2 631.837	528.134	1 715.266 8	3 377	655	弹性	满足
		min	-3 723.235	-456.589	-1 391.617 6	3 689	655	弹性	满足
	墩底	max	-2 922.791	553.516	1 728.812 5	3 499	655	弹性	满足
		min	-4 015.439	-481.971	-1 877.359 9	3 726	655	弹性	满足

续表

横向地震作用									
墩号	取值		P/kN	V_x/kN	M_y/(kN·m)	抗弯承载力/(kN·m)	抗剪承载力/kN	抗弯结果	抗剪结果
2号墩（左）	墩顶	max	-2 583.35	505.808	1 540.455 3	3 354	655	弹性	满足
		min	-3 786.506	-577.641	-1 865.502 5	3 697	655	弹性	满足
	墩底	max	-2 749.551	524.077	349.196	3 426	655	弹性	满足
		min	-3 953.539	-595.909	-403.331 9	3 719	655	弹性	满足
2号墩（右）	墩顶	max	-2 583.206	575.669	1 856.754 2	3 354	655	弹性	满足
		min	-3 786.458	-503.834	-1 531.714	3 697	655	弹性	满足
	墩底	max	-2 874.2	599.514	1 893.928 9	3 477	655	弹性	满足
		min	-4 078.623	-527.678	-2 043.000 1	3 735	655	弹性	满足

表 5.9　E2 地震作用下桥墩强度验算结果

纵向地震作用									
墩号	取值		P/kN	V_x/kN	M_y/(kN·m)	抗弯承载力/(kN·m)	抗剪承载力/kN	抗弯结果（需求能力比）	抗剪结果
1号墩（左）	墩顶	max	-3 147.169	803.535	1.833 6	3 586	655	弹性	满足
		min	-3 209.962	-803.305	-1.664 7	3 611	655	弹性	满足
	墩底	max	-3 438.744	831.322	5 421.985 4	4 589	667	1.18	不满足
		min	-3 501.545	-831.093	-5 423.331 8	4 615	667	1.17	不满足
1号墩（右）	墩顶	max	-3 147.365	803.088	0.524 7	3 586	655	弹性	满足
		min	-3 207.707	-802.811	-0.217 7	3 612	655	弹性	满足
	墩底	max	-3 438.941	830.891	5 420.146 5	4 589	667	1.18	不满足
		min	-3 499.289	-830.614	-5 421.668 2	4 613	667	1.17	不满足
2号墩（左）	墩顶	max	-3 160.839	853.494	1.023 6	3 591	655	弹性	满足
		min	-3 209.018	-853.417	-1.059 6	3 611	655	弹性	满足
	墩底	max	-3 452.453	875.856	5 752.372 1	4 595	667	1.25	不满足
		min	-3 500.636	-875.779	-5 752.698 8	4 614	667	1.24	不满足
2号墩（右）	墩顶	max	-3 160.864	853.544	1.167 4	3 591	655	弹性	满足
		min	-3 208.8	-853.416	-1.061 1	3 610	655	弹性	满足
	墩底	max	-3 452.44	881.138	5 752.363 1	4 595	667	1.25	不满足
		min	-3 500.382	-881.01	-5 753.100 5	4 614	667	1.24	不满足

续表

墩号		取值	P/kN	V_x/kN	M_y/(kN·m)	抗弯承载力/(kN·m)	抗剪承载力/kN	抗弯结果（需求能力比）	抗剪结果
横向地震作用									
1号墩（左）	墩顶	max	-2 250.962	798.051	2 464.836 7	3 205	655	弹性	不满足
		min	-4 106.169	-869.602	-2 788.689 2	3 738	655	弹性	不满足
	墩底	max	-2 541.48	841.353	3 133.077 5	3 334	655	弹性	不满足
		min	-4 398.809	-912.905	-2 984.692 1	3 774	655	弹性	不满足
1号墩（右）	墩顶	max	-2 249.848	872.787	2 802.676 3	3 205	655	弹性	不满足
		min	-4 105.224	-801.242	-2 479.027 2	3 737	655	弹性	不满足
	墩底	max	-2 540.364	915.937	2 990.972 8	3 335	655	弹性	不满足
		min	-4 397.867	-844.392	-3 139.520 3	3 774	655	弹性	不满足
2号墩（左）	墩顶	max	-2 162.246	885.016	2 732.540 5	3 164	655	弹性	不满足
		min	-4 207.61	-956.848	-3 057.587 8	3 750	655	弹性	不满足
	墩底	max	-2 328.155	916.072	612.580 8	3 242	655	弹性	不满足
		min	-4 374.935	-987.904	-666.716 7	3 771	655	弹性	不满足
2号墩（右）	墩顶	max	-2 162.068	953.495	3 042.718 1	3 164	655	弹性	不满足
		min	-4 207.596	-881.66	-2 717.677 8	3 750	655	弹性	不满足
	墩底	max	-2 452.652	994.031	3 271.854 1	3 296	655	弹性	不满足
		min	-4 500.171	-922.196	-3 420.925 2	3 787	655	弹性	不满足

5.5.3 支座的计算

5.5.3.1 支座变形和水平地震力

不同地震动水平下，简支梁两端支座的侧向变形见表5.10~表5.11。

表5.10 E1地震作用下支座变形 单位：mm

纵向地震作用				横向地震作用			
位置		顺桥向	横桥向	位置		顺桥向	横桥向
0号桥台（左）		32.26	-0.14	0号桥台（左）		3.3	-28.838
0号桥台（右）		32.228	0.138	0号桥台（右）		3.195	28.804
1号桥墩（左）	前	-27.882	-0.158	1号桥墩（左）	前	-3.164	-30.908
	后	54.862	-0.077		后	2.633	52.471
1号桥墩（右）	前	-27.869	0.143	1号桥墩（右）	前	-3.055	30.853
	后	54.865	0.092		后	2.579	52.715
2号桥墩（左）	前	-54.311	-0.093	2号桥墩（左）	前	-2.578	-52.859
	后	27.487	-0.062		后	2.999	-28.158
2号桥墩（右）	前	-54.31	0.078	2号桥墩（右）	前	-2.499	52.789
	后	27.488	0.077		后	2.942	28.186
3号桥台（左）		-32.971	0.023	3号桥台（左）		-3.133	27.105
3号桥台（右）		-32.969	0.023	3号桥台（右）		-3.078	27.028

表 5.11 E2 地震作用下支座变形　　　　　　　　　　　　　　单位：mm

位　置		纵向地震作用		位　置		横向地震作用	
		顺桥向	横桥向			顺桥向	横桥向
0号桥台（左）		53.227	-0.233	0号桥台（左）		3.995	-49.019
0号桥台（右）		53.186	0.23	0号桥台（右）		3.818	-48.966
1号桥墩（左）	前	-45.783	-0.23	1号桥墩（左）	前	-3.772	52.49
	后	91.635	-0.104		后	2.857	-89.584
1号桥墩（右）	前	-45.762	0.215	1号桥墩（右）	前	-3.59	52.446
	后	91.639	0.118		后	2.765	89.61
2号桥墩（左）	前	-90.699	-0.119	2号桥墩（左）	前	-2.761	-89.845
	后	45.094	-0.078		后	3.474	-47.887
2号桥墩（右）	前	-90.7	0.105	2号桥墩（右）	前	-2.525	89.736
	后	45.095	0.092		后	3.376	47.911
3号桥台（左）		-54.418	0.039	3号桥台（左）		-3.693	46.079
3号桥台（右）		-54.416	0.039	3号桥台（右）		-3.602	-46.036

不同地震动水平下，简支梁两端支座的水平地震力见表 5.12 和表 5.13。

表 5.12 E1 地震作用下支座水平地震力　　　　　　　　　　单位：kN

位　置		取值	纵向地震作用		位　置		取值	横向地震作用	
			顺桥向	横桥向				顺桥向	横桥向
0号桥台		max	66.731	0.286	0号桥台		max	6.831	59.645
		min	-57.216	-0.29			min	2.722	-59.676
1号桥墩	左	max	113.565	0.199	1号桥墩	左	max	5.451	109.058
		min	-103.851	-0.23			min	-6.55	-109.087
	右	max	113.222	0.296		右	max	5.338	108.769
		min	-103.922	-0.2			min	-5.714	-108.546
2号桥墩	左	max	102.783	0.064	2号桥墩	左	max	6.208	109.328
		min	-112.421	-0.094			min	-5.336	-109.418
	右	max	102.787	0.094		右	max	5.61	109.272
		min	-112.421	-0.065			min	-4.962	-109.243
3号桥台		max	58.601	0.047	3号桥台		max	-4.539	56.056
		min	-68.248	-0.046			min	-6.371	-56.102

表 5.13 E2 地震作用下支座水平地震力　　　　　　　　　　单位：kN

纵向地震作用					横向地震作用				
位　置		取值	顺桥向	横桥向	位　置		取值	顺桥向	横桥向
0 号桥台		max	110.18	0.476	0 号桥台		max	8.269	101.441
		min	-100.627	-0.483			min	1.284	-101.469
1 号桥墩	左	max	189.685	0.349	1 号桥墩	左	max	5.915	184.635
		min	-180.041	-0.477			min	-7.808	-185.438
	右	max	189.692	0.441		右	max	5.723	184.829
		min	-179.689	-0.283			min	-7.431	-184.606
2 号桥墩	左	max	178.107	0.089	2 号桥墩	左	max	7.191	185.888
		min	-187.746	-0.247			min	-5.715	-185.96
	右	max	178.11	0.124		右	max	6.153	185.753
		min	-187.744	-0.12			min	-5.064	-185.724
3 号桥台		max	102.995	0.08	3 号桥台		max	-4.134	95.383
		min	-112.641	-0.079			min	-7.645	-95.35

5.5.3.2　支座验算

对于板式橡胶支座，在 E2 地震作用下，应按下列要求进行板式橡胶支座的抗震验算。

支座厚度按下式进行验算：

$$\sum t \geqslant \frac{X_0}{\tan\gamma} = X_0 \tag{5.5}$$

式中：$\sum t$——橡胶层的总厚度（m）；

　　　$\tan\gamma$——橡胶片剪切角正切值，取 $\tan\gamma = 1.0$；

　　　X_0——E2 地震作用效应和永久作用效应组合后橡胶支座顶面相对于底面的水平位移（m）。

支座抗滑稳定性按下式进行验算：

$$\mu_d R_b \geqslant E_{hzb} \tag{5.6}$$

式中：μ_d——支座的摩阻系数，橡胶支座与混凝土表面的动摩阻系数采用 0.15，与钢板的动摩阻系数采用 0.10；

　　　R_b——上部结构重力在支座上产生的反力（kN）；

　　　E_{hzb}——E2 地震作用效应和永久作用效应组合后橡胶支座的水平地震力（kN）。

分别对应 E1 和 E2 地震作用下支座厚度验算结果见表 5.14 和表 5.15。结果表明，E1 和 E2 地震作用下，部分支座产生损伤，建议提高支座刚度。

表 5.14　E1 地震作用下支座厚度验算　　单位：mm

纵向地震作用					横向地震作用				
位　置		顺桥向	橡胶层厚度	验算结果	位　置		横桥向	橡胶层厚度	验算结果
0 号桥台		32.23	53	满足	0 号桥台		28.66	53	满足
1 号桥墩	左	54.75	53	不满足	1 号桥墩	左	52.52	53	满足
	右	54.86	53	不满足		右	52.71	53	满足
2 号桥墩	左	54.31	53	不满足	2 号桥墩	左	52.85	53	满足
	右	54.24	53	不满足		右	52.78	53	满足
3 号桥台		32.97	53	满足	3 号桥台		27.11	53	满足

表 5.15　E2 地震作用下支座厚度验算　　单位：mm

纵向地震作用					横向地震作用				
位　置		顺桥向	橡胶层厚度	验算结果	位　置		横桥向	橡胶层厚度	验算结果
0 号桥台		53.22	53	不满足	0 号桥台		49.00	53	满足
1 号桥墩	左	91.53	53	不满足	1 号桥墩	左	89.27	53	不满足
	右	91.63	53	不满足		右	89.61	53	不满足
2 号桥墩	左	90.69	53	不满足	2 号桥墩	左	89.81	53	不满足
	右	90.69	53	不满足		右	89.73	53	不满足
3 号桥台		54.41	53	不满足	3 号桥台		46.03	53	满足

5.5.4　盖梁的计算

5.5.4.1　盖梁内力

不同地震动水平下，盖梁内力见表 5.16。

表 5.16　盖 梁 内 力

E1 地震作用下							
纵向地震作用				横向地震作用			
墩　号		竖向剪力/kN	纵向弯矩/(kN·m)	墩　号		竖向剪力/kN	纵向弯矩/(kN·m)
1	端支承 1	-1 183.424	-2 235.294 1	1	端支承 1	1 081.914	-2 160.244 1
	端支承 2	1 195.749	-2 236.144 9		端支承 2	1 646.529	684.753 7
	跨　中	22.139	571.787 5		跨　中	453.265	-2 141.767 6
2	端支承 1	-1 186.756	-2 244.000 5	2	端支承 1	1 096.908	-2 135.888 4
	端支承 2	1 196.158	-2 244.057 8		端支承 2	1 700.447	-2 156.245 8
	跨　中	21.732	571.914 8		跨　中	497.794	674.648 4

续表

E2 地震作用下							
纵向地震作用				横向地震作用			
墩 号		竖向剪力/kN	纵向弯矩/(kN·m)	墩 号		竖向剪力/kN	纵向弯矩/(kN·m)
1	端支承1	-1 179.462	-2 225.826 4	1	端支承1	1 107.749	-2 098.241 5
1	端支承2	1 200.215	-2 226.553 7	1	端支承2	1 966.54	-2 066.112 2
1	跨 中	22.445	573.256 3	1	跨 中	798.56	765.298 9
2	端支承1	-1 183.505	-2 236.557 4	2	端支承1	1 131.542	-2 052.766 9
2	端支承2	1 199.471	573.083 2	2	端支承2	2 056.762	-2 087.318 3
2	跨 中	21.819	-2 236.598 8	2	跨 中	831.125	747.730 2

5.5.4.2 盖梁强度验算

钢筋混凝土盖梁的正截面抗弯承载力应按下列规定计算：

$$\gamma_0 M_d \leqslant f_{sd} A_s z \tag{5.7}$$

其中

$$z = \left(0.75 + 0.05 \frac{l}{h}\right)(h_0 - 0.5x) \tag{5.8}$$

式中：M_d——盖梁最大弯矩组合设计值；

　　f_{sd}——纵向普通钢筋抗拉强度设计值；

　　A_s——受拉区普通钢筋截面面积；

　　　z——内力臂；

　　　x——截面受压区高度；

　　h_0——截面有效高度。

钢筋混凝土盖梁的抗剪截面应符合下列要求：

$$\gamma_0 V_d \leqslant \frac{\dfrac{l}{h} + 10.3}{30} \times 10^{-3} \sqrt{f_{cu,k}} b h_0 \quad (\text{kN}) \tag{5.9}$$

式中：V_d——验算截面处的剪力组合设计值（kN）；

　　$f_{cu,k}$——混凝土立方体抗压强度标准值（MPa）；

　　　b——盖梁截面宽度；

　　h_0——截面有效高度。

钢筋混凝土盖梁的斜截面抗剪承载力按下列规定计算：

$$\gamma_0 V_d \leqslant \alpha_1 \left(\frac{14 - \dfrac{l}{h}}{20}\right) \times 10^{-3} b h_0 \sqrt{(2 + 0.6P)\sqrt{f_{cu,k}} \rho_{sv} f_{sv}} \quad (\text{kN}) \tag{5.10}$$

式中：α_1——连续梁异号弯矩影响系数，当计算近边支点梁段的抗剪承载力时，$\alpha_1 = 1.0$，当计算中间支点梁段及刚构各节点附近时，$\alpha_1 = 0.9$；

P——受拉区纵向受拉钢筋的配筋百分率,$P = 100\rho$,$\rho = \dfrac{A_s}{bh_0}$,当 $P>2.5$ 时,取 $P=2.5$;

ρ_{sv}——箍筋配筋率,$\rho_{sv} = A_{sv}/s_v b$,此处,A_{sv} 为同一截面内箍筋各肢的总截面面积,s_v 为箍筋间距;

f_{sv}——箍筋的抗拉强度设计值(MPa)。

在 E1 和 E2 地震作用下,盖梁抗弯和抗剪强度检算结果见表 5.17,结果表明,相当于地震重现期 475 年、2 475 年模拟地震作用下,盖梁均满足地震需求。

表 5.17　盖梁强度验算

墩　号	竖向剪力/kN	纵向弯矩/(kN·m)	抗剪能力/kN	抗弯能力/(kN·m)	抗弯结果	抗剪结果
E1 地震作用下						
端支承 1	−1 195.75	−2 263.14	3 643	2 618	满足	满足
端支承 2	−1 182.64	−2 123.26	3 643	2 618	满足	满足
跨　中	0.53	567.53	3 643	2 618	满足	满足
E2 地震作用下						
端支承 1	−1 966.21	−2 226.55	3 643	2 618	满足	满足
端支承 2	−1 973.34	−2 273.13	3 643	2 618	满足	满足
跨　中	0.84	566.11	3 643	2 618	满足	满足

5.6　非线性动力时程分析

5.6.1　非线性时程分析地震动输入

根据示例一简支梁桥的设计反应谱,分别生成相应的三条加速度时程曲线。其中相当于地震重现期 475 年对应的加速度时程曲线如图 5.17 所示,相当于地震重现期 2 475 年对应的加速度时程曲线如图 5.18 所示。地震输入采用纵桥向和横桥向两种方式。

等效塑性铰长度(cm),可取以下两式计算结果的较小值:

$$L_P = 0.08H + 0.022 f_y d_s \geqslant 0.044 f_y d_s \tag{5.11}$$

$$L_P = \dfrac{2}{3}b \tag{5.12}$$

式中:H——悬臂墩的高度或塑性铰截面到反弯点的距离(cm);

b——矩形截面的短边尺寸或圆形截面直径(cm);

f_y——纵向钢筋抗拉强度标准值(MPa);

d_s——纵向钢筋的直径(cm)。

塑性铰区域截面混凝土采用 Mander 约束混凝土模型,其应力-应变关系根据墩柱截面

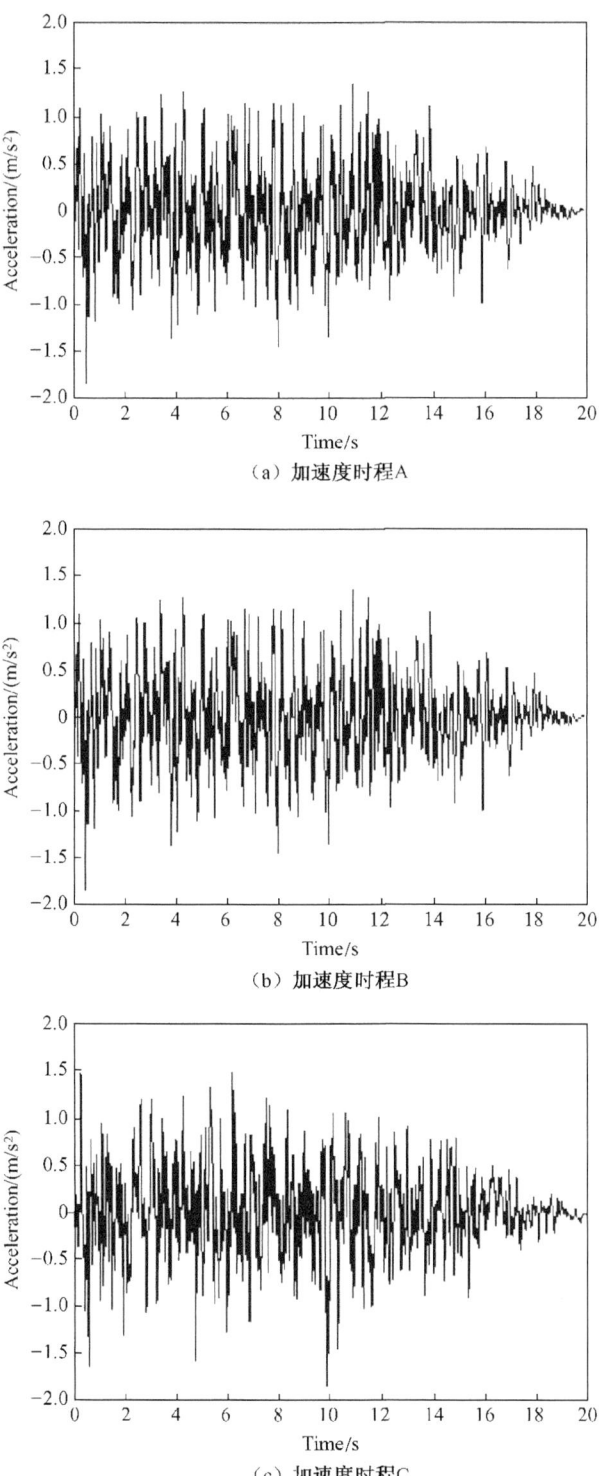

图 5.17 E1 地震作用下的加速度时程

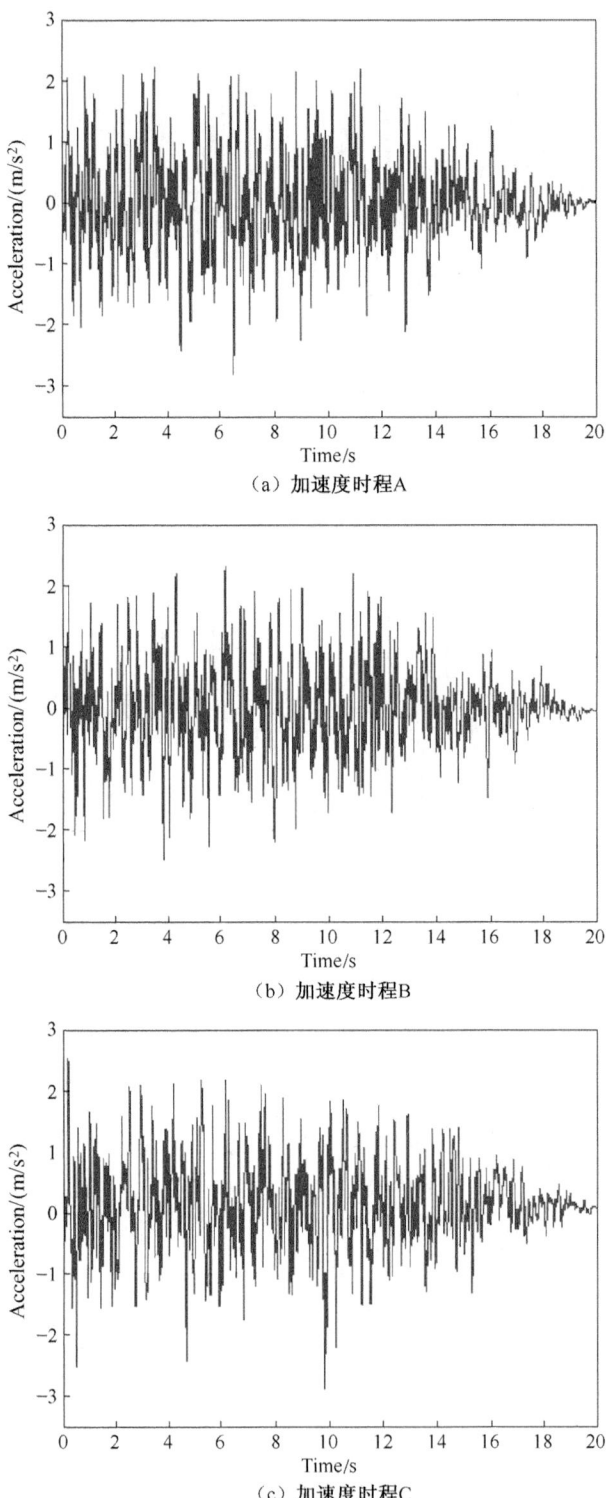

(a) 加速度时程A

(b) 加速度时程B

(c) 加速度时程C

图 5.18 E2 地震作用下的加速度时程

实际截面尺寸和配筋特性确定，钢筋采用三段线性 Park 应力-应变关系，其他截面材料力学性能仅考虑弹性性能。根据不同地震重现期下桥梁的反应谱分析结果得到，模拟水平纵向地震作用下，桥墩内力较大和变形、支座变形较大，故仅提取和分析水平纵向地震作用下桥梁墩柱、支座和帽梁的受力性能。

5.6.2 桥墩的计算

5.6.2.1 桥墩关键截面内力和变形

E1 和 E2 地震作用下，桥墩内力分别见表 5.18～表 5.21。

表 5.18 E1 地震作用下桥墩关键截面内力（恒载+纵向地震作用）

墩 号		取值	P/kN	V_x/kN	V_y/kN	M_x/(kN·m)	M_y/(kN·m)
加速度时程 A							
1号墩（左）	墩顶	max	-3 175.087	266.364	-31.597	-146.466 9	181.666 8
		min	-3 182.315	-378.998	-32.305	-148.044	-140.437 3
	墩底	max	-3 465.14	281.71	-31.614	65.197 8	2 667.667 2
		min	-3 494.224	-353.288	-32.292	62.043 7	-1 903.670 8
1号墩（右）	墩顶	max	-3 173.477	266.337	32.349	148.055 7	181.984
		min	-3 180.95	-378.865	31.507	145.917 4	-140.643 6
	墩底	max	-3 463.853	281.64	32.352	-62.078 6	2 667.150 7
		min	-3 493.144	-353.191	31.474	-65.449 4	-1 903.775 6
2号墩（左）	墩顶	max	-3 182.001	271.745	-31.948	-147.369 4	182.752 1
		min	-3 188.103	-380.929	-32.331	-148.170 3	-142.843 5
	墩底	max	-3 470.761	286.984	-31.878	65.229 7	2 678.719 7
		min	-3 502.86	-352.166	-32.331	63.425 1	-1 964.964 7
2号墩（右）	墩顶	max	-3 181.91	271.753	32.319	148.128 1	182.764 2
		min	-3 188.116	-380.926	31.963	147.456 7	-142.824 2
	墩底	max	-3 470.713	286.99	32.319	-63.456 4	2 678.706 6
		min	-3 502.797	-352.162	31.894	-65.209 2	-1 964.992 3
加速度时程 B							
墩 号		取值	P/kN	V_x/kN	V_y/kN	M_x/(kN·m)	M_y/(kN·m)
1号墩（左）	墩顶	max	-3 172.67	425.957	-27.99	-139.737 4	193.117 4
		min	-3 184.553	-421.708	-32.422	-148.231 8	-215.505 6
	墩底	max	-3 445.146	423.123	-27.97	65.795 1	3 008.796 5
		min	-3 493.217	-437.819	-32.528	44.714 5	-3 014.085 7
1号墩（右）	墩顶	max	-3 171.188	425.804	32.376	148.386 9	193.430 6
		min	-3 182.513	-421.587	27.642	138.873 6	-215.725 3
	墩底	max	-3 443.36	422.972	32.382	-43.844	3 008.425 4
		min	-3 492.39	-437.699	27.778	-65.439 3	-3 013.301 5

续表

墩号	取值		P/kN	V_x/kN	V_y/kN	M_x/(kN·m)	M_y/(kN·m)
加速度时程 B							
2号墩（左）	墩顶	max	-3 179.368	433.8	-26.701	-138.106 8	195.729 5
		min	-3 189.179	-430.021	-32.436	-148.265 7	-218.944 8
	墩底	max	-3 467.637	430.821	-26.708	65.753 4	3 067.860 9
		min	-3 502.447	-446.235	-32.548	38.127 2	-3 069.930 8
2号墩（右）	墩顶	max	-3 179.273	433.811	32.438	148.234 4	195.750 8
		min	-3 189.16	-430.017	26.729	138.186 6	-218.903 3
	墩底	max	-3 467.543	430.833	32.551	-38.229 9	3 067.846 3
		min	-3 502.405	-446.23	26.721	-65.765 1	-3 069.963 2
加速度时程 C							
1号墩（左）	墩顶	max	-3 172.654	386.612	-28.123	-140.765 7	179.003 2
		min	-3 184.433	-408.386	-32.431	-148.377 9	-193.037 9
	墩底	max	-3 457.836	409.009	-28.115	65.697 4	2 930.380 7
		min	-3 500.875	-431.81	-32.439	44.667 2	-2 748.820 6
1号墩（右）	墩顶	max	-3 171.359	386.501	32.481	148.441 1	179.645 1
		min	-3 182.705	-408.344	28.082	140.532	-193.227 1
	墩底	max	-3 456.306	408.9	32.486	-44.776 9	2 930.473 5
		min	-3 500.037	-431.764	28.044	-65.954 7	-2 748.414 5
2号墩（左）	墩顶	max	-3 180.022	396.059	-30.648	-144.795 1	182.208 3
		min	-3 189.861	-422.755	-32.403	-148.389 9	-194.914 4
	墩底	max	-3 457.061	417.757	-30.649	65.473	3 035.175 6
		min	-3 511.488	-447.016	-32.403	57.307 9	-2 815.719 8
2号墩（右）	墩顶	max	-3 179.883	396.06	32.371	148.253 8	182.224 6
		min	-3 189.858	-422.761	30.656	144.940 4	-194.902 7
	墩底	max	-3 456.98	417.758	32.371	-57.319 3	3 035.199 3
		min	-3 511.45	-447.022	30.64	-65.392 6	-2 815.719 8

表 5.19 E1 地震作用下桥墩关键截面内力（恒载+横向地震作用）

墩号	取值		P/kN	V_x/kN	V_y/kN	M_x/(kN·m)	M_y/(kN·m)
加速度时程 A							
1号墩（左）	墩顶	max	-2 753.279	3.47	408.667	1 279.154 4	10.255 8
		min	-3 696.5	-3.505	-399.942	-1 341.017 5	-10.552 8

续表

加速度时程 A						
墩 号	取值	P/kN	V_x/kN	V_y/kN	M_x/(kN·m)	M_y/(kN·m)
1号墩（左） 墩底	max	-3 044.584	3.466	408.037	1 308.327 4	12.629 6
	min	-3 988.069	-3.514	-401.561	-1 415.813 1	-12.648 8
1号墩（右） 墩顶	max	-2 659.53	3.634	473.188	1 128.470 3	7.300 6
	min	-3 602.699	-3.366	-335.301	-1 045.144 4	-10.069 5
1号墩（右） 墩底	max	-2 951.113	3.647	472.555	1 177.470 5	12.149
	min	-3 894.503	-3.365	-336.907	-1 546.172 5	-13.302 7
2号墩（左） 墩顶	max	-2 761.904	2.51	408.708	1 278.428 9	7.390 3
	min	-3 702.47	-2.471	-398.105	-1 334.145 4	-7.370 8
2号墩（左） 墩底	max	-3 053.209	2.504	407.607	1 300.736 2	8.962 1
	min	-3 994.036	-2.476	-399.1	-1 415.042 4	-9.163 1
2号墩（右） 墩顶	max	-2 667.277	2.488	473.465	1 574.964 5	7.397 1
	min	-3 607.811	-2.459	-333.249	-1 037.310 5	-7.38
2号墩（右） 墩底	max	-2 958.861	2.493	472.368	1 169.486 7	8.837 1
	min	-3 899.56	-2.454	-334.233	-1 545.927 1	-9.050 2

加速度时程 B						
墩 号	取值	P/kN	V_x/kN	V_y/kN	M_x/(kN·m)	M_y/(kN·m)
1号墩（左） 墩顶	max	-2 679.97	3.933	353.755	1 120.023 2	11.678 8
	min	-3 621.996	-3.307	-433.943	-1 487.030 1	-9.982 5
1号墩（左） 墩底	max	-2 971.558	3.986	368.734	1 463.719 8	11.999 2
	min	-3 913.505	-3.349	-458.008	-1 269.723 5	-14.483 9
1号墩（右） 墩顶	max	-2 734.149	3.426	418.282	1 415.551 5	10.164
	min	-3 676.282	-3.813	-369.057	-1 190.759 5	-11.502 7
1号墩（右） 墩底	max	-3 025.931	3.471	433.273	1 331.928 6	13.867 5
	min	-3 967.981	-3.873	-393.141	-1 400.137 5	-12.603 5
2号墩（左） 墩顶	max	-2 684.468	2.479	355.356	1 124.614 7	7.353 1
	min	-3 629.659	-2.746	-435.403	-1 491.774 6	-8.215
2号墩（左） 墩底	max	-2 976.056	2.499	370.015	1 468.299 5	10.052 4
	min	-3 921.165	-2.786	-459.386	-1 274.507 8	-9.078 2
2号墩（右） 墩顶	max	-2 740.123	2.756	420.077	1 421.062 7	8.245 4
	min	-3 685.498	-2.441	-370.277	-1 194.317 4	-7.335 6
2号墩（右） 墩底	max	-3 031.905	2.798	434.753	1 336.122 7	8.844 8
	min	-3 977.198	-2.46	-394.28	-1 405.307	-10.091 8

续表

加速度时程 C							
墩 号		取值	P/kN	V_x/kN	V_y/kN	M_x/(kN·m)	M_y/(kN·m)
1号墩（左）	墩顶	max	-2 718.73	4.506	443.674	1 437.623 9	13.452 7
		min	-3 731.214	-3.485	-422.327	-1 398.917 9	-10.652 6
	墩底	max	-3 010.245	4.608	477.704	1 368.928 4	12.614 2
		min	-4 022.783	-3.556	-420.837	-1 611.008	-16.665 8
1号墩（右）	墩顶	max	-2 624.82	3.642	508.706	1 734.346 9	10.816 5
		min	-3 637.388	-4.386	-357.646	-1 102.944 2	-13.280 5
	墩底	max	-2 916.161	3.719	542.717	1 237.784 8	16.058 1
		min	-3 929.222	-4.495	-355.817	-1 743.414 4	-13.479 7
2号墩（左）	墩顶	max	-2 707.932	2.527	449.671	1 455.85	7.421 7
		min	-3 743.9	-3.169	-422.489	-1 417.634 7	-9.487 2
	墩底	max	-2 999.419	2.543	482.953	1 389.810 6	11.587 9
		min	-4 035.509	-3.211	-435.188	-1 629.523 4	-9.315 4
2号墩（右）	墩顶	max	-2 625.862	3.173	514.899	1 753.307 3	9.520 4
		min	-3 661.961	-2.457	-357.584	-1 119.232 3	-7.420 2
	墩底	max	-2 917.23	3.214	548.169	1 255.582 5	8.852 3
		min	-3 953.773	-2.473	-369.635	-1 762.536	-11.577

表 5.20　E2 地震作用下桥墩关键截面内力（恒载+纵向地震作用）

加速度时程 A							
墩 号		取值	P/kN	V_x/kN	V_y/kN	M_x/(kN·m)	M_y/(kN·m)
1号墩（左）	墩顶	max	-3 161.426	562.677	-22.401	-128.936 5	246.674
		min	-3 198.644	-553.297	-32.599	-148.365 4	-262.368
	墩底	max	-3 395.589	529.919	-22.433	66.733 2	3 936.642 3
		min	-3 782.009	-569.117	-32.585	18.316	-3 924.732 1
1号墩（右）	墩顶	max	-3 160.16	563.003	32.594	148.278 1	243.756 9
		min	-3 198.225	-553.477	22.862	128.523 7	-266.295 2
	墩底	max	-3 394.906	530.263	32.604	-21.461 2	3 934.824 1
		min	-3 778.182	-569.292	23.029	-66.875 5	-3 930.854 5
2号墩（左）	墩顶	max	-3 163.59	584.135	-23.137	-125.686 1	250.534 3
		min	-3 195.095	-569.494	-32.796	-148.690 7	-274.231 7
	墩底	max	-3 407.194	546.824	-22.182	67.751 4	4 049.357 4
		min	-3 752.611	-586.168	-32.794	24.329 3	-4 041.455 2

续表

加速度时程 A							
墩 号	取值		P/kN	V_x/kN	V_y/kN	$M_x/(\text{kN}\cdot\text{m})$	$M_y/(\text{kN}\cdot\text{m})$
2号墩（右）	墩顶	max	-3 163.325	584.135	32.827	148.786 4	250.485 3
		min	-3 195.265	-569.512	23.192	125.550 2	-274.233 8
	墩底	max	-3 407.199	546.824	32.825	-24.254 2	4 049.424 8
		min	-3 752.596	-586.186	22.23	-67.860 4	-4 041.449 2

加速度时程 B							
墩 号	取值		P/kN	V_x/kN	V_y/kN	$M_x/(\text{kN}\cdot\text{m})$	$M_y/(\text{kN}\cdot\text{m})$
1号墩（左）	墩顶	max	-3 161.035	595.741	-21.548	-124.123 2	280.191 2
		min	-3 190.011	-609.877	-32.445	-148.419 7	-288.644
	墩底	max	-3 392.561	524.424	-21.337	65.720 7	4 321.953 2
		min	-3 656.237	-597.407	-32.442	14.276 9	-4 100.423 1
1号墩（右）	墩顶	max	-3 157.754	596.258	32.352	148.012 4	278.811 9
		min	-3 187.805	-608.407	19.518	121.655 2	-290.495
	墩底	max	-3 390.103	525.058	32.32	-5.550 1	4 312.111 5
		min	-3 655.411	-596.557	15.377	-65.804 3	-4 105.713 6
2号墩（左）	墩顶	max	-3 171.769	607.833	-24.671	-133.929 4	294.905 8
		min	-3 193.893	-622.202	-32.645	-148.485 9	-300.633 4
	墩底	max	-3 409.262	548.798	-24.339	66.636 2	4 379.460 9
		min	-3 681.604	-588.058	-32.466	27.686 7	-4 171.812 3
2号墩（右）	墩顶	max	-3 171.65	607.823	32.65	148.500 6	294.899
		min	-3 193.897	-622.216	24.657	133.914 8	-300.582 1
	墩底	max	-3 409.104	548.795	32.473	-27.218 5	4 379.644 3
		min	-3 681.538	-588.334	24.416	-66.659 2	-4 171.693 1

加速度时程 C							
墩 号	取值		P/kN	V_x/kN	V_y/kN	$M_x/(\text{kN}\cdot\text{m})$	$M_y/(\text{kN}\cdot\text{m})$
1号墩（左）	墩顶	max	-3 164.247	586.609	-21.93	-128.779 5	258.064 2
		min	-3 192.68	-620.227	-32.188	-147.942 9	-289.813 5
	墩底	max	-3 420.122	611.432	-14.957	64.834 3	4 392.577 7
		min	-3 762.883	-605.357	-32.188	14.390 5	-4 162.643 7
1号墩（右）	墩顶	max	-3 161.896	586.411	32.257	147.789 7	258.751 6
		min	-3 191.904	-620.124	21.997	126.588 9	-290.137 1
	墩底	max	-3 424.756	611.233	32.257	-17.914 6	4 392.081 4
		min	-3 761.988	-604.984	15.444	-65.174 6	-4 161.792

续表

墩 号	取值		P/kN	V_x/kN	V_y/kN	M_x/(kN·m)	M_y/(kN·m)
加速度时程 C							
2号墩（左）	墩顶	max	-3 167.216	597.309	-16.582	-121.721	264.960 6
		min	-3 195.023	-635.654	-32.307	-148.082 2	-291.798 3
	墩底	max	-3 426.644	610.19	-16.53	65.155 1	4 471.623 4
		min	-3 774.179	-598.292	-32.308	-12.311 4	-4 227.387 8
2号墩（右）	墩顶	max	-3 166.978	597.319	32.308	148.080 9	264.947 4
		min	-3 195.01	-635.648	16.607	122.815 1	-291.782 1
	墩底	max	-3 426.505	610.201	32.309	13.338	4 471.572 3
		min	-3 774.102	-598.288	16.488	-65.160 9	-4 227.439 8

表 5.21　E2 地震作用下桥墩关键截面内力（恒载+横向地震作用）

墩 号	取值		P/kN	V_x/kN	V_y/kN	M_x/(kN·m)	M_y/(kN·m)
加速度时程 A							
1号墩（左）	墩顶	max	-2 277.933	5.442	589.329	1 853.440 4	16.021
		min	-3 886.224	-6.83	-791.04	-2 637.173 7	-20.833 8
	墩底	max	-2 584.459	5.547	613.304	2 553.234 8	24.3
		min	-4 177.685	-6.807	-773.754	-2 121.734 4	-20.279 1
1号墩（右）	墩顶	max	-2 469.791	7.092	637.121	2 106.375	20.940 3
		min	-4 081.116	-5.21	-749.838	-2 384.638	-15.951 4
	墩底	max	-2 761.371	7.117	634.457	2 545.243 1	19.072 5
		min	-4 373.274	-5.341	-740.676	-2 092.335 4	-25.802 6
2号墩（左）	墩顶	max	-2 289.907	4.901	614.38	1 939.563 4	14.620 6
		min	-3 890.487	-3.819	-785.773	-2 617.45	-11.610 5
	墩底	max	-2 587.063	4.853	637.955	2 536.281 4	13.791 8
		min	-4 180.598	-3.888	-767.037	-2 199.100 2	-17.668 6
2号墩（右）	墩顶	max	-2 479.246	3.78	635.957	2 146.634 5	11.716 1
		min	-4 081.22	-4.979	-743.066	-2 359.787 3	-14.559 5
	墩底	max	-2 772.25	3.832	648.417	2 521.595 1	18.169 1
		min	-4 373.357	-4.975	-733.031	-2 092.950 3	-13.463 1
加速度时程 B							
1号墩（左）	墩顶	max	-2 281.524	7.758	747.964	2 448.842 3	23.911 1
		min	-4 083.083	-5.6	-777.741	-2 582.970 4	-17.55

续表

加速度时程 B							
墩 号		取值	P/kN	V_x/kN	V_y/kN	M_x/(kN·m)	M_y/(kN·m)
1号墩（左）	墩底	max	−2 596.609	8.004	820.518	2 504.457 8	19.575
		min	−4 374.223	−5.648	−756.746	−2 758.952 9	−28.114 9
1号墩（右）	墩顶	max	−2 270.186	5.767	738.858	2 607.496 8	17.745 3
		min	−4 076.195	−7.694	−792.301	−2 450.350 8	−23.852 4
	墩底	max	−2 561.711	5.803	792.465	2 740.931 2	27.584 8
		min	−4 381.327	−7.786	−772.113	−2 465.995	−20.491 9
2号墩（左）	墩顶	max	−2 268.201	4.287	768.905	2 501.843 9	12.734 9
		min	−4 099.415	−5.544	−796.454	−2 638.563 8	−17.537 5
	墩底	max	−2 601.861	4.317	839.294	2 561.164 3	19.513 9
		min	−4 390.635	−5.702	−770.06	−2 821.705 4	−16.126 4
2号墩（右）	墩顶	max	−2 268.218	5.476	742.782	2 634.903 2	17.647 7
		min	−4 104.475	−4.29	−812.78	−2 505.378 5	−12.717 8
	墩底	max	−2 560.005	5.531	807.37	2 816.999 4	18.765 8
		min	−4 410.63	−4.389	−790.325	−2 509.287 9	−18.941 7

加速度时程 C							
墩 号		取值	P/kN	V_x/kN	V_y/kN	M_x/(kN·m)	M_y/(kN·m)
1号墩（左）	墩顶	max	−2 364.246	6.898	817.331	2 672.001 4	20.624 4
		min	−4 143.425	−6.178	−680.727	−2 292.217 8	−19.215 4
	墩底	max	−2 656.85	6.961	866.082	2 173.704	22.110 4
		min	−4 435.556	−6.311	−683.849	−2 891.639 5	−25.122 5
1号墩（右）	墩顶	max	−2 212.214	6.342	839.999	2 890.258 7	19.362 4
		min	−3 990.368	−6.768	−652.829	−2 122.179 1	−20.461 8
	墩底	max	−2 503.31	6.492	888.971	2 307.337 1	24.402 7
		min	−4 283.087	−6.838	−683.799	−2 823.252 6	−23.023 7
2号墩（左）	墩顶	max	−2 351.561	4.489	827.405	2 710.948 6	13.730 1
		min	−4 161.872	−4.995	−685.975	−2 342.807 4	−15.170 2
	墩底	max	−2 644.304	4.536	874.295	2 221.421 6	17.970 7
		min	−4 453.914	−5.05	−703.286	−2 915.049 3	−16.076 5
2号墩（右）	墩顶	max	−2 207.332	5.166	847.607	2 925.560 7	15.251
		min	−4 016.983	−4.52	−672.87	−2 169.086 8	−13.701 2
	墩底	max	−2 499.494	5.264	894.366	2 388.440 2	16.358 5
		min	−4 309.721	−4.577	−702.594	−2 834.068 3	−19.247 9

E1 和 E2 地震作用下，桥墩墩顶变形见表 5.22 和表 5.23。

表 5.22　E1 地震作用下桥墩墩顶位移　　　　　　　　　　　　　单位：mm

加速度时程 A					
纵向地震作用			横向地震作用		
位置	顺桥向	横桥向	位置	顺桥向	横桥向
1 号桥墩（左）	8.16	0.002	1 号桥墩（左）	0.024	2.46
1 号桥墩（右）	8.16	0.002	1 号桥墩（右）	0.025	2.46
2 号桥墩（左）	8.22	0.001	2 号桥墩（左）	0.017	2.46
2 号桥墩（右）	8.22	0.001	2 号桥墩（右）	0.017	2.46
加速度时程 B					
纵向地震作用			横向地震作用		
位置	顺桥向	横桥向	位置	顺桥向	横桥向
1 号桥墩（左）	9.71	0.003	1 号桥墩（左）	0.027	2.32
1 号桥墩（右）	9.71	0.003	1 号桥墩（右）	0.025	2.32
2 号桥墩（左）	10.08	0.001	2 号桥墩（左）	0.018	2.33
2 号桥墩（右）	10.08	0.001	2 号桥墩（右）	0.019	2.33
加速度时程 C					
纵向地震作用			横向地震作用		
位置	顺桥向	横桥向	位置	顺桥向	横桥向
1 号桥墩（左）	9.65	0.003	1 号桥墩（左）	-0.031	2.75
1 号桥墩（右）	9.65	0.003	1 号桥墩（右）	0.029	2.75
2 号桥墩（左）	10.08	0.001	2 号桥墩（左）	0.021	2.78
2 号桥墩（右）	10.08	0.001	2 号桥墩（右）	-0.021	2.78

表 5.23　E2 地震作用下桥墩墩顶位移　　　　　　　　　　　　　单位：mm

加速度时程 A					
纵向地震作用			横向地震作用		
位置	顺桥向	横桥向	位置	顺桥向	横桥向
1 号桥墩（左）	-16.31	0.007	1 号桥墩（左）	0.051	-4.4
1 号桥墩（右）	-16.31	-0.007	1 号桥墩（右）	0.042	-4.41
2 号桥墩（左）	-16.6	0.001	2 号桥墩（左）	-0.038	-4.35
2 号桥墩（右）	-16.6	-0.001	2 号桥墩（右）	-0.033	-4.35

续表

加速度时程 B					
纵向地震作用			横向地震作用		
位 置	顺桥向	横桥向	位 置	顺桥向	横桥向
1号桥墩（左）	15.96	0.012	1号桥墩（左）	0.053	4.58
1号桥墩（右）	15.97	0.011	1号桥墩（右）	0.067	4.58
2号桥墩（左）	16.09	0.003	2号桥墩（左）	0.047	4.65
2号桥墩（右）	16.09	-0.003	2号桥墩（右）	0.038	4.65
加速度时程 C					
纵向地震作用			横向地震作用		
位 置	顺桥向	横桥向	位 置	顺桥向	横桥向
1号桥墩（左）	18.33	-0.007	1号桥墩（左）	-0.048	4.94
1号桥墩（右）	18.33	-0.008	1号桥墩（右）	0.045	4.94
2号桥墩（左）	19.02	0.003	2号桥墩（左）	-0.003	5.02
2号桥墩（右）	19.02	0.002	2号桥墩（右）	-0.003	5.02

E1 和 E2 地震作用下，桥墩塑性铰转动模拟结果见表5.24。

表 5.24 桥墩塑性铰转动　　　　　　　　　　　　　　　单位：rad

恒载+E1 地震作用							
加速度时程 A							
纵向地震作用				横向地震作用			
位 置			转 角		位 置		转 角
			R_x	R_y			R_x	R_y
1号桥墩	左	墩顶	2.61×10^{-5}	5.65×10^{-6}	1号桥墩	左	墩顶	3.47×10^{-7}	5.08×10^{-5}
		墩底	1.46×10^{-4}	3.32×10^{-6}			墩底	6.08×10^{-7}	7.08×10^{-5}
	右	墩顶	2.60×10^{-5}	5.64×10^{-6}		右	墩顶	3.50×10^{-7}	5.59×10^{-5}
		墩底	1.46×10^{-4}	3.35×10^{-6}			墩底	6.38×10^{-7}	7.69×10^{-5}
2号桥墩	左	墩顶	2.63×10^{-5}	5.64×10^{-6}	2号桥墩	左	墩顶	2.42×10^{-7}	5.13×10^{-5}
		墩底	1.51×10^{-4}	3.34×10^{-6}			墩底	4.41×10^{-7}	7.03×10^{-5}
	右	墩顶	2.62×10^{-5}	5.64×10^{-6}		右	墩顶	2.44×10^{-7}	5.55×10^{-5}
		墩底	1.51×10^{-4}	3.34×10^{-6}			墩底	4.33×10^{-7}	7.63×10^{-5}

续表

恒载+E1 地震作用

加速度时程 B

位置			纵向地震作用 转角		位置			横向地震作用 转角	
			R_x	R_y				R_x	R_y
1号桥墩	左	墩顶	3.02×10^{-5}	5.65×10^{-6}	1号桥墩	左	墩顶	3.89×10^{-7}	6.21×10^{-5}
		墩底	2.10×10^{-4}	8.74×10^{-6}			墩底	7.05×10^{-7}	8.62×10^{-5}
	右	墩顶	3.02×10^{-5}	5.65×10^{-6}		右	墩顶	3.85×10^{-7}	5.86×10^{-5}
		墩底	2.10×10^{-4}	8.68×10^{-6}			墩底	6.79×10^{-7}	8.06×10^{-5}
2号桥墩	左	墩顶	3.06×10^{-5}	5.65×10^{-6}	2号桥墩	左	墩顶	2.76×10^{-7}	5.10×10^{-5}
		墩底	2.17×10^{-4}	9.08×10^{-6}			墩底	4.95×10^{-7}	8.62×10^{-5}
	右	墩顶	3.06×10^{-5}	5.64×10^{-6}		右	墩顶	2.77×10^{-7}	5.85×10^{-5}
		墩底	2.17×10^{-4}	9.08×10^{-6}			墩底	4.93×10^{-7}	8.04×10^{-5}

加速度时程 C

位置			纵向地震作用 转角		位置			横向地震作用 转角	
			R_x	R_y				R_x	R_y
1号桥墩	左	墩顶	2.86×10^{-5}	5.66×10^{-6}	1号桥墩	左	墩顶	4.62×10^{-7}	5.98×10^{-5}
		墩底	2.42×10^{-4}	5.15×10^{-6}			墩底	8.41×10^{-7}	8.25×10^{-5}
	右	墩顶	2.86×10^{-5}	5.65×10^{-6}		右	墩顶	4.58×10^{-7}	6.14×10^{-5}
		墩底	2.41×10^{-4}	4.95×10^{-6}			墩底	8.15×10^{-7}	8.54×10^{-5}
2号桥墩	左	墩顶	2.91×10^{-5}	5.65×10^{-6}	2号桥墩	左	墩顶	3.14×10^{-7}	6.09×10^{-5}
		墩底	2.57×10^{-4}	6.47×10^{-6}			墩底	5.64×10^{-7}	8.41×10^{-5}
	右	墩顶	2.91×10^{-5}	5.64×10^{-6}		右	墩顶	3.16×10^{-7}	6.16×10^{-5}
		墩底	2.91×10^{-4}	5.65×10^{-6}			墩底	5.63×10^{-7}	8.60×10^{-5}

恒载+E2 地震作用

加速度时程 A

位置			纵向地震作用 转角		位置			横向地震作用 转角	
			R_x	R_y				R_x	R_y
1号桥墩	左	墩顶	4.06×10^{-5}	5.66×10^{-6}	1号桥墩	左	墩顶	7.12×10^{-7}	1.06×10^{-4}
		墩底	6.39×10^{-4}	1.61×10^{-5}			墩底	1.52×10^{-6}	2.05×10^{-4}
	右	墩顶	4.08×10^{-5}	5.65×10^{-6}		右	墩顶	6.93×10^{-7}	9.44×10^{-5}
		墩底	6.41×10^{-4}	1.65×10^{-5}			墩底	1.51×10^{-6}	1.56×10^{-4}

续表

恒载+E2 地震作用									
加速度时程 A									
纵向地震作用					横向地震作用				
位置			转角		位置			转角	
			R_x	R_y				R_x	R_y
2号桥墩	左	墩顶	$4.15×10^{-5}$	$5.65×10^{-7}$	2号桥墩	左	墩顶	$5.01×10^{-7}$	$1.06×10^{-4}$
		墩底	$6.54×10^{-4}$	$1.89×10^{-5}$			墩底	$1.14×10^{-6}$	$2.08×10^{-4}$
	右	墩顶	$4.15×10^{-5}$	$5.65×10^{-6}$		右	墩顶	$4.86×10^{-7}$	$9.49×10^{-5}$
		墩底	$6.54×10^{-5}$	$1.89×10^{-5}$			墩底	$1.12×10^{-6}$	$1.57×10^{-4}$
加速度时程 B									
纵向地震作用					横向地震作用				
位置			转角		位置			转角	
			R_x	R_y				R_x	R_y
1号桥墩	左	墩顶	$4.07×10^{-5}$	$5.65×10^{-6}$	1号桥墩	左	墩顶	$8.08×10^{-7}$	$1.02×10^{-4}$
		墩底	$4.86×10^{-4}$	$1.25×10^{-5}$			墩底	$1.39×10^{-6}$	$1.92×10^{-4}$
	右	墩顶	$4.08×10^{-5}$	$5.63×10^{-6}$		右	墩顶	$8.28×10^{-7}$	$1.11×10^{-4}$
		墩底	$4.79×10^{-4}$	$1.31×10^{-5}$			墩底	$2.56×10^{-6}$	$2.52×10^{-4}$
2号桥墩	左	墩顶	$4.19×10^{-5}$	$5.65×10^{-6}$	2号桥墩	左	墩顶	$6.13×10^{-7}$	$1.02×10^{-4}$
		墩底	$5.00×10^{-4}$	$1.56×10^{-5}$			墩底	$1.12×10^{-6}$	$1.93×10^{-4}$
	右	墩顶	$4.19×10^{-5}$	$5.65×10^{-6}$		右	墩顶	$6.22×10^{-7}$	$1.12×10^{-4}$
		墩底	$5.00×10^{-4}$	$1.56×10^{-5}$			墩底	$1.72×10^{-6}$	$2.44×10^{-4}$
加速度时程 C									
纵向地震作用					横向地震作用				
位置			转角		位置			转角	
			R_x	R_y				R_x	R_y
1号桥墩	左	墩顶	$4.04×10^{-5}$	$5.64×10^{-6}$	1号桥墩	左	墩顶	$7.14×10^{-7}$	$9.48×10^{-5}$
		墩底	$7.38×10^{-4}$	$1.45×10^{-5}$			墩底	$1.38×10^{-6}$	$1.77×10^{-4}$
	右	墩顶	$4.04×10^{-5}$	$5.63×10^{-6}$		右	墩顶	$7.22×10^{-7}$	$1.02×10^{-4}$
		墩底	$7.38×10^{-4}$	$1.45×10^{-5}$			墩底	$1.82×10^{-6}$	$2.11×10^{-4}$
2号桥墩	左	墩顶	$4.14×10^{-5}$	$5.64×10^{-6}$	2号桥墩	左	墩顶	$5.09×10^{-7}$	$9.59×10^{-5}$
		墩底	$8.21×10^{-4}$	$1.52×10^{-5}$			墩底	$9.44×10^{-7}$	$1.84×10^{-4}$
	右	墩顶	$4.14×10^{-5}$	$5.63×10^{-6}$		右	墩顶	$5.16×10^{-7}$	$1.04×10^{-4}$
		墩底	$8.21×10^{-4}$	$1.51×10^{-5}$			墩底	$1.22×10^{-6}$	$2.04×10^{-4}$

5.6.2.2 桥墩强度验算

对 1~2 号桥墩进行桥墩关键截面的强度验算,验算结果见表 5.25 和表 5.26。结果表明,E2 地震作用下,部分桥墩强度不满足要求。

表 5.25 E1 地震作用下桥墩强度检算

(a) 加速度 A

恒载+纵向地震作用

墩号		取值	P/kN	V_x/kN	M_y/(kN·m)	抗弯承载力/(kN·m)	抗剪承载力/(kN·m)	抗弯结果	抗剪结果
1号墩(左)	墩顶	max	-3 175.087	266.364	181.666 8	3 591	655	弹性	满足
		min	-3 182.315	-378.998	-140.437 3	3 606	655	弹性	满足
	墩底	max	-3 465.14	281.71	2 667.667 2	3 656	655	弹性	满足
		min	-3 494.224	-353.288	-1 903.670 8	3 661	655	弹性	满足
1号墩(右)	墩顶	max	-3 173.477	266.337	181.984	3 591	655	弹性	满足
		min	-3 180.95	-378.865	-140.643 6	3 604	655	弹性	满足
	墩底	max	-3 463.853	281.64	2 667.150 7	3 656	655	弹性	满足
		min	-3 493.144	-353.191	-1 903.775 6	3 662	655	弹性	满足
2号墩(左)	墩顶	max	-3 182.001	271.745	182.752 1	3 597	655	弹性	满足
		min	-3 188.103	-380.929	-142.843 5	3 608	655	弹性	满足
	墩底	max	-3 470.761	286.984	2 678.719 7	3 643	655	弹性	满足
		min	-3 502.86	-352.166	-1 964.964 7	3 645	655	弹性	满足
2号墩(右)	墩顶	max	-3 181.91	271.753	182.764 2	3 597	655	弹性	满足
		min	-3 188.116	-380.926	-142.824 8	3 606	655	弹性	满足
	墩底	max	-3 470.713	286.99	2 678.706 2	3 658	655	弹性	满足
		min	-3 502.797	-352.162	-1 964.992 3	3 662	655	弹性	满足

恒载+横向地震作用

墩号		取值	P/kN	V_x/kN	M_y/(kN·m)	抗弯承载力/(kN·m)	抗剪承载力/(kN·m)	抗弯结果	抗剪结果
1号墩(左)	墩顶	max	-2 753.279	408.667	1 279.154 4	3 377	655	弹性	满足
		min	-3 696.5	-399.942	-1 341.017 5	3 688	655	弹性	满足
	墩底	max	-3 044.584	408.037	1 308.327 4	3 500	655	弹性	满足
		min	-3 988.069	-401.561	-1 415.813 1	3 724	655	弹性	满足
1号墩(右)	墩顶	max	-2 659.53	473.188	1 128.470 3	3 377	655	弹性	满足
		min	-3 602.699	-335.301	-1 045.144 4	3 689	655	弹性	满足
	墩底	max	-2 951.113	472.555	1 177.470 5	3 499	655	弹性	满足
		min	-3 894.503	-336.907	-1 546.172 5	3 726	655	弹性	满足

续表

(a) 加速度 A									
恒载+横向地震作用									
墩 号	取值		P/kN	V_x/kN	M_y/(kN·m)	抗弯承载力/(kN·m)	抗剪承载力/(kN·m)	抗弯结果	抗剪结果
2号墩（左）	墩顶	max	-2 761.904	408.708	1 278.428 9	3 354	655	弹性	满足
		min	-3 702.47	-398.105	-1 334.145 4	3 697	655	弹性	满足
	墩底	max	-3 053.209	407.607	1 300.736 2	3 426	655	弹性	满足
		min	-3 994.036	-399.1	-1 415.042 4	3 719	655	弹性	满足
2号墩（右）	墩顶	max	-2 667.277	473.465	1 574.964 5	3 354	655	弹性	满足
		min	-3 607.811	-333.249	-1 037.310 5	3 697	655	弹性	满足
	墩底	max	-2 958.861	472.368	1 169.486 7	3 477	655	弹性	满足
		min	-3 899.56	-334.233	-1 545.927 1	3 735	655	弹性	满足

(b) 加速度 B									
恒载+纵向地震作用									
墩 号	取值		P/kN	V_x/kN	M_y/(kN·m)	抗弯承载力/(kN·m)	抗剪承载力/(kN·m)	抗弯结果	抗剪结果
1号墩（左）	墩顶	max	-3 172.67	425.957	193.117 4	3 591	655	弹性	满足
		min	-3 184.553	-421.708	-215.505 6	3 606	655	弹性	满足
	墩底	max	-3 445.146	423.123	3 008.796 5	3 656	655	弹性	满足
		min	-3 493.217	-437.819	-3 014.085 7	3 661	655	弹性	满足
1号墩（右）	墩顶	max	-3 171.188	425.804	193.430 6	3 591	655	弹性	满足
		min	-3 182.513	-421.587	-215.725 3	3 604	655	弹性	满足
	墩底	max	-3 443.36	422.972	3 008.425 4	3 656	655	弹性	满足
		min	-3 492.39	-437.699	-3 013.301 5	3 662	655	弹性	满足
2号墩（左）	墩顶	max	-3 179.368	433.8	195.729 5	3 597	655	弹性	满足
		min	-3 189.179	-430.021	-218.944 8	3 608	655	弹性	满足
	墩底	max	-3 467.637	430.821	3 067.860 9	3 643	655	弹性	满足
		min	-3 502.447	-446.235	-3 069.930 8	3 645	655	弹性	满足
2号墩（右）	墩顶	max	-3 179.273	433.811	195.750 8	3 597	655	弹性	满足
		min	-3 189.16	-430.017	-218.903 3	3 606	655	弹性	满足
	墩底	max	-3 467.543	430.833	3 067.846 3	3 658	655	弹性	满足
		min	-3 502.405	-446.23	-3 069.963 2	3 662	655	弹性	满足

续表

(b) 加速度 B

恒载+横向地震作用

墩 号	取值		P/kN	V_x/kN	M_y/(kN·m)	抗弯承载力/(kN·m)	抗剪承载力/(kN·m)	抗弯结果	抗剪结果
1号墩(左)	墩顶	max	-2 679.97	353.755	1 120.023 2	3 377	655	弹性	满足
		min	-3 621.996	-433.943	-1 487.030 1	3 688	655	弹性	满足
	墩底	max	-2 971.558	368.734	1 463.719 8	3 500	655	弹性	满足
		min	-3 913.505	-458.008	-1 269.723 5	3 724	655	弹性	满足
1号墩(右)	墩顶	max	-2 734.149	418.282	1 415.551 5	3 377	655	弹性	满足
		min	-3 676.282	-369.057	-1 190.759 5	3 689	655	弹性	满足
	墩底	max	-3 025.931	433.273	1 331.928 6	3 499	655	弹性	满足
		min	-3 967.981	-393.141	-1 400.137 5	3 726	655	弹性	满足
2号墩(左)	墩顶	max	-2 684.468	355.356	1 124.614 7	3 354	655	弹性	满足
		min	-3 629.659	-435.403	-1 491.774 6	3 697	655	弹性	满足
	墩底	max	-2 976.056	370.015	1 468.299 5	3 426	655	弹性	满足
		min	-3 921.165	-459.386	-1 274.507 8	3 719	655	弹性	满足
2号墩(右)	墩顶	max	-2 740.123	420.077	1 421.062 7	3 354	655	弹性	满足
		min	-3 685.498	-370.277	-1 194.317 4	3 697	655	弹性	满足
	墩底	max	-3 031.905	434.753	1 336.122 7	3 477	655	弹性	满足
		min	-3 977.198	-394.28	-1 405.307	3 735	655	弹性	满足

(c) 加速度 C

恒载+纵向地震作用

墩 号	取值		P/kN	V_x/kN	M_y/(kN·m)	抗弯承载力/(kN·m)	抗剪承载力/(kN·m)	抗弯结果	抗剪结果
1号墩(左)	墩顶	max	-3 172.654	386.612	179.003 2	3 591	655	弹性	满足
		min	-3 184.433	-408.386	-193.037 9	3 606	655	弹性	满足
	墩底	max	-3 457.836	409.009	2 930.380 7	3 656	655	弹性	满足
		min	-3 500.875	-431.81	-2 748.820 6	3 661	655	弹性	满足
1号墩(右)	墩顶	max	-3 171.359	386.501	179.645 1	3 591	655	弹性	满足
		min	-3 182.705	-408.344	-193.227 1	3 604	655	弹性	满足
	墩底	max	-3 456.306	408.9	2 930.473 5	3 656	655	弹性	满足
		min	-3 500.037	-431.764	-2 748.414 5	3 662	655	弹性	满足
2号墩(左)	墩顶	max	-3 180.022	396.059	182.208 3	3 597	655	弹性	满足
		min	-3 189.861	-422.755	-194.914 4	3 608	655	弹性	满足
	墩底	max	-3 457.061	417.757	3 035.175 6	3 643	655	弹性	满足
		min	-3 511.488	-447.016	-2 815.719 8	3 645	655	弹性	满足

续表

(c) 加速度 C

恒载+纵向地震作用

墩 号		取值	P/kN	V_x/kN	M_y/(kN·m)	抗弯承载力/(kN·m)	抗剪承载力/(kN·m)	抗弯结果	抗剪结果
2号墩（右）	墩顶	max	-3 179.883	396.06	182.224 6	3 597	655	弹性	满足
		min	-3 189.858	-422.761	-194.902 7	3 606	655	弹性	满足
	墩底	max	-3 456.98	417.758	3 035.199 3	3 658	655	弹性	满足
		min	-3 511.45	-447.022	-2 815.719 8	3 662	655	弹性	满足

恒载+横向地震作用

墩 号		取值	P/kN	V_x/kN	M_y/(kN·m)	抗弯承载力/(kN·m)	抗剪承载力/(kN·m)	抗弯结果	抗剪结果
1号墩（左）	墩顶	max	-2 718.73	443.674	1 437.623 9	3 377	655	弹性	满足
		min	-3 731.214	-422.327	-1 398.917 9	3 688	655	弹性	满足
	墩底	max	-3 010.245	477.704	1 368.928 4	3 500	655	弹性	满足
		min	-4 022.783	-420.837	-1 611.008	3 724	655	弹性	满足
1号墩（右）	墩顶	max	-2 624.82	508.706	1 734.346 9	3 377	655	弹性	满足
		min	-3 637.388	-357.646	-1 102.944 2	3 689	655	弹性	满足
	墩底	max	-2 916.161	542.717	1 237.784 8	3 499	655	弹性	满足
		min	-3 929.222	-355.817	-1 743.414 4	3 726	655	弹性	满足
2号墩（左）	墩顶	max	-2 707.932	449.671	1 455.85	3 354	655	弹性	满足
		min	-3 743.9	-422.489	-1 417.634 7	3 697	655	弹性	满足
	墩底	max	-2 999.419	482.953	1 389.810 6	3 426	655	弹性	满足
		min	-4 035.509	-435.188	-1 629.523 4	3 719	655	弹性	满足
2号墩（右）	墩顶	max	-2 625.862	514.899	1 753.307 3	3 354	655	弹性	满足
		min	-3 661.961	-357.584	-1 119.232 3	3 697	655	弹性	满足
	墩底	max	-2 917.23	548.169	1 255.582 5	3 477	655	弹性	满足
		min	-3 953.773	-369.635	-1 762.536	3 735	655	弹性	满足

表 5.26 E2 地震作用下桥墩强度检算

(a) 加速度 A

恒载+纵向地震作用

墩 号		取值	P/kN	V_x/kN	M_y/(kN·m)	抗弯承载力/(kN·m)	抗剪承载力/(kN·m)	抗弯结果	抗剪结果
1号墩（左）	墩顶	max	-3 161.426	562.677	246.674	3 586	655	弹性	满足
		min	-3 198.644	-553.297	-262.368	3 611	655	弹性	满足

续表

(a) 加速度 A

恒载+纵向地震作用

墩 号	取值		P/kN	V_x/kN	M_y/(kN·m)	抗弯承载力/(kN·m)	抗剪承载力/(kN·m)	抗弯结果	抗剪结果
1号墩（左）	墩顶	max	-3 395.589	529.919	3 936.642 3	4 589	667	弹性	满足
		min	-3 782.009	-569.117	-3 924.732 1	4 615	667	弹性	满足
1号墩（右）	墩顶	max	-3 160.16	563.003	243.756 9	3 586	655	弹性	满足
		min	-3 198.225	-553.477	-266.295 2	3 612	655	弹性	满足
	墩底	max	-3 394.906	530.263	3 934.824 1	4 589	667	弹性	满足
		min	-3 778.182	-569.292	-3 930.854 5	4 613	667	弹性	满足
2号墩（左）	墩顶	max	-3 163.59	584.135	250.534 3	3 591	655	弹性	满足
		min	-3 195.095	-569.494	-274.231 7	3 611	655	弹性	满足
	墩底	max	-3 407.194	546.824	4 049.357 4	4 595	667	弹性	满足
		min	-3 752.611	-586.168	-4 041.455 2	4 614	667	弹性	满足
2号墩（右）	墩顶	max	-3 163.325	584.135	250.485 3	3 591	655	弹性	满足
		min	-3 195.265	-569.512	-274.233 8	3 610	655	弹性	满足
	墩底	max	-3 407.199	546.824	4 049.424 8	4 595	667	弹性	满足
		min	-3 752.596	-586.186	-4 041.449 2	4 614	667	弹性	满足

恒载+横向地震作用

墩 号	取值		P/kN	V_x/kN	M_y/(kN·m)	抗弯承载力/(kN·m)	抗剪承载力/(kN·m)	抗弯结果	抗剪结果
1号墩（左）	墩顶	max	-2 277.933	589.329	1 853.440 4	3 205	655	弹性	满足
		min	-3 886.224	-791.04	-2 637.173 7	3 738	655	弹性	不满足
	墩底	max	-2 584.459	613.304	2 553.234 8	3 334	655	弹性	满足
		min	-4 177.685	-773.754	-2 121.734 4	3 774	655	弹性	不满足
1号墩（右）	墩顶	max	-2 469.791	637.121	2 106.375	3 205	655	弹性	满足
		min	-4 081.116	-749.838	-2 384.638	3 737	655	弹性	不满足
	墩底	max	-2 761.371	634.457	2 545.243 1	3 335	655	弹性	满足
		min	-4 373.274	-740.676	-2 092.335 4	3 774	655	弹性	不满足
2号墩（左）	墩顶	max	-2 289.907	614.38	1 939.563 4	3 164	655	弹性	满足
		min	-3 890.487	-785.773	-2 617.45	3 750	655	弹性	不满足
	墩底	max	-2 587.063	637.955	2 536.281 4	3 242	655	弹性	满足
		min	-4 180.598	-767.037	-2 199.100 2	3 771	655	弹性	不满足
2号墩（右）	墩顶	max	-2 479.246	635.957	2 146.634 5	3 164	655	弹性	满足
		min	-4 081.22	-743.066	-2 359.787 3	3 750	655	弹性	不满足
	墩底	max	-2 772.25	648.417	2 521.595 1	3 296	655	弹性	满足
		min	-4 373.357	-733.031	-2 092.950 3	3 787	655	弹性	不满足

续表

(b) 加速度 B

恒载+纵向地震作用

墩号	取值		P/kN	V_x/kN	M_y/(kN·m)	抗弯承载力/(kN·m)	抗剪承载力/(kN·m)	抗弯结果	抗剪结果
1号墩(左)	墩顶	max	-3 161.035	595.741	280.191 2	3 586	655	弹性	满足
		min	-3 190.011	-609.877	-288.644	3 611	655	弹性	满足
	墩底	max	-3 392.561	524.424	4 321.953 2	4 589	667	弹性	满足
		min	-3 656.237	-597.407	-4 100.423 1	4 615	667	弹性	满足
1号墩(右)	墩顶	max	-3 157.754	596.258	278.811 9	3 586	655	弹性	满足
		min	-3 187.805	-608.407	-290.495	3 612	655	弹性	满足
1号墩(右)	墩底	max	-3 390.103	525.058	4 312.111 5	4 589	667	弹性	满足
		min	-3 655.411	-596.557	-4 105.713 6	4 613	667	弹性	满足
2号墩(左)	墩顶	max	-3 171.769	607.833	294.905 8	3 591	655	弹性	满足
		min	-3 193.893	-622.202	-300.633 4	3 611	655	弹性	满足
	墩底	max	-3 409.262	548.798	4 379.460 9	4 595	667	弹性	满足
		min	-3 681.604	-588.058	-4 171.812 3	4 614	667	弹性	满足
2号墩(右)	墩顶	max	-3 171.65	607.823	294.899	3 591	655	弹性	满足
		min	-3 193.897	-622.216	-300.582 1	3 610	655	弹性	满足
	墩底	max	-3 409.104	548.795	4 379.644 3	4 595	667	弹性	满足
		min	-3 681.538	-588.334	-4 171.693 1	4 614	667	弹性	满足

恒载+横向地震作用

墩号	取值		P/kN	V_x/kN	M_y/(kN·m)	抗弯承载力/(kN·m)	抗剪承载力/(kN·m)	抗弯结果	抗剪结果
1号墩(左)	墩顶	max	-2 281.524	747.964	2 448.842 3	3 205	655	弹性	不满足
		min	-4 083.083	-777.741	-2 582.970 4	3 738	655	弹性	不满足
	墩底	max	-2 596.609	820.518	2 504.457 8	3 334	655	弹性	不满足
		min	-4 374.223	-756.746	-2 758.952 9	3 774	655	弹性	不满足
1号墩(右)	墩顶	max	-2 270.186	738.858	2 607.496 8	3 205	655	弹性	不满足
		min	-4 076.195	-792.301	-2 450.350 8	3 737	655	弹性	不满足
	墩底	max	-2 561.711	792.465	2 740.931 2	3 335	655	弹性	不满足
		min	-4 381.327	-772.113	-2 465.995	3 774	655	弹性	不满足
2号墩(左)	墩顶	max	-2 268.201	768.905	2 501.843 9	3 164	655	弹性	不满足
		min	-4 099.415	-796.454	-2 638.563 8	3 750	655	弹性	不满足

续表

(b) 加速度 B

恒载+横向地震作用

墩 号	取值		P/kN	V_x/kN	M_y/(kN·m)	抗弯承载力/(kN·m)	抗剪承载力/(kN·m)	抗弯结果	抗剪结果
2号墩(左)	墩顶	max	-2 601.861	839.294	2 561.164 3	3 242	655	弹性	不满足
		min	-4 390.635	-770.06	-2 821.705 4	3 771	655	弹性	不满足
2号墩(右)	墩顶	max	-2 268.218	742.782	2 634.903 2	3 164	655	弹性	不满足
		min	-4 104.475	-812.78	-2 505.378 5	3 750	655	弹性	不满足
	墩底	max	-2 560.005	807.37	2 816.999 4	3 296	655	弹性	不满足
		min	-4 410.63	-790.325	-2 509.287 9	3 787	655	弹性	不满足

(c) 加速度 C

恒载+纵向地震作用

墩 号	取值		P/kN	V_x/kN	M_y/(kN·m)	抗弯承载力/(kN·m)	抗剪承载力/(kN·m)	抗弯结果	抗剪结果
1号墩(左)	墩顶	max	-3 164.247	586.609	258.064 2	3 586	655	弹性	满足
		min	-3 192.68	-620.227	-289.813 5	3 611	655	弹性	满足
	墩底	max	-3 420.122	611.432	4 392.577 7	4 589	667	弹性	满足
		min	-3 762.883	-605.357	-4 162.643 7	4 615	667	弹性	满足
1号墩(右)	墩顶	max	-3 161.896	586.411	258.751 6	3 586	655	弹性	满足
		min	-3 191.904	-620.124	-290.137 1	3 612	655	弹性	满足
	墩底	max	-3 424.756	611.233	4 392.081 4	4 589	667	弹性	满足
		min	-3 761.988	-604.984	-4 161.792	4 613	667	弹性	满足
2号墩(左)	墩顶	max	-3 167.216	597.309	264.960 6	3 591	655	弹性	满足
		min	-3 195.023	-635.654	-291.798 3	3 611	655	弹性	满足
	墩底	max	-3 426.644	610.19	4 471.623 4	4 595	667	弹性	满足
		min	-3 774.179	-598.292	-4 227.387 8	4 614	667	弹性	满足
2号墩(右)	墩顶	max	-3 166.978	597.319	264.947 4	3 591	655	弹性	满足
		min	-3 195.01	-635.648	-291.782 1	3 610	655	弹性	满足
	墩底	max	-3 426.505	610.201	4 471.572 3	4 595	667	弹性	满足
		min	-3 774.102	-598.288	-4 227.439 8	4 614	667	弹性	满足

恒载+横向地震作用

墩 号	取值		P/kN	V_x/kN	M_y/(kN·m)	抗弯承载力/(kN·m)	抗剪承载力/(kN·m)	抗弯结果	抗剪结果
1号墩(左)	墩顶	max	-2 364.246	817.331	2 672.001 4	3 205	655	弹性	不满足
		min	-4 143.425	-680.727	-2 292.217 8	3 738	655	弹性	不满足

续表

(c) 加速度 C

恒载+横向地震作用

墩 号	取值		P/kN	V_x/kN	M_y/(kN·m)	抗弯承载力/(kN·m)	抗剪承载力/(kN·m)	抗弯结果	抗剪结果
1号墩（左）	墩底	max	-2 656.85	866.082	2 173.704	3 334	655	弹性	不满足
		min	-4 435.556	-683.849	-2 891.639 5	3 774	655	弹性	不满足
1号墩（右）	墩顶	max	-2 212.214	839.999	2 890.258 7	3 205	655	弹性	不满足
		min	-3 990.368	-652.829	-2 122.179 1	3 737	655	弹性	满足
	墩底	max	-2 503.31	888.971	2 307.337 1	3 335	655	弹性	不满足
		min	-4 283.087	-683.799	-2 823.252 6	3 774	655	弹性	不满足
2号墩（左）	墩顶	max	-2 351.561	827.405	2 710.948 6	3 164	655	弹性	不满足
		min	-4 161.872	-685.975	-2 342.807 4	3 750	655	弹性	不满足
	墩底	max	-2 644.304	874.295	2 221.421 6	3 242	655	弹性	不满足
		min	-4 453.914	-703.286	-2 915.049 3	3 771	655	弹性	不满足
2号墩（右）	墩顶	max	-2 207.332	847.607	2 925.560 7	3 164	655	弹性	不满足
		min	-4 016.983	-672.87	-2 169.086 8	3 750	655	弹性	满足
	墩底	max	-2 499.494	894.366	2 388.440 2	3 296	655	弹性	不满足
		min	-4 309.721	-702.594	-2 834.068 3	3 787	655	弹性	不满足

5.6.2.3 桥墩转动变形验算

E1 和 E2 地震作用下，1~2 号桥墩塑性铰转动能力验算结果见表 5.27。结果表明，桥墩转动变形小于容许变形，满足地震需求。

表 5.27 桥墩塑性铰区转动能力验算

(a) E1 地震作用下

恒载+纵向地震作用

加速度时程 A

位 置	计算转角/rad	容许转角/rad	验算结果
1号桥墩（左）	1.46×10^{-4}	6.17×10^{-1}	满足
1号桥墩（右）	1.46×10^{-4}	6.33×10^{-1}	满足
2号桥墩（左）	1.51×10^{-4}	6.17×10^{-1}	满足
2号桥墩（右）	1.51×10^{-4}	6.33×10^{-1}	满足

加速度时程 B

位 置	计算转角/rad	容许转角/rad	验算结果
1号桥墩（左）	2.10×10^{-4}	6.17×10^{-1}	满足

续表

(a) E1 地震作用下

恒载+纵向地震作用

加速度时程 B

位 置	计算转角/rad	容许转角/rad	验算结果
1号桥墩（右）	2.10×10^{-4}	6.33×10^{-1}	满足
2号桥墩（左）	2.17×10^{-4}	6.17×10^{-1}	满足
2号桥墩（右）	2.17×10^{-4}	6.33×10^{-1}	满足

加速度时程 C

位 置	计算转角/rad	容许转角/rad	验算结果
1号桥墩（左）	2.42×10^{-4}	6.17×10^{-1}	满足
1号桥墩（右）	2.41×10^{-4}	6.33×10^{-1}	满足
2号桥墩（左）	2.57×10^{-4}	6.17×10^{-1}	满足
2号桥墩（右）	2.91×10^{-4}	6.33×10^{-1}	满足

恒载+横向地震作用

加速度时程 A

位 置	计算转角/rad	容许转角/rad	验算结果
1号桥墩（左）	7.08×10^{-5}	5.70×10^{-1}	满足
1号桥墩（右）	7.69×10^{-5}	5.67×10^{-1}	满足
2号桥墩（左）	7.03×10^{-5}	5.70×10^{-1}	满足
2号桥墩（右）	7.63×10^{-5}	5.67×10^{-1}	满足

加速度时程 B

位 置	计算转角/rad	容许转角/rad	验算结果
1号桥墩（左）	8.62×10^{-5}	5.70×10^{-1}	满足
1号桥墩（右）	8.06×10^{-5}	5.67×10^{-1}	满足
2号桥墩（左）	8.62×10^{-5}	5.70×10^{-1}	满足
2号桥墩（右）	8.04×10^{-5}	5.67×10^{-1}	满足

加速度时程 C

位 置	计算转角/rad	容许转角/rad	验算结果
1号桥墩（左）	8.25×10^{-5}	5.70×10^{-1}	满足
1号桥墩（右）	8.54×10^{-5}	5.67×10^{-1}	满足
2号桥墩（左）	8.41×10^{-5}	5.70×10^{-1}	满足
2号桥墩（右）	8.60×10^{-5}	5.67×10^{-1}	满足

续表

(b) E2 地震作用下

恒载+纵向地震作用

加速度时程 A

位　　置	计算转角/rad	容许转角/rad	验算结果
1号桥墩（左）	6.39×10^{-4}	6.56×10^{-1}	满足
1号桥墩（右）	6.41×10^{-4}	6.58×10^{-1}	满足
2号桥墩（左）	6.54×10^{-4}	6.56×10^{-1}	满足
2号桥墩（右）	6.54×10^{-5}	6.58×10^{-1}	满足

加速度时程 B

位　　置	计算转角/rad	容许转角/rad	验算结果
1号桥墩（左）	4.86×10^{-4}	6.56×10^{-1}	满足
1号桥墩（右）	4.79×10^{-4}	6.58×10^{-1}	满足
2号桥墩（左）	5.00×10^{-4}	6.56×10^{-1}	满足
2号桥墩（右）	5.00×10^{-4}	6.58×10^{-1}	满足

加速度时程 C

位　　置	计算转角/rad	容许转角/rad	验算结果
1号桥墩（左）	7.38×10^{-4}	6.56×10^{-1}	满足
1号桥墩（右）	7.38×10^{-4}	6.58×10^{-1}	满足
2号桥墩（左）	8.21×10^{-4}	6.56×10^{-1}	满足
2号桥墩（右）	8.21×10^{-4}	6.58×10^{-1}	满足

恒载+横向地震作用

加速度时程 A

位　　置	计算转角/rad	容许转角/rad	验算结果
1号桥墩（左）	1.06×10^{-4}	7.30×10^{-1}	满足
1号桥墩（右）	1.56×10^{-4}	7.72×10^{-1}	满足
2号桥墩（左）	2.08×10^{-4}	7.30×10^{-1}	满足
2号桥墩（右）	1.57×10^{-4}	7.72×10^{-1}	满足

加速度时程 B

位　　置	计算转角/rad	容许转角/rad	验算结果
1号桥墩（左）	1.92×10^{-4}	7.30×10^{-1}	满足
1号桥墩（右）	2.52×10^{-4}	7.72×10^{-1}	满足
2号桥墩（左）	1.93×10^{-4}	7.30×10^{-1}	满足
2号桥墩（右）	2.44×10^{-4}	7.72×10^{-1}	满足

续表

(b) E2 地震作用下

恒载+横向地震作用

加速度时程 C

位 置	计算转角/rad	容许转角/rad	验算结果
1号桥墩（左）	1.77×10^{-4}	7.30×10^{-1}	满足
1号桥墩（右）	2.11×10^{-4}	7.72×10^{-1}	满足
2号桥墩（左）	1.84×10^{-4}	7.30×10^{-1}	满足
2号桥墩（右）	2.04×10^{-4}	7.72×10^{-1}	满足

5.6.3 支座的计算

5.6.3.1 支座变形和水平地震力

不同地震动水平下，简支梁两端支座的侧向变形如表 5.28 和表 5.29 所示。

表 5.28　E1 地震作用下支座变形　　　　　单位：mm

加速度时程 A							
恒载+纵向地震作用				恒载+横向地震作用			
位　置		顺桥向	横桥向	位　置		顺桥向	横桥向
0号桥台		35.541	0.055	0号桥台		2.339	32.626
1号桥墩	左	30.324	0.129	1号桥墩	左	2.189	35.549
	右	30.325	0.118		右	2.152	35.583
2号桥墩	左	32.601	0.088	2号桥墩	左	1.886	35.616
	右	32.596	0.084		右	1.612	35.601
3号桥台		38.339	0.061	3号桥台		1.676	34.178
加速度时程 B							
恒载+纵向地震作用				恒载+横向地震作用			
位　置		顺桥向	横桥向	位　置		顺桥向	横桥向
0号桥台		40.321	0.067	0号桥台		2.47	32.789
1号桥墩	左	43.918	0.14	1号桥墩	左	2.154	35.584
	右	43.919	0.13		右	2.296	35.599
2号桥墩	左	41.188	0.089	2号桥墩	左	1.882	35.573
	右	41.183	0.032		右	1.664	35.518
3号桥台		38.729	0.001 1	3号桥台		2.121	34.094

续表

加速度时程 C

恒载+纵向地震作用				恒载+横向地震作用			
位 置		顺桥向	横桥向	位 置		顺桥向	横桥向
0 号桥台		36.961	0.074	0 号桥台		2.359	33.566
1 号桥墩	左	39.767	0.15	1 号桥墩	左	2.211	37.989
	右	39.768	0.125		右	2.458	37.946
2 号桥墩	左	39.571	0.09	2 号桥墩	左	1.898	37.163
	右	39.564	0.084		右	1.737	37.228
3 号桥台		36.597	0.00113	3 号桥台		2.249	35.315

表 5.29　E2 地震作用下支座变形　　　　　　　单位：mm

加速度时程 A

恒载+纵向地震作用				恒载+横向地震作用			
位 置		顺桥向	横桥向	位 置		顺桥向	横桥向
0 号桥台		49.676	0.084	0 号桥台		3.513	56.193
1 号桥墩	左	60.378	0.092	1 号桥墩	左	3.203	60.876
	右	60.379	0.154		右	2.775	60.734
2 号桥墩	左	57.727	0.097	2 号桥墩	左	2.605	60.919
	右	57.717	0.086		右	0.263	60.879
3 号桥台		50.594	0.0018	3 号桥台		2.913	57.827

加速度时程 B

恒载+纵向地震作用				恒载+横向地震作用			
位 置		顺桥向	横桥向	位 置		顺桥向	横桥向
0 号桥台		56.424	0.112	0 号桥台		3.745	56.704
1 号桥墩	左	67.502	0.186	1 号桥墩	左	2.849	63.849
	右	67.501	0.164		右	3.401	63.788
2 号桥墩	左	69.325	0.096	2 号桥墩	左	2.404	61.984
	右	69.326	0.087		右	2.786	61.971
3 号桥台		53.841	0.0026	3 号桥台		3.103	59.136

加速度时程 C

恒载+纵向地震作用			恒载+横向地震作用		
位 置	顺桥向	横桥向	位 置	顺桥向	横桥向
0 号桥台	57.525	0.101	0 号桥台	3.501	56.155

续表

加速度时程 C							
恒载+纵向地震作用				恒载+横向地震作用			
位 置		顺桥向	横桥向	位 置		顺桥向	横桥向
1号桥墩	左	55.371	0.177	1号桥墩	左	3.032	62.314
	右	55.371	0.15		右	3.186	62.253
2号桥墩	左	56.603	0.096	2号桥墩	左	2.456	60.71
	右	56.602	0.086		右	2.071	60.696
3号桥台		56.107	0.002 3	3号桥台		2.906	58.069

不同地震动水平下,简支梁两端支座的水平地震力如表5.30和表5.31所示。

表5.30　E1地震作用下支座水平地震力　　　单位:kN

加速度时程 A									
恒载+纵向地震作用					恒载+横向地震作用				
位 置		取值	顺桥向	横桥向	位 置		取值	顺桥向	横桥向
0号桥台		max	55.801	0.097	0号桥台		max	4.841	67.518
		min	−73.571	−0.102			min	1.907	−52.523
1号桥墩	左	max	62.118	−0.156	1号桥墩	左	max	2.271	72.567
		min	−62.771	−0.267			min	−4.53	−59.439
	右	max	62.197	0.152		右	max	2.448	72.929
		min	−62.77	−0.107			min	−3.688	−59.462
2号桥墩	左	max	56.767	0.025	2号桥墩	左	max	2.73	73.725
		min	−67.473	−0.074			min	−2.458	−59.483
	右	max	56.768	0.065		右	max	3.337	73.648
		min	−67.473	0.065			min	−2.437	−59.467
4号桥台		max	53.029	0.001 13	4号桥台		max	−0.645	70.762
		min	−79.362	−0.000 6			min	−3.469	−54.532
加速度时程 B									
恒载+纵向地震作用					恒载+横向地震作用				
位 置		取值	顺桥向	横桥向	位 置		取值	顺桥向	横桥向
0号桥台		max	83.464	0.123	0号桥台		max	5.113	62.772
		min	−69.299	−0.128			min	0.059	−67.874
1号桥墩	左	max	90.792	0.045	1号桥墩	左	max	2.529	70.768
		min	56.553	−0.291			min	−4.458	−73.623
	右	max	90.913	0.177		右	max	2.451	70.743
		min	−71.532	−0.13			min	−3.859	−73.69

续表

加速度时程 B

位置		取值	恒载+纵向地震作用		位置		取值	恒载+横向地震作用	
			顺桥向	横桥向				顺桥向	横桥向
2号桥墩	左	max	-75.949	-0.162	2号桥墩	左	max	3.896	69.299
		min	85.147	-0.185			min	-2.507	-73.636
	右	max	85.248	0.028		右	max	3.445	69.608
		min	-76.06	-0.024			min	-2.444	-73.522
3号桥台		max	80.167	0.002 1	3号桥台		max	-0.672	64.901
		min	-76.408	-0.001 9			min	-4.391	-70.588

加速度时程 C

位置		取值	恒载+纵向地震作用		位置		取值	恒载+横向地震作用	
			顺桥向	横桥向				顺桥向	横桥向
0号桥台		max	76.509	0.137	0号桥台		max	5.472	69.527
		min	-68.52	-0.113			min	-0.052	-65.756
1号桥墩	左	max	82.23	0.034	1号桥墩	左	max	2.563	78.481
		min	-77.965	-0.201			min	-4.576	-73.005
	右	max	82.319	0.166		右	max	2.456	78.548
		min	-78.039	-0.067			min	-4.058	-73.062
2号桥墩	左	max	76.641	-0.068	2号桥墩	左	max	3.929	76.928
		min	-81.805	-0.187			min	-2.545	-73.029
	右	max	76.715	0.066		右	max	3.596	77.112
		min	-81.897	-0.027			min	-2.382	-72.91
4号桥台		max	73.208	0.002 3	4号桥台		max	-0.646	73.101
		min	-75.756	-0.001 8			min	-4.655	-68.874

表 5.31　E2 地震作用下支座水平地震力　　　　　　　　　　　单位：kN

加速度时程 A

位置		取值	恒载+纵向地震作用		位置		取值	恒载+横向地震作用	
			顺桥向	横桥向				顺桥向	横桥向
0号桥台		max	102.806	0.142	0号桥台		max	6.151	91.963
		min	-99.367	-0.156			min	-2.466	-116.303
1号桥墩	左	max	124.842	0.093	1号桥墩	左	max	2.65	100.833
		min	-113.373	-0.308			min	-6.63	-125.827
	右	max	124.985	0.227		右	max	2.484	101.263
		min	-113.486	-0.147			min	-4.462	-125.182

续表

加速度时程 A							
恒载+纵向地震作用				恒载+横向地震作用			
位置		取值	顺桥向	横桥向	位置	取值	顺桥向	横桥向
2号桥墩	左	max	119.354	-0.068	2号桥墩	max	5.392	101.032
		min	-115.91	-0.202		min	-2.565	-126.102
	右	max	119.474	0.039		max	3.873	101.248
		min	-116.034	-0.02		min	-2.48	-126.02
4号桥台		max	97.377	0.0039	4号桥台	max	1.164	95.669
		min	-104.729	-0.003		min	-5.148	-119.702

加速度时程 B							
恒载+纵向地震作用				恒载+横向地震作用			
位置		取值	顺桥向	横桥向	位置	取值	顺桥向	横桥向
0号桥台		max	116.775	0.215	0号桥台	max	7.751	116.544
		min	-104.786	-0.196		min	-1.624	-117.361
1号桥墩	左	max	125.719	0.114	1号桥墩	max	2.347	131.815
		min	-139.618	-0.385		min	-5.898	-124.758
	右	max	125.886	0.248		max	2.531	132.042
		min	-139.727	-0.221		min	-5.264	-127.019
2号桥墩	左	max	120.716	0.042	2号桥墩	max	4.977	128.026
		min	-143.514	-0.09		min	-2.614	-127.078
	右	max	120.697	0.072		max	4.498	128.171
		min	-143.504	-0.037		min	-2.524	-126.997
3号桥台		max	111.449	0.0054	3号桥台	max	0.634	119.648
		min	-109.716	-0.005		min	-6.423	-122.39

加速度时程 C							
恒载+纵向地震作用				恒载+横向地震作用			
位置		取值	顺桥向	横桥向	位置	取值	顺桥向	横桥向
0号桥台		max	119.077	0.194	0号桥台	max	7.246	116.217
		min	-109.119	-0.179		min	-1.999	-107.943
1号桥墩	左	max	109.319	0.083	1号桥墩	max	2.723	128.615
		min	-114.509	-0.366		min	-4.771	-120.758
	右	max	109.437	0.219		max	2.481	128.864
		min	-114.619	-0.204		min	-4.998	-120.95
2号桥墩	左	max	103.229	-0.068	2号桥墩	左	max	5.084	125.368
		min	-117.037	-0.17			min	-2.564	-120.952

续表

加速度时程 C							
恒载+纵向地震作用				恒载+横向地震作用			
位　置	取值	顺桥向	横桥向	位　置	取值	顺桥向	横桥向
2 号桥墩　右	max	103.33	0.038	2 号桥墩　右	max	3.045	125.642
	min	-117.167	-0.037		min	-2.482	-120.928
4 号桥台	max	115.606	0.004 9	4 号桥台	max	0.758	120.203
	min	-116.141	-0.003 3		min	-6.015	-113.053

5.6.3.2 支座验算

对应于相当于地震重现期 475 年、2 475 年地震动作用下，支座厚度的验算结果如表 5.32 和表 5.33 所示。结果表明，支座厚度满足需求。

表 5.32　E1 地震作用下支座厚度检算　　　　　单位：mm

恒载+纵向地震作用			
加速度时程 A			
位　置		顺桥向	橡胶层厚度	验算结果
0 号桥台		35.541	53	满足
1 号桥墩	左	30.324	53	满足
	右	30.325	53	满足
2 号桥墩	左	32.601	53	满足
	右	32.596	53	满足
3 号桥台		38.339	53	满足
加速度时程 B			
位　置		顺桥向	橡胶层厚度	验算结果
0 号桥台		40.321	53	满足
1 号桥墩	左	43.918	53	满足
	右	43.919	53	满足
2 号桥墩	左	41.188	53	满足
	右	41.183	53	满足
3 号桥台		38.729	53	满足
加速度时程 C			
位　置		顺桥向	橡胶层厚度	验算结果
0 号桥台		36.961	53	满足
1 号桥墩	左	39.767	53	满足
	右	39.768	53	满足

续表

恒载+纵向地震作用					
加速度时程 A					
位置		顺桥向	橡胶层厚度	验算结果	
2号桥墩	左	39.571	53	满足	
	右	39.564	53	满足	
3号桥台		36.597	53	满足	
恒载+横向地震作用					
加速度时程 A					
位置		横桥向	橡胶层厚度	验算结果	
0号桥台		32.626	53	满足	
1号桥墩	左	35.549	53	满足	
	右	35.583	53	满足	
2号桥墩	左	35.616	53	满足	
	右	35.601	53	满足	
3号桥台		34.178	53	满足	
加速度时程 B					
0号桥台		32.789	53	满足	
1号桥墩	左	35.584	53	满足	
	右	35.599	53	满足	
2号桥墩	左	35.573	53	满足	
	右	35.518	53	满足	
3号桥台		34.094	53	满足	
加速度时程 C					
位置		横桥向	橡胶层厚度	验算结果	
0号桥台		33.566	53	满足	
1号桥墩	左	37.989	53	满足	
	右	37.946	53	满足	
2号桥墩	左	37.163	53	满足	
	右	37.228	53	满足	
3号桥台		35.315	53	满足	

表 5.33　E2 地震作用下支座厚度检算　　　　　　　　　　单位：mm

恒载+纵向地震作用

加速度时程 A

位　置		顺桥向	橡胶层厚度	验算结果
0 号桥台		49.676	53	满足
1 号桥墩	左	60.378	53	不满足
	右	60.379	53	不满足
2 号桥墩	左	57.727	53	不满足
	右	57.717	53	不满足
3 号桥台		50.594	53	满足

加速度时程 B

位　置		顺桥向	橡胶层厚度	验算结果
0 号桥台		56.424	53	不满足
1 号桥墩	左	67.502	53	不满足
	右	67.501	53	不满足
2 号桥墩	左	69.325	53	不满足
	右	69.326	53	不满足
3 号桥台		53.841	53	不满足

加速度时程 C

位　置		顺桥向	橡胶层厚度	验算结果
0 号桥台		57.525	53	不满足
1 号桥墩	左	55.371	53	不满足
	右	55.371	53	不满足
2 号桥墩	左	56.603	53	不满足
	右	56.602	53	不满足
3 号桥台		56.107	53	不满足

恒载+横向地震作用

加速度时程 A

位　置		横桥向	橡胶层厚度	验算结果
0 号桥台		56.193	53	不满足
1 号桥墩	左	60.876	53	不满足
	右	60.734	53	不满足
2 号桥墩	左	60.919	53	不满足
	右	60.879	53	不满足
3 号桥台		57.827	53	不满足

续表

恒载+横向地震作用				
加速度时程 B				
位 置		横桥向	橡胶层厚度	验算结果
0 号桥台		56.704	53	不满足
1 号桥墩	左	63.849	53	不满足
	右	63.788	53	不满足
2 号桥墩	左	61.984	53	不满足
	右	61.971	53	不满足
3 号桥台		59.136	53	不满足
加速度时程 C				
位 置		横桥向	橡胶层厚度	验算结果
0 号桥台		56.155	53	不满足
1 号桥墩	左	62.314	53	不满足
	右	62.253	53	不满足
2 号桥墩	左	60.710	53	不满足
	右	60.696	53	不满足
3 号桥台		58.069	53	不满足

5.6.4 盖梁的计算

5.6.4.1 盖梁竖向剪力与纵向弯矩

E1 和 E2 地震作用下，盖梁的竖向剪力与纵向弯矩如表 5.34 和表 5.35 所示。

表 5.34 E1 地震作用下盖梁内力

恒载+纵向地震作用							
加速度时程 A							
墩 号		竖向剪力/kN	纵向弯矩 /(kN·m)	墩 号		竖向剪力/kN	纵向弯矩 /(kN·m)
1	端支承 1	-1 203.911	-2 312.050 3	2	端支承 1	-1 206.669	-2 319.015 8
	端支承 2	1 206.875	-2 313.728		端支承 2	1 208.728	-2 319.072 7
	跨中	22.037	527.861		跨中	21.628	528.289 9
加速度时程 B							
墩 号		竖向剪力/kN	纵向弯矩 /(kN·m)	墩 号		竖向剪力/kN	纵向弯矩 /(kN·m)
1	端支承 1	-1 203.326	-2 309.790 1	2	端支承 1	-1 205.919	-2 316.534 4
	端支承 2	1 207.87	-2 311.449 7		端支承 2	1 209.276	-2 316.599
	跨中	22.16	528.099		跨中	21.638	528.523 9

续表

恒载+纵向地震作用					
加速度时程 C					
墩 号		竖向剪力/kN	纵向弯矩/(kN·m)	墩 号	竖向剪力/kN	纵向弯矩/(kN·m)
1	端支承 1	-1 203.397	-2 310.032 7	2	-1 206.02	-2 317.293 3
	端支承 2	1 207.749	-2 311.659 9		1 209.374	-2 317.363 5
	跨中	22.08	527.966 1		21.644	528.476 2

恒载+横向地震作用					
加速度时程 A					
墩 号		竖向剪力/kN	纵向弯矩/(kN·m)	墩 号	竖向剪力/kN	纵向弯矩/(kN·m)
1	端支承 1	1 091.333	-2 196.928 7	2	1 094.483	-2 203.158 7
	端支承 2	1 679.769	-2 215.109 1		1 681.768	-2 218.444 3
	跨中	483.299	619.227 5		483.095	619.396 3
加速度时程 B					
墩 号		竖向剪力/kN	纵向弯矩/(kN·m)	墩 号	竖向剪力/kN	纵向弯矩/(kN·m)
1	端支承 1	1 093.032	-2 197.130 8	2	1 095.826	-2 204.601
	端支承 2	1 613.894	-2 194.857 4		1 617.609	-2 199.307 4
	跨中	419.704	633.198 2		421.148	633.717 6
加速度时程 C					
墩 号		竖向剪力/kN	纵向弯矩/(kN·m)	墩 号	竖向剪力/kN	纵向弯矩/(kN·m)
1	端支承 1	1 093.606	-2 193.597 8	2	1 096.388	-2 201.118 1
	端支承 2	1 716.76	-2 195.769 6		1 725.142	-2 199.993 5
	跨中	520.093	625.008 6		525.962	627.830 3

表 5.35 E2 地震作用下盖梁内力

恒载+纵向地震作用					
加速度时程 A					
墩 号		竖向剪力/kN	纵向弯矩/(kN·m)	墩 号	竖向剪力/kN	纵向弯矩/(kN·m)
1	端支承 1	-1 199.857	-2 300.410 5	2	-1 200.95	-2 303.533 1
	端支承 2	1 212.178	-2 302.191 1		1 211.702	-2 303.707
	跨中	22.254	528.469 3		21.672	528.700 4

续表

恒载+纵向地震作用							
加速度时程 B							
墩 号		竖向剪力/kN	纵向弯矩/(kN·m)	墩 号		竖向剪力/kN	纵向弯矩/(kN·m)
1	端支承1	-1 198.457	-2 299.455 1	2	端支承1	-1 203.485	-2 310.727 2
	端支承2	1 210.033	-2 300.858		端支承2	1 210.827	-2 310.845 9
	跨中	22.75	528.712 8		跨中	21.895	529.252 4
加速度时程 C							
墩 号		竖向剪力/kN	纵向弯矩/(kN·m)	墩 号		竖向剪力/kN	纵向弯矩/(kN·m)
1	端支承1	-1 200.244	-2 302.187 3	2	端支承1	-1 201.933	-2 306.874 4
	端支承2	1 210.29	-2 303.919 7		端支承2	1 211.43	-2 306.992 1
	跨中	22.298	527.723 7		跨中	21.936	528.202 3
恒载+横向地震作用							
加速度时程 A							
墩 号		竖向剪力/kN	纵向弯矩/(kN·m)	墩 号		竖向剪力/kN	纵向弯矩/(kN·m)
1	端支承1	1 110.252	-2 140.521 1	2	端支承1	1 113.764	-2 143.644 3
	端支承2	1 854.585	-2 099.720 9		端支承2	1 865.716	-2 102.326 3
	跨中	653.556	702.234 4		跨中	661.843	703.036 5
加速度时程 B							
墩 号		竖向剪力/kN	纵向弯矩/(kN·m)	墩 号		竖向剪力/kN	纵向弯矩/(kN·m)
1	端支承1	1 107.592	-2 094.909 5	2	端支承1	1 110.526	-2 104.683 4
	端支承2	2 036.119	-2 102.705 7		端支承2	2 047.838	-2 106.730 4
	跨中	829.601	680.504 6		跨中	838.443	680.036 2
加速度时程 C							
墩 号		竖向剪力/kN	纵向弯矩/(kN·m)	墩 号		竖向剪力/kN	纵向弯矩/(kN·m)
1	端支承1	1 104.725	-2 107.463 8	2	端支承1	1 107.74	-2 113.536 1
	端支承2	2 101.593	-2 120.284		端支承2	2 115.599	-2 120.817 4
	跨中	894.611	688.026 8		跨中	905.881	689.594 4

5.6.4.2 盖梁强度验算

E1 和 E2 地震作用下，盖梁抗弯和抗剪强度验算结果见表 5.36 和表 5.37。结果表明，盖梁抗弯和抗剪强度均满足要求。

表 5.36　1 号墩处的盖梁强度验算

(a) E1 地震作用

加速度时程 A

墩号		竖向剪力/kN	纵向弯矩/(kN·m)	抗剪能力/kN	抗弯能力/(kN·m)	抗弯结果	抗剪结果
1	端支承1	-1 203.911	-2 312.050 3	3 643	2 618	满足	满足
	端支承2	1 206.875	-2 313.728	3 643	2 618	满足	满足
	跨中	22.037	527.861	3 643	2 618	满足	满足

加速度时程 B

墩号		竖向剪力/kN	纵向弯矩/(kN·m)	抗剪能力/kN	抗弯能力/(kN·m)	抗弯结果	抗剪结果
1	端支承1	-1 203.326	-2 309.790 1	3 643	2 618	满足	满足
	端支承2	1 207.87	-2 311.449 7	3 643	2 618	满足	满足
	跨中	22.16	528.099	3 643	2 618	满足	满足

加速度时程 C

墩号		竖向剪力/kN	纵向弯矩/(kN·m)	抗剪能力/kN	抗弯能力/(kN·m)	抗弯结果	抗剪结果
1	端支承1	-1 203.397	-2 310.032 7	3 643	2 618	满足	满足
	端支承2	1 207.749	-2 311.659 9	3 643	2 618	满足	满足
	跨中	22.08	527.966 1	3 643	2 618	满足	满足

(b) E2 地震作用

加速度时程 A

墩号		竖向剪力/kN	纵向弯矩/(kN·m)	抗剪能力/kN	抗弯能力/(kN·m)	抗弯结果	抗剪结果
1	端支承1	-1 199.857	-2 300.410 5	3 643	2 618	满足	满足
	端支承2	1 212.178	-2 302.191 1	3 643	2 618	满足	满足
	跨中	22.254	528.469 3	3 643	2 618	满足	满足

加速度时程 B

墩号		竖向剪力/kN	纵向弯矩/(kN·m)	抗剪能力/kN	抗弯能力/(kN·m)	抗弯结果	抗剪结果
1	端支承1	-1 198.457	-2 299.455 1	3 643	2 618	满足	满足
	端支承2	1 210.033	-2 300.858	3 643	2 618	满足	满足
	跨中	22.75	528.712 8	3 643	2 618	满足	满足

续表

(b) E2 地震作用

加速度时程 C

墩 号		竖向剪力/kN	纵向弯矩/(kN·m)	抗剪能力/kN	抗弯能力/(kN·m)	抗弯结果	抗剪结果
1	端支承 1	-1 200.244	-2 302.187 3	3 643	2 618	满足	满足
	端支承 2	1 210.29	-2 303.919 7	3 643	2 618	满足	满足
	跨 中	22.298	527.723 7	3 643	2 618	满足	满足

表 5.37　2 号墩处的盖梁强度检算

(a) E1 地震作用

加速度时程 A

墩 号		竖向剪力/kN	纵向弯矩/(kN·m)	抗剪能力/kN	抗弯能力/(kN·m)	抗弯结果	抗剪结果
2	端支承 1	-1 206.669	-2 319.015 8	3 643	2 618	满足	满足
	端支承 2	1 208.728	-2 319.072 7	3 643	2 618	满足	满足
	跨 中	21.628	528.289 9	3 643	2 618	满足	满足

加速度时程 B

墩 号		竖向剪力/kN	纵向弯矩/(kN·m)	抗剪能力/kN	抗弯能力/(kN·m)	抗弯结果	抗剪结果
2	端支承 1	-1 205.919	-2 316.534 4	3 643	2 618	满足	满足
	端支承 2	1 209.276	-2 316.599	3 643	2 618	满足	满足
	跨 中	21.638	528.523 9	3 643	2 618	满足	满足

加速度时程 C

墩 号		竖向剪力/kN	纵向弯矩/(kN·m)	抗剪能力/kN	抗弯能力/(kN·m)	抗弯结果	抗剪结果
2	端支承 1	-1 206.02	-2 317.293 3	3 643	2 618	满足	满足
	端支承 2	1 209.374	-2 317.363 5	3 643	2 618	满足	满足
	跨 中	21.644	528.476 2	3 643	2 618	满足	满足

(b) E2 地震作用

加速度时程 A

墩 号		竖向剪力/kN	纵向弯矩/(kN·m)	抗剪能力/kN	抗弯能力/(kN·m)	抗弯结果	抗剪结果
2	端支承 1	-1 200.95	-2 303.533 1	3 643	2 618	满足	满足
	端支承 2	1 211.702	-2 303.707	3 643	2 618	满足	满足
	跨 中	21.672	528.700 4	3 643	2 618	满足	满足

续表

(b) E2 地震作用

加速度时程 B

墩 号		竖向剪力/kN	纵向弯矩/(kN·m)	抗剪能力/kN	抗弯能力/(kN·m)	抗弯结果	抗剪结果
2	端支承1	-1 203.485	-2 310.727 2	3 643	2 618	满足	满足
	端支承2	1 210.827	-2 310.845 9	3 643	2 618	满足	满足
	跨 中	21.895	529.252 4	3 643	2 618	满足	满足

加速度时程 C

墩 号		竖向剪力/kN	纵向弯矩/(kN·m)	抗剪能力/kN	抗弯能力/(kN·m)	抗弯结果	抗剪结果
2	端支承1	-1 201.933	-2 306.874 4	3 643	2 618	满足	满足
	端支承2	1 211.43	-2 306.992 1	3 643	2 618	满足	满足
	跨 中	21.936	528.202 3	3 643	2 618	满足	满足

6 简支梁桥抗震分析示例二

6.1 设计资料、主要材料和尺寸

6.1.1 设计资料

示例二简支梁桥上部结构采用4×30 m曲线形预应力混凝土简支"T"形梁,桥梁全长128.93 m。下部结构采用钢筋混凝土圆柱式墩、桩基础,桩柱及重力式台、桩基础。桥面宽度为0.5 m(防撞护栏)+11.25 m(桥面净宽)+0.5 m(防撞护栏)。桥梁平面位于$R=840.054$ m,$L_s=110$ m的缓和曲线和圆曲线上。

下部结构与支座的信息详见表6.1。

表6.1 下部结构与支座

墩台号	形式	墩高/m		支座/(mm×mm×mm)
0	桩柱式桥台	—		GJZF₄300×450×76
1	双柱式桥墩	1	6.000	GJZ300×450×74
		2	6.880	
2	双柱式桥墩	1	6.000	GJZ300×450×74
		2	6.000	
3	双柱式桥墩	1	5.720	GJZ300×450×74
		2	6.000	
4	重力式桥台	—		GJZF₄300×450×76

材料选用详见表6.2。

表6.2 材料选用

混凝土	C50	预制"T"梁、伸缩缝
	C40	桥面铺装、支座垫石、倒"T"形盖梁
	C30	防撞护栏、搭板、防震挡块、盖梁、桥墩墩身、系梁、承台、耳背墙、台帽、桩基础
	C25	台身
	C20	搭板垫层
钢筋和预应力体系	HPB300、HRB400	普通钢筋
	预应力钢绞线	采用《预应力混凝土用钢绞线》(GB/T 5224—2003)标准生产的低松弛高强度钢绞线

6.1.2 技术规范

(1)《四川高速公路工程抗震设计指南》。

(2) 中华人民共和国行业标准《公路工程技术标准》(JTG B01—2014)。
(3) 中华人民共和国行业标准《公路桥涵设计通用规范》(JTG D60—2015)。
(4) 中华人民共和国行业标准《公路钢筋混凝土及预应力混凝土桥涵设计规范》(JTG 3362—2018)。
(5)《公路工程抗震规范》(JTG B02—2013)。
(6)《公路桥梁板式橡胶支座规格系列》(JT/T 663—2006)。

6.1.3 技术指标

(1) 公路等级：双向四车道高速公路。
(2) 设计速度：80 km/h。
(3) 路基宽度：分离式路基 12.25 m。
(4) 荷载等级：公路 I 级。
(5) 基本地震动峰值加速度：0.15g。
(6) 行车道数：4。
(7) 桥面宽度：12.25 m。
(8) 桥跨布置：4×30 m。
(9) 设计安全等级：一级。
(10) 环境类别：I类。
(11) 抗震设防类别：B类。
(12) 场地类别：II类（根据地质情况得出）。

6.1.4 材料指标

混凝土和钢筋的主要的力学指标如表 6.3 和表 6.4 所示。

表 6.3 混凝土主要力学指标

强度等级	弹性模量/MPa	容重/(kN/m³)	轴心抗压设计强度/MPa	抗拉设计强度/MPa	轴心抗压标准强度/MPa	抗拉标准强度/MPa
C50	3.45×10⁴	25	22.4	1.83	32.4	2.65
C40	3.25×10⁴	25	18.4	1.65	26.8	2.40
C30	3.00×10⁴	25	13.8	1.39	20.1	2.01

表 6.4 钢筋主要力学指标

强度等级	弹性模量/MPa	直径/mm	符号	抗拉强度标准值/MPa	抗拉强度设计值/MPa	抗压强度设计值/MPa
HPB300	2.10×10⁵	6~22	Φ	300	270	270
HRB400	2.00×10⁵	6~50	⏀	400	330	330

6.2 抗震设防目标的确定

根据示例二简支梁桥的重要性以及地震破坏后桥梁结构的性能要求、修复（抢修）的难易程度，采用 50 年超越概率 10%、2% 地震作用，其抗震性能目标如表 6.5 所示。

表 6.5 示例二简支梁桥抗震设防目标

设防标准		构件类别	结构性能要求	受力状态	功能要求
E1地震作用	50年超越概率10%地震作用（相当于重现期475年）	主梁	无损伤	保持弹性	车辆正常通行
		桥墩	无损伤		
		支座	轻微损伤	基本正常工作	
E2地震作用	50年超越概率2%地震作用（相当于重现期2 475年）	主梁	轻微损伤	总体保持弹性	不致产生严重结构损伤
		桥墩	可修复损伤	可进入塑性	
		支座	可损伤	可剪切破坏	

6.3 结构有限元模型的建立

根据示例二简支梁桥的设计方案，采用 Sap2000 有限元程序，建立三维有限元动力计算模型进行抗震性能分析，计算模型均以桥梁起始点连线为顺桥向 x 轴，以垂直于该连线为横桥向 y 轴，竖桥向为 z 轴；上部结构、盖梁和下部结构采用梁单元，赋予框架截面属性；四氟滑板橡胶支座和板式橡胶支座采用连接属性，其顶端与上部结构共用节点，底端与盖梁相连。

整桥有限元模型示意如图 6.1（a）所示。上部结构采用梁格单元，其外悬臂梁、内

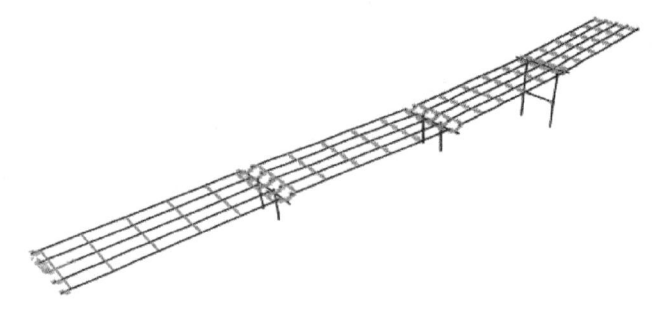

(a) 整桥有限元模型

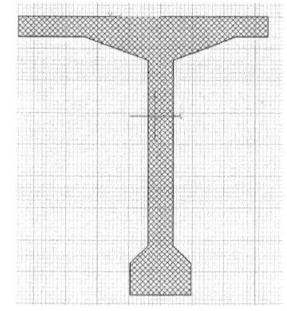   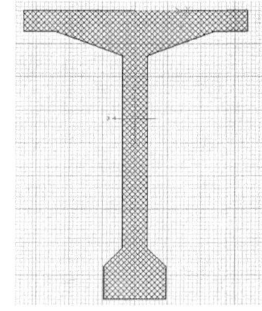   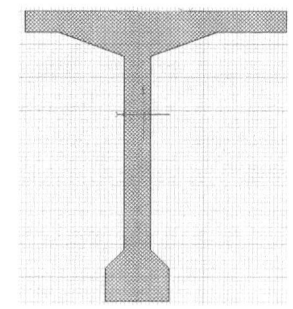

(b) 外悬臂梁截面形式　　　(c) 标准横截面形式　　　(d) 内悬臂梁截面形式

图 6.1 采用梁格单元的整桥动力计算有限元模型

悬臂梁以及标准横截面形式如图 6.1（b）、图 6.1（c）、图 6.1（d）所示。单跨横桥向相邻 T 梁之间采用刚性连接，不考虑梁间接缝对整体性能的影响。在模拟主梁与支座的连接，在各墩位处的支座顶，同时也是梁底处建立节点，并与相同截面位置处的主梁单位节点间建立刚性连接。桥墩的立柱与系梁模拟为梁柱单元，系梁端部与墩身节点连接采用刚性连接。

墩台编号如图 6.2 所示。

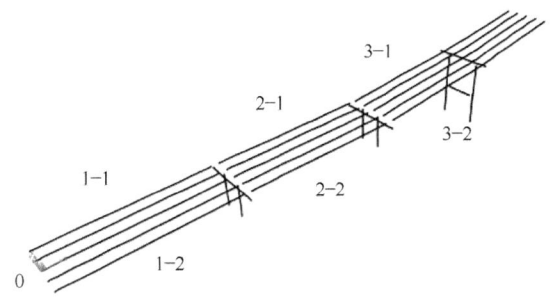

图 6.2 墩台编号

支座剪切刚度 K_h 按下式计算：

$$K_h = G \frac{A_0}{T_r} \qquad (6.1)$$

式中：G ——等效剪切模量（MPa）；
A_0 ——有效面积，支座内部橡胶的平面面积（mm²）；
T_r ——橡胶层总厚度（mm）。

6.4 模态分析

上部结构采用梁格单元的桥梁动力特性计算结果分别列举如下。前 30 阶周期、频率、顺桥向和横桥向累计振型贡献率见表 6.6，前 10 阶振型示意见图 6.3~图 6.12。由表 6.6 可知，顺桥向和横桥向前 30 阶累计振型贡献率达到 90% 以上。

表 6.6 动力特性计算结果

振型阶数	周期/s	频率/Hz	顺桥向累计振型贡献率（%）	横桥向累计振型贡献率（%）
1	1.117 8	0.894 6	55.74	0.13
2	0.958 6	1.043 2	79.97	0.49
3	0.937 7	1.066 5	79.97	48.89
4	0.910 3	1.098 5	79.97	75.21
5	0.898 9	1.112 5	85.54	76.44
6	0.898 6	1.112 5	86.69	80.76
7	0.893 8	1.118 8	86.83	81.09
8	0.879 5	1.137 0	86.84	81.09

续表

振型阶数	周期/s	频率/Hz	顺桥向累计振型贡献率（%）	横桥向累计振型贡献率（%）
9	0.5825	1.7167	86.84	81.19
10	0.5688	1.7580	86.84	81.19
11	0.5618	1.7800	86.84	81.20
12	0.5586	1.7901	86.84	81.20
13	0.2822	3.5430	87.40	81.20
14	0.2703	3.6993	87.42	81.20
15	0.5825	1.7167	86.84	81.19
16	0.5688	1.7580	86.84	81.19
17	0.5618	1.7800	86.84	81.20
18	0.5586	1.7901	86.84	81.20
19	0.2822	3.5430	87.40	81.20
20	0.2703	3.6993	87.42	81.20
21	0.2601	3.8448	87.89	81.20
22	0.2542	3.9346	87.90	81.20
23	0.2523	3.9630	87.98	81.20
24	0.1979	5.0542	96.02	81.21
25	0.1905	5.2490	96.04	81.21
26	0.1541	6.4893	96.04	81.22
27	0.1539	6.4967	96.04	81.22
28	0.1538	6.5039	96.04	81.22
29	0.1515	6.6024	96.05	85.23
30	0.1233	8.1101	96.06	95.90

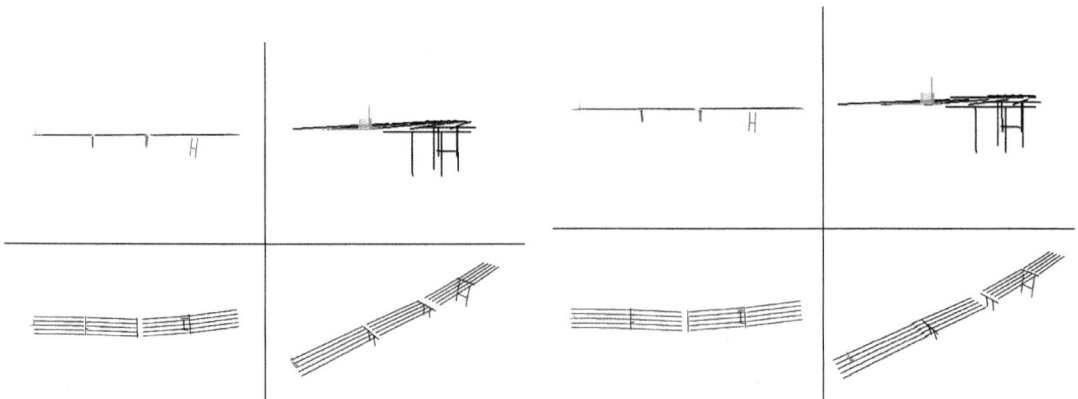

图 6.3　第 1 阶，周期 1.1178 s　　　　图 6.4　第 2 阶，周期 0.9586 s

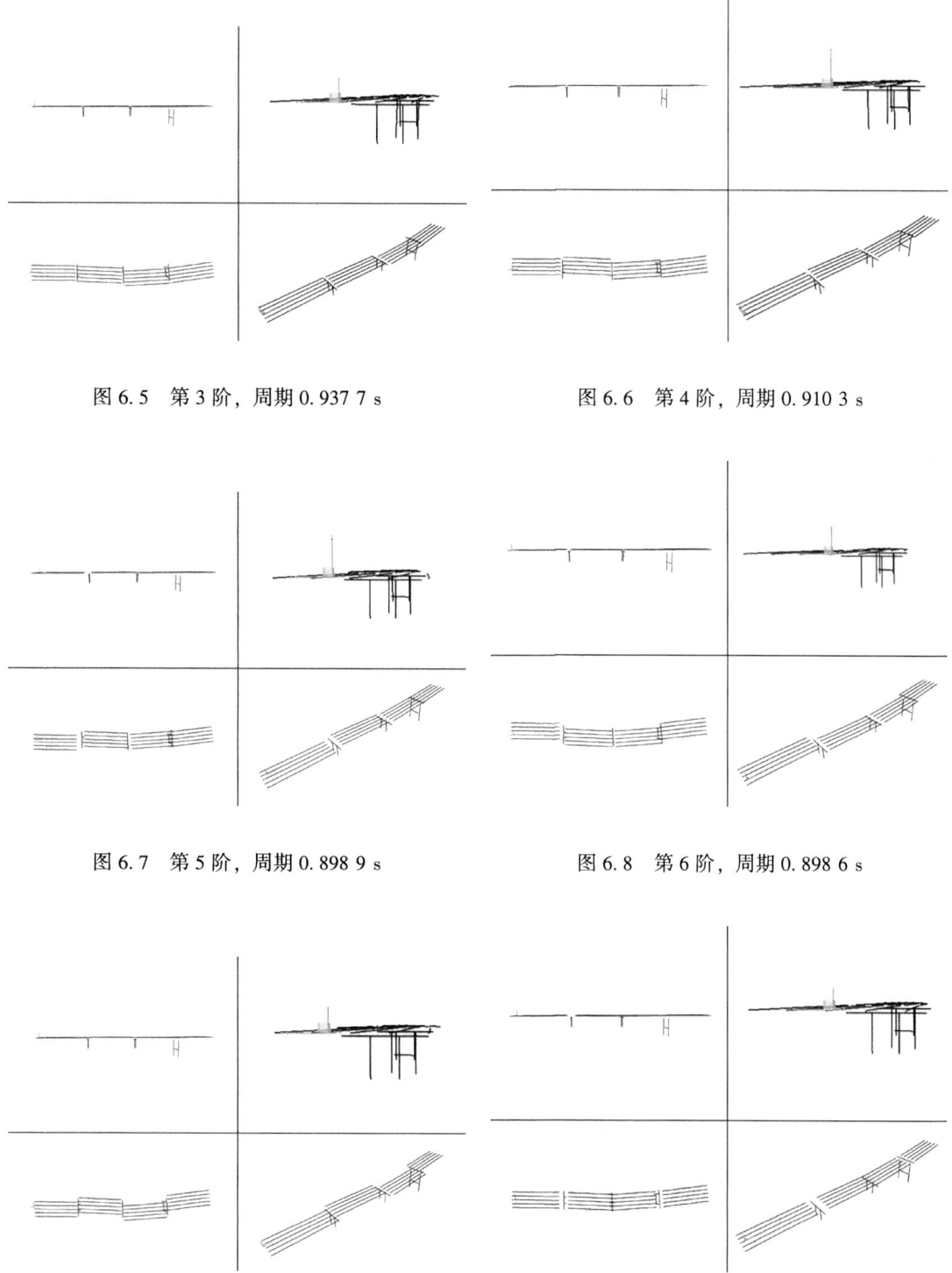

图 6.5　第 3 阶，周期 0.937 7 s

图 6.6　第 4 阶，周期 0.910 3 s

图 6.7　第 5 阶，周期 0.898 9 s

图 6.8　第 6 阶，周期 0.898 6 s

图 6.9　第 7 阶，周期 0.893 8 s

图 6.10　第 8 阶，周期 0.879 5 s

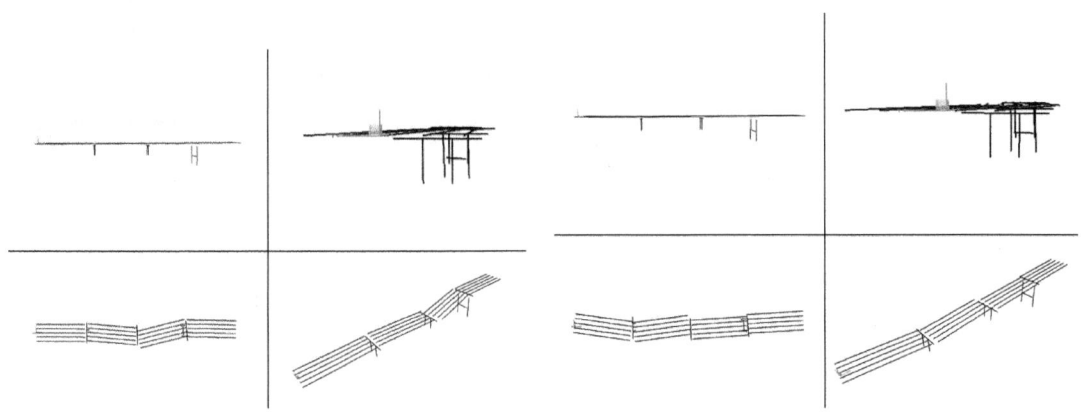

图 6.11　第 9 阶，周期 0.582 5 s　　　　图 6.12　第 10 阶，周期 0.568 8 s

6.5　反应谱分析

6.5.1　设计加速度反应谱

根据《四川高速公路工程抗震设计指南》及梁桥的场地地震动参数及场地条件，水平设计加速度反应谱 S 由下式确定：

$$S = \begin{cases} S_{\max}(5.5T + 0.45) & T < 0.1 \text{ s} \\ S_{\max} & 0.1 \text{ s} \leqslant T \leqslant T_g \\ S_{\max}(T_g/T) & T > T_g \end{cases} \quad (6.2)$$

式中：$S_{\max}$——设计加速度反应谱最大值；
　　　T——结构自振周期；
　　　T_g——场地特征周期。

水平设计加速度反应谱最大值 $S_{\max}$ 由下式确定：

$$S_{\max} = 2.5R_i C_s C_d A \quad (6.3)$$

式中：R_i——地震作用调整系数，即不同地震重现期地震动峰值加速度与基本地震动加速度的比值，50 年超越概率 40% 地震作用下取 0.5，50 年超越概率 10% 地震作用下取 1.0，50 年超越概率 2% 地震作用下取 1.9；
　　　C_s——场地系数，根据桥梁所在场地条件，取 1.0；
　　　C_d——阻尼调整系数，结构阻尼比采用 5% 时取 1.0；
　　　A——水平设计基本地震动加速度峰值，取 $0.15g$。

E1 和 E2 地震作用下的水平设计加速度反应谱如图 6.13 所示。

6.5.2　桥墩的计算

6.5.2.1　桥墩关键截面内力

分别提取 E1 和 E2 地震作用下各桥墩墩顶和墩底的关键截面内力分析结果如表 6.7 和表 6.8 所示。

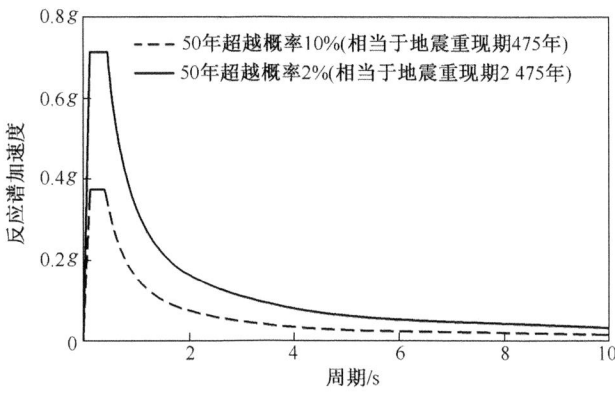

图 6.13 设计反应谱曲线

表 6.7 恒载+E1 地震作用下桥墩关键截面内力

墩 号		取值	P/kN	V_2/kN	V_3/kN	M_2/(kN·m)	M_3/(kN·m)
恒载+纵向地震作用							
1 号墩	1 号墩顶	max	−3 481.29	71.98	375.82	317.99	236.99
		min	−3 724.33	−5.69	−374.57	−321.28	7.77
	1 号墩底	max	−3 712.11	72.36	383.91	2 522.63	71.26
		min	−3 955.32	−6.06	−382.66	−2 533.44	−224.30
	2 号墩顶	max	−3 595.99	6.71	372.31	313.26	−11.27
		min	−3 798.98	−75.02	−375.10	−331.17	−253.04
	2 号墩底	max	−3 826.84	7.05	380.43	2 522.79	225.56
		min	−4 029.94	−75.36	−383.21	−2 523.98	−80.03
2 号墩	1 号墩顶	max	−3 503.81	90.39	471.39	433.40	287.56
		min	−3 706.81	−15.65	−472.60	−433.89	−16.14
	1 号墩底	max	−3 734.67	90.57	479.30	3 232.76	78.68
		min	−3 937.76	−15.84	−480.51	−3 226.02	−255.65
	2 号墩顶	max	−3 581.22	20.77	483.07	402.47	23.94
		min	−3 820.91	−86.10	−481.19	−393.85	−282.25
	2 号墩底	max	−3 812.06	20.95	490.83	3 257.57	235.11
		min	−4 051.88	−86.29	−488.95	−3 260.25	−101.42
3 号墩	1 号墩顶	max	−3 012.36	15.98	272.98	481.94	56.59
		min	−3 218.74	−40.87	−271.17	−475.73	−124.28
	1 号墩底	max	−3 559.45	13.73	296.80	3 787.21	268.92
		min	−3 797.73	−45.27	−294.63	−3 790.61	−226.11

续表

墩 号		取值	P/kN	V_2/kN	V_3/kN	M_2/(kN·m)	M_3/(kN·m)
恒载+纵向地震作用							
3号墩	2号墩顶	max	-3 074.96	40.57	258.17	462.85	121.55
		min	-3 266.73	-11.34	-259.96	-466.98	-47.97
	2号墩底	max	-3 635.53	46.72	260.17	3 627.92	204.27
		min	-3 862.22	-10.85	-262.31	-3 623.98	-272.61
恒载+横向地震作用							
1号墩	1号墩顶	max	-2 675.98	476.35	57.82	127.03	1 391.13
		min	-4 529.63	-410.05	-56.57	-130.33	-1 146.37
	1号墩底	max	-2 905.49	488.38	58.18	362.89	1 355.93
		min	-4 761.94	-422.08	-56.93	-373.70	-1 508.97
	2号墩顶	max	-2 771.58	407.24	77.24	151.54	1 131.32
		min	-4 623.39	-475.54	-80.03	-169.46	-1 395.62
	2号墩底	max	-3 001.09	419.29	77.69	424.34	1 499.73
		min	-4 855.70	-487.60	-80.48	-425.52	-1 354.19
2号墩	1号墩顶	max	-2 519.96	532.29	105.12	242.88	1 553.75
		min	-4 690.66	-457.55	-106.32	-243.38	-1 282.33
	1号墩底	max	-2 749.20	548.36	105.46	478.02	1 518.97
		min	-4 923.23	-473.63	-106.66	-471.28	-1 695.94
	2号墩顶	max	-2 618.15	462.50	96.96	270.60	1 289.75
		min	-4 783.98	-527.83	-95.08	-261.98	-1 548.06
2号墩	2号墩底	max	-2 847.41	478.57	97.32	416.61	1 674.90
		min	-5 016.53	-543.90	-95.44	-419.29	-1 541.21
3号墩	1号墩顶	max	-2 362.91	552.91	37.55	121.65	1 969.53
		min	-3 868.19	-577.81	-35.74	-115.43	-2 037.22
	1号墩底	max	-2 226.08	540.15	37.76	234.23	2 146.36
		min	-5 131.10	-571.69	-35.59	-237.62	-2 103.54
	2号墩顶	max	-2 417.59	520.28	36.92	132.09	1 905.60
		min	-3 924.09	-491.05	-38.71	-136.22	-1 832.02
	2号墩底	max	-2 295.45	586.49	41.34	250.61	2 098.59
		min	-5 202.30	-550.62	-43.48	-246.67	-2 166.93

表 6.8 恒载+E2 地震作用下桥墩关键截面内力

墩 号		取值	P/kN	V_2/kN	V_3/kN	M_2/(kN·m)	M_3/(kN·m)
恒载+纵向地震作用							
1号墩	1号墩顶	max	-3 361.78	115.24	780.17	679.20	365.95
		min	-3 843.83	-48.94	-778.92	-682.49	-121.19
	1号墩底	max	-3 592.54	115.91	794.69	5 273.14	233.80
		min	-4 074.89	-49.61	-793.44	-5 283.95	-386.84
	2号墩顶	max	-3 491.52	52.42	774.81	677.38	124.93
		min	-3 903.45	-120.73	-777.60	-695.29	-389.24
	2号墩底	max	-3 722.34	53.03	789.38	5 267.82	394.38
		min	-4 134.44	-121.34	-792.17	-5 269.00	-248.84
2号墩	1号墩顶	max	-3 398.96	150.40	986.71	924.24	459.41
		min	-3 811.66	-75.67	-987.91	-924.74	-187.99
	1号墩底	max	-3 629.79	150.75	1 000.86	6 789.66	267.78
		min	-4 042.65	-76.02	-1 002.07	-6 782.92	-444.75
	2号墩顶	max	-3 460.85	81.26	1 010.40	852.68	197.21
		min	-3 941.28	-146.60	-1 008.52	-844.06	-455.52
	2号墩底	max	-3 691.63	81.61	1 024.29	6 849.20	425.46
		min	-4 172.31	-146.94	-1 022.41	-6 851.88	-291.77
3号墩	1号墩顶	max	-2 914.88	47.79	582.16	1 025.65	157.05
		min	-3 316.23	-72.69	-580.35	-1 019.43	-224.74
	1号墩底	max	-3 442.18	46.27	632.15	8 088.76	548.41
		min	-3 915.00	-77.80	-629.98	-8 092.15	-505.60
	2号墩顶	max	-2 982.29	69.66	552.57	990.79	215.79
		min	-3 359.40	-40.43	-554.35	-994.91	-142.21
	2号墩底	max	-3 521.29	78.39	556.31	7 744.17	473.38
		min	-3 976.46	-42.52	-558.45	-7 740.23	-541.72
恒载+横向地震作用							
墩 号		取值	P/kN	V_2/kN	V_3/kN	M_2/(kN·m)	M_3/(kN·m)
1号墩	1号墩顶	max	-1 731.25	949.95	122.41	272.01	2 744.60
		min	-5 474.36	-883.66	-121.15	-275.30	-2 499.84
	1号墩底	max	-1 959.64	971.20	123.09	780.38	2 876.27
		min	-5 707.78	-904.91	-121.84	-791.20	-3 029.30
	2号墩顶	max	-1 827.33	878.76	165.89	330.83	2 478.77
		min	-5 567.64	-947.07	-168.68	-348.74	-2 743.07

续表

墩号		取值	P/kN	V_2/kN	V_3/kN	M_2/(kN·m)	M_3/(kN·m)
恒载+横向地震作用							
1号墩	2号墩底	max	-2 055.74	900.04	166.75	905.73	3 013.65
		min	-5 801.05	-968.35	-169.54	-906.91	-2 868.12
2号墩	1号墩顶	max	-1 414.79	1 053.61	224.87	517.71	3 043.71
		min	-5 795.82	-978.87	-226.07	-518.21	-2 772.29
	1号墩底	max	-1 642.72	1 082.12	225.53	1 016.33	3 200.21
		min	-6 029.72	-1 007.39	-226.74	-1 009.59	-3 377.19
	2号墩顶	max	-1 514.95	984.10	205.46	571.43	2 780.71
		min	-5 887.17	-1 049.44	-203.58	-562.81	-3 039.02
	2号墩底	max	-1 742.90	1 012.62	206.14	889.76	3 356.84
		min	-6 121.05	-1 077.95	-204.26	-892.44	-3 223.15
3号墩	1号墩顶	max	-1 525.36	1 187.78	78.78	254.06	4 213.52
		min	-4 705.75	-1 212.68	-76.97	-247.84	-4 281.21
	1号墩底	max	-607.00	1 155.68	78.60	500.29	4 504.29
		min	-6 750.18	-1 187.22	-76.43	-503.68	-4 461.47
	2号墩顶	max	-1 579.13	1 088.46	79.45	281.97	3 999.52
		min	-4 762.56	-1 059.22	-81.23	-286.09	-3 925.94
	2号墩底	max	-675.23	1 216.28	88.27	529.59	4 465.53
		min	-6 822.51	-1 180.40	-90.41	-525.65	-4 533.87

6.5.2.2 桥墩强度验算

对1~3号桥墩进行桥墩关键截面的强度验算,验算结果如表6.9和表6.10所示。本部分内容结合有限元分析方法进行,通过分析不同轴压荷载作用下设计截面的弯矩曲率关系,得出其抗弯承载能力,其设计截面模型和弯矩-曲率关系分别如图6.14和图6.15所示。验算结果表明,在E1地震作用下,桥墩抗弯承载能力满足要求,在E2地震作用下,2号桥墩和3号桥墩抗弯抗剪承载力出现不满足要求的情况。

桥墩截面沿纵桥向和横桥向的斜截面抗剪强度按下列公式计算:

$$V \leq \left(\frac{1.75}{\lambda + 1} f_t b h_0 + f_{yv} \frac{A_{sv}}{s} h_0 + 0.07N \right) \Big/ \gamma_{RE} \tag{6.4}$$

式中:λ——偏心受压构件计算截面的剪跨比,取为$M/(Vh_0)$,当$\lambda<1.5$时取1.5,$\lambda>3$时取3;

N——与剪力值 V 相应的轴向压力值，当大于 $0.3f_cA$ 时，取为 $0.3f_cA$，其中 A 为构件的截面面积，f_c 混凝土轴心抗压强度设计值；

f_t——混凝土的轴心抗拉强度设计值；

b——截面宽度，圆形截面取 $1.76r$，r 为圆形截面的半径；

h_0——截面的有效高度，圆形截面取 $1.6r$；

f_{yv}——箍筋的抗拉强度设计值；

A_{sv}——同一截面内箍筋的总面积；

s——沿构件长度方向的箍筋间距；

γ_{RE}——承载力抗震调整系数。

墩柱塑性铰区域沿顺桥向和横桥向的斜截面抗剪强度应按下列公式计算：

$$V_{co} \leq \phi(0.002\,3\sqrt{f'_c}A_e + V_s) \tag{6.5}$$

其中

$$V_s = 0.1\frac{A_k b}{S_k}f_{yh} \leq 0.067\sqrt{f'_c}A_e$$

式中：V_{co}——剪力设计值（kN）；

f'_c——混凝土抗压强度标准值（MPa）；

V_s——箍筋提供的抗剪能力（kN）；

A_e——核心混凝土面积（cm²）；

A_k——同一截面上箍筋的总面积（cm²）；

S_k——箍筋的间距（cm）；

f_{yh}——箍筋抗拉强度设计值（MPa）；

b——沿计算方向墩柱的宽度（cm）；

ϕ——抗剪强度折减系数，$\phi = 0.85$。

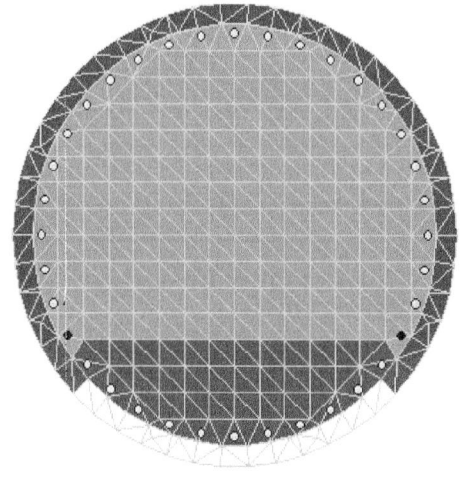

图 6.14 设计截面模型

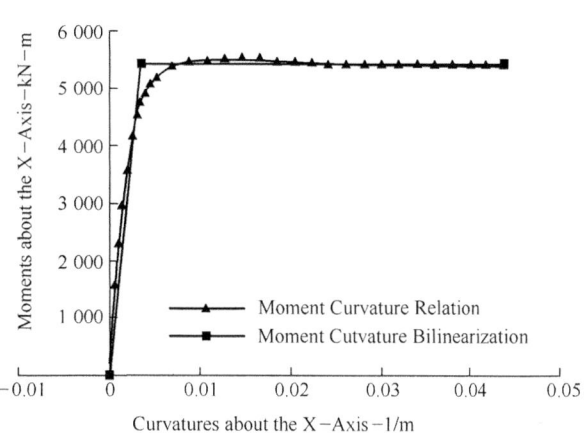

图 6.15 弯矩-曲率关系

表 6.9　恒载+E1 地震作用下桥墩强度验算结果

墩号		取值	P/kN	V_3/kN	M_2/ (kN·m)	抗弯承载力/ (kN·m)	抗剪承载力/ kN	抗弯结果	抗剪结果
	恒载+纵向地震作用								
1号墩	1号墩顶	max	-3 481.29	375.82	317.99	4 184.00	1 598.51	弹性	满足
		min	-3 724.33	-374.57	-321.28	4 275.00	1 611.59	弹性	满足
	1号墩底	max	-3 712.11	383.91	2 522.63	4 271.00	1 223.65	弹性	满足
		min	-3 955.32	-382.66	-2 533.44	4 364.00	1 236.75	弹性	满足
	2号墩顶	max	-3 595.99	372.31	313.26	4 228.00	1 604.68	弹性	满足
		min	-3 798.98	-375.10	-331.17	4 304.00	1 615.61	弹性	满足
	2号墩底	max	-3 826.84	380.43	2 522.79	4 316.00	1 229.83	弹性	满足
		min	-4 029.94	-383.21	-2 523.98	4 391.00	1 240.77	弹性	满足
2号墩	1号墩顶	max	-3 503.81	471.39	433.40	4 193.00	1 599.72	弹性	满足
		min	-3 706.81	-472.60	-433.89	4 270.00	1 610.65	弹性	满足
	1号墩底	max	-3 734.67	479.30	3 232.76	4 282.00	1 224.87	弹性	满足
		min	-3 937.76	-480.51	-3 226.02	4 356.00	1 235.80	弹性	满足
	2号墩顶	max	-3 581.22	483.07	402.47	4 223.00	1 603.89	弹性	满足
		min	-3 820.91	-481.19	-393.85	4 313.00	1 616.79	弹性	满足
	2号墩底	max	-3 812.06	490.83	3 257.57	4 310.00	1 229.03	弹性	满足
		min	-4 051.88	-488.95	-3 260.25	4 398.00	1 241.95	弹性	满足
3号墩	1号墩顶	max	-3 012.36	272.98	481.94	4 008.00	1 542.66	弹性	满足
		min	-3 218.74	-271.17	-475.73	4 087.00	1 557.65	弹性	满足
	1号墩底	max	-3 559.45	296.80	3 787.21	4 560.00	1 337.96	弹性	满足
		min	-3 797.73	-294.63	-3 790.61	4 660.00	1 350.79	弹性	满足
	2号墩顶	max	-3 074.96	258.17	462.85	4 032.00	1 536.63	弹性	满足
		min	-3 266.73	-259.96	-466.98	4 104.00	1 545.75	弹性	满足
	2号墩底	max	-3 635.53	260.17	3 627.92	4 592.00	1 342.05	弹性	满足
		min	-3 862.22	-262.31	-3 623.98	4 684.00	1 354.26	弹性	满足
	恒载+横向地震作用								
墩号		取值	P/kN	V_3/kN	M_2/ (kN·m)	抗弯承载力/ (kN·m)	抗剪承载力/ kN	抗弯结果	抗剪结果
1号墩	1号墩顶	max	-2 675.98	476.35	1 391.13	3 879.00	1 238.09	弹性	满足
		min	-4 529.63	-410.05	-1 146.37	4 578.00	1 360.70	弹性	满足
	1号墩底	max	-2 905.49	488.38	1 355.93	3 969.00	1 276.90	弹性	满足
		min	-4 761.94	-422.08	-1 508.97	4 659.00	1 280.18	弹性	满足

续表

墩号		取值	P/kN	V_3/kN	M_2/(kN·m)	抗弯承载力/(kN·m)	抗剪承载力/kN	抗弯结果	抗剪结果
				恒载+横向地震作用					
1号墩	2号墩顶	max	-2 771.58	407.24	1 131.32	3 917.00	1 269.38	弹性	满足
		min	-4 623.39	-475.54	-1 395.62	4 609.00	1 340.41	弹性	满足
	2号墩底	max	-3 001.09	419.29	1 499.73	4 004.00	1 185.37	弹性	满足
		min	-4 855.70	-487.60	-1 354.19	4 694.00	1 381.75	弹性	满足
2号墩	1号墩顶	max	-2 519.96	532.29	1 553.75	3 818.00	1 229.94	弹性	满足
		min	-4 690.66	-457.55	-1 282.33	4 633.00	1 368.07	弹性	满足
	1号墩底	max	-2 749.20	548.36	1 518.97	3 908.00	1 269.70	弹性	满足
		min	-4 923.23	-473.63	-1 695.94	4 717.00	1 288.87	弹性	满足
	2号墩顶	max	-2 618.15	462.50	1 289.75	3 856.00	1 259.10	弹性	满足
		min	-4 783.98	-527.83	-1 548.06	4 667.00	1 349.39	弹性	满足
	2号墩底	max	-2 847.41	478.57	1 674.90	3 946.00	1 177.09	弹性	满足
		min	-5 016.53	-543.90	-1 541.21	4 750.00	1 379.83	弹性	满足
3号墩	1号墩顶	max	-2 362.91	552.91	1 969.53	3 756.00	1 151.00	弹性	满足
		min	-3 868.19	-577.81	-2 037.22	4 330.00	1 232.06	弹性	满足
	1号墩底	max	-2 226.08	540.15	2 146.36	3 985.00	1 266.16	弹性	满足
		min	-5 131.10	-571.69	-2 103.54	5 190.00	1 422.58	弹性	满足
	2号墩顶	max	-2 417.59	520.28	1 905.60	3 777.00	1 153.95	弹性	满足
		min	-3 924.09	-491.05	-1 832.02	4 350.00	1 235.07	弹性	满足
	2号墩底	max	-2 295.45	586.49	2 098.59	4 016.00	1 273.27	弹性	满足
		min	-5 202.30	-550.62	-2 166.93	5 220.00	1 426.42	弹性	满足

表 6.10 恒载+E2 地震作用下桥墩强度验算结果

墩号		取值	P/kN	V_3/kN	M_2/(kN·m)	抗弯承载力/(kN·m)	抗剪承载力/kN	抗弯结果	抗剪结果
				恒载+纵向地震作用					
1号墩	1号墩顶	max	-3 361.78	780.17	679.20	5 424.00	1 592.07	弹性	满足
		min	-3 843.83	-778.92	-682.49	5 617.00	1 618.03	弹性	满足
	1号墩底	max	-3 592.54	794.69	5 273.14	5 515.00	1 217.21	弹性	满足
		min	-4 074.89	-793.44	-5 283.95	5 709.00	1 243.19	弹性	满足
	2号墩顶	max	-3 491.52	774.81	677.38	5 476.00	1 599.06	弹性	满足
		min	-3 903.45	-777.60	-695.29	5 639.00	1 621.24	弹性	满足

续表

墩号		取值	P/kN	V_3/kN	M_2/(kN·m)	抗弯承载力/(kN·m)	抗剪承载力/kN	抗弯结果	抗剪结果
	恒载+纵向地震作用								
1号墩	2号墩顶	max	-3 722.34	789.38	5 267.82	5 567.00	1 224.20	弹性	满足
		min	-4 134.44	-792.17	-5 269.00	5 731.00	1 246.39	弹性	满足
2号墩	1号墩顶	max	-3 398.96	986.71	924.24	5 439.00	1 594.07	弹性	满足
		min	-3 811.66	-987.91	-924.74	5 604.00	1 616.30	弹性	满足
	1号墩底	max	-3 629.79	1 000.86	6 789.66	5 531.00	575.26	延性	不满足
		min	-4 042.65	-1 002.07	-6 782.92	5 696.00	575.26	延性	不满足
	2号墩顶	max	-3 460.85	1 010.40	852.68	5 463.00	1 597.41	弹性	满足
		min	-3 941.28	-1 008.52	-844.06	5 654.00	1 623.28	弹性	满足
	2号墩底	max	-3 691.63	1 024.29	6 849.20	5 556.00	575.26	延性	不满足
		min	-4 172.31	-1 022.41	-6 851.88	5 746.00	575.26	延性	不满足
3号墩	1号墩顶	max	-2 914.88	582.16	1 025.65	5 240.00	1 538.69	弹性	满足
		min	-3 316.23	-580.35	-1 019.43	5 407.00	1 562.13	弹性	满足
	1号墩底	max	-3 442.18	632.15	8 088.76	5 830.00	615.35	延性	不满足
		min	-3 915.00	-629.98	-8 092.15	6 031.00	615.35	延性	不满足
	2号墩顶	max	-2 982.29	552.57	990.79	5 269.00	1 531.56	弹性	满足
		min	-3 359.40	-554.35	-994.91	5 421.00	1 551.29	弹性	满足
	2号墩底	max	-3 521.29	556.31	7 744.17	5 863.00	615.35	延性	满足
		min	-3 976.46	-558.45	-7 740.23	6 057.00	615.35	延性	满足
	恒载+横向地震作用								
墩号		取值	P/kN	V_3/kN	M_2/(kN·m)	抗弯承载力/(kN·m)	抗剪承载力/kN	抗弯结果	抗剪结果
1号墩	1号墩顶	max	-1 731.25	949.95	2 744.60	4 679.00	1 252.99	弹性	满足
		min	-5 474.36	-883.66	-2 499.84	6 246.00	1 465.55	弹性	满足
	1号墩底	max	-1 959.64	971.20	2 876.27	4 792.00	1 252.51	弹性	满足
		min	-5 707.78	-904.91	-3 029.30	6 330.00	1 393.11	弹性	满足
	2号墩顶	max	-1 827.33	878.76	2 478.77	4 729.00	1 270.70	弹性	满足
		min	-5 567.64	-947.07	-2 743.07	6 280.00	1 458.28	弹性	满足
	2号墩底	max	-2 055.74	900.04	3 013.65	4 837.00	1 196.35	弹性	满足
		min	-5 801.05	-968.35	-2 868.12	6 363.00	1 459.30	弹性	满足
2号墩	1号墩顶	max	-1 414.79	1 053.61	3 043.71	4 492.00	1 236.02	弹性	满足
		min	-5 795.82	-978.87	-2 772.29	6 360.00	1 482.27	弹性	满足

续表

墩号		取值	P/kN	V_3/kN	M_2/(kN·m)	抗弯承载力/(kN·m)	抗剪承载力/kN	抗弯结果	抗剪结果
恒载+横向地震作用									
2号墩	1号墩底	max	-1 642.72	1 082.12	3 200.21	4 624.00	1 236.17	弹性	满足
		min	-6 029.72	-1 007.39	-3 377.19	6 444.00	1 409.75	弹性	满足
	2号墩顶	max	-1 514.95	984.10	2 780.71	4 549.00	1 252.97	弹性	满足
		min	-5 887.17	-1 049.44	-3 039.02	6 392.00	1 475.58	弹性	满足
	2号墩底	max	-1 742.90	1 012.62	3 356.84	4 686.00	1 184.37	弹性	满足
		min	-6 121.05	-1 077.95	-3 223.15	6 475.00	1 471.67	弹性	满足
3号墩	1号墩顶	max	-1 525.36	1 187.78	4 213.52	4 555.00	1 166.11	弹性	不满足
		min	-4 705.75	-1 212.68	-4 281.21	5 957.00	1 337.36	弹性	满足
	1号墩底	max	-607.00	1 155.68	4 504.29	4 271.00	615.35	延性	不满足
		min	-6 750.18	-1 187.22	-4 461.47	7 194.00	1 504.57	弹性	满足
	2号墩顶	max	-1 579.13	1 088.46	3 999.52	4 587.00	1 169.01	弹性	满足
		min	-4 762.56	-1 059.22	-3 925.94	5 980.00	1 340.42	弹性	满足
	2号墩底	max	-675.23	1 216.28	4 465.53	4 311.00	615.35	延性	不满足
		min	-6 822.51	-1 180.40	-4 533.87	7 224.00	1 504.57	弹性	满足

6.5.3 支座的计算

6.5.3.1 支座变形和水平地震力

E1 和 E2 地震作用下，桥台与双柱式桥墩不同侧上的支座变形如表 6.11 和表 6.12 所示。

本桥每个桥台设置了 5 个四氟滑板橡胶支座，每个桥墩大小桩号侧分别设置了 5 个板式橡胶支座，分别选取大小桩号侧支座变形的最不利值，即最大值作为验算依据。0 号桥台和 4 号桥台按同样的方法选取支座变形数值。桥墩和桥台上的支座数量如表 6.1 所示。

表 6.11 恒载+E1 地震作用下支座变形   单位：mm

恒载+纵向地震作用				恒载+横向地震作用			
位置		顺桥向	横桥向	位置		顺桥向	横桥向
0 号桥台	(GJZF₄300×450×76)	26.45	9.13	0 号桥台	(GJZF₄300×450×76)	10.98	21.77
1 号桥墩	小桩号侧(GJZ300×450×74)	21.05	9.06	1 号桥墩	小桩号侧(GJZ300×450×74)	10.14	22.34
	大桩号侧(GJZ300×450×74)	31.55	4.30		大桩号侧(GJZ300×450×74)	8.08	31.54

续表

恒载+纵向地震作用				恒载+横向地震作用			
位置		顺桥向	横桥向	位置		顺桥向	横桥向
2号桥墩	小桩号侧（GJZ300×450×74）	31.89	4.62	2号桥墩	小桩号侧（GJZ300×450×74）	7.78	31.52
	大桩号侧（GJZ300×450×74）	48.45	4.11		大桩号侧（GJZ300×450×74）	7.82	35.85
3号桥墩	小桩号侧（GJZ300×450×74）	25.08	3.90	3号桥墩	小桩号侧（GJZ300×450×74）	8.79	38.27
	大桩号侧（GJZ300×450×74）	18.39	4.36		大桩号侧（GJZ300×450×74）	9.72	34.50
4号桥台	（GJZF$_4$300×450×76）	48.04	5.60	4号桥台	（GJZF$_4$300×450×76）	10.27	31.50

表 6.12　恒载+E2 地震作用下支座变形　　　　单位：mm

恒载+纵向地震作用				恒载+横向地震作用			
位置		顺桥向	横桥向	位置		顺桥向	横桥向
0号桥台	（GJZF$_4$300×450×76）	53.04	19.13	0号桥台	（GJZF$_4$300×450×76）	19.99	46.15
1号桥墩	小桩号侧（GJZ300×450×74）	41.36	19.11	1号桥墩	小桩号侧（GJZ300×450×74）	18.20	47.49
	大桩号侧（GJZ300×450×74）	63.87	8.84		大桩号侧（GJZ300×450×74）	13.78	67.10
2号桥墩	小桩号侧（GJZ300×450×74）	64.64	9.55	2号桥墩	小桩号侧（GJZ300×450×74）	13.19	67.04
	大桩号侧（GJZ300×450×74）	100.02	8.58		大桩号侧（GJZ300×450×74）	13.29	76.41
3号桥墩	小桩号侧（GJZ300×450×74）	50.05	7.91	3号桥墩	小桩号侧（GJZ300×450×74）	15.33	81.36
	大桩号侧（GJZ300×450×74）	35.73	8.78		大桩号侧（GJZ300×450×74）	17.27	73.16
4号桥台	（GJZF$_4$300×450×76）	99.19	11.43	4号桥台	（GJZF$_4$300×450×76）	18.45	67.11

E1 和 E2 地震作用下，支座的水平地震力如表 6.13 和表 6.14 所示。

表 6.13 恒载+E1 作用下支座水平地震力　　　　　　　　　　　　　　单位：kN

恒载+纵向地震作用					恒载+横向地震作用				
位　置		取值	顺桥向	横桥向	位　置		取值	顺桥向	横桥向
0号桥台	(GJZF₄300×450×76)	max	76.43	26.38	0号桥台	(GJZF₄300×450×76)	max	31.73	62.91
		min	-58.61	-25.58			min	-14.00	-62.28
1号桥墩	小桩号侧 (GJZ300×450×74)	max	43.01	25.25	1号桥墩	小桩号侧 (GJZ300×450×74)	max	11.62	63.54
		min	-60.81	-26.16			min	-29.30	-64.54
	大桩号侧 (GJZ300×450×74)	max	91.16	12.41		大桩号侧 (GJZ300×450×74)	max	23.34	91.13
		min	-73.53	-11.10			min	-5.81	-90.07
2号桥墩	小桩号侧 (GJZ300×450×74)	max	74.72	12.11	2号桥墩	小桩号侧 (GJZ300×450×74)	max	5.02	89.51
		min	-92.14	-13.33			min	-22.47	-91.05
	大桩号侧 (GJZ300×450×74)	max	139.98	11.20		大桩号侧 (GJZ300×450×74)	max	22.60	102.65
		min	-122.25	-11.86			min	-5.19	-103.56
3号桥墩	小桩号侧 (GJZ300×450×74)	max	54.85	11.26	3号桥墩	小桩号侧 (GJZ300×450×74)	max	7.79	110.57
		min	-72.46	-10.54			min	-25.40	-109.76
	大桩号侧 (GJZ300×450×74)	max	53.14	11.10		大桩号侧 (GJZ300×450×74)	max	28.08	97.31
		min	-35.65	-12.61			min	-10.32	-99.67
4号桥台	(GJZF₄300×450×76)	max	121.06	16.17	4号桥台	(GJZF₄300×450×76)	max	11.92	91.02
		min	-138.79	-14.50			min	-29.66	-90.29

表 6.14 恒载+E2 地震作用下支座水平地震力　　　　　　　　　　　　　单位：kN

恒载+纵向地震作用					恒载+横向地震作用				
位　置		取值	顺桥向	横桥向	位　置		取值	顺桥向	横桥向
0号桥台	(GJZF₄300×450×76)	max	153.23	55.26	0号桥台	(GJZF₄300×450×76)	max	57.74	133.33
		min	-135.41	-54.54			min	-40.01	-133.00
1号桥墩	小桩号侧 (GJZ300×450×74)	max	101.70	54.16	1号桥墩	小桩号侧 (GJZ300×450×74)	max	34.89	136.02
		min	-119.50	-55.21			min	-52.57	-137.21
	大桩号侧 (GJZ300×450×74)	max	184.53	25.55		大桩号侧 (GJZ300×450×74)	max	39.81	193.86
		min	-166.91	-24.19			min	-22.17	-192.96
2号桥墩	小桩号侧 (GJZ300×450×74)	max	169.33	26.30	2号桥墩	小桩号侧 (GJZ300×450×74)	max	20.64	192.09
		min	-186.75	-27.59			min	-38.09	-193.68
	大桩号侧 (GJZ300×450×74)	max	288.97	24.06		大桩号侧 (GJZ300×450×74)	max	38.40	219.78
		min	-271.23	-24.79			min	-20.99	-220.76

续表

恒载+纵向地震作用					恒载+横向地震作用				
位置		取值	顺桥向	横桥向	位置		取值	顺桥向	横桥向
3号桥墩	小桩号侧（GJZ300×450×74）	max	126.98	22.85	3号桥墩	小桩号侧（GJZ300×450×74）	max	26.67	235.06
		min	-144.59	-22.19			min	-44.28	-234.20
	大桩号侧（GJZ300×450×74）	max	103.23	23.74		大桩号侧（GJZ300×450×74）	max	49.91	208.70
		min	-85.74	-25.35			min	-32.15	-211.36
4号桥台	（GJZF$_4$300×450×76）	max	268.84	33.03	4号桥台	（GJZF$_4$300×450×76）	max	35.57	193.89
		min	-286.57	-31.32			min	-53.30	-193.32

上部结构重力在支座上产生的反力取最大值如表6.15所示。

表6.15 上部结构重力在支座上产生的反力   单位：kN

恒载		
位置		取值 R_b
0号桥台	（GJZF$_4$300×450×76）	-571.396
1号桥墩	小桩号侧（GJZ300×450×74）	-776.601
	大桩号侧（GJZ300×450×74）	-773.487
2号桥墩	小桩号侧（GJZ300×450×74）	-798.918
	大桩号侧（GJZ300×450×74）	-780.446
3号桥墩	小桩号侧（GJZ300×450×74）	-707.472
	大桩号侧（GJZ300×450×74）	-705.918
4号桥台	（GJZF$_4$300×450×76）	-570.284

6.5.3.2 支座验算

对于板式橡胶支座，应按下列要求进行板式橡胶支座的抗震验算。
支座厚度按下式进行验算：

$$\sum t \geq \frac{X_0}{\tan \gamma} = X_0 \tag{6.6}$$

式中：$\sum t$——橡胶层的总厚度（m）；

tanγ——橡胶片剪切角正切值，取 tanγ = 1.0；

X_0——对应水准地震作用效应和永久作用效应组合后橡胶支座顶面相对于底面的水平位移（m）。

支座抗滑稳定性按下式进行验算：

$$\mu_d R_b \geq E_{hzb} \qquad (6.7)$$

式中：μ_d——支座的摩阻系数，橡胶支座与混凝土表面的动摩阻系数采用 0.15，与钢板的动摩阻系数采用 0.10；

R_b——上部结构重力在支座上产生的反力（kN）；

E_{hzb}——对应水准地震作用效应和永久作用效应组合后橡胶支座的水平地震力（kN）。

E1 和 E2 地震作用下的支座厚度验算结果如表 6.16~6.17 所示，支座抗滑稳定性验算结果如表 6.18 和表 6.19 所示。结果表明：在 E1 地震作用下，支座变形满足验算要求；在 E2 纵向地震作用下，除 1 号桥墩小桩号侧以及 3 号桥墩处支座满足要求外，其他处支座均不满足变形要求；E2 横向地震作用下，只有 0 号桥台和 1 号桥墩小桩号侧支座满足要求；但是，支座剪切应变未超过 200%。在 E1 纵向地震作用下，2 号桥墩大桩号侧以及 4 号桥台处支座不满足抗滑稳定性要求；在该水准横向地震作用下，3 号桥墩小桩号侧和 4 号桥台处支座产生滑移；E2 地震作用下，支座几乎均产生滑移。

E1 和 E2 地震作用下，支座均会产生滑移，考虑到支座的摩擦滑移位移较大，应增设限位措施，建议采用双层挡块或分级凹槽措施。在非线性时程分析中，考虑板式橡胶支座的摩擦滑移特性，支座采用双线性模型。

表 6.16 恒载+E1 地震作用下支座厚度验算 单位：mm

恒载+纵向地震作用					恒载+横向地震作用				
位　置		X_0	Σt	验算结果	位　置		X_0	Σt	验算结果
0 号桥台	（GJZF₄300×450×76）	26.45	53	满足	0 号桥台	（GJZF₄300×450×76）	21.77	53	满足
1 号桥墩	小桩号侧（GJZ300×450×74）	21.05	53	满足	1 号桥墩	小桩号侧（GJZ300×450×74）	22.34	53	满足
	大桩号侧（GJZ300×450×74）	31.55	53	满足		大桩号侧（GJZ300×450×74）	31.54	53	满足
2 号桥墩	小桩号侧（GJZ300×450×74）	31.89	53	满足	2 号桥墩	小桩号侧（GJZ300×450×74）	31.52	53	满足
	大桩号侧（GJZ300×450×74）	48.45	53	满足		大桩号侧（GJZ300×450×74）	35.85	53	满足
3 号桥墩	小桩号侧（GJZ300×450×74）	25.08	53	满足	3 号桥墩	小桩号侧（GJZ300×450×74）	38.27	53	满足
	大桩号侧（GJZ300×450×74）	18.39	53	满足		大桩号侧（GJZ300×450×74）	34.50	53	满足
4 号桥台	（GJZF₄300×450×76）	48.04	53	满足	4 号桥台	（GJZF₄300×450×76）	31.50	53	满足

表 6.17　恒载+E2 地震作用下支座厚度验算　　　　　　　　　　　　　　　　单位：mm

恒载+纵向地震作用					恒载+横向地震作用				
位　置		X_0	$\sum t$	验算结果	位　置		X_0	$\sum t$	验算结果
0 号桥台	（GJZF$_4$300×450×76）	53.04	53	不满足	0 号桥台	（GJZF$_4$300×450×76）	46.15	53	满足
1 号桥墩	小桩号侧（GJZ300×450×74）	41.36	53	满足	1 号桥墩	小桩号侧（GJZ300×450×74）	47.49	53	满足
1 号桥墩	大桩号侧（GJZ300×450×74）	63.87	53	不满足	1 号桥墩	大桩号侧（GJZ300×450×74）	67.10	53	不满足
2 号桥墩	小桩号侧（GJZ300×450×74）	64.64	53	不满足	2 号桥墩	小桩号侧（GJZ300×450×74）	67.04	53	不满足
2 号桥墩	大桩号侧（GJZ300×450×74）	100.02	53	不满足	2 号桥墩	大桩号侧（GJZ300×450×74）	76.41	53	不满足
3 号桥墩	小桩号侧（GJZ300×450×74）	50.05	53	满足	3 号桥墩	小桩号侧（GJZ300×450×74）	81.36	53	不满足
3 号桥墩	大桩号侧（GJZ300×450×74）	35.73	53	满足	3 号桥墩	大桩号侧（GJZ300×450×74）	73.16	53	不满足
4 号桥台	（GJZF$_4$300×450×76）	99.19	53	不满足	4 号桥台	（GJZF$_4$300×450×76）	67.11	53	不满足

表 6.18　恒载+E1 地震作用下支座抗滑稳定性验算　　　　　　　　　　　　　　单位：kN

恒载+纵向地震作用						
位　置		取值	E_{hzb}	$\mu_d R_b$	验算结果	
0 号桥台	（GJZF$_4$300×450×76）	max	76.43	−85.71	满足	
0 号桥台	（GJZF$_4$300×450×76）	min	−58.61	−85.71	满足	
1 号桥墩	小桩号侧（GJZ300×450×74）	max	43.01	−116.49	满足	
1 号桥墩	小桩号侧（GJZ300×450×74）	min	−60.81	−116.49	满足	
1 号桥墩	大桩号侧（GJZ300×450×74）	max	91.16	−116.02	满足	
1 号桥墩	大桩号侧（GJZ300×450×74）	min	−73.53	−116.02	满足	
2 号桥墩	小桩号侧（GJZ300×450×74）	max	74.72	−119.84	满足	
2 号桥墩	小桩号侧（GJZ300×450×74）	min	−92.14	−119.84	满足	
2 号桥墩	大桩号侧（GJZ300×450×74）	max	139.98	−117.07	不满足	
2 号桥墩	大桩号侧（GJZ300×450×74）	min	−122.25	−117.07	不满足	
3 号桥墩	小桩号侧（GJZ300×450×74）	max	54.85	−106.12	满足	
3 号桥墩	小桩号侧（GJZ300×450×74）	min	−72.46	−106.12	满足	
3 号桥墩	大桩号侧（GJZ300×450×74）	max	53.14	−105.89	满足	
3 号桥墩	大桩号侧（GJZ300×450×74）	min	−35.65	−105.89	满足	

续表

恒载+纵向地震作用					
位 置		取值	E_{hzb}	$\mu_d R_b$	验算结果
4号桥台	（GJZF$_4$300×450×76）	max	121.06	-85.54	不满足
		min	-138.79	-85.54	不满足

恒载+横向地震作用					
位 置		取值	E_{hzb}	$\mu_d R_b$	验算结果
0号桥台	（GJZF$_4$300×450×76）	max	62.91	-85.71	满足
		min	-62.28	-85.71	满足
1号桥墩	小桩号侧（GJZ300×450×74）	max	63.54	-116.49	满足
		min	-64.54	-116.49	满足
	大桩号侧（GJZ300×450×74）	max	91.13	-116.02	满足
		min	-90.07	-116.02	满足
2号桥墩	小桩号侧（GJZ300×450×74）	max	89.51	-119.84	满足
		min	-91.05	-119.84	满足
	大桩号侧（GJZ300×450×74）	max	102.65	-117.07	满足
		min	-103.56	-117.07	满足
3号桥墩	小桩号侧（GJZ300×450×74）	max	110.57	-106.12	不满足
		min	-109.76	-106.12	不满足
	大桩号侧（GJZ300×450×74）	max	97.31	-105.89	满足
		min	-99.67	-105.89	满足
4号桥台	（GJZF$_4$300×450×76）	max	91.02	-85.54	不满足
		min	-90.29	-85.54	不满足

表6.19 恒载+E2地震作用下支座抗滑稳定性验算 单位：kN

恒载+纵向地震作用					
位 置		取值	E_{hzb}	$\mu_d R_b$	验算结果
0号桥台	（GJZF$_4$300×450×76）	max	153.23	-85.71	不满足
		min	-135.41	-85.71	不满足
1号桥墩	小桩号侧（GJZ300×450×74）	max	101.70	-116.49	满足
		min	-119.50	-116.49	不满足
	大桩号侧（GJZ300×450×74）	max	184.53	-116.02	不满足
		min	-166.91	-116.02	不满足
2号桥墩	小桩号侧（GJZ300×450×74）	max	169.33	-119.84	不满足
		min	-186.75	-119.84	不满足

续表

恒载+纵向地震作用					
位置		取值	E_{hzb}	$\mu_d R_b$	验算结果
2号桥墩	大桥号侧（GJZ300×450×74）	max	288.97	-117.07	不满足
		min	-271.23	-117.07	不满足
3号桥墩	小桥号侧（GJZ300×450×74）	max	126.98	-106.12	不满足
		min	-144.59	-106.12	不满足
	大桥号侧（GJZ300×450×74）	max	103.23	-105.89	满足
		min	-85.74	-105.89	满足
4号桥台	（GJZF₄300×450×76）	max	268.84	-85.54	不满足
		min	-286.57	-85.54	不满足

恒载+横向地震作用					
位置		取值	E_{hzb}	$\mu_d R_b$	验算结果
0号桥台	（GJZF₄300×450×76）	max	133.33	-85.71	不满足
		min	-133.00	-85.71	不满足
1号桥墩	小桥号侧（GJZ300×450×74）	max	136.02	-116.49	不满足
		min	-137.21	-116.49	不满足
	大桥号侧（GJZ300×450×74）	max	193.86	-116.02	不满足
		min	-192.96	-116.02	不满足
2号桥墩	小桥号侧（GJZ300×450×74）	max	192.09	-119.84	不满足
		min	-193.68	-119.84	不满足
	大桥号侧（GJZ300×450×74）	max	219.78	-117.07	不满足
		min	-220.76	-117.07	不满足
3号桥墩	小桥号侧（GJZ300×450×74）	max	235.06	-106.12	不满足
		min	-234.20	-106.12	不满足
	大桥号侧（GJZ300×450×74）	max	208.70	-105.89	不满足
		min	-211.36	-105.89	不满足
4号桥台	（GJZF₄300×450×76）	max	193.89	-85.54	不满足
		min	-193.32	-85.54	不满足

6.6 非线性动力时程分析

6.6.1 非线性时程分析地震动输入

根据示例二简支梁桥的设计反应谱，得到 E2 地震作用下各自相应的三条加速度时程曲线，如图 6.16 所示。地震输入采用纵桥向和横桥向两种方式。

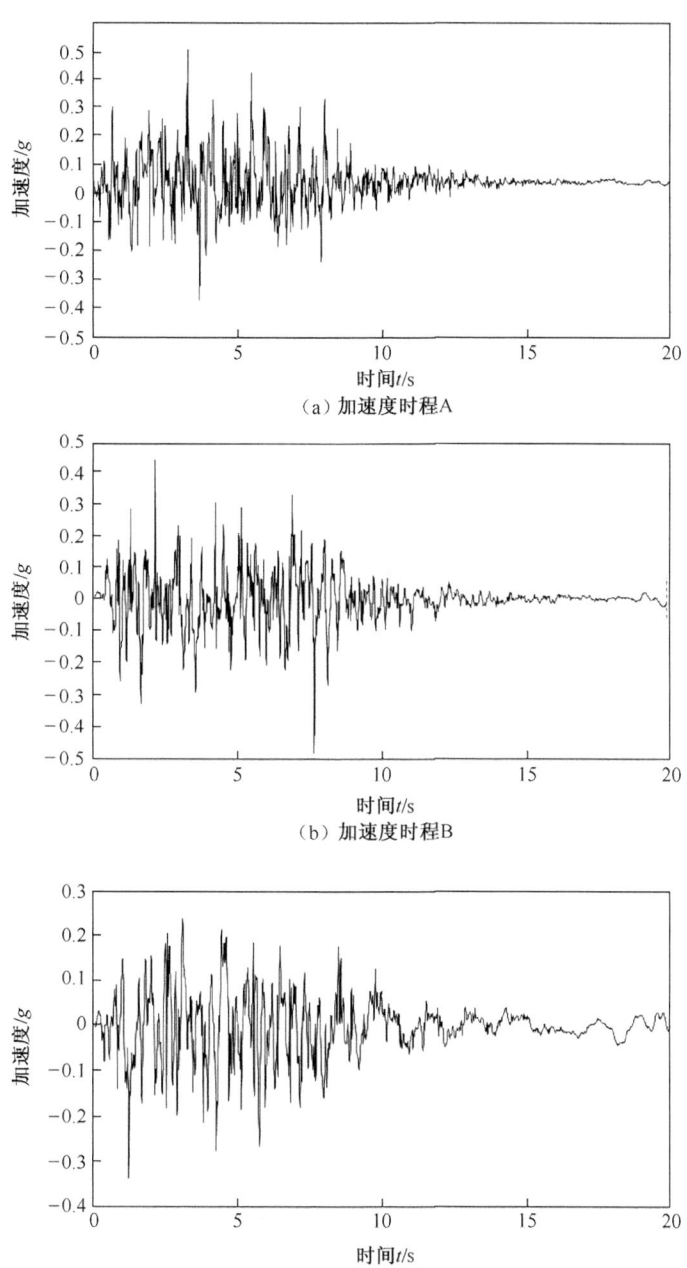

图 6.16　E2 地震作用下加速度时程

板式橡胶支座近似采用理想弹塑性连接单元进行模拟，其恢复力模型如图 6.17 所示。板式橡胶支座临界滑动摩擦力 F_{max} 按下式计算：

$$F_{max} = \mu_d R \quad (6.8)$$

式中：μ_d——摩擦系数，支座与混凝土接触则 $\mu_d = 0.3$，支座与钢板接触则 $\mu_d = 0.2$，聚四氟乙烯板与不锈钢接触（加硅脂）则 $\mu_d = 0.06$；

R——支座所承担的上部结构恒载（kN）。

支座屈服位移 x_y 按下式计算：

$$x_y = \frac{F_{max}}{k} \qquad (6.9)$$

6.6.2 桥墩的计算

6.6.2.1 桥墩关键截面内力

E2 地震作用下主桥的各桥墩墩顶和墩底的关键截面内力分析结果如表 6.20 所示。

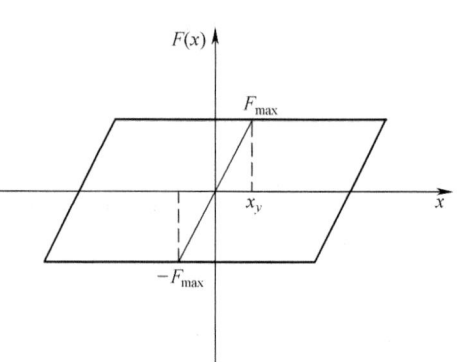

图 6.17 板式橡胶支座模拟

表 6.20 恒载+E2 地震作用下桥墩关键截面内力

(a) 加速度 A

恒载+纵向地震作用

墩号		取值	P/kN	V_x/kN	V_y/kN	M_x/(kN·m)	M_y/(kN·m)
1号墩	1号墩顶	max	-3 459.17	60.81	861.17	738.36	229.64
		min	-3 747.07	9.06	-853.06	-830.92	-9.67
	1号墩底	max	-3 690.01	61.58	857.32	5 904.95	146.26
		min	-3 978.03	8.38	-868.69	-5 990.05	-240.08
	2号墩顶	max	-3 546.99	-7.67	859.13	721.59	-28.30
		min	-3 853.45	-57.74	-858.43	-837.47	-263.43
	2号墩底	max	-3 777.86	-6.91	855.31	5 920.37	294.36
		min	-4 084.38	-58.41	-874.05	-5 984.46	-88.66
2号墩	1号墩顶	max	-3 536.03	56.14	872.77	842.15	190.04
		min	-3 677.08	17.12	-958.72	-843.34	73.13
	1号墩底	max	-3 766.92	56.14	869.36	6 644.50	-28.26
		min	-3 908.03	17.06	-974.86	-6 073.64	-148.53
	2号墩顶	max	-3 615.13	-14.35	881.82	824.01	-78.36
		min	-3 780.27	-52.75	-962.58	-812.20	-187.58
	2号墩底	max	-3 845.99	-14.36	878.36	6 649.69	128.92
		min	-4 011.21	-52.75	-978.77	-6 096.64	7.78
3号墩	1号墩顶	max	-2 971.51	46.60	452.49	814.19	215.06
		min	-3 227.12	-65.04	-468.18	-764.56	-203.65
	1号墩底	max	-3 457.44	40.35	552.86	6 244.84	428.91
		min	-3 839.56	-68.64	-499.01	-6 584.08	-398.67
	2号墩顶	max	-3 033.67	68.08	423.42	806.74	271.37
		min	-3 295.79	-32.88	-441.63	-766.50	-121.61
	2号墩底	max	-3 558.37	73.67	485.47	5 926.26	357.28
		min	-3 938.33	-32.32	-440.83	-6 267.76	-435.59

续表

(a) 加速度 A

恒载+横向地震作用

墩 号	取值		P/kN	V_x/kN	V_y/kN	M_x/(kN·m)	M_y/(kN·m)
1号墩	1号墩顶	max	-2 434.76	717.14	162.52	456.66	2 096.44
		min	-5 284.74	-870.54	-134.43	-397.66	-2 440.45
	1号墩底	max	-2 664.93	745.29	162.93	408.43	2 791.10
		min	-5 516.04	-872.44	-134.30	-624.77	-2 290.29
1号墩	2号墩顶	max	-2 015.78	643.77	176.01	479.33	1 824.58
		min	-4 864.77	-928.77	-155.57	-473.35	-2 669.12
	2号墩底	max	-2 246.30	671.91	176.44	495.06	2 911.80
		min	-5 096.42	-930.66	-155.36	-587.75	-2 121.89
2号墩	1号墩顶	max	-2 080.57	934.94	35.81	74.79	2 724.58
		min	-5 694.44	-1 050.42	-45.98	-64.20	-2 991.79
	1号墩底	max	-2 310.69	965.69	35.90	246.45	3 417.21
		min	-5 925.80	-1 082.85	-46.10	-168.52	-2 977.33
	2号墩顶	max	-1 612.92	864.96	26.57	86.36	2 459.86
		min	-5 224.58	-1 120.68	-24.98	-75.08	-3 257.44
	2号墩底	max	-1 843.38	895.71	26.57	137.62	3 573.11
		min	-5 456.27	-1 153.11	-25.13	-144.68	-2 822.15
3号墩	1号墩顶	max	-2 238.09	658.55	17.19	179.90	2 335.21
		min	-4 477.72	-1 003.81	-63.67	-266.95	-3 528.06
	1号墩底	max	-1 970.39	651.33	21.33	405.30	3 723.91
		min	-6 264.07	-974.40	-71.55	-155.11	-2 520.89
	2号墩顶	max	-1 807.82	613.57	87.03	385.47	2 241.04
		min	-4 050.30	-868.83	-88.94	-238.91	-3 208.76
	2号墩底	max	-1 162.38	697.89	100.98	674.22	3 655.22
		min	-5 459.02	-958.12	-101.08	-787.74	-2 573.99

(b) 加速度 B

恒载+纵向地震作用

墩 号	取值		P/kN	V_x/kN	V_y/kN	M_x/(kN·m)	M_y/(kN·m)
1号墩	1号墩顶	max	-3 473.45	54.95	625.54	670.27	204.87
		min	-3 746.13	16.60	-713.75	-508.00	12.26
	1号墩底	max	-3 704.27	55.33	637.59	4 820.20	59.29
		min	-3 977.10	15.69	-745.70	-4 296.77	-236.87

续表

(b) 加速度 B

墩号		取值	P/kN	V_x/kN	V_y/kN	M_x/(kN·m)	M_y/(kN·m)
\多栏{8}{恒载+纵向地震作用}							

墩号		取值	P/kN	V_x/kN	V_y/kN	M_x/(kN·m)	M_y/(kN·m)
1号墩	2号墩顶	max	−3 556.34	−12.88	622.25	657.29	−53.14
		min	−3 805.25	−50.87	−718.40	−513.19	−243.97
	2号墩底	max	−3 787.23	−12.51	634.29	4 832.72	209.11
		min	−4 036.16	−51.76	−750.36	−4 287.06	−86.90
2号墩	1号墩顶	max	−3 538.52	50.13	677.22	736.92	171.52
		min	−3 665.18	22.61	−756.96	−580.89	91.41
	1号墩底	max	−3 769.39	50.17	689.61	5 115.60	−44.16
		min	−3 896.12	22.59	−789.04	−4 685.83	−129.38
	2号墩顶	max	−3 618.81	−19.26	691.39	727.57	−90.93
		min	−3 781.37	−46.50	−752.74	−551.94	−169.36
	2号墩底	max	−3 849.65	−19.21	703.80	5 108.02	113.46
		min	−4 012.34	−46.55	−784.79	−4 726.42	24.46
3号墩	1号墩顶	max	−2 997.57	26.75	381.08	808.42	145.91
		min	−3 218.46	−57.48	−452.45	−641.18	−154.63
	1号墩底	max	−3 507.46	25.48	447.80	6 331.29	397.95
		min	−3 813.50	−60.89	−510.21	−5 374.44	−271.33
	2号墩顶	max	−3 088.05	50.21	358.39	793.58	207.42
		min	−3 295.60	−26.21	−428.89	−634.80	−76.14
	2号墩底	max	−3 633.57	57.84	393.92	6 028.82	326.69
		min	−3 923.23	−24.71	−448.79	−5 121.74	−312.64

恒载+横向地震作用

墩号		取值	P/kN	V_x/kN	V_y/kN	M_x/(kN·m)	M_y/(kN·m)
1号墩	1号墩顶	max	−2 451.30	493.01	29.02	263.96	1 736.53
		min	−4 047.06	−689.30	−20.23	−94.65	−2 416.78
	1号墩底	max	−2 237.79	466.25	44.15	209.78	1 684.40
		min	−3 835.09	−590.96	−96.53	−260.60	−2 184.44
	2号墩顶	max	−2 313.98	514.51	216.61	564.23	1 454.69
		min	−4 611.66	−795.17	−96.98	−360.49	−2 321.27
	2号墩底	max	−2 544.34	534.63	216.83	254.30	2 546.46
		min	−4 842.85	−825.98	−97.48	−736.18	−1 695.61

续表

(b) 加速度 B

恒载+横向地震作用

墩号		取值	P/kN	V_x/kN	V_y/kN	M_x/(kN·m)	M_y/(kN·m)
2号墩	1号墩顶	max	-2 330.29	730.06	22.36	71.61	2 098.21
		min	-5 467.31	-972.69	-32.54	-51.90	-2 764.84
	1号墩底	max	-2 382.02	509.99	39.43	180.32	2 622.67
		min	-5 447.42	-703.18	-21.49	-158.23	-1 952.34
	2号墩顶	max	-2 560.96	720.58	22.40	161.31	3 168.33
		min	-5 698.76	-1 003.60	-32.61	-110.72	-2 255.26
	2号墩底	max	-1 841.19	660.10	20.64	71.45	1 833.65
		min	-4 979.53	-1 042.92	-29.56	-58.38	-3 030.49
3号墩	1号墩顶	max	-2 071.57	650.62	20.75	123.05	3 324.04
		min	-5 210.68	-1 073.82	-29.67	-106.38	-2 100.05
	1号墩底	max	-1 978.51	553.23	52.30	762.71	2 568.97
		min	-5 045.49	-682.79	-110.80	-297.39	-2 007.61
	2号墩顶	max	-2 687.88	584.96	104.43	209.99	1 718.22
		min	-4 986.86	-734.95	-169.63	-524.39	-2 087.08
	2号墩底	max	-2 918.50	605.09	104.63	493.86	2 419.42
		min	-5 218.32	-765.78	-169.76	-439.38	-1 854.79

(c) 加速度 C

恒载+纵向地震作用

墩号		取值	P/kN	V_x/kN	V_y/kN	M_x/(kN·m)	M_y/(kN·m)
1号墩	1号墩顶	max	-3 463.98	54.50	718.75	641.65	214.25
		min	-3 722.90	9.01	-653.00	-758.79	20.08
	1号墩底	max	-3 694.82	54.96	736.23	4 553.72	86.79
		min	-3 953.85	8.71	-650.43	-4 927.57	-219.03
	2号墩顶	max	-3 569.40	-12.85	721.50	634.07	-39.08
		min	-3 834.01	-58.07	-655.13	-767.13	-233.32
	2号墩底	max	-3 800.27	-12.39	739.00	4 558.87	233.41
		min	-4 064.93	-58.37	-652.55	-4 937.45	-69.44
2号墩	1号墩顶	max	-3 521.71	57.58	740.80	656.29	195.65
		min	-3 656.35	17.04	-671.56	-756.20	75.11
	1号墩底	max	-3 752.59	57.60	758.64	4 679.68	-24.58
		min	-3 887.27	17.02	-668.98	-5 058.24	-149.91

续表

(c) 加速度 C

恒载+纵向地震作用

墩号		取值	P/kN	V_x/kN	V_y/kN	M_x/(kN·m)	M_y/(kN·m)
2号墩	2号墩顶	max	-3 649.04	-13.77	735.49	645.30	-74.26
		min	-3 795.01	-52.88	-673.84	-733.77	-186.79
	2号墩底	max	-3 879.91	-13.75	753.29	4 682.38	131.61
		min	-4 025.99	-52.90	-671.26	-5 036.79	5.68
3号墩	1号墩顶	max	-2 982.85	39.25	357.46	674.21	135.96
		min	-3 233.42	-65.71	-390.91	-622.01	-239.90
	1号墩底	max	-3 493.62	34.54	344.80	5 380.97	370.26
		min	-3 854.62	-67.16	-412.07	-4 667.66	-334.63
	2号墩顶	max	-3 049.69	61.14	337.12	664.28	197.09
		min	-3 309.84	-32.85	-369.77	-613.99	-156.88
	2号墩底	max	-3 576.88	68.00	298.43	5 119.40	298.54
		min	-3 935.71	-34.55	-359.26	-4 437.74	-377.65

恒载+横向地震作用

墩号		取值	P/kN	V_x/kN	V_y/kN	M_x/(kN·m)	M_y/(kN·m)
1号墩	1号墩顶	max	-2 273.47	773.90	120.03	251.71	2 243.47
		min	-4 808.05	-642.00	-147.06	-395.26	-1 808.10
	1号墩底	max	-2 504.19	790.81	119.87	493.80	2 078.30
		min	-5 039.31	-653.54	-147.47	-467.90	-2 453.50
	2号墩顶	max	-2 491.72	694.48	186.42	511.66	1 954.54
		min	-5 026.08	-708.91	-138.57	-485.48	-2 061.30
	2号墩底	max	-2 722.27	711.38	186.86	347.72	2 226.58
		min	-5 257.18	-720.46	-139.08	-608.40	-2 265.90
2号墩	1号墩顶	max	-1 505.87	1 142.83	52.14	103.38	3 282.21
		min	-5 540.25	-1 059.47	-57.42	-92.99	-2 996.45
	1号墩底	max	-1 736.28	1 149.99	52.25	286.15	3 385.48
		min	-5 771.01	-1 067.57	-57.55	-246.02	-3 599.26
	2号墩顶	max	-1 758.34	1 073.09	37.89	113.73	3 018.44
		min	-5 800.82	-1 129.59	-40.97	-110.94	-3 261.68
	2号墩底	max	-1 989.38	1 080.25	37.99	166.83	3 540.98
		min	-6 032.22	-1 137.69	-40.99	-138.63	-3 444.60

续表

(c) 加速度 C

恒载+横向地震作用

墩号		取值	P/kN	V_x/kN	V_y/kN	M_x/(kN·m)	M_y/(kN·m)
3号墩	1号墩顶	max	−2 038.12	742.56	27.53	205.49	2 645.11
		min	−4 053.58	−687.67	−17.76	−101.61	−2 430.81
	1号墩底	max	−1 651.25	738.46	28.90	239.96	2 635.42
		min	−5 438.86	−702.55	−14.02	−203.14	−2 868.29
	2号墩顶	max	−2 231.87	686.92	60.25	261.35	2 524.56
		min	−4 249.17	−588.86	−99.80	−286.54	−2 198.20
	2号墩底	max	−1 986.59	785.93	67.89	732.61	2 590.96
		min	−5 777.27	−684.29	−115.37	−411.56	−2 917.15

6.6.2.2 桥墩强度验算

根据反应谱分析结果,对2号、3号桥墩的关键截面进行强度验算,验算结果见表6.21。结果表明,在E2地震作用下,部分桥墩进入塑性,抗剪承载力不满足要求。

表 6.21 恒载+E2(大震)地震作用下桥墩强度验算结果

(a) 加速度时程 A

恒载+纵向地震作用

墩号		取值	P/kN	V_3/kN	M_2/(kN·m)	抗弯承载力/(kN·m)	抗剪承载力/kN	抗弯结果	抗剪结果
2号墩	1号墩顶	max	−3 536.03	872.77	842.15	5 494.00	1 601.46	弹性	满足
		min	−3 677.08	−958.72	−843.34	5 551.00	1 609.05	弹性	满足
	1号墩底	max	−3 766.92	869.36	6 644.50	5 584.00	615.35	延性	不满足
		min	−3 908.03	−974.86	−6 073.64	5 556.00	615.35	延性	不满足
	2号墩顶	max	−3 615.13	881.82	824.01	5 526.00	1 605.71	弹性	满足
		min	−3 780.27	−962.58	−812.20	5 592.00	1 614.61	弹性	满足
	2号墩底	max	−3 845.99	878.36	6 649.69	5 617.00	615.35	延性	不满足
		min	−4 011.21	−978.77	−6 096.64	5 684.00	615.35	延性	不满足
3号墩	1号墩顶	max	−2 971.51	452.49	814.19	5 266.00	1 528.83	弹性	满足
		min	−3 227.12	−468.18	−764.56	5 369.00	1 584.82	弹性	满足
	1号墩底	max	−3 457.44	552.86	6 244.84	5 836.00	615.35	延性	不满足
		min	−3 839.56	−499.01	−6 584.08	6 000.00	615.35	延性	不满足
	2号墩顶	max	−3 033.67	423.42	806.74	5 292.00	1 497.50	弹性	满足
		min	−3 295.79	−441.63	−766.50	5 396.00	1 568.41	弹性	满足
	2号墩底	max	−3 558.37	485.47	5 926.26	5 881.00	615.35	延性	满足
		min	−3 938.33	−440.83	−6 267.76	6 041.00	615.35	延性	满足

续表

(a) 加速度时程 A

恒载+横向地震作用

墩号		取值	P/kN	V_3/kN	M_2/(kN·m)	抗弯承载力/(kN·m)	抗剪承载力/kN	抗弯结果	抗剪结果
2号墩	1号墩顶	max	-2 080.57	934.94	2 724.58	4 849.00	1 207.13	弹性	满足
		min	-5 694.44	-1 050.42	-2 991.79	6 324.00	1 413.65	弹性	满足
	1号墩底	max	-2 310.69	965.69	3 417.21	4 957.00	1 148.19	弹性	满足
		min	-5 925.80	-1 082.85	-2 977.33	6 407.00	1 444.68	弹性	满足
	2号墩顶	max	-1 612.92	864.96	2 459.86	4 606.00	1 194.66	弹性	满足
		min	-5 224.58	-1 120.68	-3 257.44	6 155.00	1 377.76	弹性	满足
	2号墩底	max	-1 843.38	895.71	3 573.11	4 736.00	1 123.03	弹性	满足
		min	-5 456.27	-1 153.11	-2 822.15	6 339.00	1 482.69	弹性	满足
3号墩	1号墩顶	max	-2 238.09	658.55	2 335.21	4 924.00	1 144.28	弹性	满足
		min	-4 477.72	-1 003.81	-3 528.06	5 869.00	1 264.88	弹性	满足
	1号墩底	max	-1 970.39	651.33	3 723.91	5 058.00	1 252.39	弹性	满足
		min	-6 264.07	-974.40	-2 520.89	7 008.00	1 681.77	弹性	满足
	2号墩顶	max	-1 807.82	613.57	2 241.04	4 720.00	1 121.11	弹性	满足
		min	-4 050.30	-868.83	-3 208.76	5 698.00	1 241.86	弹性	满足
	2号墩底	max	-1 162.38	697.89	3 655.22	4 585.00	1 208.88	弹性	满足
		min	-5 459.02	-958.12	-2 573.99	6 688.00	1 614.40	弹性	满足

(b) 加速度时程 B

恒载+纵向地震作用

墩号		取值	P/kN	V_3/kN	M_2/(kN·m)	抗弯承载力/(kN·m)	抗剪承载力/kN	抗弯结果	抗剪结果
2号墩	1号墩顶	max	-3 538.52	677.22	736.92	5 495.00	1 601.59	弹性	满足
		min	-3 665.18	-756.96	-580.89	5 544.00	1 608.41	弹性	满足
	1号墩底	max	-3 769.39	689.61	5 115.60	5 585.00	1 226.74	弹性	满足
		min	-3 896.12	-789.04	-4 685.83	5 637.00	1 233.56	弹性	满足
	2号墩顶	max	-3 618.81	691.39	727.57	5 526.00	1 605.91	弹性	满足
		min	-3 781.37	-752.74	-551.94	5 592.00	1 614.67	弹性	满足
	2号墩底	max	-3 849.65	703.80	5 108.02	5 619.00	1 231.06	弹性	满足
		min	-4 012.34	-784.79	-4 726.42	5 682.00	1 239.82	弹性	满足
3号墩	1号墩顶	max	-2 997.57	381.08	808.42	5 277.00	1 431.83	弹性	满足
		min	-3 218.46	-452.45	-641.18	5 366.00	1 584.36	弹性	满足

续表

(b) 加速度时程 B

恒载+纵向地震作用

墩号		取值	P/kN	V_3/kN	M_2/(kN·m)	抗弯承载力/(kN·m)	抗剪承载力/kN	抗弯结果	抗剪结果
3号墩	1号墩底	max	-3 507.46	447.80	6 331.29	5 860.00	615.35	延性	满足
		min	-3 813.50	-510.21	-5 374.44	5 988.00	1 351.64	弹性	满足
	2号墩顶	max	-3 088.05	358.39	793.58	5 313.00	1 411.85	弹性	满足
		min	-3 295.60	-428.89	-634.80	5 397.00	1 588.51	弹性	满足
	2号墩底	max	-3 633.57	393.92	6 028.82	5 912.00	615.35	延性	满足
		min	-3 923.23	-448.79	-5 121.74	6 036.00	1 357.55	弹性	满足

恒载+横向地震作用

墩号		取值	P/kN	V_3/kN	M_2/(kN·m)	抗弯承载力/(kN·m)	抗剪承载力/kN	抗弯结果	抗剪结果
2号墩	1号墩顶	max	-2 330.29	730.06	2 098.21	4 967.00	1 227.78	弹性	满足
		min	-5 467.31	-972.69	-2 764.84	6 241.00	1 402.47	弹性	满足
	1号墩底	max	-2 382.02	509.99	2 622.67	4 992.00	1 152.03	弹性	满足
		min	-5 447.42	-703.18	-1 952.34	6 236.00	1 413.76	弹性	满足
	2号墩顶	max	-2 560.96	720.58	3 168.33	5 073.00	1 161.67	弹性	满足
		min	-5 698.76	-1 003.60	-2 255.26	6 325.00	1 543.95	弹性	满足
	2号墩底	max	-1 841.19	660.10	1 833.65	4 735.00	1 219.31	弹性	满足
		min	-4 979.53	-1 042.92	-3 030.49	6 063.00	1 364.72	弹性	满足
3号墩	1号墩顶	max	-2 071.57	650.62	3 324.04	4 846.00	1 135.32	弹性	满足
		min	-5 210.68	-1 073.82	-2 100.05	6 150.00	1 599.06	弹性	满足
	1号墩底	max	-1 978.51	553.23	2 568.97	5 064.00	1 252.83	弹性	满足
		min	-5 045.49	-682.79	-2 007.61	6 511.00	1 536.04	弹性	满足
	2号墩顶	max	-2 687.88	584.96	1 718.22	5 133.00	1 235.75	弹性	满足
		min	-4 986.86	-734.95	-2 087.08	6 065.00	1 377.10	弹性	满足
	2号墩底	max	-2 918.50	605.09	2 419.42	5 580.00	1 303.44	弹性	满足
		min	-5 218.32	-765.78	-1 854.79	6 585.00	1 668.25	弹性	满足

(c) 加速度时程 C

恒载+纵向地震作用

墩号		取值	P/kN	V_3/kN	M_2/(kN·m)	抗弯承载力/(kN·m)	抗剪承载力/kN	抗弯结果	抗剪结果
2号墩	1号墩顶	max	-3 521.71	740.80	656.29	5 487.00	1 600.68	弹性	满足
		min	-3 656.35	-671.56	-756.20	5 543.00	1 607.93	弹性	满足

续表

(c) 加速度时程 C

恒载+纵向地震作用

墩号		取值	P/kN	V_3/kN	M_2/(kN·m)	抗弯承载力/(kN·m)	抗剪承载力/kN	抗弯结果	抗剪结果
2号墩	1号墩底	max	-3 752.59	758.64	4 679.68	5 579.00	1 225.83	弹性	满足
		min	-3 887.27	-668.98	-5 058.24	5 632.00	1 233.08	弹性	满足
	2号墩顶	max	-3 649.04	735.49	645.30	5 539.00	1 607.54	弹性	满足
		min	-3 795.01	-673.84	-733.77	5 597.00	1 615.40	弹性	满足
	2号墩底	max	-3 879.91	753.29	4 682.38	5 632.00	1 232.69	弹性	满足
		min	-4 025.99	-671.26	-5 036.79	5 688.00	1 240.55	弹性	满足
3号墩	1号墩顶	max	-2 982.85	357.46	674.21	5 270.00	1 500.85	弹性	满足
		min	-3 233.42	-390.91	-622.01	5 372.00	1 585.16	弹性	满足
	1号墩底	max	-3 493.62	344.80	5 380.97	5 853.00	1 334.41	弹性	满足
		min	-3 854.62	-412.07	-4 667.66	6 006.00	1 353.85	弹性	满足
	2号墩顶	max	-3 049.69	337.12	664.28	5 297.00	1 478.21	弹性	满足
		min	-3 309.84	-369.77	-613.99	5 404.00	1 589.28	弹性	满足
	2号墩底	max	-3 576.88	298.43	5 119.40	5 890.00	1 338.90	弹性	满足
		min	-3 935.71	-359.26	-4 437.74	6 040.00	1 358.22	弹性	满足

恒载+横向地震作用

墩号		取值	P/kN	V_3/kN	M_2/(kN·m)	抗弯承载力/(kN·m)	抗剪承载力/kN	抗弯结果	抗剪结果
2号墩	1号墩顶	max	-1 505.87	1 142.83	3 282.21	4 543.00	1 183.76	弹性	满足
		min	-5 540.25	-1 059.47	-2 996.45	6 270.00	1 409.02	弹性	满足
	1号墩底	max	-1 736.28	1 149.99	3 385.48	4 682.00	1 183.35	弹性	满足
		min	-5 771.01	-1 067.57	-3 599.26	6 353.00	1 334.52	弹性	满足
	2号墩顶	max	-1 758.34	1 073.09	3 018.44	4 693.00	1 208.25	弹性	满足
		min	-5 800.2	-1 129.59	-3 261.68	6 363.00	1 412.23	弹性	满足
	2号墩底	max	-1 989.38	1 080.25	3 540.98	4 805.00	1 142.93	弹性	满足
		min	-6 032.22	-1 137.69	-3 444.60	6 455.00	1 400.29	弹性	满足
3号墩	1号墩顶	max	-2 038.12	742.56	2 645.11	4 829.00	1 133.51	弹性	满足
		min	-4 053.58	-687.67	-2 430.81	5 699.00	1 242.04	弹性	满足
	1号墩底	max	-1 651.25	738.46	2 635.42	4 875.00	1 240.05	弹性	满足
		min	-5 438.86	-702.55	-2 868.29	6 680.00	1 439.16	弹性	满足
	2号墩顶	max	-2 231.87	686.92	2 524.56	4 921.00	1 143.95	弹性	满足
		min	-4 249.17	-588.86	-2 198.20	5 778.00	1 252.57	弹性	满足
	2号墩底	max	-1 986.59	785.93	2 590.96	5 070.00	1 303.25	弹性	满足
		min	-5 777.27	-684.29	-2 917.15	6 819.00	1 457.38	弹性	满足

6.6.3 支座的计算

6.6.3.1 支座变形和水平地震力

E2 地震作用下，支座的侧向变形如表 6.22 所示。

表 6.22 恒载+E2 地震作用下支座变形　　　　　　　　　单位：mm

(a) 加速度 A

恒载+纵向地震作用				恒载+横向地震作用			
位　置		顺桥向	横桥向	位　置		顺桥向	横桥向
0 号桥台	（GJZF$_4$300×450×76）	83.06	1.84	0 号桥台	（GJZF$_4$300×450×76）	38.25	152.41
1 号桥墩	小桩号侧（GJZ300×450×74）	62.25	2.58	1 号桥墩	小桩号侧（GJZ300×450×74）	31.26	47.10
1 号桥墩	大桩号侧（GJZ300×450×74）	54.46	0.86	1 号桥墩	大桩号侧（GJZ300×450×74）	5.25	71.16
2 号桥墩	小桩号侧（GJZ300×450×74）	57.43	0.93	2 号桥墩	小桩号侧（GJZ300×450×74）	4.81	70.40
2 号桥墩	大桩号侧（GJZ300×450×74）	65.51	3.29	2 号桥墩	大桩号侧（GJZ300×450×74）	6.73	68.97
3 号桥墩	小桩号侧（GJZ300×450×74）	40.74	2.62	3 号桥墩	小桩号侧（GJZ300×450×74）	6.86	72.95
3 号桥墩	大桩号侧（GJZ300×450×74）	73.90	5.99	3 号桥墩	大桩号侧（GJZ300×450×74）	36.68	45.91
4 号桥台	（GJZF$_4$300×450×76）	113.47	4.16	4 号桥台	（GJZF$_4$300×450×76）	43.01	167.83

(b) 加速度 B

恒载+纵向地震作用				恒载+横向地震作用			
位　置		顺桥向	横桥向	位　置		顺桥向	横桥向
0 号桥台	（GJZF$_4$300×450×76）	60.49	1.71	0 号桥台	（GJZF$_4$300×450×76）	21.78	126.13
1 号桥墩	小桩号侧（GJZ300×450×74）	52.77	2.08	1 号桥墩	小桩号侧（GJZ300×450×74）	20.76	32.85
1 号桥墩	大桩号侧（GJZ300×450×74）	48.94	0.79	1 号桥墩	大桩号侧（GJZ300×450×74）	4.70	62.91
2 号桥墩	小桩号侧（GJZ300×450×74）	53.81	0.77	2 号桥墩	小桩号侧（GJZ300×450×74）	3.86	63.43
2 号桥墩	大桩号侧（GJZ300×450×74）	57.32	2.36	2 号桥墩	大桩号侧（GJZ300×450×74）	5.51	61.96
3 号桥墩	小桩号侧（GJZ300×450×74）	36.26	1.90	3 号桥墩	小桩号侧（GJZ300×450×74）	7.00	62.81
3 号桥墩	大桩号侧（GJZ300×450×74）	61.97	4.35	3 号桥墩	大桩号侧（GJZ300×450×74）	23.75	33.91
4 号桥台	（GJZF$_4$300×450×76）	103.84	4.00	4 号桥台	（GJZF$_4$300×450×76）	24.85	140.24

续表

(c) 加速度 C

位置		恒载+纵向地震作用		位置		恒载+横向地震作用	
		顺桥向	横桥向			顺桥向	横桥向
0 号桥台	（GJZF$_4$300×450×76）	73.13	1.89	0 号桥台	（GJZF$_4$300×450×76）	25.17	129.19
1 号桥墩	小桩号侧（GJZ300×450×74）	53.92	2.01	1 号桥墩	小桩号侧（GJZ300×450×74）	23.99	40.90
	大桩号侧（GJZ300×450×74）	50.40	1.01		大桩号侧（GJZ300×450×74）	5.19	73.68
2 号桥墩	小桩号侧（GJZ300×450×74）	49.44	1.04	2 号桥墩	小桩号侧（GJZ300×450×74）	4.98	74.96
	大桩号侧（GJZ300×450×74）	56.45	3.25		大桩号侧（GJZ300×450×74）	7.26	71.01
3 号桥墩	小桩号侧（GJZ300×450×74）	40.60	2.86	3 号桥墩	小桩号侧（GJZ300×450×74）	7.52	70.81
	大桩号侧（GJZ300×450×74）	51.66	5.62		大桩号侧（GJZ300×450×74）	25.69	38.03
4 号桥台	（GJZF$_4$300×450×76）	88.69	3.82	4 号桥台	（GJZF$_4$300×450×76）	25.75	127.96

E2 地震作用下，支座的水平地震力如表 6.23 所示。

表 6.23　恒载+E2 地震作用支座水平地震力　　　　　　　　　　单位：kN

(a) 加速度时程 A

位置		恒载+纵向地震作用		
		取值	顺桥向	横桥向
0 号桥台	（GJZF$_4$300×450×76）	max	34.22	4.86
		min	−34.22	−5.32
1 号桥墩	小桩号侧（GJZ300×450×74）	max	179.86	6.28
		min	−161.10	−7.47
	大桩号侧（GJZ300×450×74）	max	157.36	2.47
		min	−151.30	−1.44
2 号桥墩	小桩号侧（GJZ300×450×74）	max	139.18	1.99
		min	−165.92	−2.68
	大桩号侧（GJZ300×450×74）	max	185.45	9.50
		min	−189.27	−8.85

续表

(a) 加速度时程 A

位 置		取值	顺桥向	横桥向
恒载+纵向地震作用				
3 号桥墩	小桩号侧 (GJZ300×450×74)	max	106.50	7.07
		min	−117.69	−7.58
	大桩号侧 (GJZ300×450×74)	max	207.34	12.80
		min	−178.26	−17.30
4 号桥台	(GJZF$_4$300×450×76)	max	34.22	12.07
		min	−34.22	−10.26
恒载+横向地震作用				
位 置		取值	顺桥向	横桥向
0 号桥台	(GJZF$_4$300×450×76)	max	34.22	34.22
		min	−34.22	−34.22
1 号桥墩	小桩号侧 (GJZ300×450×74)	max	66.38	136.08
		min	−90.33	−98.07
	大桩号侧 (GJZ300×450×74)	max	15.17	205.58
		min	2.26	−155.30
2 号桥墩	小桩号侧 (GJZ300×450×74)	max	−1.59	203.41
		min	−13.89	−156.68
	大桩号侧 (GJZ300×450×74)	max	19.45	199.26
		min	−4.77	−155.27
3 号桥墩	小桩号侧 (GJZ300×450×74)	max	7.08	210.77
		min	−19.83	−163.36
	大桩号侧 (GJZ300×450×74)	max	105.98	132.64
		min	−59.51	−102.22
4 号桥台	(GJZF$_4$300×450×76)	max	34.22	34.22
		min	−34.22	−34.22

(b) 加速度时程 B

位 置		取值	顺桥向	横桥向
恒载+纵向地震作用				
0 号桥台	(GJZF$_4$300×450×76)	max	34.22	4.95
		min	−34.22	−4.24
1 号桥墩	小桩号侧 (GJZ300×450×74)	max	109.79	4.12
		min	−152.47	−6.01

续表

		(b) 加速度时程B		
恒载+纵向地震作用				
1号桥墩	大桩号侧 (GJZ300×450×74)	max	114.04	2.29
		min	-141.41	-0.93
2号桥墩	小桩号侧 (GJZ300×450×74)	max	92.20	1.14
		min	-155.48	-2.23
	大桩号侧 (GJZ300×450×74)	max	146.92	6.59
		min	-165.61	-6.81
3号桥墩	小桩号侧 (GJZ300×450×74)	max	84.39	5.48
		min	-104.75	-5.20
	大桩号侧 (GJZ300×450×74)	max	157.44	12.57
		min	-179.03	-11.29
4号桥台	(GJZF$_4$300×450×76)	max	34.22	11.60
		min	-34.22	-8.93
恒载+横向地震作用				
位置		取值	顺桥向	横桥向
0号桥台	(GJZF$_4$300×450×76)	max	34.22	34.22
		min	-34.22	-34.22
1号桥墩	小桩号侧 (GJZ300×450×74)	max	57.88	89.01
		min	-59.97	-94.91
	大桩号侧 (GJZ300×450×74)	max	13.58	181.76
		min	4.75	-147.62
2号桥墩	小桩号侧 (GJZ300×450×74)	max	-4.68	183.26
		min	-11.15	-152.38
	大桩号侧 (GJZ300×450×74)	max	15.93	179.01
		min	-0.69	-140.55
3号桥墩	小桩号侧 (GJZ300×450×74)	max	0.47	181.45
		min	-20.21	-137.12
	大桩号侧 (GJZ300×450×74)	max	56.17	80.54
		min	-68.62	-97.96
4号桥台	(GJZF$_4$300×450×76)	max	34.22	34.22
		min	-34.22	-34.22

续表

位 置		取值	顺桥向	横桥向
(c) 加速度时程C				
恒载+纵向地震作用				
0号桥台	(GJZF$_4$300×450×76)	max	34.22	4.73
		min	-34.22	-5.47
1号桥墩	小桩号侧 (GJZ300×450×74)	max	155.79	5.80
		min	-136.06	-5.45
	大桩号侧 (GJZ300×450×74)	max	145.60	2.93
		min	-131.78	-1.38
2号桥墩	小桩号侧 (GJZ300×450×74)	max	128.68	1.44
		min	-142.84	-3.02
	大桩号侧 (GJZ300×450×74)	max	163.09	8.50
		min	-131.80	-9.40
3号桥墩	小桩号侧 (GJZ300×450×74)	max	107.61	8.26
		min	-117.29	-7.96
	大桩号侧 (GJZ300×450×74)	max	149.25	12.42
		min	-145.79	-16.25
4号桥台	(GJZF$_4$300×450×76)	max	34.22	10.83
		min	-34.22	-11.07
恒载+横向地震作用				
位 置		取值	顺桥向	横桥向
0号桥台	(GJZF$_4$300×450×76)	max	34.22	34.22
		min	-34.22	-34.22
1号桥墩	小桩号侧 (GJZ300×450×74)	max	69.31	118.16
		min	-66.56	-97.04
	大桩号侧 (GJZ300×450×74)	max	14.99	211.78
		min	2.99	-198.14
2号桥墩	小桩号侧 (GJZ300×450×74)	max	-3.36	211.78
		min	-14.39	-204.83
	大桩号侧 (GJZ300×450×74)	max	20.97	201.71
		min	-4.44	-205.15
3号桥墩	小桩号侧 (GJZ300×450×74)	max	3.79	204.59
		min	-21.73	-202.27
	大桩号侧 (GJZ300×450×74)	max	57.70	109.88
		min	-74.23	-94.31

续表

(c) 加速度时程 C				
恒载+横向地震作用				
位 置		取值	顺桥向	横桥向
4 号桥台	（GJZF$_4$300×450×76）	max	34.22	34.22
		min	-34.22	-34.22

6.6.3.2 支座验算

E2 地震作用下，支座厚度的验算结果如表 6.24 所示。结果表明，在该水准地震作用下，桥台处的支座会产生损伤。

表 6.24 恒载+E2 地震作用下支座厚度验算 　　　　　　　单位：mm

(a) 加速度时程 A				
恒载+纵向地震作用				
位 置		X_0	200%×Σt	验算结果
0 号桥台	（GJZF$_4$300×450×76）	83.06	106	不满足
1 号桥墩	小桩号侧（GJZ300×450×74）	62.25	106	满足
	大桩号侧（GJZ300×450×74）	54.46	106	满足
2 号桥墩	小桩号侧（GJZ300×450×74）	57.43	106	满足
	大桩号侧（GJZ300×450×74）	65.51	106	满足
3 号桥墩	小桩号侧（GJZ300×450×74）	40.74	106	满足
	大桩号侧（GJZ300×450×74）	73.90	106	满足
4 号桥台	（GJZF$_4$300×450×76）	113.47	106	不满足
恒载+横向地震作用				
位 置		X_0	200%×Σt	验算结果
0 号桥台	（GJZF$_4$300×450×76）	152.41	106	不满足
1 号桥墩	小桩号侧（GJZ300×450×74）	47.10	106	满足
	大桩号侧（GJZ300×450×74）	71.16	106	满足

续表

(a) 加速度时程 A

恒载+横向地震作用				
位 置		X_0	$200\% \times \sum t$	验算结果
2号桥墩	小桩号侧 (GJZ300×450×74)	70.40	106	满足
	大桩号侧 (GJZ300×450×74)	68.97	106	满足
3号桥墩	小桩号侧 (GJZ300×450×74)	72.95	106	满足
	大桩号侧 (GJZ300×450×74)	45.91	106	满足
4号桥台	(GJZF$_4$300×450×76)	167.83	106	不满足

(b) 加速度时程 B

恒载+纵向地震作用				
位 置		X_0	$200\% \times \sum t$	验算结果
0号桥台	(GJZF$_4$300×450×76)	60.49	106	满足
1号桥墩	小桩号侧 (GJZ300×450×74)	52.77	106	满足
	大桩号侧 (GJZ300×450×74)	48.94	106	满足
2号桥墩	小桩号侧 (GJZ300×450×74)	53.81	106	满足
	大桩号侧 (GJZ300×450×74)	57.32	106	满足
3号桥墩	小桩号侧 (GJZ300×450×74)	36.26	106	满足
	大桩号侧 (GJZ300×450×74)	61.97	106	满足
4号桥台	(GJZF$_4$300×450×76)	103.84	106	满足

恒载+横向地震作用				
位 置		X_0	$200\% \times \sum t$	验算结果
0号桥台	(GJZF$_4$300×450×76)	126.13	106	不满足
1号桥墩	小桩号侧 (GJZ300×450×74)	32.85	106	满足
	大桩号侧 (GJZ300×450×74)	62.91	106	满足

续表

(b) 加速度时程 B

恒载+横向地震作用

位置		X_0	$200\% \times \sum t$	验算结果
2 号桥墩	小桩号侧（GJZ300×450×74）	63.43	106	满足
	大桩号侧（GJZ300×450×74）	61.96	106	满足
3 号桥墩	小桩号侧（GJZ300×450×74）	62.81	106	满足
	大桩号侧（GJZ300×450×74）	33.91	106	满足
4 号桥台	（GJZF$_4$300×450×76）	140.24	106	不满足

(c) 加速度时程 C

恒载+纵向地震作用

位置		X_0	$200\% \times \sum t$	验算结果
0 号桥台	（GJZF$_4$300×450×76）	73.13	106	满足
1 号桥墩	小桩号侧（GJZ300×450×74）	53.92	106	满足
	大桩号侧（GJZ300×450×74）	50.40	106	满足
2 号桥墩	小桩号侧（GJZ300×450×74）	49.44	106	满足
	大桩号侧（GJZ300×450×74）	56.45	106	满足
3 号桥墩	小桩号侧（GJZ300×450×74）	40.60	106	满足
	大桩号侧（GJZ300×450×74）	51.66	106	满足
4 号桥台	（GJZF$_4$300×450×76）	88.69	106	满足

恒载+横向地震作用

位置		X_0	$200\% \times \sum t$	验算结果
0 号桥台	（GJZF$_4$300×450×76）	129.19	106	不满足
1 号桥墩	小桩号侧（GJZ300×450×74）	40.90	106	满足
	大桩号侧（GJZ300×450×74）	73.68	106	满足

续表

(c) 加速度时程 C				
恒载+横向地震作用				
位　　置		X_0	$200\% \times \sum t$	验算结果
2号桥墩	小桩号侧 （GJZ300×450×74）	74.96	106	满足
	大桩号侧 （GJZ300×450×74）	71.01	106	满足
3号桥墩	小桩号侧 （GJZ300×450×74）	70.81	106	满足
	大桩号侧 （GJZ300×450×74）	38.03	106	满足
4号桥台	（GJZF$_4$300×450×76）	127.96	106	不满足

7 简支梁桥抗震分析示例三

7.1 设计资料、主要材料和尺寸

7.1.1 设计资料

简支梁桥示例三的桥跨布置为（1×30+20×40+10×30+3×40+2×30+5×40）m，桥梁全长 1 526.23 m，最大桥高 27 m，互通内桥梁变宽，其余段桥面为 12.25 m 标准宽度。上部结构为预应力混凝土简支"T"形梁，下部结构桥墩均采用钢筋混凝土桩柱式圆墩，桥墩、台均采用钻孔桩基础。桥梁布孔时，墩台均按线路法线方向布设。桥面宽度为 0.5 m（防撞护栏）+11.25 m（桥面净宽）+0.5 m（防撞护栏）。

取该桥某一联桥跨进行分析。桥跨平面位于 $R=1\ 207.129$ m，$L_s=135$ m 的右偏缓和曲线和圆曲线上。下列信息只适用于该联桥跨。

下部结构与支座的信息详见表 7.1。

表 7.1　下部结构与支座

墩台号	形式	墩高/m		支座/mm		数量
36	桩柱式桥墩	1	17.873	小桩号侧	GJZ300×450×84	5
		2	12.263	大桩号侧	GJZF₄350×450×86	5
37	桩柱式桥墩	1	20.563	小桩号侧	GJZ350×450×84	5
		2	20.353	大桩号侧	GJZ350×450×84	5
38	桩柱式桥墩	1	22.429	小桩号侧	GJZ350×450×84	5
		2	23.529	大桩号侧	GJZ350×450×84	5
39	桩柱式桥墩	1	9.591	小桩号侧	GJZF₄350×450×86	5
		2	9.770	大桩号侧	GJZ350×450×84	5

材料选用详见表 7.2。

表 7.2　材料选用

混凝土	C50	"T"形预制主梁（梁肋、翼缘板和横隔板）及梁间湿接缝、桥面连续
	C30	普通钢筋混凝土盖梁、墩柱、系梁、桩柱式及肋板式桥台的台帽耳背墙及肋板、承台、桩基
	C25	重力式桥台

续表

钢筋和预应力体系	HPB300、HRB400	普通钢筋
	预应力钢绞线	采用《预应力混凝土用钢绞线》（GB/T 5224—2003）标准生产的低松弛高强度钢绞线
钢材	Q235B	钢护筒

7.1.2 技术规范

(1)《四川高速公路工程抗震设计指南》。
(2) 中华人民共和国行业标准《公路工程技术标准》（JTG B01—2014）。
(3) 中华人民共和国行业标准《公路桥涵设计通用规范》（JTG D60—2015）。
(4) 中华人民共和国行业标准《公路钢筋混凝土及预应力混凝土桥涵设计规范》（JTG 3362—2018）。

7.1.3 技术指标

(1) 公路等级：双向四车道高速公路。
(2) 路基宽度：分离式路基 12.25 m。
(3) 荷载等级：公路Ⅰ级。
(4) 基本地震动峰值加速度：$0.2g$。
(5) 行车道数：4。
(6) 桥面宽度：12.25 m。
(7) 标准跨径：40 m。
(8) 预制"T"形梁高：2.0 m。
(9) 桥跨布置：3×40 m。
(10) 设计安全等级：一级。
(11) 环境类别：Ⅰ类。
(12) 场地类别：Ⅱ类（根据地质情况得出）。

7.1.4 材料指标

混凝土和钢筋的主要力学指标如表 7.3 和表 7.4 所示。

表 7.3 混凝土主要力学指标

强度等级	弹性模量/MPa	容重/(kN/m³)	轴心抗压设计强度/MPa	抗拉设计强度/MPa	轴心抗压标准强度/MPa	抗拉标准强度/MPa
C50	$3.45×10^4$	26	22.4	1.83	32.4	2.65
C40	$3.25×10^4$	26	18.4	1.65	26.8	2.40
C30	$3.00×10^4$	26	13.8	1.39	20.1	2.01

表 7.4 钢筋主要力学指标

强度等级	弹性模量/MPa	直径/mm	符号	抗拉强度标准值/MPa	抗拉强度设计值/MPa	抗压强度设计值/MPa
HPB300	$2.10×10^5$	6~22	Φ	300	270	270
HRB400	$2.00×10^5$	6~50	⫘	400	330	330

7.2 抗震设防目标的确定

根据简支梁桥示例三的重要性,以及地震破坏后桥梁结构的性能要求、修复(抢修)的难易程度,采用 50 年超越概率 10%、2% 地震作用输入作为设防标准,其抗震性能目标见表 7.5。

表 7.5 示例三简支梁桥抗震设防目标

设防标准		构件类别	结构性能要求	受力状态	功能要求
E1 地震作用	50 年超越概率 10% 地震作用(相当于地震重现期 475 年)	主梁	无损伤	保持弹性	车辆正常通行
		桥墩	无损伤		
		支座	轻微损伤	基本正常工作	
E2 地震作用	50 年超越概率 2% 地震作用(相当于地震重现期 2 475 年)	主梁	轻微损伤	总体保持弹性	不致产生严重结构损伤
		桥墩	可修复损伤	可进入塑性	
		支座	可损伤	可剪切破坏	

7.3 结构有限元模型的建立

根据示例三简支梁桥的设计方案,采用 Sap2000 有限元程序,对该大桥的一联建立三维有限元动力计算模型进行抗震性能分析。梁桥与相邻两联的上部结构都是简支梁,相互之间用伸缩缝连接,将该计算联的起始桥墩 36 号墩以及 39 号墩处模拟成桥台。计算模型均以桥梁起始点连线为顺桥向 x 轴,以垂直于该连线为横桥向 y 轴,竖桥向为 z 轴;上部结构、盖梁和下部结构采用梁单元,赋予框架截面属性;四氟滑板橡胶支座和板式橡胶支座采用连接属性,其顶端与上部结构共用节点,底端与盖梁相连。

示例中整桥有限元模型示意见图 7.1。上部结构采用梁格单元,其内、外悬臂梁以及标准横截面形式如图 7.2 所示。单跨横桥向相邻"T"形梁之间采用刚性连接,不考虑梁

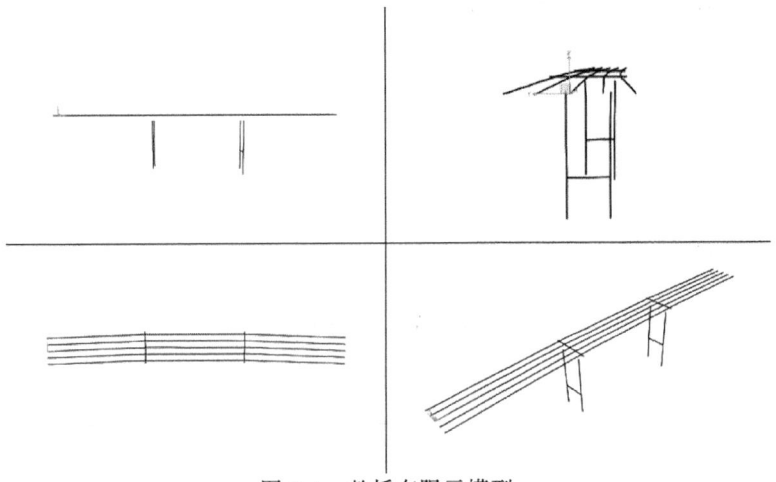

图 7.1 整桥有限元模型

间接缝对整体性能的影响。在模拟主梁与支座的连接时，在各墩位处的支座顶，同时也是梁底处建立节点，并与相同截面位置处的主梁单位节点间建立刚性连接。

墩台编号如图 7.3 所示。

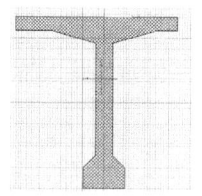
（a）内悬臂梁"T"梁截面形式

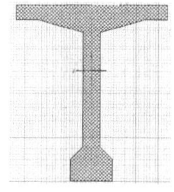
（b）标准截面形式

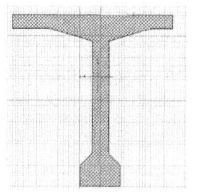
（c）外悬臂梁截面形成

图 7.2　整桥有限元模型及主梁截面形式

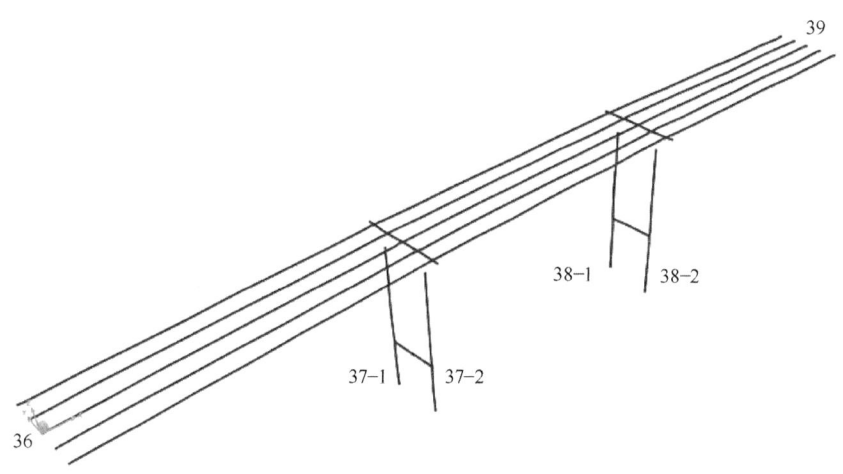

图 7.3　墩台编号

7.4　模　态　分　析

上部结构采用梁格单元的桥梁动力特性计算结果分别列举如下。前 30 阶周期、频率、顺桥向和横桥向累计振型贡献率见表 7.6，前 10 阶振型示意图如图 7.4~图 7.13 所示。由表 7.6 可知，顺桥向前 30 阶累计振型贡献率达到 95%，横桥向前 30 阶累计振型贡献率达到 92%，顺桥向收敛速度较快。

表 7.6　动力特性计算结果

振型阶数	周期/s	频率/Hz	顺桥向累计振型贡献率	横桥向累计振型贡献率
1	1.372 8	0.728 5	74.45	0.00
2	1.074 1	0.931 0	74.45	66.13
3	1.029 6	0.971 3	74.57	66.21
4	0.992 0	1.008 0	74.58	66.76
5	0.939 9	1.063 9	74.58	74.01
6	0.923 7	1.082 6	81.84	74.01

续表

振型阶数	周期/s	频率/Hz	顺桥向累计振型贡献率	横桥向累计振型贡献率
7	0.651 4	1.535 2	81.84	74.01
8	0.597 7	1.673 0	81.84	74.22
9	0.576 6	1.734 2	81.84	74.22
10	0.467 0	2.141 3	81.84	74.22
11	0.466 4	2.144 0	81.84	74.22
12	0.465 1	2.150 1	81.84	74.22
13	0.387 9	2.578 0	83.24	74.22
14	0.359 1	2.784 6	86.30	74.22
15	0.267 9	3.732 3	86.30	82.23
16	0.245 9	4.067 1	86.31	87.60
17	0.192 1	5.205 1	86.32	87.60
18	0.176 0	5.680 6	86.32	87.60
19	0.167 0	5.987 2	86.32	87.84
20	0.162 7	6.145 5	86.32	87.84
21	0.160 7	6.221 1	86.32	87.84
22	0.131 8	7.589 1	90.54	87.84
23	0.123 4	8.104 7	90.54	87.84
24	0.122 3	8.176 1	90.69	87.84
25	0.120 5	8.298 4	90.90	87.84
26	0.104 6	9.561 4	95.10	87.84
27	0.092 3	10.830 0	95.10	87.84
28	0.092 3	10.831 0	95.10	87.85
29	0.092 1	10.862 0	95.10	87.87
30	0.090 8	11.014 0	95.10	92.14

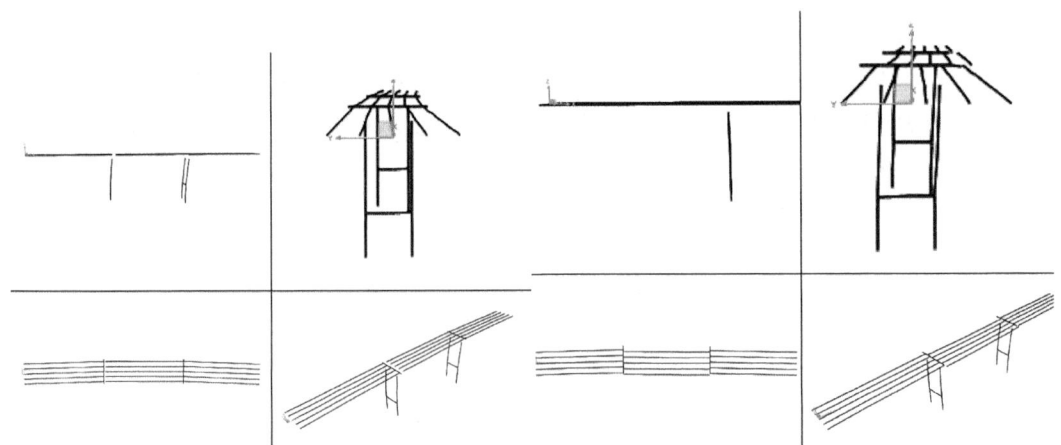

图 7.4　第 1 阶，周期 1.372 8 s　　　　图 7.5　第 2 阶，周期 1.074 1 s

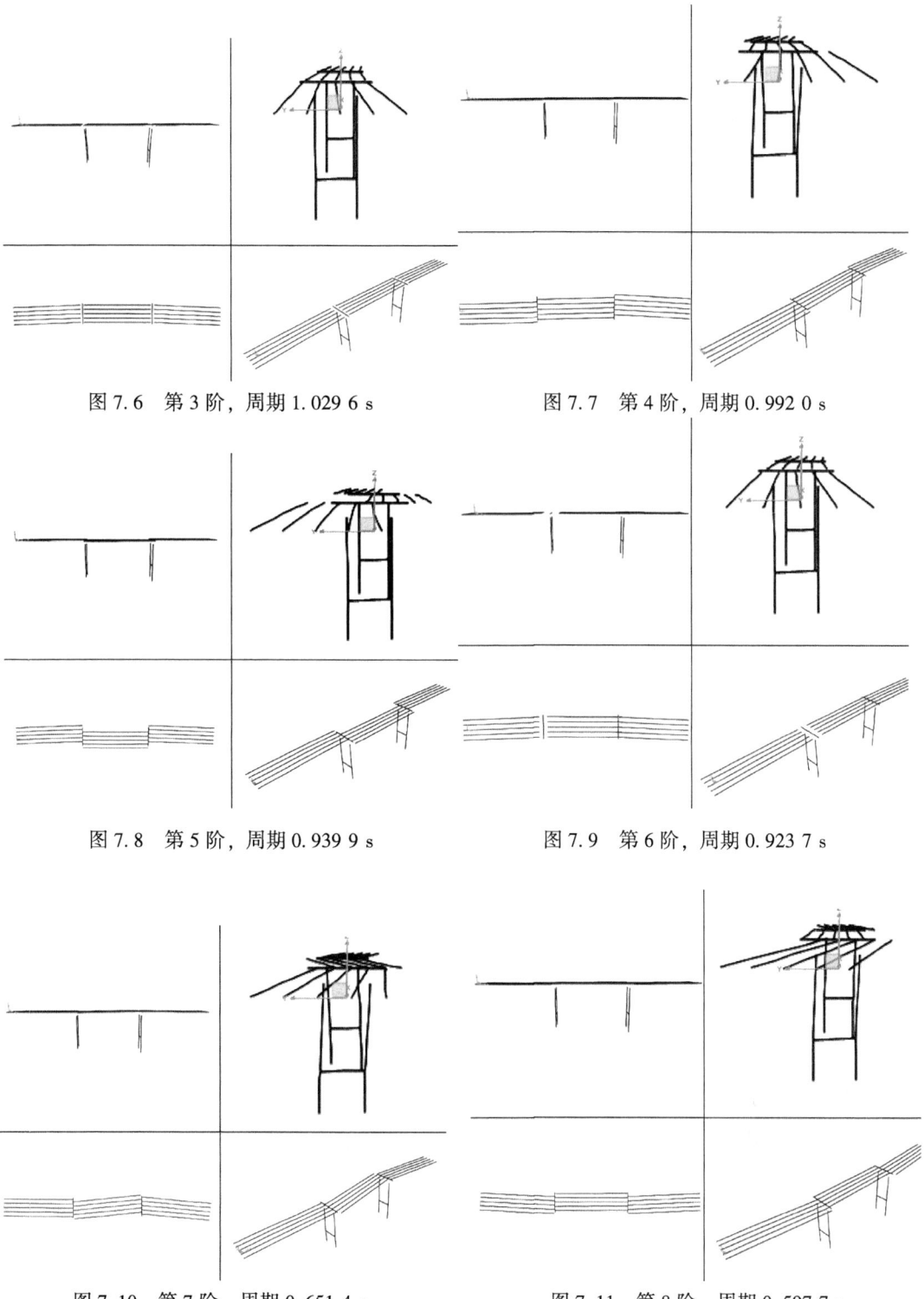

图 7.6　第 3 阶，周期 1.029 6 s　　　　　图 7.7　第 4 阶，周期 0.992 0 s

图 7.8　第 5 阶，周期 0.939 9 s　　　　　图 7.9　第 6 阶，周期 0.923 7 s

图 7.10　第 7 阶，周期 0.651 4 s　　　　图 7.11　第 8 阶，周期 0.597 7 s

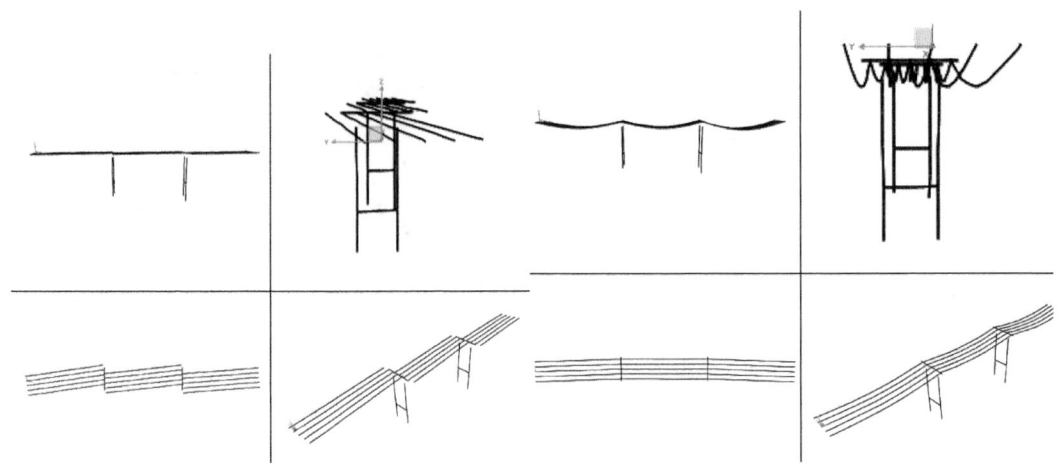

图 7.12 第 9 阶，周期 0.576 6 s　　图 7.13 第 10 阶，周期 0.467 0 s

7.5 反应谱分析

7.5.1 设计加速度反应谱

根据《四川高速公路工程抗震设计指南》及梁桥的场地地震动参数及场地条件，水平设计加速度反应谱 S 由下式确定：

$$S = \begin{cases} S_{max}(5.5T + 0.45) & T < 0.1 \text{ s} \\ S_{max} & 0.1 \text{ s} \leqslant T \leqslant T_g \\ S_{max}(T_g/T) & T > T_g \end{cases} \quad (7.1)$$

式中：S_{max}——设计加速度反应谱最大值；
　　　T——结构自振周期；
　　　T_g——场地特征周期。

水平设计加速度反应谱最大值 S_{max} 由下式确定：

$$S_{max} = 2.5 R_i C_s C_d A \quad (7.2)$$

式中：R_i——地震作用调整系数，即不同地震重现期地震动峰值加速度与基本地震动加速度的比值，50 年超越概率 10% 地震作用下取 1.0，50 年超越概率 2% 地震作用下取 1.9；
　　　C_s——场地系数，根据桥梁所在场地条件，取 1.0；
　　　C_d——阻尼调整系数，当结构阻尼比采用 5% 时，取 1.0；
　　　A——水平设计基本地震动加速度峰值，取 $0.20g$。

E1 和 E2 地震作用下的水平设计加速度反应谱如图 7.14 所示。

7.5.2 桥墩的计算

7.5.2.1 桥墩关键截面内力

分别提取 E1 和 E2 地震作用下各桥墩墩顶和墩底的关键截面内力分析结果，如表 7.7 和表 7.8 所示。

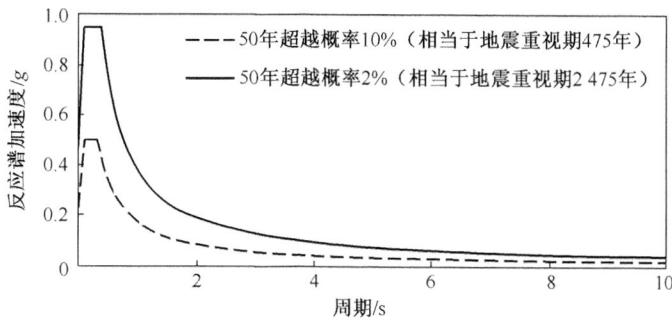

图 7.14 设计反应谱曲线

表 7.7 恒载+E1 地震作用下桥墩关键截面内力

墩 号		取值	P/kN	V_2/kN	V_3/kN	M_2/(kN·m)	M_3/(kN·m)
恒载+纵向地震作用							
37 号墩	1 号墩顶	max	-3 519.03	-3.68	355.60	761.05	18.92
		min	-3 631.79	-19.06	-355.15	-755.37	-143.82
	1 号墩底	max	-5 497.59	-22.03	490.64	8 567.88	182.41
		min	-5 650.68	-46.11	-489.87	-8 564.64	-26.13
	2 号墩顶	max	-3 513.67	15.70	363.68	749.08	125.68
		min	-3 629.30	-0.42	-364.91	-758.54	-40.65
	2 号墩底	max	-5 465.43	42.11	529.44	8 843.15	56.07
		min	-5 621.01	18.56	-530.98	-8 833.30	-159.46
38 号墩	1 号墩顶	max	-3 542.99	-5.10	316.11	670.06	7.22
		min	-3 613.94	-18.31	-316.62	-675.90	-139.66
	1 号墩底	max	-5 699.60	-9.49	548.37	9 133.58	170.60
		min	-5 822.25	-39.58	-548.82	-9 139.70	-98.74
	2 号墩顶	max	-3 533.63	15.08	314.85	678.57	117.04
		min	-3 604.20	0.63	-313.52	-668.04	-34.85
	2 号墩底	max	-5 775.20	31.52	389.66	7 750.75	29.88
		min	-5 897.84	9.85	-388.40	-7 762.92	-202.61
恒载+横向地震作用							
墩 号		取值	P/kN	V_2/kN	V_3/kN	M_2/(kN·m)	M_3/(kN·m)
37 号墩	1 号墩顶	max	-2 212.59	544.04	12.15	138.53	3 432.77
		min	-4 938.23	-566.78	-11.70	-132.85	-3 557.68
	1 号墩底	max	-2 735.83	658.94	21.94	186.60	4 426.99
		min	-8 412.44	-727.07	-21.17	-183.36	-4 270.70

续表

恒载+横向地震作用

墩号	取值		P/kN	V_2/kN	V_3/kN	$M_2/(\text{kN}\cdot\text{m})$	$M_3/(\text{kN}\cdot\text{m})$
37号墩	2号墩顶	max	-2 208.77	586.04	13.11	47.25	3 611.01
		min	-4 934.20	-570.76	-14.33	-56.71	-3 525.98
	2号墩底	max	-2 705.11	716.74	24.78	373.75	4 309.54
		min	-8 381.33	-656.07	-26.33	-363.91	-4 412.93
38号墩	1号墩顶	max	-1 974.20	623.96	12.82	129.14	4 110.12
		min	-5 182.73	-647.37	-13.34	-134.99	-4 242.56
	1号墩底	max	-2 148.83	1 042.68	22.97	182.18	6 903.58
		min	-9 373.02	-1 091.75	-23.41	-188.29	-6 831.72
	2号墩顶	max	-1 964.11	689.68	8.78	78.08	4 365.34
		min	-5 173.72	-673.97	-7.46	-67.55	-4 283.15
	2号墩底	max	-2 222.56	718.55	16.90	250.10	5 133.68
		min	-9 450.48	-677.18	-15.65	-262.28	-5 306.41

表 7.8　恒载+E2 地震作用下桥墩关键截面内力

恒载+纵向地震作用

墩号	取值		P/kN	V_2/kN	V_3/kN	$M_2/(\text{kN}\cdot\text{m})$	$M_3/(\text{kN}\cdot\text{m})$
37号墩	1号墩顶	max	-3 465.09	4.80	761.70	1 630.99	111.57
		min	-3 685.74	-27.54	-761.25	-1 625.32	-236.47
	1号墩底	max	-5 419.22	-10.00	1 005.53	18 342.74	292.98
		min	-5 729.05	-58.14	-1 004.76	-18 339.49	-136.70
	2号墩顶	max	-3 458.32	24.58	780.63	1 612.42	220.34
		min	-3 684.65	-9.30	-781.85	-1 621.88	-135.30
	2号墩底	max	-5 385.80	53.76	1 092.44	18 935.23	170.88
		min	-5 700.63	6.91	-1 093.99	-18 925.39	-274.27
38号墩	1号墩顶	max	-3 507.35	1.96	676.90	1 423.07	90.30
		min	-3 649.58	-25.37	-677.42	-1 428.91	-222.74
	1号墩底	max	-5 634.20	4.98	1 142.74	19 702.49	315.73
		min	-5 887.65	-54.05	-1 143.19	-19 708.60	-243.87
	2号墩顶	max	-3 498.03	22.84	672.03	1 444.26	202.94
		min	-3 639.80	-7.13	-670.70	-1 433.73	-120.75
	2号墩底	max	-5 709.64	41.82	792.87	16 705.27	156.30
		min	-5 963.40	-0.45	-791.61	-16 717.44	-329.03

续表

墩 号		取值	恒载+横向地震作用				
			P/kN	V_2/kN	V_3/kN	$M_2/(kN\cdot m)$	$M_3/(kN\cdot m)$
37号墩	1号墩顶	max	−671.79	1 180.50	25.85	296.13	7 367.32
		min	−6 479.04	−1 203.25	−25.40	−290.45	−7 492.22
	1号墩底	max	432.46	1 408.62	46.31	398.84	9 176.13
		min	−11 580.73	−1 476.76	−45.54	−395.59	−9 019.84
	2号墩顶	max	−668.17	1 248.05	28.94	104.63	7 625.61
		min	−6 474.80	−1 232.78	−30.16	−114.09	−7 540.58
	2号墩底	max	462.91	1 458.80	53.95	803.49	9 072.39
		min	−11 549.35	−1 398.13	−55.49	−793.65	−9 175.78
38号墩	1号墩顶	max	−159.93	1 351.19	27.76	281.65	8 818.83
		min	−6 996.99	−1 374.60	−28.28	−287.49	−8 951.27
	1号墩底	max	1 883.25	2 173.47	47.79	387.95	14 296.05
		min	−13 405.10	−2 222.55	−48.24	−394.06	−14 224.19
	2号墩顶	max	−149.54	1 469.13	17.55	159.06	9 236.62
		min	−6 988.29	−1 453.42	−16.22	−148.53	−9 154.42
	2号墩底	max	1 810.89	1 448.90	34.15	544.78	10 730.68
		min	−13 483.93	−1 407.53	−32.90	−556.96	−10 903.41

7.5.2.2 桥墩强度验算

对37号、38号桥墩进行桥墩关键截面的强度验算,验算结果见表7.9和表7.10。本部分内容结合有限元分析方法进行,通过分析不同轴压荷载作用下设计截面的弯矩曲率关系,得出其抗弯承载能力,其设计截面模型和弯矩-曲率关系分别如图7.15和图7.16所示。验算结果表明,在E1和E2纵向地震作用下,桥墩均处于弹性工作状态,桥墩抗剪承载力均满足要求。

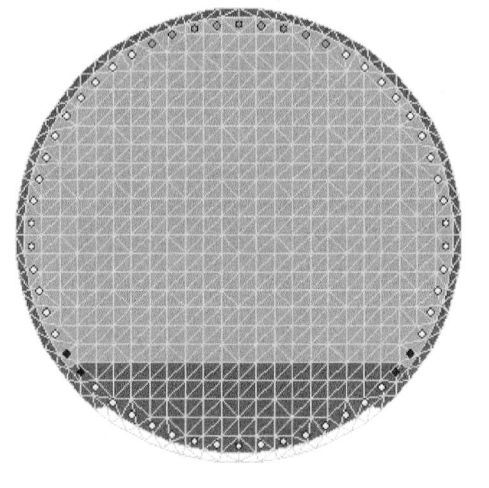

图7.15 设计截面模型

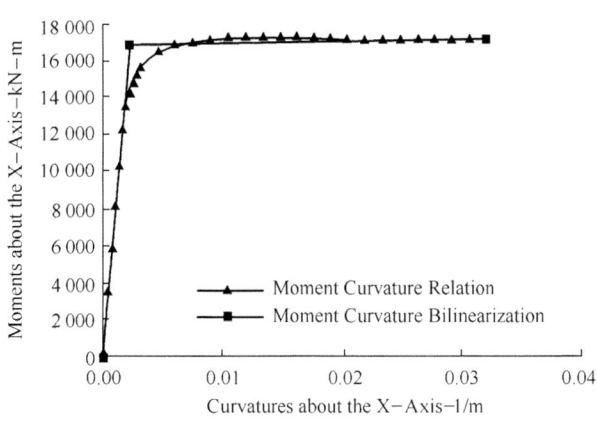

图7.16 弯矩-曲率关系

表 7.9 恒载+E1 地震作用下桥墩强度验算结果

墩 号		取值	P/kN	V_3/kN	M_2/(kN·m)	抗弯承载力/(kN·m)	抗剪承载力/kN	抗弯结果	抗剪结果
恒载+纵向地震作用									
37号墩	1号墩顶	max	-3 519.03	355.60	761.05	12 360.00	3 204.68	弹性	满足
		min	-3 631.79	-355.15	-755.37	12 430.00	3 210.75	弹性	满足
	1号墩底	max	-5 497.59	490.64	8 567.88	18 720.00	2 888.23	弹性	满足
		min	-5 650.68	-489.87	-8 564.64	18 810.00	2 896.47	弹性	满足
	2号墩顶	max	-3 513.67	363.68	749.08	12 360.00	3 204.39	弹性	满足
		min	-3 629.30	-364.91	-758.54	12 420.00	3 210.62	弹性	满足
	2号墩底	max	-5 465.43	529.44	8 843.15	18 700.00	2 886.50	弹性	满足
		min	-5 621.01	-530.98	-8 833.30	18 790.00	2 894.87	弹性	满足
38号墩	1号墩顶	max	-3 542.99	316.11	670.06	12 380.00	3 205.97	弹性	满足
		min	-3 613.94	-316.62	-675.90	12 420.00	3 209.79	弹性	满足
	1号墩底	max	-5 699.60	548.37	9 133.58	18 830.00	2 899.11	弹性	满足
		min	-5 822.25	-548.82	-9 139.70	18 900.00	2 905.71	弹性	满足
	2号墩顶	max	-3 533.63	314.85	678.57	12 370.00	3 205.47	弹性	满足
		min	-3 604.20	-313.52	-668.04	12 410.00	3 209.27	弹性	满足
	2号墩底	max	-5 775.20	389.66	7 750.75	18 880.00	2 903.18	弹性	满足
		min	-5 897.84	-388.40	-7 762.92	18 950.00	2 909.78	弹性	满足
恒载+横向地震作用									
37号墩	1号墩顶	max	-2 212.59	544.04	3 432.77	11 630.00	2 343.96	弹性	满足
		min	-4 938.23	-566.78	-3 557.68	13 160.00	2 490.73	弹性	满足
	1号墩底	max	-2 735.83	658.94	4 426.99	17 130.00	2 739.52	弹性	满足
		min	-8 412.44	-727.07	-4 270.70	20 340.00	3 045.18	弹性	满足
	2号墩顶	max	-2 208.77	586.04	3 611.01	11 630.00	2 343.75	弹性	满足
		min	-4 934.20	-570.76	-3 525.98	13 160.00	2 490.51	弹性	满足
	2号墩底	max	-2 705.11	716.74	4 309.54	17 110.00	2 737.86	弹性	满足
		min	-8 381.33	-656.07	-4 412.93	20 330.00	3 043.51	弹性	满足
38号墩	1号墩顶	max	-1 974.20	623.96	4 110.12	11 500.00	2 331.12	弹性	满足
		min	-5 182.73	-647.37	-4 242.56	13 300.00	2 503.89	弹性	满足
	1号墩底	max	-2 148.83	1 042.68	6 903.58	16 780.00	2 707.91	弹性	满足
		min	-9 373.02	-1 091.75	-6 831.72	20 860.00	3 096.91	弹性	满足

续表

墩号		取值	P/kN	V_3/kN	M_2/(kN·m)	抗弯承载力/(kN·m)	抗剪承载力/kN	抗弯结果	抗剪结果
					恒载+横向地震作用				
38号墩	2号墩顶	max	−1 964.11	689.68	4 365.34	11 490.00	2 330.58	弹性	满足
		min	−5 173.72	−673.97	−4 283.15	13 290.00	2 503.41	弹性	满足
	2号墩底	max	−2 222.56	718.55	5 133.68	16 830.00	2 711.88	弹性	满足
		min	−9 450.48	−677.18	−5 306.41	20 900.00	3 101.08	弹性	满足

表 7.10 恒载+E2 地震作用下桥墩强度验算结果

墩号		取值	P/kN	V_3/kN	M_2/(kN·m)	抗弯承载力/(kN·m)	抗剪承载力/kN	抗弯结果	抗剪结果
					恒载+纵向地震作用				
37号墩	1号墩顶	max	−3 465.09	761.70	1 630.99	16 850.00	3 201.78	弹性	满足
		min	−3 685.74	−761.25	−1 625.32	17 000.00	3 213.66	弹性	满足
	1号墩底	max	−5 419.22	1 005.53	18 342.74	32 690.00	2 884.01	弹性	满足
		min	−5 729.05	−1 004.76	−18 339.49	32 860.00	2 900.69	弹性	满足
	2号墩顶	max	−3 458.32	780.63	1 612.42	16 840.00	3 201.41	弹性	满足
		min	−3 684.65	−781.85	−1 621.88	17 000.00	3 213.60	弹性	满足
	2号墩底	max	−5 385.80	1 092.44	18 935.23	32 670.00	2 882.21	弹性	满足
		min	−5 700.63	−1 093.99	−18 925.39	32 850.00	2 899.16	弹性	满足
38号墩	1号墩顶	max	−3 507.35	676.90	1 423.07	16 880.00	3 204.05	弹性	满足
		min	−3 649.58	−677.42	−1 428.91	16 970.00	3 211.71	弹性	满足
	1号墩底	max	−5 634.20	1 142.74	19 702.49	32 810.00	2 895.58	弹性	满足
		min	−5 887.65	−1 143.19	−19 708.60	32 950.00	2 909.23	弹性	满足
	2号墩顶	max	−3 498.03	672.03	1 444.26	16 870.00	3 203.55	弹性	满足
		min	−3 639.80	−670.70	−1 433.73	16 970.00	3 211.19	弹性	满足
	2号墩底	max	−5 709.64	792.87	16 705.27	32 860.00	2 899.65	弹性	满足
		min	−5 963.40	−791.61	−16 717.44	33 000.00	2 913.31	弹性	满足

墩号		取值	P/kN	V_3/kN	M_2/(kN·m)	抗弯承载力/(kN·m)	抗剪承载力/kN	抗弯结果	抗剪结果
					恒载+横向地震作用				
37号墩	1号墩顶	max	−671.79	1 180.50	7 367.32	14 820.00	2 260.99	弹性	满足
		min	−6 479.04	−1 203.25	−7 492.22	18 690.00	2 573.69	弹性	满足
	1号墩底	max	432.46	1 408.62	9 176.13	29 570.00	2 568.92	弹性	满足
		min	−11 580.73	−1 476.76	−9 019.84	35 900.00	3 215.78	弹性	满足

续表

墩号		取值	P/kN	V_3/kN	M_2/(kN·m)	抗弯承载力/(kN·m)	抗剪承载力/kN	抗弯结果	抗剪结果
	\multicolumn{9}{c	}{恒载+横向地震作用}
37号墩	2号墩顶	max	−668.17	1 248.05	7 625.61	14 820.00	2 260.80	弹性	满足
		min	−6 474.80	−1 232.78	−7 540.58	18 690.00	2 573.46	弹性	满足
	2号墩底	max	462.91	1 458.80	9 072.39	29 600.00	2 567.28	弹性	满足
		min	−11 549.35	−1 398.13	−9 175.78	35 890.00	3 214.09	弹性	满足
38号墩	1号墩顶	max	−159.93	1 351.19	8 818.83	14 420.00	2 233.43	弹性	满足
		min	−6 996.99	−1 374.60	−8 951.27	18 980.00	2 601.58	弹性	满足
	1号墩底	max	1 883.25	2 173.47	14 296.05	30 600.00	2 490.80	弹性	满足
		min	−13 405.10	−2 222.55	−14 224.19	36 760.00	3 314.02	弹性	满足
	2号墩顶	max	−149.54	1 469.13	9 236.62	14 410.00	2 232.87	弹性	满足
		min	−6 988.29	−1 453.42	−9 154.42	18 980.00	2 601.11	弹性	满足
	2号墩底	max	1 810.89	1 448.90	10 730.68	30 550.00	2 494.70	弹性	满足
		min	−13 483.93	−1 407.53	−10 903.41	36 790.00	3 318.26	弹性	满足

7.5.3 支座的计算

7.5.3.1 支座变形和水平地震力

E1和E2地震作用下,桥墩不同侧上的支座变形见表7.11和表7.12。

桥墩的大小桩号侧均布置有支座,分别选取大小桩号侧支座变形的最不利值,即最大值作为验算依据。

表7.11 恒载+E1地震作用下支座变形 单位:mm

	恒载+纵向地震作用				恒载+横向地震作用			
	位置		顺桥向	横桥向	位置		顺桥向	横桥向
36号桥墩	大桩号侧 ($GJZF_4$350×450×86)		49.15	1.51	36号桥墩	大桩号侧 ($GJZF_4$350×450×86)	12.42	23.01
37号桥墩	小桩号侧 (GJZ350×450×84)		25.77	1.20	37号桥墩	小桩号侧 (GJZ350×450×84)	9.97	27.86
	大桩号侧 (GJZ350×450×84)		53.14	0.53		大桩号侧 (GJZ350×450×84)	8.91	49.36
38号桥墩	小桩号侧 (GJZ350×450×84)		46.44	0.62	38号桥墩	小桩号侧 (GJZ350×450×84)	9.78	51.52
	大桩号侧 (GJZ350×450×84)		24.06	1.28		大桩号侧 (GJZ350×450×84)	10.43	35.91

续表

恒载+纵向地震作用				恒载+横向地震作用			
位 置		顺桥向	横桥向	位 置		顺桥向	横桥向
39 号桥墩	小桩号侧 （GJZF$_4$350×450×86）	55.22	1.72	39 号桥墩	小桩号侧 （GJZF$_4$350×450×86）	13.04	28.62

表 7.12 恒载+E2 地震作用下支座变形　　　　　　　　单位：mm

恒载+纵向地震作用				恒载+横向地震作用			
位 置		顺桥向	横桥向	位 置		顺桥向	横桥向
36 号桥墩	大桩号侧 （GJZF$_4$350×450×86）	98.08	2.87	36 号桥墩	大桩号侧 （GJZF$_4$350×450×86）	18.41	49.67
37 号桥墩	小桩号侧 （GJZ350×450×84）	45.63	2.22	37 号桥墩	小桩号侧 （GJZ350×450×84）	13.05	59.59
37 号桥墩	大桩号侧 （GJZ350×450×84）	106.10	0.99	37 号桥墩	大桩号侧 （GJZ350×450×84）	10.76	106.80
38 号桥墩	小桩号侧 （GJZ350×450×84）	92.04	1.18	38 号桥墩	小桩号侧 （GJZ350×450×84）	12.71	111.30
38 号桥墩	大桩号侧 （GJZ350×450×84）	43.28	2.36	38 号桥墩	大桩号侧 （GJZ350×450×84）	14.08	76.75
39 号桥墩	小桩号侧 （GJZF$_4$350×450×86）	111.29	3.32	39 号桥墩	小桩号侧 （GJZF$_4$350×450×86）	19.73	61.86

50 年超越概率 10% 地震作用下以及 50 年超越概率 2% 地震作用下，支座的水平地震力见表 7.13 和表 7.14。

表 7.13 恒载+E1 地震作用下支座水平地震力　　　　　　　　单位：kN

恒载+纵向地震作用				
位 置		取值	顺桥向	横桥向
36 号桥墩	大桩号侧 （GJZF$_4$350×450×86）	max	143.62	2.83
		min	−100.51	−4.40
37 号桥墩	小桩号侧 （GJZ300×450×84）	max	32.41	3.52
		min	−75.31	−2.17
	大桩号侧 （GJZ300×450×84）	max	155.27	1.47
		min	−112.45	−1.56
38 号桥墩	小桩号侧 （GJZ300×450×84）	max	92.66	1.63
		min	−135.70	−1.81

续表

位 置		取值	恒载+纵向地震作用	
			顺桥向	横桥向
38号桥墩	大桩号侧 (GJZ300×450×84)	max	70.30	3.74
		min	−27.54	−2.23
39号桥墩	小桩号侧 (GJZF$_4$350×450×86)	max	118.36	3.34
		min	−161.35	−5.02

位 置		取值	恒载+横向地震作用	
			顺桥向	横桥向
36号桥墩	大桩号侧 (GJZF$_4$350×450×86)	max	36.29	66.03
		min	6.38	−67.24
37号桥墩	小桩号侧 (GJZ300×450×84)	max	−13.74	81.42
		min	−29.13	−79.78
	大桩号侧 (GJZ300×450×84)	max	26.04	144.23
		min	16.77	−144.07
38号桥墩	小桩号侧 (GJZ300×450×84)	max	−13.86	150.53
		min	−28.58	−150.48
	大桩号侧 (GJZ300×450×84)	max	30.48	104.94
		min	12.28	−103.19
39号桥墩	小桩号侧 (GJZF$_4$350×450×86)	max	−4.69	82.36
		min	−38.10	−83.62

表7.14 恒载+E2地震作用下支座水平地震力　　　　单位：kN

位 置		取值	恒载+纵向地震作用	
			顺桥向	横桥向
36号桥墩	大桩号侧 (GJZF$_4$350×450×86)	max	286.59	6.80
		min	−243.49	−8.40
37号桥墩	小桩号侧 (GJZ300×450×84)	max	90.41	6.48
		min	−133.33	−5.12
	大桩号侧 (GJZ300×450×84)	max	310.03	2.80
		min	−267.22	−2.89
38号桥墩	小桩号侧 (GJZ300×450×84)	max	225.90	3.24
		min	−268.93	−3.45
	大桩号侧 (GJZ300×450×84)	max	126.45	6.90
		min	−83.70	−5.32

续表

恒载+纵向地震作用				
位　置		取值	顺桥向	横桥向
39号桥墩	小桩号侧 （GJZF$_4$350×450×86）	max	282.19	7.96
		min	-325.18	-9.69

恒载+横向地震作用				
位　置		取值	顺桥向	横桥向
36号桥墩	大桩号侧 （GJZF$_4$350×450×86）	max	53.80	144.02
		min	-11.14	-145.14
37号桥墩	小桩号侧 （GJZ300×450×84）	max	-4.74	174.12
		min	-38.14	-172.50
	大桩号侧 （GJZ300×450×84）	max	31.43	312.06
		min	11.39	-311.95
38号桥墩	小桩号侧 （GJZ300×450×84）	max	-5.31	325.21
		min	-37.12	-325.16
	大桩号侧 （GJZ300×450×84）	max	41.13	224.25
		min	1.62	-222.52
39号桥墩	小桩号侧 （GJZF$_4$350×450×86）	max	14.86	179.54
		min	-57.65	-180.75

上部结构重力在支座上产生的反力取绝对值的最大值见表7.15。

表7.15　上部结构重力在支座上产生的反力　　　　单位：kN

恒　　载		
位　置		取值 R_b
36号桥墩	大桩号侧 （GJZF$_4$350×450×86）	-648.388
37号桥墩	小桩号侧 （GJZ300×450×84）	-688.378
	大桩号侧 （GJZ300×450×84）	-687.726
38号桥墩	小桩号侧 （GJZ300×450×84）	-681.936
	大桩号侧 （GJZ300×450×84）	-689.192
39号桥墩	小桩号侧 （GJZF$_4$350×450×86）	-648.388

7.5.3.2 支座验算

对于板式橡胶支座，应按下列要求进行板式橡胶支座的抗震验算。

支座厚度按下式进行验算：

$$\sum t \geqslant \frac{X_0}{\tan\gamma} = X_0 \tag{7.4}$$

式中：$\sum t$——橡胶层的总厚度（m）；

$\tan\gamma$——橡胶片剪切角正切值，取 $\tan\gamma = 1.0$；

X_0——对应水准地震作用效应和永久作用效应组合后橡胶支座顶面相对于底面的水平位移（m）。

支座抗滑稳定性按下式进行验算：

$$\mu_d R_b \geqslant E_{hzb} \tag{7.5}$$

式中：μ_d——支座的摩阻系数，橡胶支座与混凝土表面的动摩阻系数采用 0.15，与钢板的动摩阻系数采用 0.10；

R_b——上部结构重力在支座上产生的反力（kN）；

E_{hzb}——对应水准地震作用效应和永久作用效应组合后橡胶支座的水平地震力（kN）。

E1 和 E2 地震作用下的支座厚度验算结果见表 7.16 和表 7.17，支座抗滑稳定性验算结果见表 7.18 和表 7.19。结果表明：E1 和 E2 纵向地震作用下，支座均满足变形要求。在 E1 地震作用下，四氟滑板橡胶支座以及 37 号桥墩大桩号侧支座不满足抗滑稳定性要求，在该水准横向地震作用下，37 号桥墩大桩号侧以及 38 号桥墩处支座会产生滑移；在 E2 地震作用下，支座均产生滑移。

在该两水准地震作用下，支座均会产生滑移，考虑到支座的摩擦滑移位移较大，应增设限位措施，建议采用双层挡块或分级凹槽措施。在非线性时程分析中，考虑板式橡胶支座的摩擦滑移特性，支座采用双线性模型。

表 7.16 恒载+E1 地震作用下支座厚度验算 单位：mm

恒载+纵向地震作用					恒载+横向地震作用				
位 置		X_0	$\sum t$	验算结果	位 置		X_0	$\sum t$	验算结果
36 号桥墩	大桩号侧（GJZF$_4$350×450×86）	49.15	60	满足	36 号桥墩	大桩号侧（GJZF$_4$350×450×86）	23.01	60	满足
37 号桥墩	小桩号侧（GJZ350×450×84）	25.77	60	满足	37 号桥墩	小桩号侧（GJZ350×450×84）	27.86	60	满足
	大桩号侧（GJZ350×450×84）	53.14	60	满足		大桩号侧（GJZ350×450×84）	49.36	60	满足

续表

恒载+纵向地震作用					恒载+横向地震作用				
位 置		X_0	$\sum t$	验算结果	位 置		X_0	$\sum t$	验算结果
38号桥墩	小桩号侧（GJZ350×450×84）	46.44	60	满足	38号桥墩	小桩号侧（GJZ350×450×84）	51.52	60	满足
	大桩号侧（GJZ350×450×84）	24.06	60	满足		大桩号侧（GJZ350×450×84）	35.91	60	满足
39号桥墩	小桩号侧（GJZF$_4$350×450×86）	55.22	60	满足	39号桥墩	小桩号侧（GJZF$_4$350×450×86）	28.62	60	满足

表7.17　恒载+E2地震作用下支座厚度验算　　单位：mm

恒载+纵向地震作用				
位 置		X_0	$\sum t$	验算结果
36号桥墩	大桩号侧（GJZF$_4$350×450×86）	98.08	60	不满足
37号桥墩	小桩号侧（GJZ350×450×84）	45.63	60	满足
	大桩号侧（GJZ350×450×84）	106.10	60	不满足
38号桥墩	小桩号侧（GJZ350×450×84）	92.04	60	不满足
	大桩号侧（GJZ350×450×84）	43.28	60	满足
39号桥墩	小桩号侧（GJZF$_4$350×450×86）	111.29	60	不满足
恒载+横向地震作用				
位 置		X_0	$\sum t$	验算结果
36号桥墩	大桩号侧（GJZF$_4$350×450×86）	49.67	60	满足
37号桥墩	小桩号侧（GJZ350×450×84）	59.59	60	满足
	大桩号侧（GJZ350×450×84）	106.80	60	不满足

恒载+横向地震作用				
位置		X_0	Σt	验算结果
38号桥墩	小桩号侧（GJZ350×450×84）	111.30	60	不满足
	大桩号侧（GJZ350×450×84）	76.75	60	不满足
39号桥墩	小桩号侧（GJZF₄350×450×86）	61.86	60	不满足

表7.18　恒载+E1地震作用下支座抗滑稳定性验算　　　　单位：kN

恒载+纵向地震作用					
位置		取值	E_{hzb}	$\mu_d R_b$	验算结果
36号桥墩	大桩号侧（GJZF₄350×450×86）	max	143.62	-97.26	不满足
		min	-100.51	-97.26	不满足
37号桥墩	小桩号侧（GJZ350×450×84）	max	32.41	-103.26	满足
		min	-75.31	-103.26	满足
	大桩号侧（GJZ350×450×84）	max	155.27	-103.16	不满足
		min	-112.45	-103.16	不满足
38号桥墩	小桩号侧（GJZ350×450×84）	max	92.66	-102.29	满足
		min	-135.70	-102.29	满足
	大桩号侧（GJZ350×450×84）	max	70.30	-103.38	满足
		min	-27.54	-103.38	满足
39号桥墩	小桩号侧（GJZF₄350×450×86）	max	118.36	-97.26	不满足
		min	-161.35	-97.26	不满足
恒载+横向地震作用					
位置		取值	E_{hzb}	$\mu_d R_b$	验算结果
36号桥墩	大桩号侧（GJZF₄350×450×86）	max	66.03	-97.26	满足
		min	-67.24	-97.26	满足
37号桥墩	小桩号侧（GJZ350×450×84）	max	81.42	-103.26	满足
		min	-79.78	-103.26	满足
	大桩号侧（GJZ350×450×84）	max	144.23	-103.16	不满足
		min	-144.07	-103.16	不满足
38号桥墩	小桩号侧（GJZ350×450×84）	max	150.53	-102.29	不满足
		min	-150.48	-102.29	不满足

续表

恒载+横向地震作用					
位 置		取值	E_{hzb}	$\mu_d R_b$	验算结果
38号桥墩	大桩号侧 （GJZ350×450×84）	max	104.94	−103.38	不满足
		min	−103.19	−103.38	满足
39号桥墩	小桩号侧 （GJZF$_4$350×450×86）	max	82.36	−97.26	满足
		min	−83.62	−97.26	满足

表 7.19　恒载+E2 地震作用下支座抗滑稳定性验算　　　　　单位：kN

恒载+纵向地震作用					
位 置		取值	E_{hzb}	$\mu_d R_b$	验算结果
36号桥墩	大桩号侧 （GJZF$_4$350×450×86）	max	286.59	−97.26	不满足
		min	−243.49	−97.26	不满足
37号桥墩	小桩号侧 （GJZ350×450×84）	max	90.41	−103.26	满足
		min	−133.33	−103.26	不满足
	大桩号侧 （GJZ350×450×84）	max	310.03	−103.16	不满足
		min	−267.22	−103.16	不满足
38号桥墩	小桩号侧 （GJZ350×450×84）	max	225.90	−102.29	不满足
		min	−268.93	−102.29	不满足
	大桩号侧 （GJZ350×450×84）	max	126.45	−103.38	不满足
		min	−83.70	−103.38	满足
39号桥墩	小桩号侧 （GJZF$_4$350×450×86）	max	282.19	−97.26	不满足
		min	−325.18	−97.26	不满足

恒载+横向地震作用					
位 置		取值	E_{hzb}	$\mu_d R_b$	验算结果
36号桥墩	大桩号侧 （GJZF$_4$350×450×86）	max	144.02	−97.26	不满足
		min	−145.14	−97.26	不满足
37号桥墩	小桩号侧 （GJZ350×450×84）	max	174.12	−103.26	不满足
		min	−172.50	−103.26	不满足
	大桩号侧 （GJZ350×450×84）	max	312.06	−103.16	不满足
		min	−311.95	−103.16	不满足
38号桥墩	小桩号侧 （GJZ350×450×84）	max	325.21	−102.29	不满足
		min	−325.16	−102.29	不满足
	大桩号侧 （GJZ350×450×84）	max	224.25	−103.38	不满足
		min	−222.52	−103.38	不满足
39号桥墩	小桩号侧 （GJZF$_4$350×450×86）	max	179.54	−97.26	不满足
		min	−180.75	−97.26	不满足

7.6 非线性动力时程分析

7.6.1 非线性时程分析地震动输入

根据例三简支梁桥的设计反应谱,得到 50 年超越概率 2% 地震作用下相应的三条加速度时程曲线如图 7.17 所示,地震输入采用纵桥向和横桥向两种方式。

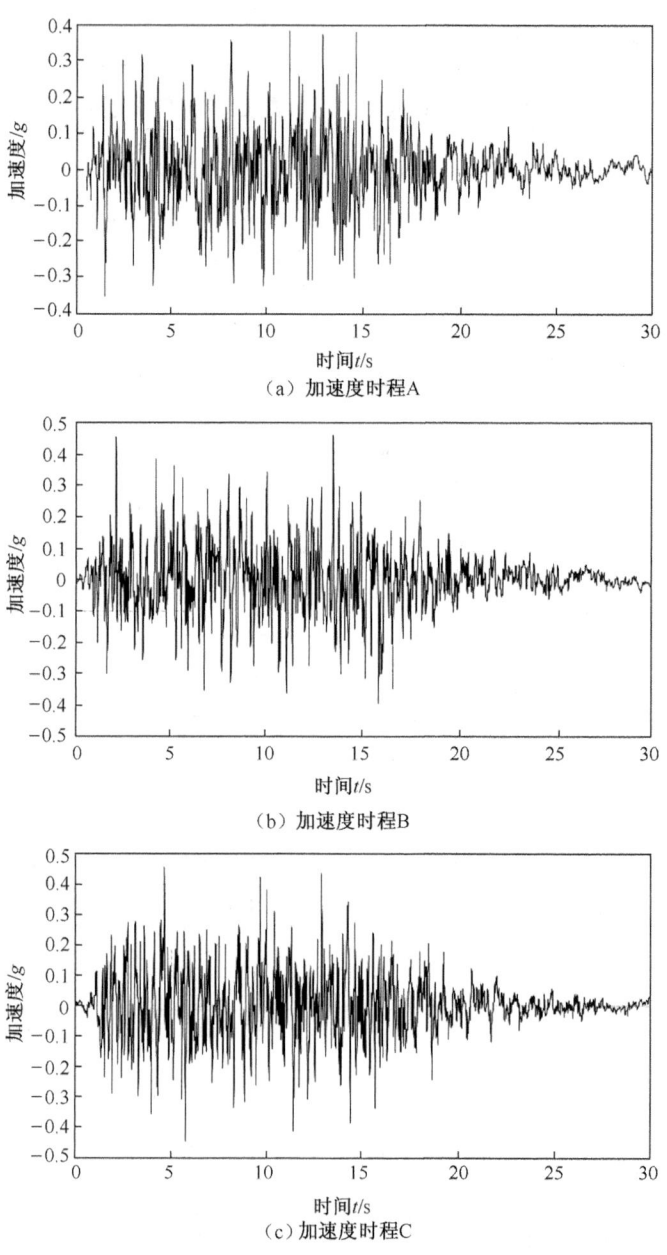

图 7.17　E1 地震作用的加速度时程

板式橡胶支座近似采用理想弹塑性连接单元进行模拟，其恢复力模型如图 7.18 所示。

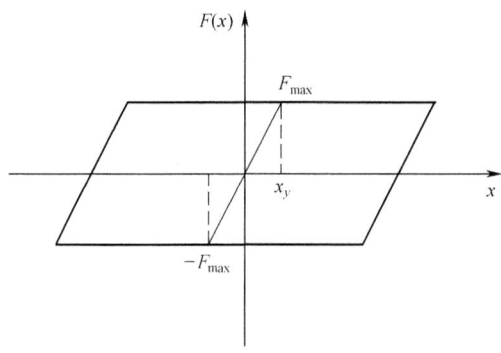

图 7.18 板式橡胶支座模拟

板式橡胶支座临界滑动摩擦力 $F_{\max}$：

$$F_{\max} = \mu_d R \tag{7.6}$$

式中：μ_d——摩擦系数，支座与混凝土接触则 $\mu_d = 0.3$，支座与钢板接触则 $\mu_d = 0.2$，聚四氟乙烯板与不锈钢接触（加硅脂）则 $\mu_d = 0.06$；

R——支座所承担的上部结构恒载（kN）。

支座屈服位移 x_y 按下式计算：

$$x_y = \frac{F_{\max}}{k} \tag{7.7}$$

7.6.2 桥墩的计算

7.6.2.1 桥墩关键截面内力

E2 地震作用下主桥的各桥墩墩顶和墩底的关键截面内力分析结果见表 7.20。

表 7.20 恒载+E2 地震作用下桥墩关键截面内力

(a) 加速度时程 A

墩 号		取值	P/kN	V_2/kN	V_3/kN	M_2/kN	M_3/(kN·m)
恒载+纵向地震作用							
37 号墩	1 号墩顶	max	-3 529.94	1.46	419.27	1 116.00	34.28
		min	-3 602.26	-19.09	-512.46	-879.83	-133.57
	1 号墩底	max	-5 493.83	-20.13	526.85	12 689.13	270.94
		min	-5 624.22	-43.50	-608.53	-9 978.70	-104.79
	2 号墩顶	max	-3 539.91	20.95	431.57	1 097.26	141.01
		min	-3 606.26	-0.36	-529.37	-876.78	-30.29
	2 号墩底	max	-5 490.95	44.38	568.08	13 122.35	148.35
		min	-5 609.09	21.23	-659.74	-10 314.42	-240.06

续表

(a) 加速度时程 A

恒载+纵向地震作用

墩 号		取值	P/kN	V_2/kN	V_3/kN	M_2/kN	M_3/(kN·m)
38 号墩	1 号墩顶	max	-3 544.70	2.52	312.22	1 100.75	33.26
		min	-3 621.11	-24.08	-517.72	-712.14	-157.66
	1 号墩底	max	-5 682.09	-0.45	525.23	15 312.12	262.87
		min	-5 839.67	-42.39	-808.57	-9 909.00	-267.10
	2 号墩顶	max	-3 534.32	23.15	310.44	1 130.33	144.32
		min	-3 607.97	-5.50	-511.72	-703.88	-53.18
	2 号墩底	max	-5 762.52	35.48	444.67	12 924.61	99.62
		min	-5 921.87	9.62	-562.10	-8 338.01	-335.08

恒载+横向地震作用

墩 号		取值	P/kN	V_2/kN	V_3/kN	M_2/kN	M_3/(kN·m)
37 号墩	1 号墩顶	max	-1 416.36	847.51	44.39	222.13	5 515.45
		min	-5 736.34	-877.51	-17.07	-195.94	-5 709.24
	1 号墩底	max	-974.22	1 158.43	69.03	175.46	6 876.32
		min	-10 134.70	-1 080.90	-33.49	-581.56	-7 240.93
	2 号墩顶	max	-1 411.52	904.77	21.38	57.82	5 741.49
		min	-5 729.90	-897.93	-12.22	-118.88	-5 730.38
	2 号墩底	max	-983.89	1 212.54	39.80	206.93	6 771.93
		min	-10 142.37	-1 005.98	-35.85	-484.56	-7 392.42
38 号墩	1 号墩顶	max	-1 454.10	807.49	17.62	187.75	5 447.57
		min	-5 760.58	-853.44	-45.78	-226.21	-5 850.89
	1 号墩底	max	-926.03	1 339.75	33.64	655.09	8 931.66
		min	-10 760.17	-1 342.07	-69.26	-212.15	-8 918.91
	2 号墩顶	max	-1 385.90	894.46	8.51	124.77	5 757.91
		min	-5 693.88	-904.82	-12.52	-65.68	-5 959.48
	2 号墩底	max	-833.65	901.17	26.68	410.65	6 586.76
		min	-10 673.20	-857.00	-25.48	-166.81	-6 863.84

(b) 加速度时程 B

恒载+纵向地震作用

墩 号		取值	P/kN	V_2/kN	V_3/kN	M_2/kN	M_3/(kN·m)
37 号墩	1 号墩顶	max	-3 542.56	-1.15	622.10	698.92	-2.10
		min	-3 595.99	-17.10	-330.22	-1 364.25	-122.23

续表

(b) 加速度时程 B

恒载+纵向地震作用

墩 号		取值	P/kN	V_2/kN	V_3/kN	M_2/kN	M_3/(kN·m)
37 号墩	1 号墩底	max	−5 517.60	−21.35	782.83	9 319.96	199.82
		min	−5 617.40	−41.57	−497.17	−15 576.80	−151.22
	2 号墩顶	max	−3 547.83	18.25	639.96	681.47	104.25
		min	−3 601.30	1.61	−341.91	−1 354.88	−18.81
	2 号墩底	max	−5 496.26	44.15	867.46	9 624.32	75.00
		min	−5 594.94	23.34	−549.14	−16 082.33	−289.62
38 号墩	1 号墩顶	max	−3 550.85	−2.13	513.17	652.71	17.74
		min	−3 602.04	−21.19	−313.41	−1 025.42	−115.29
	1 号墩底	max	−5 699.23	−5.55	773.54	10 101.30	294.03
		min	−5 808.00	−39.61	−559.25	−14 131.85	−144.58
	2 号墩顶	max	−3 541.39	17.96	504.36	708.59	128.63
		min	−3 605.03	−1.71	−310.43	−1 047.20	−9.64
	2 号墩底	max	−5 781.60	32.68	510.69	8 504.14	133.44
		min	−5 906.64	11.37	−415.85	−11 895.99	−235.76

恒载+横向地震作用

墩 号		取值	P/kN	V_2/kN	V_3/kN	M_2/kN	M_3/(kN·m)
37 号墩	1 号墩顶	max	−2 284.79	518.59	27.77	112.88	3 186.11
		min	−4 656.42	−471.54	−12.62	−88.95	−2 810.33
	1 号墩底	max	−2 956.66	685.28	42.93	197.89	3 518.93
		min	−7 687.80	−665.77	−22.86	−414.16	−4 221.52
	2 号墩顶	max	−2 490.90	558.23	7.98	64.09	3 354.32
		min	−4 861.56	−469.88	−6.85	−83.14	−2 757.21
	2 号墩底	max	−3 430.07	743.77	18.60	97.34	3 395.80
		min	−8 160.06	−599.86	−22.58	−162.43	−4 360.34
38 号墩	1 号墩顶	max	−2 254.01	502.65	13.53	100.62	3 528.17
		min	−4 587.73	−420.45	−24.15	−115.05	−2 557.44
	1 号墩底	max	−2 512.01	1 041.78	25.45	370.52	4 734.87
		min	−7 990.96	−777.15	−38.62	−216.01	−6 712.41
	2 号墩顶	max	−2 559.32	561.08	7.48	86.16	3 783.78
		min	−4 893.27	−424.86	−6.73	−71.63	−2 530.39
	2 号墩底	max	−3 605.35	722.87	15.32	180.45	3 517.34
		min	−9 086.68	−512.64	−16.23	−87.41	−5 242.10

续表

(c) 加速度时程 C

恒载+纵向地震作用

墩号		取值	P/kN	V_2/kN	V_3/kN	M_2/kN	M_3/(kN·m)
37号墩	1号墩顶	max	−3 534.76	2.06	491.39	932.37	19.53
		min	−3 619.83	−22.45	−434.68	−1 119.51	−141.13
	1号墩底	max	−5 514.66	−19.96	622.14	8 689.61	204.62
		min	−5 641.74	−45.19	−484.41	−12 696.53	−135.73
	2号墩顶	max	−3 525.59	21.43	504.78	917.07	126.39
		min	−3 604.57	−3.87	−447.19	−1 112.25	−37.76
	2号墩底	max	−5 472.21	45.19	692.25	9 012.93	78.85
		min	−5 607.32	19.42	−512.92	−13 121.99	−272.17
38号墩	1号墩顶	max	−3 527.58	4.02	411.48	941.63	45.45
		min	−3 615.62	−25.59	−462.93	−860.68	−150.78
	1号墩底	max	−5 657.27	0.83	789.82	11 394.68	283.24
		min	−5 824.69	−41.33	−637.15	−13 189.15	−171.85
	2号墩顶	max	−3 538.19	24.75	409.56	955.65	157.12
		min	−3 621.12	−6.66	−457.34	−881.62	−47.34
	2号墩底	max	−5 766.30	36.56	532.95	9 556.43	116.59
		min	−5 929.10	10.28	−448.26	−11 275.27	−251.76

恒载+横向地震作用

墩号		取值	P/kN	V_2/kN	V_3/kN	M_2/kN	M_3/(kN·m)
37号墩	1号墩顶	max	−1 215.28	956.68	42.05	171.34	6 093.82
		min	−5 008.81	−589.88	−14.96	−156.29	−3 798.14
	1号墩底	max	−550.31	1 306.81	66.38	155.71	5 351.74
		min	−8 665.06	−942.63	−22.88	−699.88	−8 029.55
	2号墩顶	max	−2 138.74	1 016.64	6.05	44.86	6 326.85
		min	−5 931.02	−597.09	−12.02	−142.52	−3 776.37
	2号墩底	max	−2 452.27	1 358.98	13.17	211.50	5 242.89
		min	−10 566.42	−872.54	−38.50	−252.21	−8 176.51
38号墩	1号墩顶	max	−1 068.53	965.19	15.11	169.35	6 599.74
		min	−5 177.01	−619.78	−40.03	−173.44	−4 280.88
	1号墩底	max	133.31	1 785.93	23.48	751.53	7 758.08
		min	−9 557.05	−1 254.61	−65.38	−173.51	−11 562.30

续表

(c) 加速度时程 C

墩号		取值	P/kN	V_2/kN	V_3/kN	M_2/kN	M_3/(kN·m)
38号墩	2号墩顶	max	-1 970.46	1 070.30	9.99	145.57	6 963.07
		min	-6 078.65	-655.62	-5.02	-57.60	-4 342.28
	2号墩底	max	-2 040.30	1 203.77	29.38	218.58	5 836.42
		min	-11 731.62	-796.85	-8.68	-170.52	-8 919.36

恒载+横向地震作用（表头上方）

7.6.2.2 桥墩强度验算

对 37~38 号桥墩的关键截面进行强度验算，验算结果见表 7.21。结果表明，在 E2 地震作用下，桥墩处于弹性工作阶段。

表 7.21 恒载+E2 地震作用下桥墩强度验算结果

(a) 加速度时程 A

恒载+纵向地震作用

墩号		取值	P/kN	V_3/kN	M_2/(kN·m)	抗弯承载力/(kN·m)	抗剪承载力/kN	抗弯结果	抗剪结果
37号墩	1号墩顶	max	-3 529.94	419.27	1 116.00	16 890.00	3 075.81	弹性	满足
		min	-3 602.26	-512.46	-879.83	16 940.00	3 209.16	弹性	满足
	1号墩底	max	-5 493.83	526.85	12 689.13	32 740.00	2 888.03	弹性	满足
		min	-5 624.22	-608.53	-9 978.70	32 810.00	2 895.05	弹性	满足
	2号墩顶	max	-3 539.91	431.57	1 097.26	16 900.00	3 133.31	弹性	满足
		min	-3 606.26	-529.37	-876.78	16 940.00	3 209.38	弹性	满足
	2号墩底	max	-5 490.95	568.08	13 122.35	32 730.00	2 887.87	弹性	满足
		min	-5 609.09	-659.74	-10 314.42	32 800.00	2 894.23	弹性	满足
38号墩	1号墩顶	max	-3 544.70	312.22	1 100.75	16 900.00	2 743.23	弹性	满足
		min	-3 621.11	-517.72	-712.14	16 950.00	3 210.18	弹性	满足
	1号墩底	max	-5 682.09	525.23	15 312.12	32 840.00	2 898.16	弹性	满足
		min	-5 839.67	-808.57	-9 909.00	32 930.00	2 906.65	弹性	满足
	2号墩顶	max	-3 534.32	310.44	1 130.33	16 900.00	2 706.42	弹性	满足
		min	-3 607.97	-511.72	-703.88	16 940.00	3 209.47	弹性	满足
	2号墩底	max	-5 762.52	444.67	12 924.61	32 880.00	2 902.49	弹性	满足
		min	-5 921.87	-562.10	-8 338.01	32 970.00	2 911.07	弹性	满足

续表

(a) 加速度时程 A

恒载+横向地震作用

墩号		取值	P/kN	V_3/kN	M_2/(kN·m)	抗弯承载力/(kN·m)	抗剪承载力/kN	抗弯结果	抗剪结果
37号墩	1号墩顶	max	-1 416.36	847.51	5 515.45	15 380.00	2 301.09	弹性	满足
		min	-5 736.34	-877.51	-5 709.24	18 260.00	2 533.70	弹性	满足
	1号墩底	max	-974.22	1 158.43	6 876.32	29 970.00	2 644.66	弹性	满足
		min	-10 134.70	-1 080.90	-7 240.93	35 190.00	3 137.92	弹性	满足
	2号墩顶	max	-1 411.52	904.77	5 741.49	15 370.00	2 300.83	弹性	满足
		min	-5 729.90	-897.93	-5 730.38	18 260.00	2 533.35	弹性	满足
	2号墩底	max	-983.89	1 212.54	6 771.93	29 980.00	2 645.18	弹性	满足
		min	-10 142.37	-1 005.98	-7 392.42	35 190.00	3 138.33	弹性	满足
38号墩	1号墩顶	max	-1 454.10	807.49	5 447.57	15 410.00	2 303.12	弹性	满足
		min	-5 760.58	-853.44	-5 850.89	18 280.00	2 535.01	弹性	满足
	1号墩底	max	-926.03	1 339.75	8 931.66	29 930.00	2 642.07	弹性	满足
		min	-10 760.17	-1 342.07	-8 918.91	35 550.00	3 171.60	弹性	满足
	2号墩顶	max	-1 385.90	894.46	5 757.91	15 350.00	2 299.45	弹性	满足
		min	-5 693.88	-904.82	-5 959.48	18 240.00	2 531.41	弹性	满足
	2号墩底	max	-833.65	901.17	6 586.76	29 870.00	2 637.09	弹性	满足
		min	-10 673.20	-857.00	-6 863.84	35 460.00	3 166.92	弹性	满足

(b) 加速度时程 B

恒载+纵向地震作用

墩号		取值	P/kN	V_3/kN	M_2/(kN·m)	抗弯承载力/(kN·m)	抗剪承载力/kN	抗弯结果	抗剪结果
37号墩	1号墩顶	max	-3 542.56	622.10	698.92	16 900.00	3 205.95	弹性	满足
		min	-3 595.99	-330.22	-1 364.25	16 940.00	2 572.14	弹性	满足
	1号墩底	max	-5 517.60	782.83	9 319.96	32 750.00	2 889.31	弹性	满足
		min	-5 617.40	-497.17	-15 576.80	32 800.00	2 894.68	弹性	满足
	2号墩顶	max	-3 547.83	639.96	681.47	16 910.00	3 206.23	弹性	满足
		min	-3 601.30	-341.91	-1 354.88	16 940.00	2 617.02	弹性	满足
	2号墩底	max	-5 496.26	867.46	9 624.32	32 730.00	2 888.16	弹性	满足
		min	-5 594.94	-549.14	-16 082.33	32 790.00	2 893.47	弹性	满足
38号墩	1号墩顶	max	-3 550.85	513.17	652.71	16 910.00	3 206.40	弹性	满足
		min	-3 602.04	-313.41	-1 025.42	16 940.00	2 831.98	弹性	满足

续表

(b) 加速度时程 B

恒载+纵向地震作用

墩号		取值	P/kN	V_3/kN	M_2/(kN·m)	抗弯承载力/(kN·m)	抗剪承载力/kN	抗弯结果	抗剪结果
38号墩	1号墩底	max	-5 699.23	773.54	10 101.30	32 850.00	2 899.09	弹性	满足
		min	-5 808.00	-559.25	-14 131.85	32 910.00	2 904.94	弹性	满足
	2号墩顶	max	-3 541.39	504.36	708.59	16 900.00	3 205.89	弹性	满足
		min	-3 605.03	-310.43	-1 047.20	16 950.00	2 796.80	弹性	满足
	2号墩底	max	-5 781.60	510.69	8 504.14	32 900.00	2 903.52	弹性	满足
		min	-5 906.64	-415.85	-11 895.99	32 960.00	2 910.25	弹性	满足

恒载+横向地震作用

墩号		取值	P/kN	V_3/kN	M_2/(kN·m)	抗弯承载力/(kN·m)	抗剪承载力/kN	抗弯结果	抗剪结果
37号墩	1号墩顶	max	-2 284.79	518.59	3 186.11	16 020.00	2 347.85	弹性	满足
		min	-4 656.42	-471.54	-2 810.33	17 640.00	2 475.55	弹性	满足
	1号墩底	max	-2 956.66	685.28	3 518.93	31 280.00	2 784.92	弹性	满足
		min	-7 687.80	-665.77	-4 221.52	33 920.00	3 006.16	弹性	满足
	2号墩顶	max	-2 490.90	558.23	3 354.32	16 170.00	2 358.95	弹性	满足
		min	-4 861.56	-469.88	-2 757.21	17 750.00	2 486.60	弹性	满足
	2号墩底	max	-3 430.07	743.77	3 395.80	31 560.00	2 956.90	弹性	满足
		min	-8 160.06	-599.86	-4 360.34	34 170.00	3 031.59	弹性	满足
38号墩	1号墩顶	max	-2 254.01	502.65	3 528.17	16 000.00	2 346.19	弹性	满足
		min	-4 587.73	-420.45	-2 557.44	17 590.00	2 471.85	弹性	满足
	1号墩底	max	-2 512.01	1 041.78	4 734.87	31 010.00	2 913.28	弹性	满足
		min	-7 990.96	-777.15	-6 712.41	34 080.00	3 022.49	弹性	满足
	2号墩顶	max	-2 559.32	561.08	3 783.78	16 220.00	2 362.63	弹性	满足
		min	-4 893.27	-424.86	-2 530.39	17 770.00	2 488.30	弹性	满足
	2号墩底	max	-3 605.35	722.87	3 517.34	31 660.00	2 885.98	弹性	满足
		min	-9 086.68	-512.64	-5 242.10	34 660.00	3 081.49	弹性	满足

续表

(c) 加速度时程 C

恒载+纵向地震作用

墩号		取值	P/kN	V_3/kN	M_2/(kN·m)	抗弯承载力/(kN·m)	抗剪承载力/kN	抗弯结果	抗剪结果
37号墩	1号墩顶	max	−3 534.76	491.39	932.37	16 900.00	3 205.53	弹性	满足
		min	−3 619.83	−434.68	−1 119.51	16 960.00	3 121.53	弹性	满足
	1号墩底	max	−5 514.66	622.14	8 689.61	32 750.00	2 889.15	弹性	满足
		min	−5 641.74	−484.41	−12 696.53	32 820.00	2 895.99	弹性	满足
	2号墩顶	max	−3 525.59	504.78	917.07	16 890.00	3 205.04	弹性	满足
		min	−3 604.57	−447.19	−1 112.25	16 940.00	3 164.32	弹性	满足
	2号墩底	max	−5 472.21	692.25	9 012.93	32 950.00	2 886.86	弹性	满足
		min	−5 607.32	−512.92	−13 121.99	32 800.00	2 894.14	弹性	满足
38号墩	1号墩顶	max	−3 527.58	411.48	941.63	16 890.00	3 205.14	弹性	满足
		min	−3 615.62	−462.93	−860.68	16 950.00	3 209.88	弹性	满足
	1号墩底	max	−5 657.27	789.82	11 394.68	32 820.00	2 896.83	弹性	满足
		min	−5 824.69	−637.15	−13 189.15	32 920.00	2 905.84	弹性	满足
	2号墩顶	max	−3 538.19	409.56	955.65	16 900.00	3 205.71	弹性	满足
		min	−3 621.12	−457.34	−881.62	16 950.00	3 210.18	弹性	满足
	2号墩底	max	−5 766.30	532.95	9 556.43	32 890.00	2 902.70	弹性	满足
		min	−5 929.10	−448.26	−11 275.27	32 980.00	2 911.46	弹性	满足

恒载+横向地震作用

墩号		取值	P/kN	V_3/kN	M_2/(kN·m)	抗弯承载力/(kN·m)	抗剪承载力/kN	抗弯结果	抗剪结果
37号墩	1号墩顶	max	−1 215.28	956.68	6 093.82	15 220.00	2 290.26	弹性	满足
		min	−5 008.81	−589.88	−3 798.14	17 840.00	2 494.53	弹性	满足
	1号墩底	max	−550.31	1 306.81	5 351.74	29 660.00	2 944.34	弹性	满足
		min	−8 665.06	−942.63	−8 029.55	34 440.00	3 058.78	弹性	满足
	2号墩顶	max	−2 138.74	1 016.64	6 326.85	15 910.00	2 339.98	弹性	满足
		min	−5 931.02	−597.09	−3 776.37	18 380.00	2 544.18	弹性	满足
	2号墩底	max	−2 452.27	1 358.98	5 242.89	30 970.00	3 127.71	弹性	满足
		min	−10 566.42	−872.54	−8 176.51	35 410.00	3 161.17	弹性	满足
38号墩	1号墩顶	max	−1 068.53	965.19	6 599.74	15 120.00	2 282.36	弹性	满足
		min	−5 177.01	−619.78	−4 280.88	17 940.00	2 503.58	弹性	满足

续表

(c) 加速度时程 C

恒载+横向地震作用

墩号		取值	P/kN	V_3/kN	M_2/ (kN·m)	抗弯承载力/ (kN·m)	抗剪承载力/ kN	抗弯结果	抗剪结果
38 号 墩	1 号墩底	max	133.31	1 785.93	7 758.08	29 350.00	2 829.44	弹性	满足
		min	-9 557.05	-1 254.61	-11 562.30	34 900.00	3 106.82	弹性	满足
	2 号墩顶	max	-1 970.46	1 070.30	6 963.07	15 790.00	2 330.92	弹性	满足
		min	-6 078.65	-655.62	-4 342.28	18 460.00	2 552.13	弹性	满足
	2 号墩底	max	-2 040.30	1 203.77	5 836.42	30 710.00	2 806.15	弹性	满足
		min	-11 731.62	-796.85	-8 919.36	35 970.00	3 223.91	弹性	满足

7.6.3 支座的计算

7.6.3.1 支座变形和水平地震力

E2 地震作用下,简支梁两端支座的侧向变形见表 7.22 所示,简支梁两端支座的水平地震力见表 7.23。

表 7.22 恒载+E2 地震作用下支座变形　　　　　　　　单位：mm

(a) 加速度时程 A

恒载+纵向地震作用				恒载+横向地震作用			
位　置		顺桥向	横桥向	位　置		顺桥向	横桥向
36 号桥墩	大桩号侧 (GJZF₄350×450×86)	93.63	1.36	36 号桥墩	大桩号侧 (GJZF₄350×450×86)	26.85	129.56
37 号桥墩	小桩号侧 (GJZ350×450×84)	45.81	1.45	37 号桥墩	小桩号侧 (GJZ350×450×84)	23.16	52.71
	大桩号侧 (GJZ350×450×84)	42.75	0.79		大桩号侧 (GJZ350×450×84)	8.48	80.77
38 号桥墩	小桩号侧 (GJZ350×450×84)	35.05	0.89	38 号桥墩	小桩号侧 (GJZ350×450×84)	8.54	86.80
	大桩号侧 (GJZ350×450×84)	50.11	1.89		大桩号侧 (GJZ350×450×84)	22.98	56.47
39 号桥墩	小桩号侧 (GJZF₄350×450×86)	139.35	1.54	39 号桥墩	小桩号侧 (GJZF₄350×450×86)	27.61	133.95

(b) 加速度时程 B

恒载+纵向地震作用				恒载+横向地震作用			
位　置		顺桥向	横桥向	位　置		顺桥向	横桥向
36 号桥墩	大桩号侧 (GJZF4350×450×86)	131.50	0.85	36 号桥墩	大桩号侧 (GJZF4350×450×86)	20.73	98.05

续表

(b) 加速度时程 B

位置		恒载+纵向地震作用		位置		恒载+横向地震作用	
		顺桥向	横桥向			顺桥向	横桥向
37 号桥墩	小桩号侧（GJZ350×450×84）	51.91	1.27	37 号桥墩	小桩号侧（GJZ350×450×84）	18.80	36.03
	大桩号侧（GJZ350×450×84）	45.23	0.73		大桩号侧（GJZ350×450×84）	8.44	37.32
38 号桥墩	小桩号侧（GJZ350×450×84）	30.91	0.76	38 号桥墩	小桩号侧（GJZ350×450×84）	8.50	39.32
	大桩号侧（GJZ350×450×84）	49.63	1.50		大桩号侧（GJZ350×450×84）	17.61	36.00
39 号桥墩	小桩号侧（GJZF4350×450×86）	108.09	1.10	39 号桥墩	小桩号侧（GJZF4350×450×86）	19.43	88.14

(c) 加速度时程 C

位置		恒载+纵向地震作用		位置		恒载+横向地震作用	
		顺桥向	横桥向			顺桥向	横桥向
36 号桥墩	大桩号侧（GJZF4350×450×86）	111.52	1.36	36 号桥墩	大桩号侧（GJZF4350×450×86）	28.51	149.14
37 号桥墩	小桩号侧（GJZ350×450×84）	37.28	1.40	37 号桥墩	小桩号侧（GJZ350×450×84）	24.89	50.10
	大桩号侧（GJZ350×450×84）	36.41	0.79		大桩号侧（GJZ350×450×84）	8.46	77.20
38 号桥墩	小桩号侧（GJZ350×450×84）	30.61	0.77	38 号桥墩	小桩号侧（GJZ350×450×84）	8.26	79.16
	大桩号侧（GJZ350×450×84）	43.20	1.64		大桩号侧（GJZ350×450×84）	24.19	46.33
39 号桥墩	小桩号侧（GJZF4350×450×86）	110.52	1.63	39 号桥墩	小桩号侧（GJZF4350×450×86）	28.15	146.06

表 7.23 恒载+E2 地震作用下支座水平地震力　　　　　　　单位：kN

(a) 加速度时程 A

位置		取值	顺桥向	横桥向
恒载+纵向地震作用				
36 号桥墩	大桥号侧 (GJZF$_4$350×450×86)	max	38.90	2.70
		min	-38.90	-3.97
37 号桥墩	小桥号侧 (GJZ300×450×84)	max	98.47	4.24
		min	-133.89	-3.78
	大桥号侧 (GJZ300×450×84)	max	124.95	2.30
		min	-96.49	-1.67
38 号桥墩	小桥号侧 (GJZ300×450×84)	max	75.52	1.85
		min	-102.44	-2.59
	大桥号侧 (GJZ300×450×84)	max	105.36	4.35
		min	-146.45	-5.54
39 号桥墩	小桥号侧 (GJZF$_4$350×450×86)	max	38.90	4.50
		min	-38.90	-3.09
恒载+横向地震作用				
位置		取值	顺桥向	横桥向
36 号桥墩	大桥号侧 (GJZF$_4$350×450×86)	max	38.90	38.90
		min	-38.90	-38.90
37 号桥墩	小桥号侧 (GJZ300×450×84)	max	42.99	129.74
		min	-67.70	-154.05
	大桥号侧 (GJZ300×450×84)	max	24.77	195.91
		min	9.68	-204.58
38 号桥墩	小桥号侧 (GJZ300×450×84)	max	-7.64	204.58
		min	-24.97	-204.58
	大桥号侧 (GJZ300×450×84)	max	67.15	132.68
		min	-45.20	-165.03
39 号桥墩	小桥号侧 (GJZF$_4$350×450×86)	max	38.90	38.90
		min	-38.90	-38.90

续表

(b) 加速度时程 B				
恒载+纵向地震作用				
位　置		取值	顺桥向	横桥向
36 号桥墩	大桩号侧 （GJZF$_4$350×450×86）	max	38.90	2.50
		min	-38.90	-2.45
37 号桥墩	小桩号侧 （GJZ300×450×84）	max	151.71	2.45
		min	-65.73	-3.71
	大桩号侧 （GJZ300×450×84）	max	132.20	1.54
		min	-67.51	-2.14
38 号桥墩	小桩号侧 （GJZ300×450×84）	max	90.33	1.78
		min	-72.92	-2.21
	大桩号侧 （GJZ300×450×84）	max	145.05	4.38
		min	-68.13	-3.38
39 号桥墩	小桩号侧 （GJZF$_4$350×450×86）	max	38.90	2.67
		min	-38.90	-3.22
恒载+横向地震作用				
位　置		取值	顺桥向	横桥向
36 号桥墩	大桩号侧 （GJZF$_4$350×450×86）	max	38.90	38.90
		min	-34.24	-38.90
37 号桥墩	小桩号侧 （GJZ300×450×84）	max	24.58	90.39
		min	-54.94	-105.30
	大桩号侧 （GJZ300×450×84）	max	24.66	109.08
		min	15.92	-90.28
38 号桥墩	小桩号侧 （GJZ300×450×84）	max	-15.39	114.93
		min	-24.84	-101.57
	大桩号侧 （GJZ300×450×84）	max	51.47	95.80
		min	-19.93	-105.22
39 号桥墩	小桩号侧 （GJZF$_4$350×450×86）	max	30.76	38.90
		min	-38.90	-38.90

续表

(c) 加速度时程 C

恒载+纵向地震作用

位置		取值	顺桥向	横桥向
36 号桥墩	大桩号侧 （GJZF$_4$350×450×86）	max	38.90	3.97
		min	-38.90	-2.87
37 号桥墩	小桩号侧 （GJZ300×450×84）	max	108.95	4.10
		min	-79.29	-3.78
	大桩号侧 （GJZ300×450×84）	max	106.41	1.86
		min	-80.29	-2.30
38 号桥墩	小桩号侧 （GJZ300×450×84）	max	89.46	2.26
		min	-76.85	-2.17
	大桩号侧 （GJZ300×450×84）	max	126.25	4.11
		min	-92.36	-4.80
39 号桥墩	小桩号侧 （GJZF$_4$350×450×86）	max	38.90	2.74
		min	-38.90	-4.77

恒载+横向地震作用

位置		取值	顺桥向	横桥向
36 号桥墩	大桩号侧 （GJZF$_4$350×450×86）	max	38.90	38.90
		min	-38.90	-38.90
37 号桥墩	小桩号侧 （GJZ300×450×84）	max	49.87	93.30
		min	-72.75	-146.41
	大桩号侧 （GJZ300×450×84）	max	24.73	177.15
		min	12.11	-204.58
38 号桥墩	小桩号侧 （GJZ300×450×84）	max	-9.67	186.84
		min	-24.14	-204.58
	大桩号侧 （GJZ300×450×84）	max	70.70	88.57
		min	-48.44	-135.39
39 号桥墩	小桩号侧 （GJZF$_4$350×450×86）	max	38.90	38.90
		min	-38.90	-38.90

7.6.3.2 支座验算

E2 地震作用下,支座厚度的验算结果见表 7.24。结果表明,大部分支座会产生滑移甚至损伤。

表 7.24 恒载+E2 地震作用下支座厚度验算　　单位:mm

(a) 加速度时程 A

位置		X_0	$200\% \times \Sigma t$	验算结果
\multicolumn{5}{|c|}{恒载+纵向地震作用}				
36 号桥墩	大桩号侧 (GJZF$_4$350×450×86)	93.63	120	满足
37 号桥墩	小桩号侧 (GJZ350×450×84)	45.81	120	满足
	大桩号侧 (GJZ350×450×84)	42.75	120	满足
38 号桥墩	小桩号侧 (GJZ350×450×84)	35.05	120	满足
	大桩号侧 (GJZ350×450×84)	50.11	120	满足
39 号桥墩	小桩号侧 (GJZF$_4$350×450×86)	139.35	120	不满足

位置		X_0	Σt	验算结果
\multicolumn{5}{|c|}{恒载+横向地震作用}				
36 号桥墩	大桩号侧 (GJZF$_4$350×450×86)	129.56	120	不满足
37 号桥墩	小桩号侧 (GJZ350×450×84)	52.71	120	满足
	大桩号侧 (GJZ350×450×84)	80.77	120	满足
38 号桥墩	小桩号侧 (GJZ350×450×84)	86.80	120	满足
	大桩号侧 (GJZ350×450×84)	56.47	120	满足
39 号桥墩	小桩号侧 (GJZF$_4$350×450×86)	133.95	120	不满足

(b) 加速度时程 B

位置		X_0	$200\% \times \Sigma t$	验算结果
\multicolumn{5}{|c|}{恒载+纵向地震作用}				
36 号桥墩	大桩号侧 (GJZF$_4$350×450×86)	131.50	120	不满足

续表

(b) 加速度时程 B				
恒载+纵向地震作用				
位置		X_0	200%×$\sum t$	验算结果
37 号桥墩	小桩号侧（GJZ350×450×84）	51.91	120	满足
	大桩号侧（GJZ350×450×84）	45.23	120	满足
38 号桥墩	小桩号侧（GJZ350×450×84）	30.91	120	满足
	大桩号侧（GJZ350×450×84）	49.63	120	满足
39 号桥墩	小桩号侧（GJZF$_4$350×450×86）	108.09	120	满足
恒载+横向地震作用				
位置		X_0	$\sum t$	验算结果
36 号桥墩	大桩号侧（GJZF$_4$350×450×86）	98.05	120	满足
37 号桥墩	小桩号侧（GJZ350×450×84）	36.03	120	满足
	大桩号侧（GJZ350×450×84）	37.32	120	满足
38 号桥墩	小桩号侧（GJZ350×450×84）	39.32	120	满足
	大桩号侧（GJZ350×450×84）	36.00	120	满足
39 号桥墩	小桩号侧（GJZF$_4$350×450×86）	88.14	120	满足
(c) 加速度时程 C				
恒载+纵向地震作用				
位置		X_0	200%×$\sum t$	验算结果
36 号桥墩	大桩号侧（GJZF$_4$350×450×86）	111.52	120	满足
37 号桥墩	小桩号侧（GJZ350×450×84）	37.28	120	满足
	大桩号侧（GJZ350×450×84）	36.41	120	满足
38 号桥墩	小桩号侧（GJZ350×450×84）	30.61	120	满足
	大桩号侧（GJZ350×450×84）	43.20	120	满足

续表

(c) 加速度时程 C

恒载+纵向地震作用				
位置		X_0	$200\% \times \sum t$	验算结果
39 号桥墩	小桩号侧 （GJZF$_4$350×450×86）	110.52	120	满足

恒载+横向地震作用				
位置		X_0	$\sum t$	验算结果
36 号桥墩	大桩号侧 （GJZF$_4$350×450×86）	149.14	120	满足
37 号桥墩	小桩号侧 （GJZ350×450×84）	50.10	120	满足
	大桩号侧 （GJZ350×450×84）	77.20	120	满足
38 号桥墩	小桩号侧 （GJZ350×450×84）	79.16	120	满足
	大桩号侧 （GJZ350×450×84）	46.33	120	满足
39 号桥墩	小桩号侧 （GJZF$_4$350×450×86）	146.06	120	满足

8 连续梁桥抗震分析示例一

8.1 设计资料、主要材料和尺寸

8.1.1 设计资料

连续梁桥示例一上部结构采用（17+2×24+17）m 直线形预应力混凝土连续箱梁，桥梁全长 83.06 m。下部结构采用钢筋混凝土圆柱式墩、桩基础；桥面宽度为 0.5 m（防撞护栏）+11.25 m（桥面净宽）+0.5 m（防撞护栏）。

下部结构与支座的信息详见表 8.1。

表 8.1 下部结构与支座

墩号	形式	墩高/m		支座/mm	数量
0	桩柱式桥台	—		GYZ d600×110	2
1	双柱式桥墩	1	11.000	GYZ d800×148	1
		2	10.880		1
2	双柱式桥墩	1	11.000	GYZ d800×148	1
		2	10.880		1
3	双柱式桥墩	1	9.500	GYZ d800×148	1
		2	9.380		1
4	桩柱式桥台	—		GYZ d600×110	2

材料选用详见表 8.2。

表 8.2 材料选用

混凝土	C50	现浇连续箱梁、梁间湿接缝
	C40	桥面铺装、支座垫石
	C30	防撞护栏、护栏过渡段、墩身、系梁、基础、承台、耳背墙、台帽
	C20	垫层
钢筋和预应力体系	HPB300、HRB400	普通钢筋
	预应力钢绞线	采用《预应力混凝土用钢绞线》（GB/T 5224—2003）标准生产的低松弛高强度钢绞线
钢材	Q235B	钢套管

8.1.2 技术规范

(1)《四川高速公路工程抗震设计指南》。

(2) 中华人民共和国行业标准《公路工程技术标准》(JTG B01—2014)。
(3) 中华人民共和国行业标准《公路桥涵设计通用规范》(JTG D60—2015)。
(4) 中华人民共和国行业标准《公路钢筋混凝土及预应力混凝土桥涵设计规范》(JTG 3362—2018)。
(5)《公路工程抗震规范》(JTG B02—2013)。
(6)《公路桥梁板式橡胶支座规格系列》(JT/T 663—2006)。

8.1.3 技术指标

(1) 公路等级：双向四车道高速公路。
(2) 设计速度：80 km/h。
(3) 路基宽度：分离式路基 12.25 m。
(4) 荷载等级：公路Ⅰ级。
(5) 地震动峰值加速度：$0.15g$。
(6) 行车道数：4。
(7) 桥面宽度：12.25 m。
(8) 桥跨布置：(17+2×24+17) m。
(9) 现浇箱型梁高：1.6 m。
(10) 设计安全等级：一级。
(11) 环境类别：Ⅰ类。
(12) 抗震设防类别：B类。
(13) 场地类别：Ⅱ类（根据地质情况得出）。

8.1.4 材料指标

混凝土和钢筋的主要的力学指标见表 8.3 和表 8.4。

表 8.3 混凝土主要力学指标

强度等级	弹性模量/MPa	容重/(kN/m³)	轴心抗压设计强度/MPa	抗拉设计强度/MPa	轴心抗压标准强度/MPa	抗拉标准强度/MPa
C50	$3.45×10^4$	26	22.4	1.83	32.4	2.65
C40	$3.25×10^4$	26	18.4	1.65	26.8	2.40
C30	$3.00×10^4$	26	13.8	1.39	20.1	2.01

表 8.4 钢筋主要力学指标

强度等级	弹性模量/MPa	直径/mm	符号	抗拉强度标准值/MPa	抗拉强度设计值/MPa	抗压强度设计值/MPa
HPB300	$2.10×10^5$	6~22	Φ	300	270	270
HRB400	$2.00×10^5$	6~50	⊕	400	330	330

8.2 抗震设防目标的确定

根据连续梁桥示例一的重要性，以及地震破坏后桥梁结构的性能要求、修复（抢修）的难易程度，采用 50 年超越概率 10%、2% 地震作用输入作为设防标准，其抗震性能目标见表 8.5。

表 8.5 示例一连续梁桥抗震设防目标

设防标准		构件类别	结构性能要求	受力状态	功能要求
E1 地震作用	50 年超越概率 10% 地震作用（相当于地震重现期 475 年）	主梁	无损伤	保持弹性	车辆正常通行
		桥墩	无损伤		
		支座	轻微损伤	基本正常工作	
E2 地震作用	50 年超越概率 2% 地震作用（相当于地震重现期 2 475 年）	主梁	轻微损伤	总体保持弹性	不致产生严重结构损伤
		桥墩	可修复损伤	可进入塑性	
		支座	可损伤	可剪切破坏	

8.3 结构有限元模型的建立

根据连续梁桥示例一的设计方案，采用 Sap2000 有限元程序，建立三维有限元动力计算模型进行抗震性能分析，计算模型均以顺桥向为 x 轴，横桥向为 y 轴，竖桥向为 z 轴；上部结构和下部结构采用梁单元，赋予框架截面属性；板式橡胶支座采用连接属性，其顶端与上部结构共用节点，底端与桥墩墩顶相连。

该示例中整桥有限元模型示意图如图 8.1 所示。上部结构采用梁格单元，其横截面形式如图 8.2 所示。在模拟主梁与支座的连接，在各墩位处的支座顶，同时也是梁底处建立节点，并与相同截面位置处的主梁单位节点间建立刚性连接。桥墩的立柱与系梁模拟为梁柱单元，系梁端部与墩身节点连接采用刚性连接。

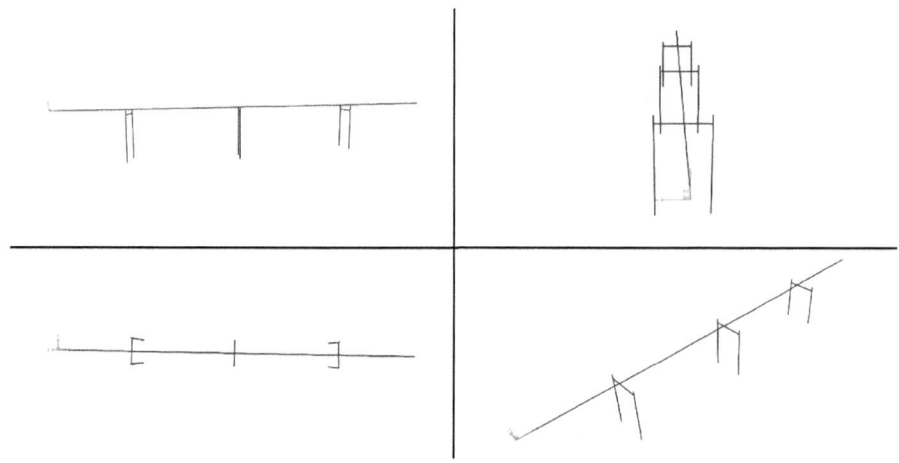

图 8.1 整桥有限元模型

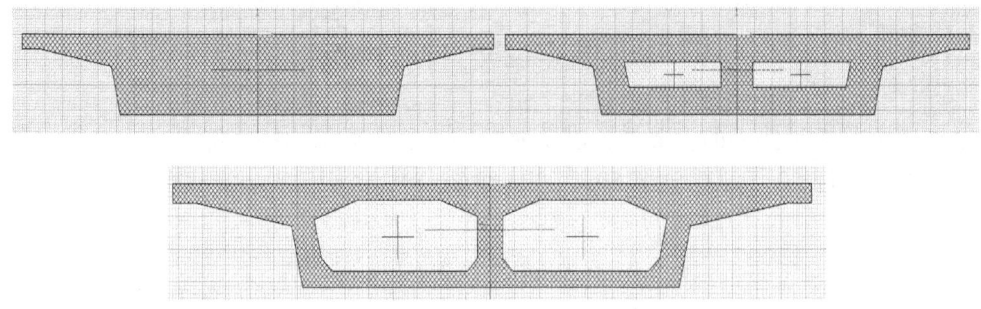

图 8.2 主梁截面形式

墩台编号如图 8.3 所示。

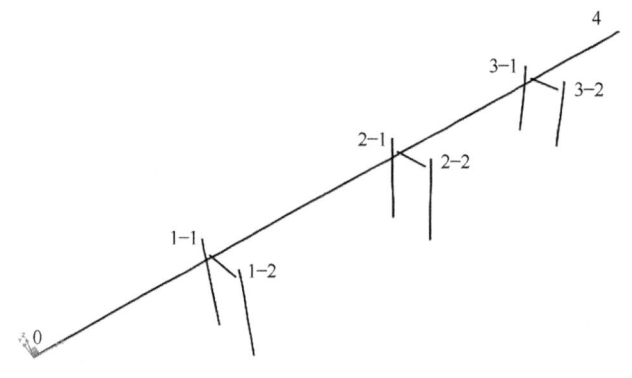

图 8.3 墩台编号

8.4 模态分析

上部结构采用梁格单元的桥梁动力特性计算结果分别列举如下。前 20 阶周期、频率、顺桥向和横桥向累计振型贡献率见表 8.6，前 10 阶振型示意图如图 8.4~图 8.13 所示。由表 8.6 可知，前 20 阶顺桥向累计振型贡献率达到 97%，前 20 阶横桥向累计振型贡献率达到 97% 以上，且收敛速度较快。

表 8.6 动力特性计算结果

振型阶数	周期/s	频率/Hz	顺桥向累计振型贡献率（%）	横桥向累计振型贡献率（%）
1	1.620 8	0.617 0	91.01	0.00
2	1.565 6	0.638 7	91.01	90.09
3	1.295 0	0.772 2	91.01	90.10
4	0.188 5	5.303 8	91.01	90.10
5	0.179 2	5.580 3	91.03	90.10
6	0.176 8	5.654 8	94.38	90.10
7	0.176 7	5.659 5	95.01	90.10

续表

振型阶数	周期/s	频率/Hz	顺桥向累计振型贡献率（%）	横桥向累计振型贡献率（%）
8	0.139 0	7.192 3	97.00	90.10
9	0.131 7	7.592 3	97.00	90.10
10	0.127 0	7.873 6	97.00	95.16
11	0.126 9	7.877 6	97.00	95.23
12	0.099 3	10.070 0	97.00	97.62
13	0.098 2	10.185 0	97.00	97.62
14	0.098 2	10.185 0	97.00	97.62
15	0.090 3	11.070 0	97.00	97.62
16	0.088 4	11.306 0	97.00	97.62
17	0.083 3	12.003 0	97.00	97.62
18	0.075 8	13.192 0	97.00	97.62
19	0.057 2	17.483 0	97.00	97.62
20	0.056 4	17.736 0	97.00	97.62

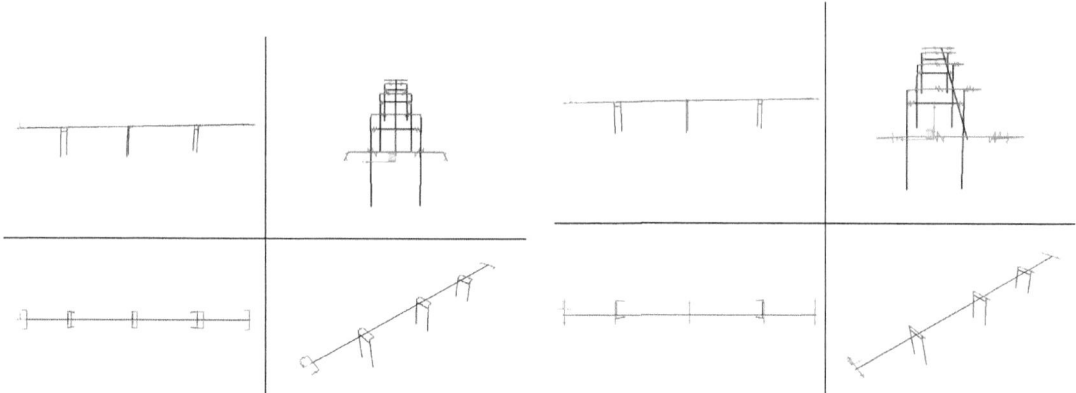

图 8.4 第 1 阶，周期 1.620 8 s   图 8.5 第 2 阶，周期 1.565 6 s

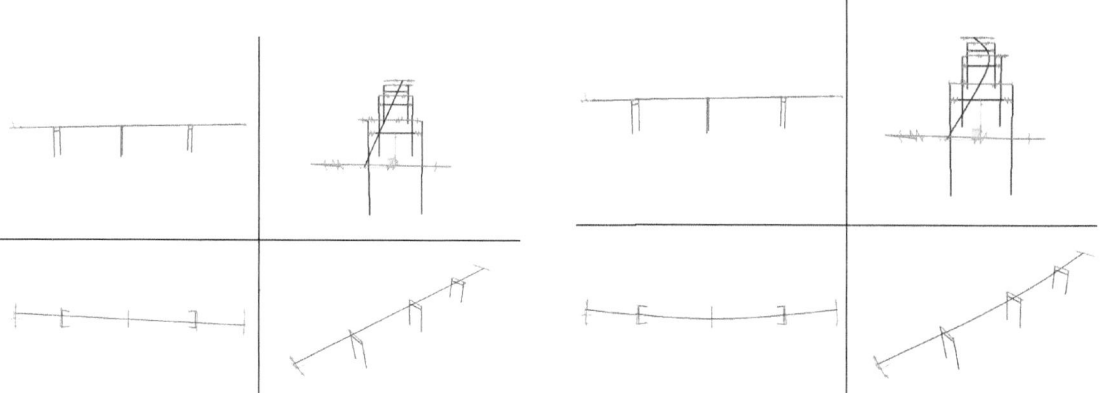

图 8.6 第 3 阶，周期 1.295 0 s   图 8.7 第 4 阶，周期 0.188 5 s

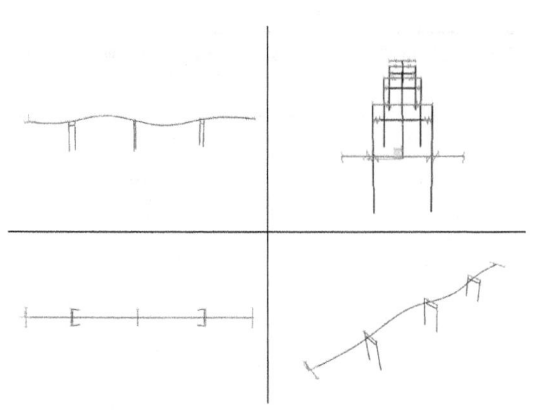

图 8.8　第 5 阶，周期 0.179 2 s

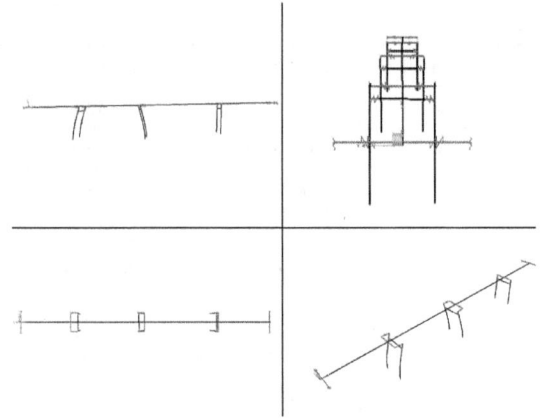

图 8.9　第 6 阶，周期 0.176 8 s

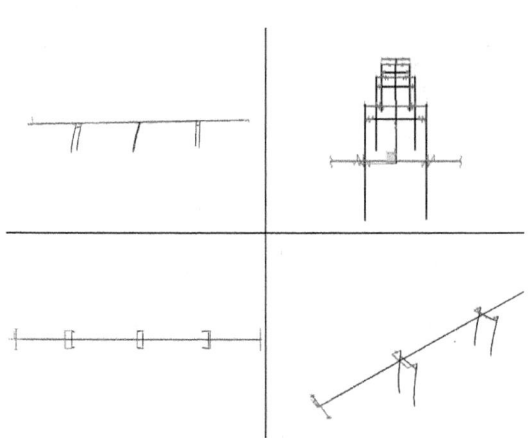

图 8.10　第 7 阶，周期 0.176 7 s

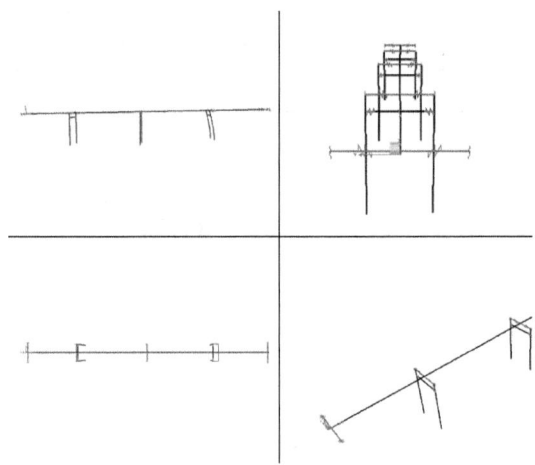

图 8.11　第 8 阶，周期 0.139 0 s

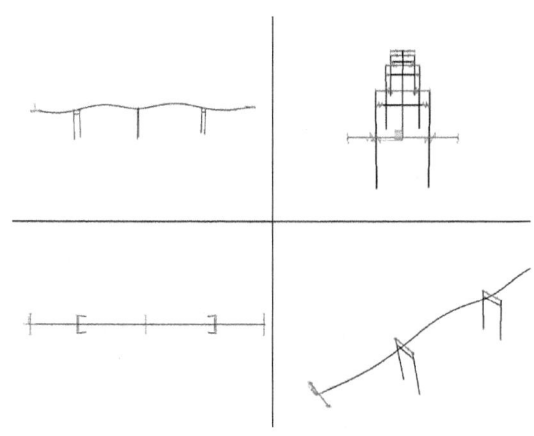

图 8.12　第 9 阶，周期 0.131 7 s

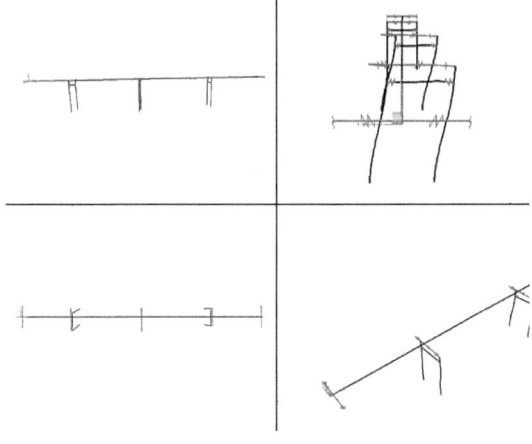

图 8.13　第 10 阶，周期 0.127 0 s

8.5 反应谱分析

8.5.1 设计加速度反应谱

根据《四川高速公路工程抗震设计指南》及梁桥的场地地震动参数及场地条件，水平设计加速度反应谱 S 由下式确定：

$$S = \begin{cases} S_{\max}(5.5T + 0.45) & T < 0.1 \text{ s} \\ S_{\max} & 0.1 \text{ s} \leq T \leq T_g \\ S_{\max}(T_g/T) & T > T_g \end{cases} \quad (8.1)$$

式中：$S_{\max}$——设计加速度反应谱最大值；
T——结构自振周期；
T_g——场地特征周期，在 50 年超越概率 2% 地震作用下，特征周期增加 0.05 s；

水平设计加速度反应谱最大值 $S_{\max}$ 由下式确定：

$$S_{\max} = 2.5 R_i C_s C_d A \quad (8.2)$$

式中，R_i——地震作用调整系数，即不同地震重现期地震动峰值加速度与基本地震动加速度的比值，50 年超越概率 10% 地震作用下取 1.0；50 年超越概率 2% 地震作用下取 1.9；
C_s——场地系数，根据桥梁所在场地条件，取 1.0；
C_d——阻尼调整系数，当结构阻尼比采用 5% 时，取 1.0；
A——水平设计基本地震动加速度峰值，取 $0.15g$。

E1 和 E2 地震作用下的水平设计加速度反应谱如图 8.14 所示。

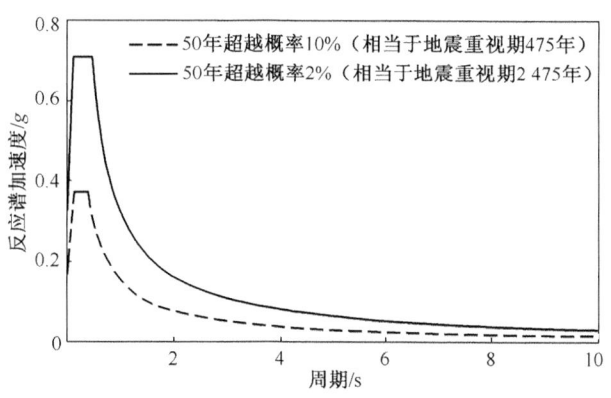

图 8.14 设计反应谱曲线

8.5.2 桥墩的计算

8.5.2.1 桥墩关键截面内力

分别提取 E1 和 E2 地震作用下各桥墩墩顶和墩底的关键截面内力，分析结果见表 8.7 和表 8.8。

表 8.7 恒载+E1 地震作用下桥墩关键截面内力

墩号		取值	P/kN	V_2/kN	V_3/kN	M_2/(kN·m)	M_3/(kN·m)
恒载+纵向地震作用							
1号墩	1号墩顶	max	-3 661.90	-0.02	256.68	0.00	0.00
		min	-3 729.83	-0.12	-255.11	0.00	0.00
	1号墩底	max	-4 304.26	-9.45	293.78	3 041.75	32.54
		min	-4 372.67	-9.55	-292.23	-3 058.86	31.90
	2号墩顶	max	-3 664.71	0.15	257.18	0.00	0.00
		min	-3 732.70	0.05	-255.60	0.00	0.00
	2号墩底	max	-4 301.74	9.58	300.67	3 081.06	-29.17
		min	-4 370.08	9.47	-299.07	-3 098.44	-29.82
2号墩	1号墩顶	max	-4 041.86	-0.06	255.71	0.00	0.00
		min	-4 065.48	-0.07	-255.80	0.00	0.00
	1号墩底	max	-4 684.26	-9.48	269.16	2 896.79	32.38
		min	-4 708.18	-9.50	-269.25	-2 895.82	32.25
	2号墩顶	max	-4 042.67	0.11	256.21	0.00	0.00
		min	-4 066.25	0.10	-256.30	0.00	0.00
	2号墩底	max	-4 679.79	9.54	276.33	2 937.69	-29.33
		min	-4 703.65	9.52	-276.42	-2 936.70	-29.46
3号墩	1号墩顶	max	-3 677.88	-0.02	273.83	0.00	0.00
		min	-3 743.33	-0.12	-275.66	0.00	0.00
	1号墩底	max	-4 244.87	-11.49	296.14	2 736.93	33.34
		min	-4 310.69	-11.58	-297.94	-2 719.78	32.82
	2号墩顶	max	-3 680.55	0.14	274.33	0.00	0.00
		min	-3 746.08	0.04	-276.16	0.00	0.00
	2号墩底	max	-4 242.25	11.61	303.56	2 771.33	-29.55
		min	-4 308.06	11.51	-305.42	-2 753.95	-30.08
恒载+横向地震作用							
墩号		取值	P/kN	V_2/kN	V_3/kN	M_2/(kN·m)	M_3/(kN·m)
1号墩	1号墩顶	max	-3 669.84	283.50	1.13	0.00	0.00
		min	-3 721.89	-283.64	0.45	0.00	0.00
	1号墩底	max	-3 902.45	300.62	0.89	-7.53	1 933.32
		min	-4 774.48	-319.61	0.67	-9.58	-1 868.88
	2号墩顶	max	-3 672.80	283.64	1.13	0.00	0.00
		min	-3 724.61	-283.44	0.45	0.00	0.00
	2号墩底	max	-3 899.79	327.89	0.91	-7.69	1 907.46
		min	-4 772.04	-308.84	0.69	-9.69	-1 966.45

续表

墩 号		取值	P/kN	V_2/kN	V_3/kN	M_2/(kN·m)	M_3/(kN·m)
\multicolumn{8}{c}{恒载+横向地震作用}
2号墩	1号墩顶	max	−4 029.64	282.54	0.49	0.00	0.00
		min	−4 077.70	−282.67	−0.58	0.00	0.00
	1号墩底	max	−4 249.43	315.24	0.12	2.04	2 000.96
		min	−5 143.00	−334.22	−0.21	−1.07	−1 936.33
	2号墩顶	max	−4 031.08	282.68	0.50	0.00	0.00
		min	−4 077.85	−282.46	−0.58	0.00	0.00
	2号墩底	max	−4 244.31	342.65	0.13	2.10	1 975.73
		min	−5 139.13	−323.58	−0.22	−1.11	−2 034.51
3号墩	1号墩顶	max	−3 694.26	284.55	0.10	0.00	0.00
		min	−3 726.96	−284.69	−1.93	0.00	0.00
	1号墩底	max	−3 899.53	300.92	−0.51	11.76	1 710.65
		min	−4 656.04	−324.00	−1.29	5.39	−1 644.49
	2号墩顶	max	−3 696.39	284.68	0.10	0.00	0.00
		min	−3 730.24	−284.50	−1.93	0.00	0.00
	2号墩底	max	−3 897.08	333.72	−0.53	11.91	1 684.83
		min	−4 653.22	−310.60	−1.33	5.48	−1 744.46

表 8.8 恒载+E2 地震作用下桥墩关键截面内力

墩 号		取值	P/kN	V_2/kN	V_3/kN	M_2/(kN·m)	M_3/(kN·m)
\multicolumn{8}{c}{恒载+纵向地震作用}
1号墩	1号墩顶	max	−3 629.31	0.04	547.67	0.00	0.00
		min	−3 762.41	−0.18	−546.10	0.00	0.00
	1号墩底	max	−4 271.46	−9.39	611.77	6 411.37	32.90
		min	−4 405.47	−9.60	−610.22	−6 428.49	31.54
	2号墩顶	max	−3 632.09	0.21	548.73	0.00	0.00
		min	−3 765.32	−0.01	−547.15	0.00	0.00
	2号墩底	max	−4 268.99	9.64	626.65	6 496.47	−28.80
		min	−4 402.84	9.42	−625.05	−6 513.84	−30.19
2号墩	1号墩顶	max	−4 031.16	−0.06	546.61	0.00	0.00
		min	−4 076.18	−0.08	−546.70	0.00	0.00
	1号墩底	max	−4 673.42	−9.47	570.05	6 157.54	32.44
		min	−4 719.02	−9.51	−570.14	−6 156.56	32.19
	2号墩顶	max	−4 031.99	0.12	547.68	0.00	0.00
		min	−4 076.93	0.10	−547.77	0.00	0.00
	2号墩底	max	−4 668.98	9.55	585.47	6 245.29	−29.27
		min	−4 714.46	9.51	−585.56	−6 244.31	−29.52

续表

墩号		取值	P/kN	V_2/kN	V_3/kN	M_2/(kN·m)	M_3/(kN·m)
	恒载+纵向地震作用						
3号墩	1号墩顶	max	-3 647.03	0.03	586.35	0.00	0.00
		min	-3 774.19	-0.17	-588.18	0.00	0.00
	1号墩底	max	-4 213.85	-11.44	623.97	5 783.42	33.63
		min	-4 341.71	-11.64	-625.77	-5 766.28	32.53
	2号墩顶	max	-3 649.66	0.19	587.42	0.00	0.00
		min	-3 776.97	-0.01	-589.25	0.00	0.00
	2号墩底	max	-4 211.24	11.66	640.12	5 857.96	-29.25
		min	-4 339.07	11.46	-641.98	-5 840.57	-30.38
	恒载+横向地震作用						
墩号		取值	P/kN	V_2/kN	V_3/kN	M_2/(kN·m)	M_3/(kN·m)
1号墩	1号墩顶	max	-3 640.71	606.06	1.52	0.00	0.00
		min	-3 751.02	-606.21	0.06	0.00	0.00
	1号墩底	max	-3 413.67	641.23	1.01	-6.37	4 038.94
		min	-5 263.26	-660.22	0.54	-10.74	-3 974.49
	2号墩顶	max	-3 643.76	606.17	1.52	0.00	0.00
		min	-3 753.65	-605.96	0.06	0.00	0.00
	2号墩底	max	-3 410.92	677.75	1.03	-6.55	4 053.31
		min	-5 260.90	-658.70	0.57	-10.82	-4 112.30
2号墩	1号墩顶	max	-4 003.22	604.00	1.09	0.00	0.00
		min	-4 104.12	-604.13	-1.18	0.00	0.00
	1号墩底	max	-3 752.42	666.09	0.32	3.81	4 152.67
		min	-5 640.02	-685.07	-0.40	-2.84	-4 088.03
	2号墩顶	max	-4 005.11	604.10	1.11	0.00	0.00
		min	-4 103.81	-603.89	-1.20	0.00	0.00
	2号墩底	max	-3 746.86	702.83	0.33	3.92	4 168.04
		min	-5 636.59	-683.77	-0.42	-2.93	-4 226.83
3号墩	1号墩顶	max	-3 677.33	608.29	1.25	0.00	0.00
		min	-3 743.89	-608.42	-3.07	0.00	0.00
	1号墩底	max	-3 475.74	642.94	-0.06	15.37	3 563.87
		min	-5 079.82	-666.01	-1.74	1.77	-3 497.71
	2号墩顶	max	-3 679.01	608.38	1.26	0.00	0.00
		min	-3 747.62	-608.20	-3.09	0.00	0.00
	2号墩底	max	-3 473.42	686.62	-0.07	15.56	3 579.63
		min	-5 076.89	-663.51	-1.79	1.83	-3 639.26

8.5.2.2 桥墩强度验算

对 1~3 号桥墩进行桥墩关键截面的强度验算，验算结果见表 8.9 和表 8.10。本部分内容结合有限元分析方法进行，通过分析不同轴压荷载作用下设计截面的弯矩曲率关系，得出其抗弯承载能力，其设计截面模型和弯矩-曲率关系分别如图 8.15 和图 8.16 所示。验算结果表明，在 E1 和 E2 地震作用下，桥墩均处于弹性工作状态，桥墩抗剪承载力均满足要求。

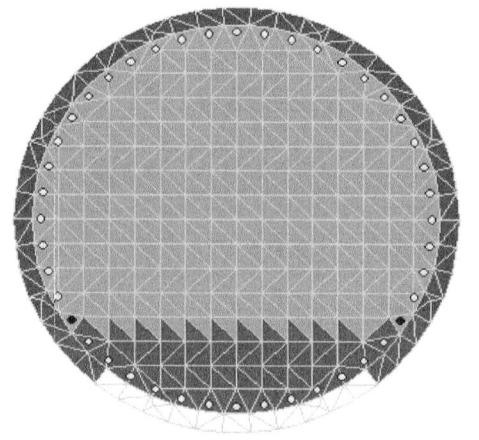

图 8.15 设计截面模型

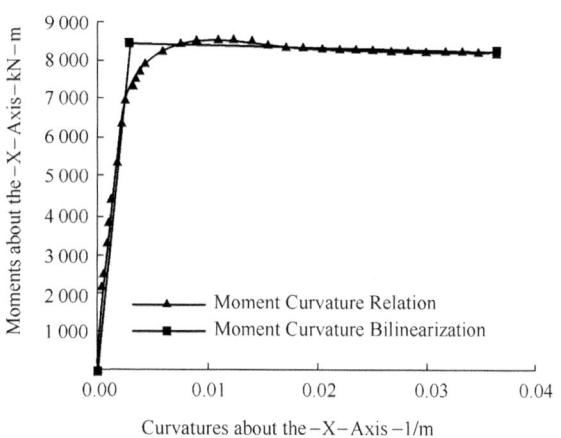

图 8.16 弯矩-曲率关系

表 8.9 恒载+E1 地震作用下桥墩强度验算结果

墩 号		取值	P/kN	V_3/kN	M_2/(kN·m)	抗弯承载力/(kN·m)	抗剪承载力/kN	抗弯结果	抗剪结果
恒载+纵向地震作用									
1号墩	1号墩顶	max	-3 661.90	256.68	0.00	6 410.00	2 046.14	弹性	满足
		min	-3 729.83	-255.11	0.00	6 438.00	2 049.80	弹性	满足
	1号墩底	max	-4 304.26	293.78	3 041.75	6 685.00	1 574.89	弹性	满足
		min	-4 372.67	-292.23	-3 058.86	6 711.00	1 578.58	弹性	满足
	2号墩顶	max	-3 664.71	257.18	0.00	6 411.00	2 046.29	弹性	满足
		min	-3 732.70	-255.60	0.00	6 438.00	2 049.96	弹性	满足
	2号墩底	max	-4 301.74	300.67	3 081.06	6 682.00	1 574.76	弹性	满足
		min	-4 370.08	-299.07	-3 098.44	6 710.00	1 578.44	弹性	满足
2号墩	1号墩顶	max	-4 041.86	255.71	0.00	6 573.00	2 066.60	弹性	满足
		min	-4 065.48	-255.80	0.00	6 580.00	2 067.87	弹性	满足
	1号墩底	max	-4 684.26	269.16	2 896.79	6 844.00	1 595.35	弹性	满足
		min	-4 708.18	-269.25	-2 895.82	6 853.00	1 596.64	弹性	满足
	2号墩顶	max	-4 042.67	256.21	0.00	6 573.00	2 066.65	弹性	满足
		min	-4 066.25	-256.30	0.00	6 583.00	2 067.92	弹性	满足
	2号墩底	max	-4 679.79	276.33	2 937.69	6 842.00	1 595.11	弹性	满足
		min	-4 703.65	-276.42	-2 936.70	6 854.00	1 596.40	弹性	满足

续表

墩 号		取值	P/kN	V_3/kN	M_2/(kN·m)	抗弯承载力/(kN·m)	抗剪承载力/kN	抗弯结果	抗剪结果
恒载+纵向地震作用									
3号墩	1号墩顶	max	-3 677.88	273.83	0.00	6 418.00	2 047.00	弹性	满足
		min	-3 743.33	-275.66	0.00	6 445.00	2 050.53	弹性	满足
	1号墩底	max	-4 244.87	296.14	2 736.93	6 659.00	1 571.69	弹性	满足
		min	-4 310.69	-297.94	-2 719.78	6 686.00	1 575.24	弹性	满足
	2号墩顶	max	-3 680.55	274.33	0.00	6 418.00	2 047.15	弹性	满足
		min	-3 746.08	-276.16	0.00	6 443.00	2 050.68	弹性	满足
	2号墩底	max	-4 242.25	303.56	2 771.33	6 658.00	1 571.55	弹性	满足
		min	-4 308.06	-305.42	-2 753.95	6 684.00	1 575.10	弹性	满足
恒载+横向地震作用									
1号墩	1号墩顶	max	-3 669.84	283.50	0.00	6 410.00	2 046.57	弹性	满足
		min	-3 721.89	-283.64	0.00	6 434.00	2 049.37	弹性	满足
	1号墩底	max	-3 902.45	300.62	1 933.32	6 512.00	1 553.26	弹性	满足
		min	-4 774.48	-319.61	-1 868.88	6 882.00	1 600.21	弹性	满足
	2号墩顶	max	-3 672.80	283.64	0.00	6 412.00	2 046.73	弹性	满足
		min	-3 724.61	-283.44	0.00	6 435.00	2 049.52	弹性	满足
	2号墩底	max	-3 899.79	327.89	1 907.46	6 509.00	1 553.11	弹性	满足
		min	-4 772.04	-308.84	-1 966.45	6 881.00	1 600.08	弹性	满足
2号墩	1号墩顶	max	-4 029.64	282.54	0.00	6 565.00	2 065.94	弹性	满足
		min	-4 077.70	-282.67	0.00	6 586.00	2 068.53	弹性	满足
	1号墩底	max	-4 249.43	315.24	2 000.96	6 658.00	1 571.94	弹性	满足
		min	-5 143.00	-334.22	-1 936.33	7 034.00	1 620.05	弹性	满足
	2号墩顶	max	-4 031.08	282.68	0.00	6 567.00	2 066.02	弹性	满足
		min	-4 077.85	-282.46	0.00	6 586.00	2 068.54	弹性	满足
	2号墩底	max	-4 244.31	342.65	1 975.73	6 656.00	1 571.66	弹性	满足
		min	-5 139.13	-323.58	-2 034.51	7 032.00	1 619.85	弹性	满足
3号墩	1号墩顶	max	-3 694.26	284.55	0.00	6 422.00	2 047.89	弹性	满足
		min	-3 726.96	-284.69	0.00	6 437.00	2 049.65	弹性	满足
	1号墩底	max	-3 899.53	300.92	1 710.65	6 510.00	1 553.10	弹性	满足
		min	-4 656.04	-324.00	-1 644.49	6 831.00	1 593.83	弹性	满足
	2号墩顶	max	-3 696.39	284.68	0.00	6 422.00	2 048.00	弹性	满足
		min	-3 730.24	-284.50	0.00	6 438.00	2 049.82	弹性	满足
	2号墩底	max	-3 897.08	333.72	1 684.83	6 508.00	1 552.97	弹性	满足
		min	-4 653.22	-310.60	-1 744.46	6 831.00	1 593.68	弹性	满足

表 8.10 恒载+E2 地震作用下桥墩强度验算结果

恒载+纵向地震作用								
墩 号		取值	P/kN	V_3/kN	M_2/(kN·m)	抗弯承载力/ (kN·m)	抗剪承载力/ kN	抗弯结果	抗剪结果
1号墩	1号墩顶	max	-3 629.31	547.67	0.00	8 425.00	2 044.39	弹性	满足
		min	-3 762.41	-546.10	0.00	8 487.00	2 051.56	弹性	满足
	1号墩底	max	-4 271.46	611.77	6 411.37	8 715.00	1 573.13	弹性	满足
		min	-4 405.47	-610.22	-6 428.49	8 773.00	1 580.34	弹性	满足
	2号墩顶	max	-3 632.09	548.73	0.00	8 427.00	2 044.54	弹性	满足
		min	-3 765.32	-547.15	0.00	8 488.00	2 051.71	弹性	满足
	2号墩底	max	-4 268.99	626.65	6 496.47	8 713.00	1 572.99	弹性	满足
		min	-4 402.84	-625.05	-6 513.84	8 772.00	1 580.20	弹性	满足
2号墩	1号墩顶	max	-4 031.16	546.61	0.00	8 608.00	2 066.03	弹性	满足
		min	-4 076.18	-546.70	0.00	8 630.00	2 068.45	弹性	满足
	1号墩底	max	-4 673.42	570.05	6 157.54	8 889.00	1 594.77	弹性	满足
		min	-4 719.02	-570.14	-6 156.56	8 911.00	1 597.22	弹性	满足
	2号墩顶	max	-4 031.99	547.68	0.00	8 609.00	2 066.07	弹性	满足
		min	-4 076.93	-547.77	0.00	8 630.00	2 068.49	弹性	满足
	2号墩底	max	-4 668.98	585.47	6 245.29	8 890.00	1 594.53	弹性	满足
		min	-4 714.46	-585.56	-6 244.31	8 908.00	1 596.98	弹性	满足
3号墩	1号墩顶	max	-3 647.03	586.35	0.00	8 433.00	2 045.34	弹性	满足
		min	-3 774.19	-588.18	0.00	8 492.00	2 052.19	弹性	满足
	1号墩底	max	-4 213.85	623.97	5 783.42	8 690.00	1 570.02	弹性	满足
		min	-4 341.71	-625.77	-5 766.28	8 746.00	1 576.91	弹性	满足
	2号墩顶	max	-3 649.66	587.42	0.00	8 434.00	2 045.48	弹性	满足
		min	-3 776.97	-589.25	0.00	8 495.00	2 052.34	弹性	满足
	2号墩底	max	-4 211.24	640.12	5 857.96	8 689.00	1 569.88	弹性	满足
		min	-4 339.07	-641.98	-5 840.57	8 744.00	1 576.77	弹性	满足
恒载+横向地震作用								
墩 号		取值	P/kN	V_3/kN	M_2/(kN·m)	抗弯承载力/ (kN·m)	抗剪承载力/ kN	抗弯结果	抗剪结果
1号墩	1号墩顶	max	-3 640.71	606.06	0.00	8 426.00	2 045.00	弹性	满足
		min	-3 751.02	-606.21	0.00	8 476.00	2 050.94	弹性	满足
	1号墩底	max	-3 413.67	641.23	4 038.94	8 320.00	1 526.94	弹性	满足
		min	-5 263.26	-660.22	-3 974.49	9 137.00	1 626.53	弹性	满足
	2号墩顶	max	-3 643.76	606.17	0.00	8 425.00	2 045.17	弹性	满足
		min	-3 753.65	-605.96	0.00	8 478.00	2 051.08	弹性	满足
	2号墩底	max	-3 410.92	677.75	4 053.31	8 319.00	1 526.79	弹性	满足
		min	-5 260.90	-658.70	-4 112.30	9 138.00	1 626.40	弹性	满足

续表

墩号		取值	恒载+横向地震作用						
			P/kN	V_3/kN	M_2/(kN·m)	抗弯承载力/(kN·m)	抗剪承载力/kN	抗弯结果	抗剪结果
2号墩	1号墩顶	max	-4 003.22	604.00	0.00	8 591.00	2 064.52	弹性	满足
		min	-4 104.12	-604.13	0.00	8 635.00	2 069.96	弹性	满足
	1号墩底	max	-3 752.42	666.09	4 152.67	8 475.00	1 545.18	弹性	满足
		min	-5 640.02	-685.07	-4 088.03	9 297.00	1 646.82	弹性	满足
	2号墩顶	max	-4 005.11	604.10	0.00	8 591.00	2 064.62	弹性	满足
		min	-4 103.81	-603.89	0.00	8 634.00	2 069.94	弹性	满足
	2号墩底	max	-3 746.86	702.83	4 168.04	8 474.00	1 544.88	弹性	满足
		min	-5 636.59	-683.77	-4 226.83	9 297.00	1 646.63	弹性	满足
3号墩	1号墩顶	max	-3 677.33	608.29	0.00	8 442.00	2 046.97	弹性	满足
		min	-3 743.89	-608.42	0.00	8 472.00	2 050.56	弹性	满足
	1号墩底	max	-3 475.74	642.94	3 563.87	8 349.00	1 530.28	弹性	满足
		min	-5 079.82	-666.01	-3 497.71	9 060.00	1 616.65	弹性	满足
	2号墩顶	max	-3 679.01	608.38	0.00	8 442.00	2 047.06	弹性	满足
		min	-3 747.62	-608.20	0.00	8 473.00	2 050.76	弹性	满足
	2号墩底	max	-3 473.42	686.62	3 579.63	8 348.00	1 530.15	弹性	满足
		min	-5 076.89	-663.51	-3 639.26	9 059.00	1 616.49	弹性	满足

8.5.3 支座的计算

8.5.3.1 支座变形和水平地震力

E1 和 E2 地震作用下，桥台与双柱式桥墩不同墩柱上的支座的侧向变形见表 8.11 和表 8.12。支座编号如图 8.17 所示。

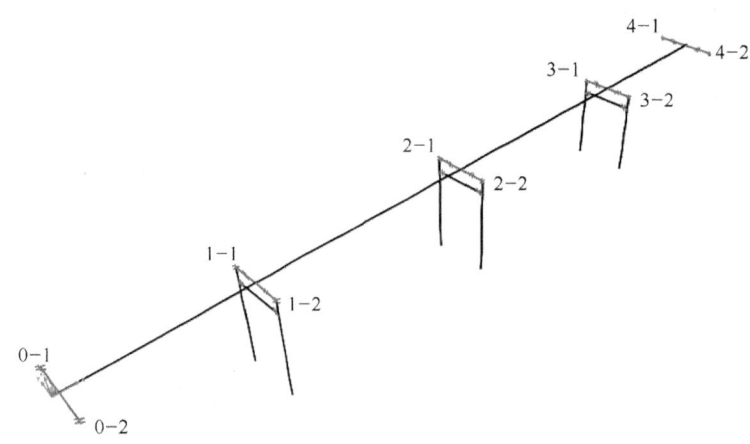

图 8.17 支座编号

表 8.11 恒载+E1 地震作用下支座变形　　　　　　　单位：mm

恒载+纵向地震作用				恒载+横向地震作用			
位 置		顺桥向	横桥向	位 置		顺桥向	横桥向
0号桥台	1（GYZ d600×110）	61.33	0.02	0号桥台	1（GYZ d600×110）	0.51	59.04
	2（GYZ d600×110）	61.33	0.02		2（GYZ d600×110）	0.51	59.04
1号桥墩	1（GYZ d800×148）	49.38	0.02	1号桥墩	1（GYZ d800×148）	0.22	54.48
	2（GYZ d800×148）	49.47	0.03		2（GYZ d800×148）	0.22	54.48
2号桥墩	1（GYZ d800×148）	49.11	0.01	2号桥墩	1（GYZ d800×148）	0.11	54.31
	2（GYZ d800×148）	49.21	0.02		2（GYZ d800×148）	0.11	54.31
3号桥墩	1（GYZ d800×148）	52.95	0.02	3号桥墩	1（GYZ d800×148）	0.37	54.67
	2（GYZ d800×148）	53.05	0.03		2（GYZ d800×148）	0.37	54.67
4号桥台	1（GYZ d600×110）	61.29	0.02	4号桥台	1（GYZ d600×110）	0.64	56.76
	2（GYZ d600×110）	61.29	0.02		2（GYZ d600×110）	0.64	56.76

表 8.12 恒载+E2 地震作用下支座变形　　　　　　　单位：mm

恒载+纵向地震作用				恒载+横向地震作用			
位 置		顺桥向	横桥向	位 置		顺桥向	横桥向
0号桥台	1（GYZ d600×110）	130.63	0.04	0号桥台	1（GYZ d600×110）	0.62	126.19
	2（GYZ d600×110）	130.62	0.04		2（GYZ d600×110）	0.62	126.19
1号桥墩	1（GYZ d800×148）	105.30	0.03	1号桥墩	1（GYZ d800×148）	0.29	116.43
	2（GYZ d800×148）	105.50	0.04		2（GYZ d800×148）	0.29	116.42
2号桥墩	1（GYZ d800×148）	104.94	0.02	2号桥墩	1（GYZ d800×148）	0.23	116.05
	2（GYZ d800×148）	105.14	0.02		2（GYZ d800×148）	0.23	116.05
3号桥墩	1（GYZ d800×148）	112.96	0.03	3号桥墩	1（GYZ d800×148）	0.59	116.84
	2（GYZ d800×148）	113.17	0.04		2（GYZ d800×148）	0.59	116.84
4号桥台	1（GYZ d600×110）	130.58	0.04	4号桥台	1（GYZ d600×110）	0.94	121.31
	2（GYZ d600×110）	130.58	0.04		2（GYZ d600×110）	0.94	121.31

E1 和 E2 地震作用下，支座的水平地震力见表 8.13 和表 8.14。

表 8.13 恒载+E1 地震作用下支座水平地震力　　　　　　　单位：kN

恒载+纵向地震作用					恒载+横向地震作用				
位 置		取值	顺桥向	横桥向	位 置		取值	顺桥向	横桥向
0号桥台	1(GYZ d600×110)	max	251.52	0.10	0号桥台	1(GYZ d600×110)	max	2.09	242.12
		min	-248.14	-0.05			min	1.29	-242.07
	2(GYZ d600×110)	max	251.51	0.10		2(GYZ d600×110)	max	2.09	242.12
		min	-248.13	-0.05			min	1.29	-242.07

续表

恒载+纵向地震作用					恒载+横向地震作用				
位置		取值	顺桥向	横桥向	位置		取值	顺桥向	横桥向
1号桥墩	1(GYZ d800× 148)	max	257.05	0.12	1号桥墩	1(GYZ d800× 148)	max	1.13	283.59
		min	−255.48	0.02			min	0.45	−283.45
	2(GYZ d800× 148)	max	257.53	−0.05		2(GYZ d800× 148)	max	1.13	283.38
		min	−255.95	−0.15			min	0.45	−283.59
2号桥墩	1(GYZ d800× 148)	max	255.56	0.07	2号桥墩	1(GYZ d800× 148)	max	0.49	282.69
		min	−255.65	0.06			min	−0.58	−282.56
	2(GYZ d800× 148)	max	256.05	−0.10		2(GYZ d800× 148)	max	0.50	282.48
		min	−256.14	−0.11			min	−0.58	−282.70
3号桥墩	1(GYZ d800× 148)	max	273.81	0.12	3号桥墩	1(GYZ d800× 148)	max	0.10	284.59
		min	−275.63	0.02			min	−1.92	−284.45
	2(GYZ d800× 148)	max	274.29	−0.04		2(GYZ d800× 148)	max	0.10	284.40
		min	−276.13	−0.14			min	−1.93	−284.58
4号桥台	1(GYZ d600× 110)	max	248.30	0.09	4号桥台	1(GYZ d600× 110)	max	−0.43	232.76
		min	−251.34	−0.05			min	−2.61	−232.71
	2(GYZ d600× 110)	max	248.30	0.09		2(GYZ d600× 110)	max	−0.42	232.76
		min	−251.33	−0.05			min	−2.62	−232.71

表8.14 恒载+E2地震作用下支座水平地震力　　　　单位：kN

恒载+纵向地震作用					恒载+横向地震作用				
位置		取值	顺桥向	横桥向	位置		取值	顺桥向	横桥向
0号桥台	1(GYZ d600× 110)	max	535.69	0.18	0号桥台	1(GYZ d600× 110)	max	2.55	517.50
		min	−532.31	−0.13			min	0.83	−517.45
	2(GYZ d600× 110)	max	535.67	0.18		2(GYZ d600× 110)	max	2.54	517.50
		min	−532.29	−0.13			min	0.84	−517.45
1号桥墩	1(GYZ d800× 148)	max	548.11	0.18	1号桥墩	1(GYZ d800× 148)	max	1.52	606.03
		min	−546.54	−0.04			min	0.06	−605.89
	2(GYZ d800× 148)	max	549.14	0.01		2(GYZ d800× 148)	max	1.52	605.79
		min	−547.56	−0.21			min	0.06	−605.99
2号桥墩	1(GYZ d800× 148)	max	546.16	0.08	2号桥墩	1(GYZ d800× 148)	max	1.09	604.08
		min	−546.25	0.06			min	−1.18	−603.95
	2(GYZ d800× 148)	max	547.22	−0.10		2(GYZ d800× 148)	max	1.11	603.84
		min	−547.31	−0.12			min	−1.20	−604.05

续表

位置		取值	恒载+纵向地震作用		位置		取值	恒载+横向地震作用	
			顺桥向	横桥向				顺桥向	横桥向
3号桥墩	1(GYZ d800×148)	max	586.18	0.17	3号桥墩	1(GYZ d800×148)	max	1.24	608.21
		min	-588.01	-0.03			min	-3.07	-608.07
	2(GYZ d800×148)	max	587.23	0.01		2(GYZ d800×148)	max	1.26	607.99
		min	-589.06	-0.19			min	-3.09	-608.17
4号桥台	1(GYZ d600×110)	max	532.48	0.17	4号桥台	1(GYZ d600×110)	max	0.82	497.49
		min	-535.52	-0.12			min	-3.86	-497.45
	2(GYZ d600×110)	max	532.46	0.17		2(GYZ d600×110)	max	0.83	497.49
		min	-535.50	-0.12			min	-3.87	-497.45

上部结构重力在支座上产生的反力取绝对值的最大值见表8.15。

表8.15 上部结构重力在支座上产生的反力　　　　　　　　单位：kN

恒载		
位置		取值 R_b
0号桥台	1(GYZ d600×110)	-1 156.72
	2(GYZ d600×110)	-1 154.09
1号桥墩	1(GYZ d800×148)	-3 695.86
	2(GYZ d800×148)	-3 698.71
2号桥墩	1(GYZ d800×148)	-4 053.67
	2(GYZ d800×148)	-4 054.46
3号桥墩	1(GYZ d800×148)	-3 710.61
	2(GYZ d800×148)	-3 713.32
4号桥台	1(GYZ d600×110)	-1 144.35
	2(GYZ d600×110)	-1 141.73

8.5.3.2 支座验算

对于板式橡胶支座，应按下列要求进行板式橡胶支座的抗震验算。

支座厚度按下式进行验算：

$$\sum t \geqslant \frac{X_0}{\tan\gamma} = X_0 \tag{8.3}$$

式中：Σt——橡胶层的总厚度（m）；

$\tan\gamma$——橡胶片剪切角正切值，取 $\tan\gamma = 1.0$；

X_0——对应水准地震作用效应和永久作用效应组合后橡胶支座顶面相对于底面的水平位移（m）。

支座抗滑稳定性按下式进行验算：

$$\mu_d R_b \geq E_{hzb} \tag{8.4}$$

式中：μ_d——支座的摩阻系数，橡胶支座与混凝土表面的动摩阻系数采用 0.15，与钢板的动摩阻系数采用 0.10；

R_b——上部结构重力在支座上产生的反力（kN）；

E_{hzb}——对应水准地震作用效应和永久作用效应组合后橡胶支座的水平地震力（kN）。

E1 和 E2 地震作用下的支座厚度验算结果见表 8.16 和表 8.17，支座抗滑稳定性验算结果见表 8.18 和表 8.19。结果表明：在 E1 地震作用下，支座变形均满足要求；在 E2 地震作用下，支座变形不满足式（8.3）的要求，但是均满足剪切应变不超过 200% 的要求；在 E1 地震作用下，桥台处支座不满足抗滑稳定性要求；在 E2 纵向地震作用下，除 1 号桥墩、2 号桥墩处的支座外，以及 E2 横向地震作用下，除 2 号桥墩处的支座外，其他桥墩墩顶及桥台处支座均会产生滑移。

E1 和 E2 地震作用下，支座会产生滑移，考虑到支座的摩擦滑移位移较大，应增设限位措施，建议采用双层挡块或分级凹槽措施。在非线性时程分析中，考虑板式橡胶支座的摩擦滑移特性，支座采用双线性模型。

表 8.16　恒载+E1 地震作用下支座厚度验算　　　　　　　　　　　　　　单位：mm

恒载+纵向地震作用					恒载+横向地震作用				
位　置		X_0	$\sum t$	验算结果	位　置		X_0	$\sum t$	验算结果
0 号桥台	1(GYZ d600×110)	61.33	80	满足	0 号桥台	1(GYZ d600×110)	59.04	80	满足
	2(GYZ d600×110)	61.33	80	满足		2(GYZ d600×110)	59.04	80	满足
1 号桥墩	1(GYZ d800×148)	49.38	113	满足	1 号桥墩	1(GYZ d800×148)	54.48	113	满足
	2(GYZ d800×148)	49.47	113	满足		2(GYZ d800×148)	54.48	113	满足
2 号桥墩	1(GYZ d800×148)	49.11	113	满足	2 号桥墩	1(GYZ d800×148)	54.31	113	满足
	2(GYZ d800×148)	49.21	113	满足		2(GYZ d800×148)	54.31	113	满足
3 号桥墩	1(GYZ d800×148)	52.95	113	满足	3 号桥墩	1(GYZ d800×148)	54.67	113	满足
	2(GYZ d800×148)	53.05	113	满足		2(GYZ d800×148)	54.67	113	满足
4 号桥台	1(GYZ d600×110)	61.29	80	满足	4 号桥台	1(GYZ d600×110)	56.76	80	满足
	2(GYZ d600×110)	61.29	80	满足		2(GYZ d600×110)	56.76	80	满足

表 8.17　恒载+E2 地震作用下支座厚度验算　　　　　　　　　　　　　　单位：mm

恒载+纵向地震作用					恒载+横向地震作用				
位　置		X_0	$\sum t$	验算结果	位　置		X_0	$\sum t$	验算结果
0 号桥台	1(GYZ d600×110)	130.63	80	不满足	0 号桥台	1(GYZ d600×110)	126.19	80	不满足
	2(GYZ d600×110)	130.62	80	不满足		2(GYZ d600×110)	126.19	80	不满足

续表

恒载+纵向地震作用					恒载+横向地震作用				
位 置		X_0	$\sum t$	验算结果	位 置		X_0	$\sum t$	验算结果
1号桥墩	1(GYZ d800×148)	105.30	113	满足	1号桥墩	1(GYZ d800×148)	116.43	113	不满足
	2(GYZ d800×148)	105.50	113	满足		2(GYZ d800×148)	116.42	113	不满足
2号桥墩	1(GYZ d800×148)	104.94	113	满足	2号桥墩	1(GYZ d800×148)	116.05	113	不满足
	2(GYZ d800×148)	105.14	113	满足		2(GYZ d800×148)	116.05	113	不满足
3号桥墩	1(GYZ d800×148)	112.96	113	满足	3号桥墩	1(GYZ d800×148)	116.84	113	不满足
	2(GYZ d800×148)	113.17	113	不满足		2(GYZ d800×148)	116.84	113	不满足
4号桥台	1(GYZ d600×110)	130.58	80	不满足	4号桥台	1(GYZ d600×110)	121.31	80	不满足
	2(GYZ d600×110)	130.58	80	不满足		2(GYZ d600×110)	121.31	80	不满足

表8.18 恒载+E1地震作用下支座抗滑稳定性验算　　　单位：kN

恒载+纵向地震作用					
位 置		取值	E_{hzb}	$\mu_d R_b$	验算结果
0号桥台	1(GYZ d600×110)	max	251.52	−173.51	不满足
		min	−248.14	−173.51	不满足
	2(GYZ d600×110)	max	251.51	−173.11	不满足
		min	−248.13	−173.11	不满足
1号桥墩	1(GYZ d800×148)	max	257.05	−554.38	满足
		min	−255.48	−554.38	满足
	2(GYZ d800×148)	max	257.53	−554.81	满足
		min	−255.95	−554.81	满足
2号桥墩	1(GYZ d800×148)	max	255.56	−608.05	满足
		min	−255.65	−608.05	满足
	2(GYZ d800×148)	max	256.05	−608.17	满足
		min	−256.14	−608.17	满足
3号桥墩	1(GYZ d800×148)	max	273.81	−556.59	满足
		min	−275.63	−556.59	满足
	2(GYZ d800×148)	max	274.29	−557.00	满足
		min	−276.13	−557.00	满足
4号桥台	1(GYZ d600×110)	max	248.30	−171.65	不满足
		min	−251.34	−171.65	不满足
	2(GYZ d600×110)	max	248.30	−171.26	不满足
		min	−251.33	−171.26	不满足

续表

恒载+横向地震作用					
位置		取值	E_{hzb}	$\mu_d R_b$	验算结果
0号桥台	1(GYZ d600×110)	max	242.12	−173.51	不满足
		min	−242.07	−173.51	不满足
	2(GYZ d600×110)	max	242.12	−173.11	不满足
		min	−242.07	−173.11	不满足
1号桥墩	1(GYZ d800×148)	max	283.59	−554.38	满足
		min	−283.45	−554.38	满足
	2(GYZ d800×148)	max	283.38	−554.81	满足
		min	−283.59	−554.81	满足
2号桥墩	1(GYZ d800×148)	max	282.69	−608.05	满足
		min	−282.56	−608.05	满足
	2(GYZ d800×148)	max	282.48	−608.17	满足
		min	−282.70	−608.17	满足
3号桥墩	1(GYZ d800×148)	max	284.59	−556.59	满足
		min	−284.45	−556.59	满足
	2(GYZ d800×148)	max	284.40	−557.00	满足
		min	−284.58	−557.00	满足
4号桥台	1(GYZ d600×110)	max	232.76	−171.65	不满足
		min	−232.71	−171.65	不满足
	2(GYZ d600×110)	max	232.76	−171.26	不满足
		min	−232.71	−171.26	不满足

表 8.19　恒载+E2 地震作用下支座抗滑稳定性验算　　　　　　　　单位：kN

恒载+纵向地震作用					
位置		取值	E_{hzb}	$\mu_d R_b$	验算结果
0号桥台	1(GYZ d600×110)	max	535.69	−173.51	不满足
		min	−532.31	−173.51	不满足
	2(GYZ d600×110)	max	535.67	−173.11	不满足
		min	−532.29	−173.11	不满足
1号桥墩	1(GYZ d800×148)	max	548.11	−554.38	满足
		min	−546.54	−554.38	满足
	2(GYZ d800×148)	max	549.14	−554.81	满足
		min	−547.56	−554.81	满足
2号桥墩	1(GYZ d800×148)	max	546.16	−608.05	满足
		min	−546.25	−608.05	满足
	2(GYZ d800×148)	max	547.22	−608.17	满足
		min	−547.31	−608.17	满足

续表

恒载+纵向地震作用					
位　置		取值	E_{hzb}	$\mu_d R_b$	验算结果
3号桥墩	1(GYZ d800×148)	max	586.18	-556.59	不满足
		min	-588.01	-556.59	不满足
	2(GYZ d800×148)	max	587.23	-557.00	不满足
		min	-589.06	-557.00	不满足
4号桥台	1(GYZ d600×110)	max	532.48	-171.65	不满足
		min	-535.52	-171.65	不满足
	2(GYZ d600×110)	max	532.46	-171.26	不满足
		min	-535.50	-171.26	不满足

恒载+横向地震作用					
位　置		取值	E_{hzb}	$\mu_d R_b$	验算结果
0号桥台	1(GYZ d600×110)	max	517.50	-173.51	不满足
		min	-517.45	-173.51	不满足
	2(GYZ d600×110)	max	517.50	-173.11	不满足
		min	-517.45	-173.11	不满足
1号桥墩	1(GYZ d800×148)	max	606.03	-554.38	不满足
		min	-605.89	-554.38	不满足
	2(GYZ d800×148)	max	605.79	-554.81	不满足
		min	-605.99	-554.81	不满足
2号桥墩	1(GYZ d800×148)	max	604.08	-608.05	满足
		min	-603.95	-608.05	满足
	2(GYZ d800×148)	max	603.84	-608.17	满足
		min	-604.05	-608.17	满足
3号桥墩	1(GYZ d800×148)	max	608.21	-556.59	不满足
		min	-608.07	-556.59	不满足
	2(GYZ d800×148)	max	607.99	-557.00	不满足
		min	-608.17	-557.00	不满足
4号桥台	1(GYZ d600×110)	max	497.49	-171.65	不满足
		min	-497.45	-171.65	不满足
	2(GYZ d600×110)	max	497.49	-171.26	不满足
		min	-497.45	-171.26	不满足

8.6 非线性动力时程分析

8.6.1 非线性时程分析地震动输入

根据本示例连续梁桥的设计反应谱，得到E2地震作用下相应的三条加速度时程曲线如图 8.18 所示，地震输入采用纵桥向和横桥向两种方式。

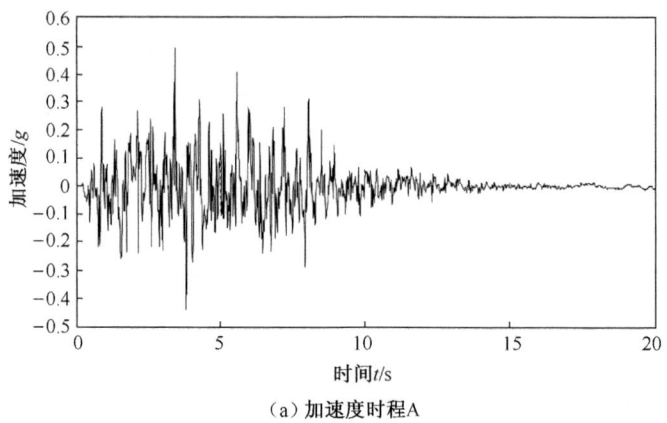
（a）加速度时程A

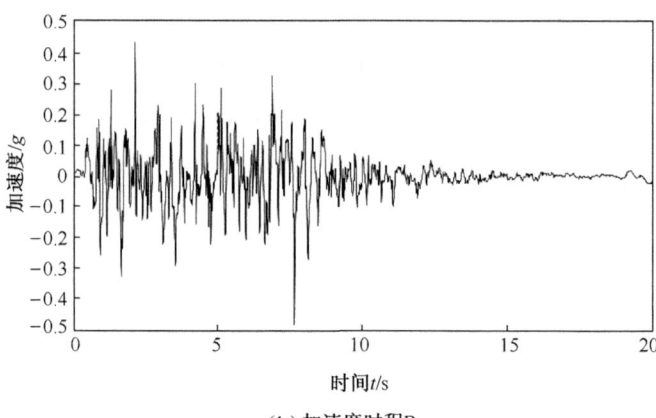
（b）加速度时程B

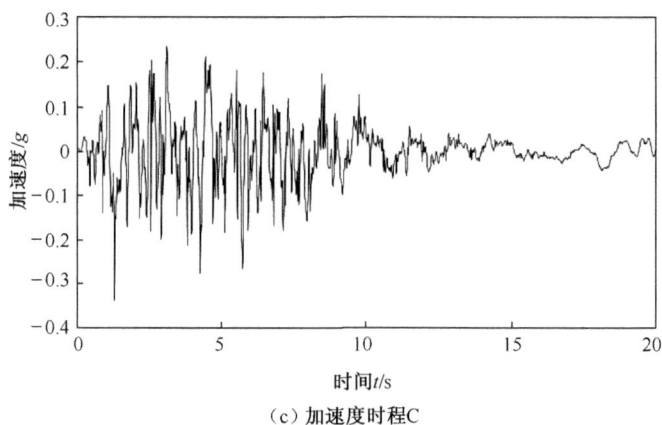
（c）加速度时程C

图 8.18 E2 地震作用下加速度时程曲线

板式橡胶支座近似采用理想弹塑性连接单元进行模拟,其恢复力模型如图 8.19 所示。

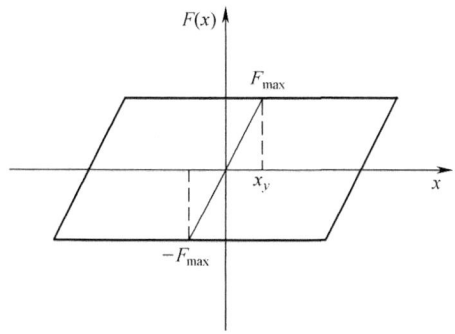

图 8.19 板式橡胶支座模拟

板式橡胶支座临界滑动摩擦力 F_{max} 按下式计算:

$$F_{max} = \mu_d R \tag{8.5}$$

式中:μ_d——摩擦系数,支座与混凝土接触取 $\mu_d = 0.3$,支座与钢板接触 $\mu_d = 0.2$,当采用聚四氟乙烯板与不锈钢接触(加硅脂)时 $\mu_d = 0.06$;

R——支座所承担的上部结构恒载(kN)。

支座屈服位移 x_y 按下式计算:

$$x_y = \frac{F_{max}}{k} \tag{8.6}$$

8.6.2 桥梁的计算

8.6.2.1 桥墩关键截面内力

E2 地震作用下主桥的各桥墩墩顶和墩底的关键截面内力分析结果见表 8.20 所示。

表 8.20 恒载+E2 地震作用下桥墩关键截面内力

(a) 加速度时程 A

			\multicolumn{5}{c	}{恒载+纵向地震作用}
墩 号		取值	P/kN	V_2/kN	V_3/kN	M_2/(kN·m)	M_3/(kN·m)
1 号墩	1 号墩顶	max	-3 670.99	0.01	452.76	0.00	0.00
		min	-3 723.43	-0.15	-558.32	0.00	0.00
	1 号墩底	max	-4 313.73	-9.42	514.50	7 052.20	32.72
		min	-4 366.21	-9.58	-709.89	-5 421.89	31.71
	2 号墩顶	max	-3 673.83	0.18	453.53	0.00	0.00
		min	-3 726.31	0.02	-559.23	0.00	0.00
	2 号墩底	max	-4 311.11	9.61	527.78	7 137.42	-28.99
		min	-4 363.45	9.45	-725.05	-5 495.76	-30.01

续表

		(a) 加速度时程 A				
		恒载+纵向地震作用				
墩 号	取值		P/kN	V_2/kN	V_3/kN	M_2/(kN·m)	M_3/(kN·m)

墩 号		取值	P/kN	V_2/kN	V_3/kN	M_2/(kN·m)	M_3/(kN·m)
2号墩	1号墩顶	max	−4 044.16	−0.06	451.92	0.00	0.00
		min	−4 063.49	−0.07	−559.15	0.00	0.00
	1号墩底	max	−4 686.60	−9.49	513.58	7 062.00	32.36
		min	−4 706.12	−9.50	−710.80	−5 412.01	32.29
	2号墩顶	max	−4 044.96	0.11	452.69	0.00	0.00
		min	−4 064.23	0.10	−560.06	0.00	0.00
	2号墩底	max	−4 682.10	9.54	526.83	7 147.36	−29.36
		min	−4 701.58	9.53	−725.99	−5 485.75	−29.42
3号墩	1号墩顶	max	−3 688.46	0.01	482.55	0.00	0.00
		min	−3 730.51	−0.15	−594.00	0.00	0.00
	1号墩底	max	−4 255.50	−11.46	591.90	6 296.13	33.52
		min	−4 297.77	−11.62	−700.52	−5 312.30	32.63
	2号墩顶	max	−3 691.11	0.17	483.36	0.00	0.00
		min	−3 733.26	0.01	−594.95	0.00	0.00
	2号墩底	max	−4 253.02	11.64	605.36	6 373.26	−29.36
		min	−4 295.01	11.48	−717.90	−5 371.10	−30.27

		恒载+横向地震作用					
墩 号		取值	P/kN	V_2/kN	V_3/kN	M_2/(kN·m)	M_3/(kN·m)
1号墩	1号墩顶	max	−3 649.00	498.67	2.01	0.00	0.00
		min	−3 737.69	−493.17	−0.40	0.00	0.00
	1号墩底	max	−3 557.19	581.01	1.17	−5.04	4 391.22
		min	−5 293.24	−740.98	0.40	−12.21	−3 468.57
	2号墩顶	max	−3 656.88	498.78	1.98	0.00	0.00
		min	−3 745.85	−492.94	−0.44	0.00	0.00
	2号墩底	max	−3 381.60	614.60	1.18	−5.10	4 407.18
		min	−5 116.89	−739.92	0.41	−12.16	−3 593.49
2号墩	1号墩顶	max	−4 016.11	499.44	0.83	0.00	0.00
		min	−4 096.50	−496.30	−1.11	0.00	0.00
	1号墩底	max	−3 909.86	583.95	0.23	3.64	4 411.61
		min	−5 676.38	−744.06	−0.38	−2.06	−3 486.86
	2号墩顶	max	−4 012.43	499.55	1.03	0.00	0.00
		min	−4 092.55	−496.08	−0.92	0.00	0.00
	2号墩底	max	−3 712.25	617.61	0.30	3.06	4 427.98
		min	−5 477.45	−743.09	−0.32	−2.64	−3 612.13

续表

		(a) 加速度时程 A					
		恒载+横向地震作用					
墩 号		取值	P/kN	V_2/kN	V_3/kN	M_2/(kN·m)	M_3/(kN·m)
3号墩	1号墩顶	max	-3 682.73	506.46	0.67	0.00	0.00
		min	-3 737.26	-511.57	-2.63	0.00	0.00
	1号墩底	max	-3 629.56	538.35	-0.28	13.99	3 535.51
		min	-5 062.38	-671.40	-1.57	3.55	-2 744.76
	2号墩顶	max	-3 686.38	506.57	0.80	0.00	0.00
		min	-3 741.48	-511.38	-2.51	0.00	0.00
	2号墩底	max	-3 491.26	575.73	-0.26	13.72	3 548.16
		min	-4 923.06	-668.21	-1.56	3.33	-2 870.22

		(b) 加速度时程 B					
		恒载+纵向地震作用					
墩 号		取值	P/kN	V_2/kN	V_3/kN	M_2/(kN·m)	M_3/(kN·m)
1号墩	1号墩顶	max	-3 671.03	0.02	559.77	0.00	0.00
		min	-3 721.11	-0.16	-417.55	0.00	0.00
	1号墩底	max	-4 313.53	-9.40	612.60	4 607.24	32.80
		min	-4 363.81	-9.59	-445.39	-6 346.20	31.64
	2号墩顶	max	-3 673.85	0.19	560.63	0.00	0.00
		min	-3 723.98	0.01	-418.33	0.00	0.00
	2号墩底	max	-4 311.10	9.62	628.58	4 673.88	-28.91
		min	-4 361.08	9.43	-455.74	-6 437.04	-30.09
2号墩	1号墩顶	max	-4 046.75	-0.06	558.97	0.00	0.00
		min	-4 062.75	-0.07	-418.35	0.00	0.00
	1号墩底	max	-4 689.24	-9.49	612.02	4 617.55	32.34
		min	-4 705.37	-9.49	-445.93	-6 339.16	32.29
	2号墩顶	max	-4 047.54	0.11	559.82	0.00	0.00
		min	-4 063.53	0.11	-419.13	0.00	0.00
	2号墩底	max	-4 684.74	9.54	627.98	4 684.33	-29.37
		min	-4 700.87	9.53	-456.31	-6 429.87	-29.41
3号墩	1号墩顶	max	-3 689.80	0.03	587.38	0.00	0.00
		min	-3 732.06	-0.16	-450.46	0.00	0.00
	1号墩底	max	-4 256.98	-11.44	646.48	4 293.91	33.61
		min	-4 299.33	-11.63	-450.39	-5 846.68	32.56
	2号墩顶	max	-3 692.49	0.19	588.33	0.00	0.00
		min	-3 734.81	-0.01	-451.22	0.00	0.00
	2号墩底	max	-4 254.32	11.66	663.62	4 352.63	-29.28
		min	-4 296.61	11.46	-463.24	-5 924.94	-30.35

续表

(b) 加速度时程 B							
恒载+横向地震作用							
墩号		取值	P/kN	V_2/kN	V_3/kN	M_2/(kN·m)	M_3/(kN·m)
1号墩	1号墩顶	max	−3 652.16	625.36	3.30	0.00	0.00
		min	−3 733.65	−513.43	−0.85	0.00	0.00
	1号墩底	max	−3 295.75	740.80	1.59	−3.68	3 265.88
		min	−5 119.17	−523.93	0.25	−16.07	−4 487.56
	2号墩顶	max	−3 660.99	625.45	2.42	0.00	0.00
		min	−3 742.43	−513.20	−1.73	0.00	0.00
	2号墩底	max	−3 555.38	778.97	1.32	−1.31	3 267.69
		min	−5 378.70	−518.23	−0.01	−13.46	−4 632.66
2号墩	1号墩顶	max	−4 000.11	619.41	1.82	0.00	0.00
		min	−4 094.63	−515.55	−1.30	0.00	0.00
	1号墩底	max	−3 649.96	735.17	0.55	4.20	3 278.53
		min	−5 494.64	−523.88	−0.45	−5.01	−4 452.35
	2号墩顶	max	−4 013.21	619.51	1.21	0.00	0.00
		min	−4 108.32	−515.32	−1.91	0.00	0.00
	2号墩底	max	−3 893.62	773.19	0.36	5.94	3 280.61
		min	−5 738.14	−519.59	−0.64	−3.19	−4 596.76
3号墩	1号墩顶	max	−3 673.69	627.58	1.08	0.00	0.00
		min	−3 735.66	−526.28	−2.70	0.00	0.00
	1号墩底	max	−3 375.35	731.04	−0.12	14.23	2 852.00
		min	−4 957.32	−525.60	−1.60	2.25	−3 910.34
	2号墩顶	max	−3 688.33	627.67	0.88	0.00	0.00
		min	−3 750.49	−526.07	−2.91	0.00	0.00
	2号墩底	max	−3 595.91	776.68	−0.22	14.94	2 854.73
		min	−5 177.54	−518.36	−1.71	3.03	−4 059.23

(c) 加速度时程 C							
恒载+纵向地震作用							
墩号		取值	P/kN	V_2/kN	V_3/kN	M_2/(kN·m)	M_3/(kN·m)
1号墩	1号墩顶	max	−3 672.48	−0.01	368.75	0.00	0.00
		min	−3 718.65	−0.14	−388.77	0.00	0.00
	1号墩底	max	−4 315.06	−9.43	390.99	4 132.20	32.65
		min	−4 361.26	−9.57	−385.20	−4 082.53	31.83
	2号墩顶	max	−3 675.32	0.16	369.41	0.00	0.00
		min	−3 721.49	0.03	−389.48	0.00	0.00
	2号墩底	max	−4 312.53	9.59	400.40	4 193.74	−29.05
		min	−4 358.71	9.46	−393.90	−4 135.66	−29.89

续表

(c) 加速度时程 C

恒载+纵向地震作用

墩 号		取值	P/kN	V_2/kN	V_3/kN	M_2/(kN·m)	M_3/(kN·m)
2号墩	1号墩顶	max	-4 048.53	-0.06	367.90	0.00	0.00
		min	-4 060.13	-0.07	-389.59	0.00	0.00
	1号墩底	max	-4 691.01	-9.49	390.03	4 142.07	32.34
		min	-4 702.73	-9.49	-385.90	-4 072.34	32.30
	2号墩顶	max	-4 049.33	0.11	368.55	0.00	0.00
		min	-4 060.88	0.11	-390.31	0.00	0.00
	2号墩底	max	-4 686.53	9.54	399.42	4 203.74	-29.37
		min	-4 698.20	9.53	-394.63	-4 125.33	-29.41
3号墩	1号墩顶	max	-3 692.53	0.00	391.86	0.00	0.00
		min	-3 729.63	-0.13	-417.67	0.00	0.00
	1号墩底	max	-4 259.70	-11.47	391.62	3 758.63	33.44
		min	-4 296.83	-11.60	-386.25	-3 590.35	32.70
	2号墩顶	max	-3 695.22	0.16	392.53	0.00	0.00
		min	-3 732.37	0.02	-418.39	0.00	0.00
	2号墩底	max	-4 257.04	11.63	401.84	3 813.42	-29.45
		min	-4 294.20	11.49	-398.20	-3 636.98	-30.21

恒载+横向地震作用

墩 号		取值	P/kN	V_2/kN	V_3/kN	M_2/(kN·m)	M_3/(kN·m)
1号墩	1号墩顶	max	-3 663.14	397.26	1.46	0.00	0.00
		min	-3 730.38	-413.98	-0.21	0.00	0.00
	1号墩底	max	-3 762.08	428.31	0.99	-5.62	2 476.19
		min	-4 918.90	-413.35	0.46	-10.54	-2 563.72
	2号墩顶	max	-3 664.32	397.40	1.79	0.00	0.00
		min	-3 731.35	-413.77	0.12	0.00	0.00
	2号墩底	max	-3 755.46	458.09	1.12	-6.71	2 459.69
		min	-4 912.43	-404.74	0.58	-11.60	-2 672.40
2号墩	1号墩顶	max	-4 021.22	399.60	0.69	0.00	0.00
		min	-4 085.05	-415.59	-0.80	0.00	0.00
	1号墩底	max	-4 112.16	428.83	0.19	2.73	2 489.10
		min	-5 278.85	-415.35	-0.29	-1.68	-2 567.19
	2号墩顶	max	-4 023.14	399.73	0.71	0.00	0.00
		min	-4 087.00	-415.37	-0.78	0.00	0.00
	2号墩底	max	-4 109.17	458.62	0.20	2.66	2 472.85
		min	-5 275.91	-406.79	-0.28	-1.71	-2 675.95

续表

(c) 加速度时程 C

恒载+横向地震作用

墩号	取值		P/kN	V_2/kN	V_3/kN	M_2/(kN·m)	M_3/(kN·m)
3号墩	1号墩顶	max	-3 692.94	404.93	0.07	0.00	0.00
		min	-3 729.51	-420.73	-2.06	0.00	0.00
	1号墩底	max	-3 760.01	441.88	-0.52	12.19	2 193.25
		min	-4 792.79	-416.41	-1.35	5.46	-2 335.46
	2号墩顶	max	-3 694.47	405.06	0.23	0.00	0.00
		min	-3 730.99	-420.54	-1.90	0.00	0.00
	2号墩底	max	-3 760.16	478.19	-0.48	11.79	2 177.65
		min	-4 792.96	-405.73	-1.32	5.11	-2 448.80

8.6.2.2 桥墩强度验算

对1号和2号桥墩的关键截面进行强度验算，验算结果见表8.21。结果表明，在E2地震作用下，桥墩处于弹性工作阶段。

表8.21 恒载+E2地震作用下桥墩强度验算结果

(a) 加速度时程 A

恒载+纵向地震作用

墩号	取值		P/kN	V_3/kN	M_2/(kN·m)	抗弯承载力/(kN·m)	抗剪承载力/kN	抗弯结果	抗剪结果
1号墩	1号墩顶	max	-3 670.99	452.76	0.00	8 477.00	2 046.63	弹性	满足
		min	-3 723.43	-558.32	0.00	8 470.00	2 049.46	弹性	满足
	1号墩底	max	-4 313.73	514.50	7 052.20	8 733.00	1 575.40	弹性	满足
		min	-4 366.21	-709.89	-5 421.89	8 756.00	1 578.23	弹性	满足
	2号墩顶	max	-3 673.83	453.53	0.00	8 466.00	2 046.79	弹性	满足
		min	-3 726.31	-559.23	0.00	8 472.00	2 049.61	弹性	满足
	2号墩底	max	-4 311.11	527.78	7 137.42	8 732.00	1 575.26	弹性	满足
		min	-4 363.45	-725.05	-5 495.76	8 756.00	1 578.08	弹性	满足

恒载+横向地震作用

墩号	取值		P/kN	V_2/kN	M_3/(kN·m)	抗弯承载力/(kN·m)	抗剪承载力/kN	抗弯结果	抗剪结果
1号墩	1号墩顶	max	-3 649.00	498.67	0.00	8 428.00	2 045.45	弹性	满足
		min	-3 737.69	-493.17	0.00	8 470.00	2 050.22	弹性	满足
	1号墩底	max	-3 557.19	581.01	4 391.22	8 385.00	1 534.66	弹性	满足
		min	-5 293.24	-740.98	-3 468.57	9 150.00	1 628.14	弹性	满足
	2号墩顶	max	-3 656.88	498.78	0.00	8 430.00	2 045.87	弹性	满足
		min	-3 745.85	-492.94	0.00	8 473.00	2 050.66	弹性	满足
	2号墩底	max	-3 381.60	614.60	4 407.18	8 308.00	1 525.21	弹性	满足
		min	-5 116.89	-739.92	-3 593.49	9 076.00	1 618.65	弹性	满足

续表

(b) 加速度时程 B

恒载+纵向地震作用

墩号		取值	P/kN	V_3/kN	M_2/(kN·m)	抗弯承载力/(kN·m)	抗剪承载力/(kN)	抗弯结果	抗剪结果
1号墩	1号墩顶	max	-3 671.03	559.77	0.00	8 477.00	2 046.63	弹性	满足
		min	-3 721.11	-417.55	0.00	8 469.00	2 049.33	弹性	满足
	1号墩底	max	-4 313.53	612.60	4 607.24	8 733.00	1 575.39	弹性	满足
		min	-4 363.81	-445.39	-6 346.20	8 755.00	1 578.10	弹性	满足
	2号墩顶	max	-3 673.85	560.63	0.00	8 446.00	2 046.79	弹性	满足
		min	-3 723.98	-418.33	0.00	8 471.00	2 049.49	弹性	满足
	2号墩底	max	-4 311.10	628.58	4 673.88	8 732.00	1 575.26	弹性	满足
		min	-4 361.08	-455.74	-6 437.04	8 754.00	1 577.95	弹性	满足

恒载+横向地震作用

墩号		取值	P/kN	V_2/kN	M_3/(kN·m)	抗弯承载力/(kN·m)	抗剪承载力/kN	抗弯结果	抗剪结果
1号墩	1号墩顶	max	-3 652.16	625.36	0.00	8 430.00	2 045.62	弹性	满足
		min	-3 733.65	-513.43	0.00	8 467.00	2 050.01	弹性	满足
	1号墩底	max	-3 295.75	740.80	3 265.88	8 286.00	1 520.59	弹性	满足
		min	-5 119.17	-523.93	-4 487.56	9 076.00	1 618.77	弹性	满足
	2号墩顶	max	-3 660.99	625.45	0.00	8 433.00	2 046.09	弹性	满足
		min	-3 742.43	-513.20	0.00	8 471.00	2 050.48	弹性	满足
	2号墩底	max	-3 555.38	778.97	3 267.69	8 387.00	1 534.57	弹性	满足
		min	-5 378.70	-518.23	-4 632.66	9 186.00	1 632.75	弹性	满足

(c) 加速度时程 C

恒载+纵向地震作用

墩号		取值	P/kN	V_3/kN	M_2/(kN·m)	抗弯承载力/(kN·m)	抗剪承载力/kN	抗弯结果	抗剪结果
1号墩	1号墩顶	max	-3 672.48	368.75	0.00	8 445.00	2 046.71	弹性	满足
		min	-3 718.65	-388.77	0.00	8 467.00	2 049.20	弹性	满足
	1号墩底	max	-4 315.06	390.99	4 132.20	8 734.00	1 575.47	弹性	满足
		min	-4 361.26	-385.20	-4 082.53	8 754.00	1 577.96	弹性	满足
	2号墩顶	max	-3 675.32	369.41	0.00	8 447.00	2 046.87	弹性	满足
		min	-3 721.49	-389.48	0.00	8 469.00	2 049.35	弹性	满足
	2号墩底	max	-4 312.53	400.40	4 193.74	8 733.00	1 575.34	弹性	满足
		min	-4 358.71	-393.90	-4 135.66	8 753.00	1 577.82	弹性	满足

续表

(c) 加速度时程 C

墩号		取值	P/kN	V_2/kN	M_3/(kN·m)	抗弯承载力/(kN·m)	抗剪承载力/kN	抗弯结果	抗剪结果
1号墩	1号墩顶	max	-3 663.14	397.26	0.00	8 435.00	2 046.21	弹性	满足
		min	-3 730.38	-413.98	0.00	8 466.00	2 049.83	弹性	满足
	1号墩底	max	-3 762.08	428.31	2 476.19	8 481.00	1 545.70	弹性	满足
		min	-4 918.90	-413.35	-2 563.72	8 992.00	1 607.99	弹性	满足
	2号墩顶	max	-3 664.32	397.40	0.00	8 436.00	2 046.27	弹性	满足
		min	-3 731.35	-413.77	0.00	8 466.00	2 049.88	弹性	满足
	2号墩底	max	-3 755.46	458.09	2 459.69	8 478.00	1 545.34	弹性	满足
		min	-4 912.43	-404.74	-2 672.40	8 987.00	1 607.64	弹性	满足

8.6.3 支座的计算

8.6.3.1 支座变形和水平地震力

不同地震动水平下,支座的侧向变形见表8.22,支座的水平地震力见表8.23。

表 8.22 恒载+E2 地震作用下支座变形 单位：mm

(a) 加速度时程 A

恒载+纵向地震作用				恒载+横向地震作用			
位置		顺桥向	横桥向	位置		顺桥向	横桥向
0号桥台	1(GYZ d600×110)	130.41	0.03	0号桥台	1(GYZ d600×110)	0.76	103.54
	2(GYZ d600×110)	130.41	0.03		2(GYZ d600×110)	0.73	103.54
1号桥墩	1(GYZ d800×148)	108.95	0.03	1号桥墩	1(GYZ d800×148)	0.39	96.27
	2(GYZ d800×148)	109.10	0.04		2(GYZ d800×148)	0.38	96.30
2号桥墩	1(GYZ d800×148)	109.10	0.01	2号桥墩	1(GYZ d800×148)	0.21	96.43
	2(GYZ d800×148)	109.26	0.02		2(GYZ d800×148)	0.20	96.45
3号桥墩	1(GYZ d800×148)	117.75	0.03	3号桥墩	1(GYZ d800×148)	0.51	97.96
	2(GYZ d800×148)	117.88	0.03		2(GYZ d800×148)	0.48	97.98
4号桥台	1(GYZ d600×110)	131.19	0.03	4号桥台	1(GYZ d600×110)	0.81	102.29
	2(GYZ d600×110)	131.19	0.03		2(GYZ d600×110)	0.79	102.29

(b) 加速度时程 B

恒载+纵向地震作用				恒载+横向地震作用			
位置		顺桥向	横桥向	位置		顺桥向	横桥向
0号桥台	1(GYZ d600×110)	130.17	0.04	0号桥台	1(GYZ d600×110)	1.07	131.29
	2(GYZ d600×110)	130.16	0.04		2(GYZ d600×110)	0.85	131.29
1号桥墩	1(GYZ d800×148)	110.80	0.03	1号桥墩	1(GYZ d800×148)	0.63	119.71
	2(GYZ d800×148)	110.93	0.04		2(GYZ d800×148)	0.47	119.73

续表

(b) 加速度时程 B

位置		恒载+纵向地震作用		位置		恒载+横向地震作用	
		顺桥向	横桥向			顺桥向	横桥向
2号桥墩	1(GYZ d800×148)	110.65	0.01	2号桥墩	1(GYZ d800×148)	0.35	117.88
	2(GYZ d800×148)	110.78	0.02		2(GYZ d800×148)	0.37	117.91
3号桥墩	1(GYZ d800×148)	116.51	0.03	3号桥墩	1(GYZ d800×148)	0.52	119.13
	2(GYZ d800×148)	116.64	0.04		2(GYZ d800×148)	0.56	119.14
4号桥台	1(GYZ d600×110)	129.38	0.04	4号桥台	1(GYZ d600×110)	0.84	125.17
	2(GYZ d600×110)	129.38	0.04		2(GYZ d600×110)	0.86	125.17

(c) 加速度时程 C

位置		恒载+纵向地震作用		位置		恒载+横向地震作用	
		顺桥向	横桥向			顺桥向	横桥向
0号桥台	1(GYZ d600×110)	91.78	0.03	0号桥台	1(GYZ d600×110)	0.62	85.68
	2(GYZ d600×110)	91.78	0.03		2(GYZ d600×110)	0.67	85.68
1号桥墩	1(GYZ d800×148)	74.90	0.03	1号桥墩	1(GYZ d800×148)	0.28	79.92
	2(GYZ d800×148)	75.04	0.03		2(GYZ d800×148)	0.34	79.87
2号桥墩	1(GYZ d800×148)	75.06	0.01	2号桥墩	1(GYZ d800×148)	0.15	80.22
	2(GYZ d800×148)	75.20	0.02		2(GYZ d800×148)	0.15	80.18
3号桥墩	1(GYZ d800×148)	80.55	0.03	3号桥墩	1(GYZ d800×148)	0.40	81.14
	2(GYZ d800×148)	80.68	0.03		2(GYZ d800×148)	0.37	81.11
4号桥台	1(GYZ d600×110)	92.57	0.03	4号桥台	1(GYZ d600×110)	0.68	84.42
	2(GYZ d600×110)	92.56	0.03		2(GYZ d600×110)	0.63	84.42

表 8.23 恒载+E2 地震作用下支座水平地震力　　单位：kN

(a) 加速度时程 A

位置		取值	恒载+纵向地震作用		位置		取值	恒载+横向地震作用	
			顺桥向	横桥向				顺桥向	横桥向
0号桥台	1(GYZ d600×110)	max	342.52	0.14	0号桥台	1(GYZ d600×110)	max	3.11	342.52
		min	-342.52	-0.09			min	0.40	-342.52
	2(GYZ d600×110)	max	342.52	0.14		2(GYZ d600×110)	max	2.98	342.52
		min	-342.52	-0.09			min	0.28	-342.52
1号桥墩	1(GYZ d800×148)	max	452.41	0.15	1号桥墩	1(GYZ d800×148)	max	2.01	488.63
		min	-567.10	-0.01			min	-0.40	-501.14
	2(GYZ d800×148)	max	453.27	-0.02		2(GYZ d800×148)	max	1.98	488.41
		min	-567.93	-0.18			min	-0.43	-501.26
2号桥墩	1(GYZ d800×148)	max	451.57	0.07	2号桥墩	1(GYZ d800×148)	max	0.83	492.33
		min	-567.94	0.06			min	-1.11	-501.94
	2(GYZ d800×148)	max	452.43	-0.10		2(GYZ d800×148)	max	1.02	492.11
		min	-568.76	-0.11			min	-0.92	-502.06

续表

(a) 加速度时程 A

位置		取值	恒载+纵向地震作用		位置		取值	恒载+横向地震作用	
			顺桥向	横桥向				顺桥向	横桥向
3号桥墩	1(GYZ d800×148)	max	486.30	0.15	3号桥墩	1(GYZ d800×148)	max	0.67	499.31
		min	-612.96	-0.01			min	-2.63	-509.91
	2(GYZ d800×148)	max	487.08	-0.01		2(GYZ d800×148)	max	0.80	499.08
		min	-613.61	-0.17			min	-2.51	-510.02
4号桥台	1(GYZ d600×110)	max	342.52	0.14	4号桥台	1(GYZ d600×110)	max	0.19	342.52
		min	-342.52	-0.09			min	-3.33	-342.52
	2(GYZ d600×110)	max	342.52	0.14		2(GYZ d600×110)	max	0.29	342.52
		min	-342.52	-0.09			min	-3.23	-342.52

(b) 加速度时程 B

位置		取值	恒载+纵向地震作用		位置		取值	恒载+横向地震作用	
			顺桥向	横桥向				顺桥向	横桥向
0号桥台	1(GYZ d600×110)	max	342.52	0.16	0号桥台	1(GYZ d600×110)	max	4.40	342.52
		min	-342.52	-0.11			min	-0.10	-342.52
	2(GYZ d600×110)	max	342.52	0.16		2(GYZ d600×110)	max	3.48	342.52
		min	-342.52	-0.11			min	-1.02	-342.52
1号桥墩	1(GYZ d800×148)	max	576.77	0.16	1号桥墩	1(GYZ d800×148)	max	3.30	512.35
		min	-416.30	-0.02			min	-0.84	-623.12
	2(GYZ d800×148)	max	577.43	-0.01		2(GYZ d800×148)	max	2.42	512.11
		min	-417.15	-0.19			min	-1.72	-623.25
2号桥墩	1(GYZ d800×148)	max	575.99	0.07	2号桥墩	1(GYZ d800×148)	max	1.82	514.48
		min	-417.09	0.06			min	-1.30	-613.64
	2(GYZ d800×148)	max	576.65	-0.11		2(GYZ d800×148)	max	1.21	514.24
		min	-417.94	-0.11			min	-1.91	-613.77
3号桥墩	1(GYZ d800×148)	max	606.50	0.16	3号桥墩	1(GYZ d800×148)	max	1.07	526.52
		min	-449.06	-0.03			min	-2.70	-620.10
	2(GYZ d800×148)	max	607.14	0.01		2(GYZ d800×148)	max	0.88	526.31
		min	-449.91	-0.19			min	-2.91	-620.18
4号桥台	1(GYZ d600×110)	max	342.52	0.16	4号桥台	1(GYZ d600×110)	max	0.49	342.52
		min	-342.52	-0.11			min	-3.43	-342.52
	2(GYZ d600×110)	max	342.52	0.16		2(GYZ d600×110)	max	0.40	342.52
		min	-342.52	-0.11			min	-3.53	-342.52

(c) 加速度时程 C

位置		取值	恒载+纵向地震作用		位置		取值	恒载+横向地震作用	
			顺桥向	横桥向				顺桥向	横桥向
0号桥台	1(GYZ d600×110)	max	341.42	0.12	0号桥台	1(GYZ d600×110)	max	2.53	342.52
		min	-342.52	-0.07			min	0.64	-336.45
	2(GYZ d600×110)	max	341.42	0.12		2(GYZ d600×110)	max	2.74	342.52
		min	-342.52	-0.07			min	0.85	-336.45

续表

(c) 加速度时程 C

位置		恒载+纵向地震作用			位置		恒载+横向地震作用		
		取值	顺桥向	横桥向			取值	顺桥向	横桥向
1号桥墩	1(GYZ d800×148)	max	371.28	0.14	1号桥墩	1(GYZ d800×148)	max	1.46	415.99
		min	−389.87	0.01			min	−0.21	−398.21
	2(GYZ d800×148)	max	371.94	−0.03		2(GYZ d800×148)	max	1.79	415.78
		min	−390.59	−0.16			min	0.12	−398.34
2号桥墩	1(GYZ d800×148)	max	370.42	0.07	2号桥墩	1(GYZ d800×148)	max	0.69	417.59
		min	−390.70	0.06			min	−0.80	−400.54
	2(GYZ d800×148)	max	371.07	−0.11		2(GYZ d800×148)	max	0.71	417.38
		min	−391.43	−0.11			min	−0.78	−400.67
3号桥墩	1(GYZ d800×148)	max	395.98	0.13	3号桥墩	1(GYZ d800×148)	max	0.07	422.39
		min	−419.27	0.00			min	−2.06	−406.89
	2(GYZ d800×148)	max	396.60	−0.02		2(GYZ d800×148)	max	0.23	422.19
		min	−419.99	−0.16			min	−1.90	−407.01
4号桥台	1(GYZ d600×110)	max	341.42	0.11	4号桥台	1(GYZ d600×110)	max	−0.44	342.52
		min	−342.52	−0.08			min	−2.79	−333.74
	2(GYZ d600×110)	max	341.42	0.11		2(GYZ d600×110)	max	−0.26	342.52
		min	−342.52	−0.08			min	−2.60	−333.74

8.6.3.2 支座验算

E2 地震作用下,支座厚度的验算结果见表 8.24。结果表明,在该水准地震作用下,支座变形满足剪切应变不超过 200%的要求。

表 8.24 恒载+E2 地震作用下支座厚度验算 单位:mm

(a) 加速度时程 A

位置		恒载+纵向地震作用			位置		恒载+横向地震作用		
		X_0	200%×$\sum t$	验算结果			X_0	200%×$\sum t$	验算结果
0号桥台	1(GYZ d600×110)	130.41	160	满足	0号桥台	1(GYZ d600×110)	103.54	160	满足
	2(GYZ d600×110)	130.41	160	满足		2(GYZ d600×110)	103.54	160	满足
1号桥墩	1(GYZ d800×148)	108.95	226	满足	1号桥墩	1(GYZ d800×148)	96.27	226	满足
	2(GYZ d800×148)	109.10	226	满足		2(GYZ d800×148)	96.30	226	满足
2号桥墩	1(GYZ d800×148)	109.10	226	满足	2号桥墩	1(GYZ d800×148)	96.43	226	满足
	2(GYZ d800×148)	109.26	226	满足		2(GYZ d800×148)	96.45	226	满足
3号桥墩	1(GYZ d800×148)	117.75	226	满足	3号桥墩	1(GYZ d800×148)	97.96	226	满足
	2(GYZ d800×148)	117.88	226	满足		2(GYZ d800×148)	97.98	226	满足
4号桥台	1(GYZ d600×110)	131.19	160	满足	4号桥台	1(GYZ d600×110)	102.29	160	满足
	2(GYZ d600×110)	131.19	160	满足		2(GYZ d600×110)	102.29	160	满足

续表

(b) 加速度时程 B

恒载+纵向地震作用					恒载+横向地震作用				
位置		X_0	$200\% \times \sum t$	验算结果	位置		X_0	$200\% \times \sum t$	验算结果
0号桥台	1(GYZ d600×110)	130.17	160	满足	0号桥台	1(GYZ d600×110)	131.29	160	满足
	2(GYZ d600×110)	130.16	160	满足		2(GYZ d600×110)	131.29	160	满足
1号桥墩	1(GYZ d800×148)	110.80	226	满足	1号桥墩	1(GYZ d800×148)	119.71	226	满足
	2(GYZ d800×148)	110.93	226	满足		2(GYZ d800×148)	119.73	226	满足
2号桥墩	1(GYZ d800×148)	110.65	226	满足	2号桥墩	1(GYZ d800×148)	117.88	226	满足
	2(GYZ d800×148)	110.78	226	满足		2(GYZ d800×148)	117.91	226	满足
3号桥墩	1(GYZ d800×148)	116.51	226	满足	3号桥墩	1(GYZ d800×148)	119.13	226	满足
	2(GYZ d800×148)	116.64	226	满足		2(GYZ d800×148)	119.14	226	满足
4号桥台	1(GYZ d600×110)	129.38	160	满足	4号桥台	1(GYZ d600×110)	125.17	160	满足
	2(GYZ d600×110)	129.38	160	满足		2(GYZ d600×110)	125.17	160	满足

(c) 加速度时程 C

恒载+纵向地震作用					恒载+横向地震作用				
位置		X_0	$200\% \times \sum t$	验算结果	位置		X_0	$200\% \times \sum t$	验算结果
0号桥台	1(GYZ d600×110)	91.78	160	满足	0号桥台	1(GYZ d600×110)	85.68	160	满足
	2(GYZ d600×110)	91.78	160	满足		2(GYZ d600×110)	85.68	160	满足
1号桥墩	1(GYZ d800×148)	74.90	226	满足	1号桥墩	1(GYZ d800×148)	79.92	226	满足
	2(GYZ d800×148)	75.04	226	满足		2(GYZ d800×148)	79.87	226	满足
2号桥墩	1(GYZ d800×148)	75.06	226	满足	2号桥墩	1(GYZ d800×148)	80.22	226	满足
	2(GYZ d800×148)	75.20	226	满足		2(GYZ d800×148)	80.18	226	满足
3号桥墩	1(GYZ d800×148)	80.55	226	满足	3号桥墩	1(GYZ d800×148)	81.14	226	满足
	2(GYZ d800×148)	80.68	226	满足		2(GYZ d800×148)	81.11	226	满足
4号桥台	1(GYZ d600×110)	92.57	160	满足	4号桥台	1(GYZ d600×110)	84.42	160	满足
	2(GYZ d600×110)	92.56	160	满足		2(GYZ d600×110)	84.42	160	满足

9 连续梁桥抗震分析示例二

9.1 设计资料、主要材料和尺寸

9.1.1 设计资料

连续梁桥示例二上部结构采用 4×20 m 现浇预应力混凝土连续箱梁，桥梁全长 87.0 m。下部结构采用钢筋混凝土圆柱式墩、桩基础、肋板式台；为实现跨越地方道路要求，桥梁按 60°斜交角度设计。本桥平面位于 R=710 m 的圆曲线上。

下部结构与支座的信息详见表 9.1。

表 9.1 下部结构与支座

墩台号	形式	墩高/m		支座/mm	数量
0	桩柱式桥台	1	—	GYZ d650×150	1
		2	—	GYZ d800×171	1
1	双柱式桥墩	1	6.300	GYZ d800×171	1
		2	6.000	GYZ d800×171	1
2	桩柱式桥台	1	4.240	GYZ d800×171	1
		2	3.940	GYZ d800×171	1
3	双柱式桥墩	1	4.350	GYZ d800×171	1
		2	4.060	GYZ d800×171	1
4	桩柱式桥台	1	—	GYZ d800×171	1
		2	—	GYZ d650×150	1

材料选用详见表 9.2。

表 9.2 材料选用

混凝土	C50	现浇连续箱梁、伸缩缝
	C40	桥面铺装、支座垫石
	C30	防撞护栏、盖梁、墩身、系梁、基础、承台、耳背墙、台帽
	C20	垫层
钢筋和预应力体系	HPB300、HRB400	普通钢筋
	预应力钢绞线	采用《预应力混凝土用钢绞线》(GB/T 5224—2003) 标准生产的低松弛高强度钢绞线

9.1.2 技术规范

(1)《四川高速公路工程抗震设计指南》。
(2) 中华人民共和国行业标准《公路工程技术标准》(JTG B01—2014)。
(3) 中华人民共和国行业标准《公路桥涵设计通用规范》(JTG D60—2015)。
(4) 中华人民共和国行业标准《公路钢筋混凝土及预应力混凝土桥涵设计规范》(JTG 3362—2018)。
(5) 中华人民共和国行业标准《公路桥梁抗震设计细则》(JTG/T B02-01—2008)。
(6) 中华人民共和国行业标准《公路桥涵地基与基础设计规范》(JTG 3363—2019)。
(7)《公路工程抗震规范》(JTG B02—2013)。
(8)《公路桥梁板式橡胶支座规格系列》(JT/T 663—2006)。

9.1.3 技术指标

(1) 公路等级：双向四车道高速公路。
(2) 设计速度：80 km/h。
(3) 路基宽度：分离式路基 12.25 m。
(4) 荷载等级：公路Ⅰ级。
(5) 基本地震动峰值加速度：$0.15g$。
(6) 行车道数：4。
(7) 桥面宽度：12.25 m。
(8) 桥跨布置：4×20 m。
(9) 现浇箱型梁高：1.3 m。
(10) 设计安全等级：一级。
(11) 环境类别：Ⅰ类。
(12) 抗震设防类别：B 类。
(13) 场地类别：Ⅱ类（根据地质情况得出）。

9.1.4 材料指标

混凝土和钢筋的主要的力学指标见表 9.3 和表 9.4。

表 9.3 混凝土主要力学指标

强度等级	弹性模量/MPa	容重/(kN/m³)	轴心抗压设计强度/MPa	抗拉设计强度/MPa	轴心抗压标准强度/MPa	抗拉标准强度/MPa
C50	$3.45×10^4$	26	22.4	1.83	32.4	2.65
C40	$3.25×10^4$	26	18.4	1.65	26.8	2.40
C30	$3.00×10^4$	26	13.8	1.39	20.1	2.01

表 9.4 钢筋主要力学指标

强度等级	弹性模量/MPa	直径/mm	符号	抗拉强度标准值/MPa	抗拉强度设计值/MPa	抗压强度设计值/MPa
HPB300	$2.10×10^5$	6~22	Φ	300	270	270
HRB400	$2.00×10^5$	6~50	⫽	400	330	330

9.2 抗震设防目标的确定

根据连续梁桥示例二的重要性，以及地震破坏后桥梁结构的性能要求、修复（抢修）的难易程度，采用50年超越概率10%、2%地震作用输入作为设防标准，其抗震性能目标见表9.5。

表 9.5 例五连续梁桥抗震设防目标

设防标准	构件类别	结构性能要求	受力状态	功能要求
E1 地震作用 50 年超越概率 10% 地震作用 （相当于地震重现期 475 年）	主梁	无损伤	保持弹性	车辆正常通行
	桥墩	无损伤		
	支座	轻微损伤	基本正常工作	
E2 地震作用 50 年超越概率 2% 地震作用 （相当于地震重现期 2 475 年）	主梁	轻微损伤	总体保持弹性	不致产生严重结构损伤
	桥墩	可修复损伤	可进入塑性	
	支座	可损伤	可剪切破坏	

9.3 结构有限元模型的建立

根据连续梁桥示例二的设计方案，采用 Sap2000 有限元程序，建立三维有限元动力计算模型进行抗震性能分析，计算模型均以顺桥向为 x 轴，横桥向为 y 轴，竖桥向为 z 轴；上部结构和下部结构采用梁单元，赋予框架截面属性；板式橡胶支座采用连接属性，其顶端与上部结构共用节点，底端与桥墩墩顶相连。

示例中整桥有限元模型示意图如图 9.1 所示。上部结构采用梁格单元，其横截面形式如图 9.2 所示。在模拟主梁与支座的连接时，在各墩位处的支座顶，同时也是梁底处建立节点，并与相同截面位置处的主梁单位节点间建立刚性连接。桥墩的立柱与系梁模拟为梁柱单元，系梁端部与墩身节点连接采用刚性连接。

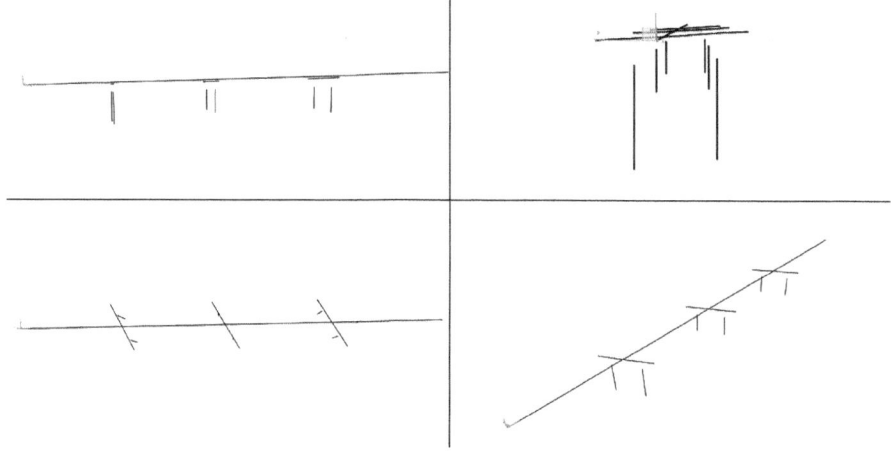

图 9.1 整桥有限元模型

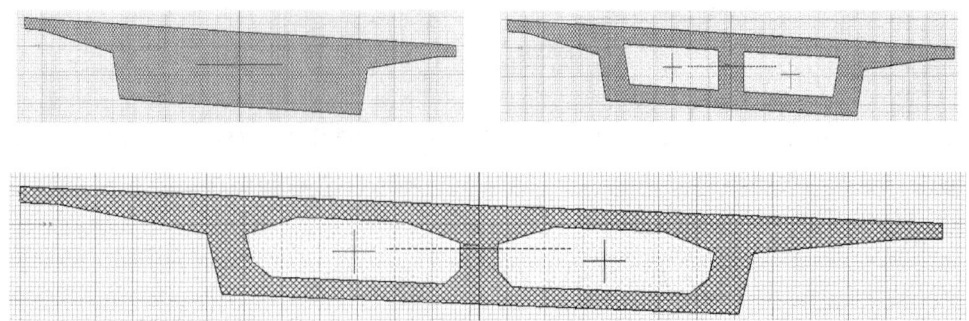

图 9.2 主梁截面形式

墩台编号如图 9.3 所示。

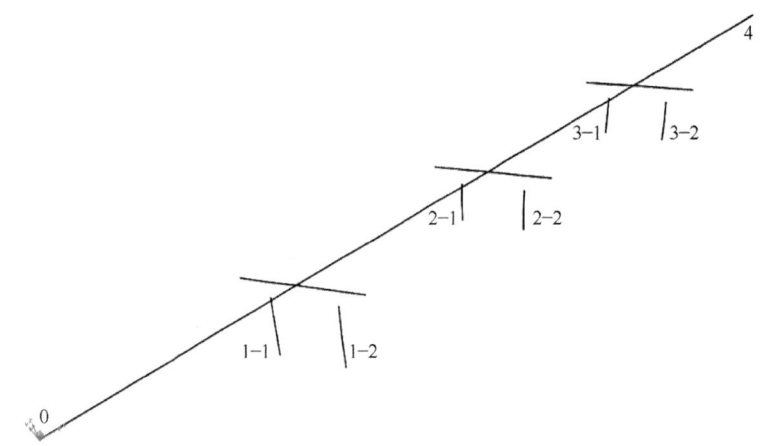

图 9.3 墩台编号

9.4 模态分析

上部结构采用梁格单元的桥梁动力特性计算结果分别列举如下。前 20 阶周期、频率、顺桥向和横桥向累计振型贡献率见表 9.6，前 10 阶振型示意图如图 9.4~图 9.13 所示。由表 9.5 可知，顺桥向与横桥向前 20 阶累计振型贡献率达到 96% 以上。

表 9.6 动力特性计算结果

振型阶数	周期/s	频率/Hz	顺桥向累计振型贡献率（%）	横桥向累计振型贡献率（%）
1	1.404 2	0.712 2	56.18	31.91
2	1.385 3	0.721 8	87.84	87.55
3	1.177 1	0.849 5	87.84	87.56
4	0.212 5	4.706 1	87.84	87.56
5	0.204 3	4.894 8	87.84	87.56
6	0.186 7	5.356 0	87.84	87.56

续表

振型阶数	周期/s	频率/Hz	顺桥向累计振型贡献率（%）	横桥向累计振型贡献率（%）
7	0.175 5	5.698 8	90.05	88.59
8	0.173 5	5.763 5	90.11	88.61
9	0.168 4	5.938 6	90.12	88.61
10	0.118 2	8.463 7	92.28	89.70
11	0.115 2	8.679 7	94.45	90.78
12	0.102 2	9.783 7	95.76	93.48
13	0.093 2	10.729 0	95.76	93.49
14	0.086 5	11.560 0	95.76	93.49
15	0.081 8	12.230 0	95.77	93.51
16	0.072 4	13.816 0	95.77	93.51
17	0.068 0	14.696 0	95.85	93.67
18	0.066 2	15.100 0	95.85	93.70
19	0.064 7	15.456 0	95.85	93.74
20	0.063 9	15.639 0	97.13	96.16

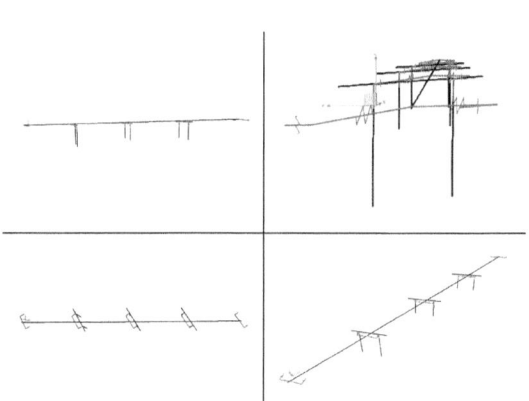

图 9.4　第 1 阶，周期 1.404 2 s

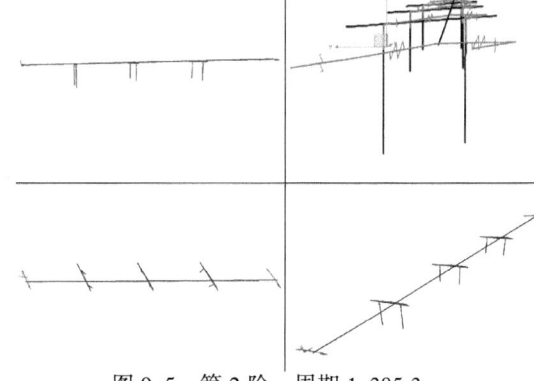

图 9.5　第 2 阶，周期 1.385 3 s

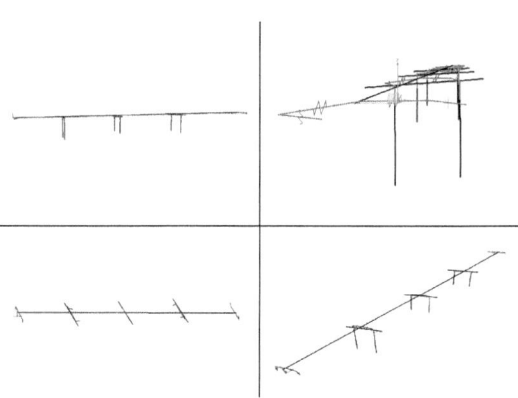

图 9.6　第 3 阶，周期 1.177 1 s

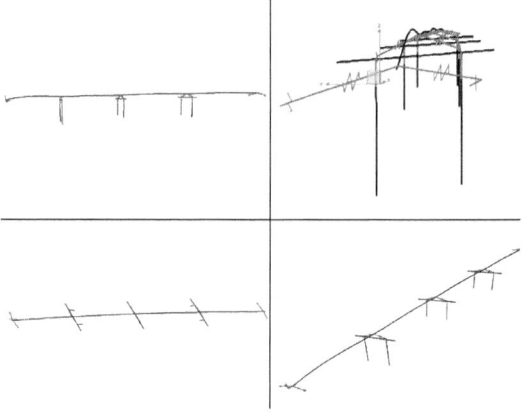

图 9.7　第 4 阶，周期 0.212 5 s

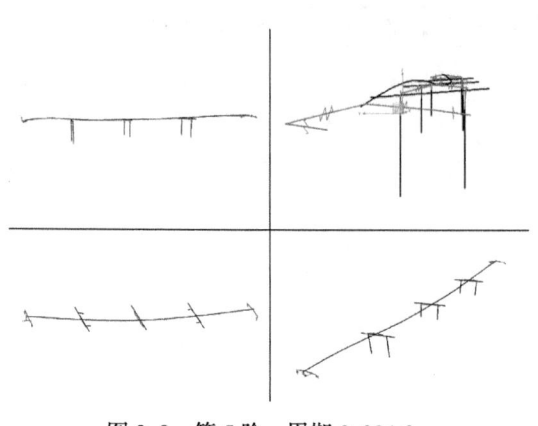

图 9.8　第 5 阶，周期 0.204 3 s

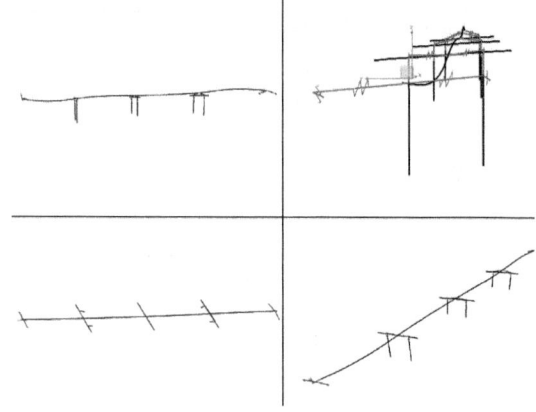

图 9.9　第 6 阶，周期 0.186 7 s

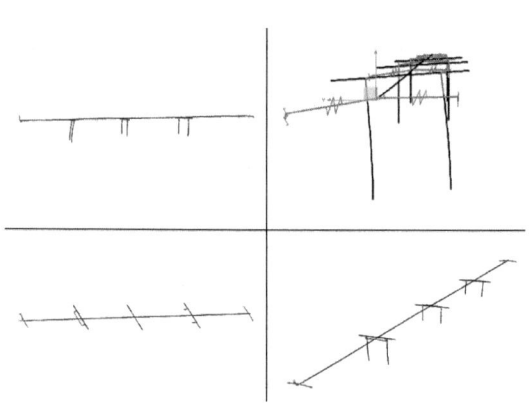

图 9.10　第 7 阶，周期 0.175 5 s

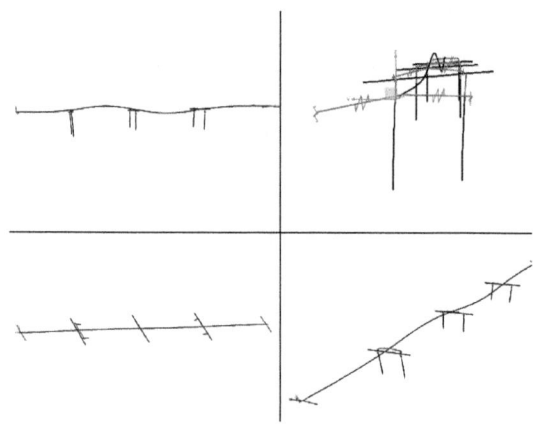

图 9.11　第 8 阶，周期 0.173 5 s

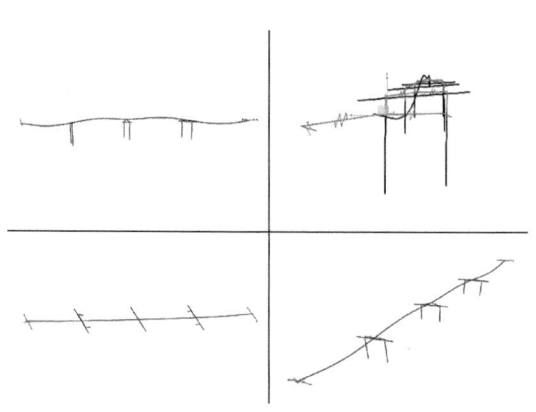

图 9.12　第 9 阶，周期 0.168 4 s

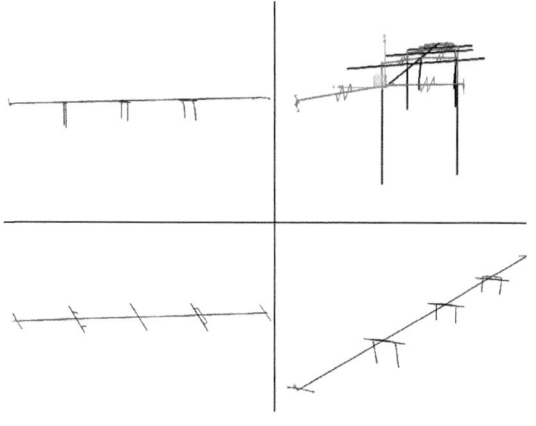

图 9.13　第 10 阶，周期 0.118 2 s

9.5 反应谱分析

9.5.1 设计加速度反应谱

根据《四川高速公路工程抗震设计指南》及梁桥的场地地震动参数及场地条件，水平设计加速度反应谱 S 由下式确定：

$$S = \begin{cases} S_{\max}(5.5T + 0.45) & T < 0.1 \text{ s} \\ S_{\max} & 0.1 \text{ s} \leq T \leq T_g \\ S_{\max}(T_g/T) & T > T_g \end{cases} \quad (9.1)$$

式中：$S_{\max}$——设计加速度反应谱最大值；

T——结构自振周期；

T_g——场地特征周期，在 50 年超越概率 2% 地震作用下，特征周期增加 0.05 s。

水平设计加速度反应谱最大值 $S_{\max}$ 由下式确定：

$$S_{\max} = 2.5R_i C_s C_d A \quad (9.2)$$

式中：R_i——地震作用调整系数，即不同地震重现期地震动峰值加速度与基本地震动加速度的比值，50 年超越概率 10% 地震作用下取 1.0；50 年超越概率 2% 地震作用下取 1.9；

C_s——场地系数，根据桥梁所在场地条件，取 1.0；

C_d——阻尼调整系数，当结构阻尼比采用 5% 时，取 1.0；

A——水平设计基本地震动加速度峰值，取 0.15g。

E1 和 E2 地震作用下的水平设计加速度反应谱如图 9.14 所示。

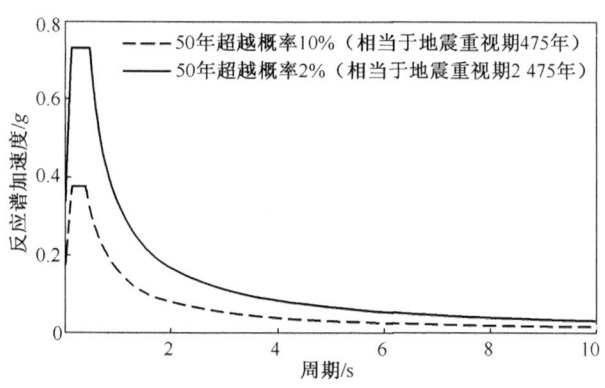

图 9.14 设计反应谱曲线

9.5.2 桥墩的计算

9.5.2.1 桥墩关键截面内力

分别提取 E1 和 E2 地震作用下各桥墩墩顶和墩底的关键截面内力，分析结果见表 9.7 和表 9.8。

表 9.7 恒载+E1 地震作用下桥墩关键截面内力

墩 号		取值	P/kN	V_2/kN	V_3/kN	M_2/(kN·m)	M_3/(kN·m)
	恒载+纵向地震作用						
1号墩	1号墩顶	max	−2 545.73	174.97	201.98	320.74	309.33
		min	−2 961.66	−173.06	−203.55	−318.61	−356.83
	1号墩底	max	−2 810.64	180.84	206.17	1 554.07	721.45
		min	−3 226.90	−178.92	−207.74	−1 542.53	−780.43
	2号墩顶	max	−3 263.92	155.13	207.38	275.44	286.51
		min	−3 708.72	−154.36	−208.29	−274.16	−340.01
	2号墩底	max	−3 542.03	161.42	212.70	1 602.73	668.85
		min	−3 987.26	−160.65	−213.61	−1 595.75	−727.21
2号墩	1号墩顶	max	−2 512.90	154.12	207.66	333.51	176.89
		min	−2 790.81	−149.30	−206.88	−334.62	−198.08
	1号墩底	max	−2 686.96	154.20	209.60	1 152.39	468.18
		min	−2 964.88	−149.38	−208.82	−1 156.59	−508.37
	2号墩顶	max	−2 798.63	130.18	219.04	290.67	154.86
		min	−3 088.01	−128.83	−217.27	−293.60	−185.42
	2号墩底	max	−2 985.94	130.26	221.95	1 217.34	421.43
		min	−3 275.33	−128.92	−220.19	−1 227.77	−457.70
3号墩	1号墩顶	max	−2 387.07	167.57	206.85	331.23	171.56
		min	−2 705.82	−164.85	−206.14	−332.49	−240.72
	1号墩底	max	−2 565.88	169.82	208.97	1 170.20	497.83
		min	−2 884.86	−167.09	−208.26	−1 174.33	−578.03
	2号墩顶	max	−3 352.82	143.80	217.10	289.01	152.97
		min	−3 671.66	−140.90	−215.91	−290.91	−225.56
	2号墩底	max	−3 544.91	146.32	220.16	1 234.04	444.05
		min	−3 863.92	−143.42	−218.97	−1 241.13	−529.26
	恒载+横向地震作用						

墩 号		取值	P/kN	V_2/kN	V_3/kN	M_2/(kN·m)	M_3/(kN·m)
1号墩	1号墩顶	max	−2 472.85	235.84	149.94	238.64	424.92
		min	−3 034.54	−233.93	−151.51	−236.51	−472.42
	1号墩底	max	−2 737.67	244.74	152.77	1 155.44	966.64
		min	−3 299.86	−242.83	−154.34	−1 143.91	−1 025.62
	2号墩顶	max	−3 190.09	208.92	153.19	205.49	397.50
		min	−3 782.55	−208.15	−154.10	−204.21	−451.01
	2号墩底	max	−3 468.10	218.47	156.69	1 186.04	896.80
		min	−4 061.19	−217.70	−157.60	−1 179.06	−955.16

续表

墩号		取值	P/kN	V_2/kN	V_3/kN	M_2/(kN·m)	M_3/(kN·m)
			恒载+横向地震作用				
2号墩	1号墩顶	max	-2 468.80	201.25	155.72	249.12	206.20
		min	-2 834.91	-196.43	-154.94	-250.23	-227.39
	1号墩底	max	-2 642.86	201.31	157.07	861.62	581.01
		min	-3 008.98	-196.49	-156.29	-865.81	-621.20
	2号墩顶	max	-2 753.31	170.46	163.53	217.17	186.91
		min	-3 133.33	-169.11	-161.76	-220.10	-217.48
	2号墩底	max	-2 940.61	170.52	165.54	906.29	526.16
		min	-3 320.66	-169.17	-163.77	-916.72	-562.44
3号墩	1号墩顶	max	-2 335.32	221.61	155.56	247.55	212.65
		min	-2 757.56	-218.88	-154.85	-248.81	-281.82
	1号墩底	max	-2 514.08	224.77	157.13	876.91	639.66
		min	-2 936.65	-222.05	-156.42	-881.04	-719.85
	2号墩顶	max	-3 307.46	190.08	162.04	216.36	196.19
		min	-3 717.02	-187.18	-160.85	-218.26	-268.78
	2号墩底	max	-3 499.52	193.62	164.15	919.54	575.05
		min	-3 909.31	-190.72	-162.95	-926.63	-660.27

表 9.8 恒载+E2 地震作用下桥墩关键截面内力

墩号		取值	P/kN	V_2/kN	V_3/kN	M_2/(kN·m)	M_3/(kN·m)
			恒载+纵向地震作用				
1号墩	1号墩顶	max	-2 321.98	361.30	420.47	666.80	664.66
		min	-3 185.41	-359.39	-422.04	-664.67	-712.15
	1号墩底	max	-2 586.77	371.59	427.84	3 220.14	1 521.97
		min	-3 450.77	-369.67	-429.41	-3 208.60	-1 580.95
	2号墩顶	max	-3 027.07	320.89	430.09	574.88	620.68
		min	-3 945.58	-320.12	-431.00	-573.60	-674.18
	2号墩底	max	-3 305.02	331.93	439.47	3 316.62	1 412.47
		min	-4 224.27	-331.15	-440.38	-3 309.64	-1 470.83
2号墩	1号墩顶	max	-2 355.34	326.51	431.80	694.12	386.06
		min	-2 948.37	-321.69	-431.02	-695.24	-407.25
	1号墩底	max	-2 529.40	326.65	435.20	2 398.98	1 018.88
		min	-3 122.44	-321.83	-434.42	-2 403.17	-1 059.06
	2号墩顶	max	-2 635.08	277.32	452.61	607.47	345.67
		min	-3 251.55	-275.97	-450.84	-610.40	-376.24
	2号墩底	max	-2 822.39	277.47	457.72	2 528.51	917.49
		min	-3 438.88	-276.12	-455.95	-2 538.95	-953.76

续表

墩号		取值	P/kN	V_2/kN	V_3/kN	M_2/(kN·m)	M_3/(kN·m)
	恒载+纵向地震作用						
3号墩	1号墩顶	max	-2 214.03	349.36	429.93	689.29	395.96
		min	-2 878.85	-346.64	-429.22	-690.55	-465.12
	1号墩底	max	-2 392.76	353.25	433.63	2 434.78	1 084.10
		min	-3 057.97	-350.53	-432.92	-2 438.92	-1 164.30
	2号墩顶	max	-3 179.35	299.46	448.76	603.34	359.19
		min	-3 845.13	-296.56	-447.57	-605.24	-431.79
	2号墩底	max	-3 371.38	303.81	454.13	2 560.44	974.25
		min	-4 037.45	-300.91	-452.94	-2 567.53	-1 059.47
	恒载+横向地震作用						
墩号		取值	P/kN	V_2/kN	V_3/kN	M_2/(kN·m)	M_3/(kN·m)
1号墩	1号墩顶	max	-2 172.73	485.29	313.57	497.77	900.11
		min	-3 334.66	-483.38	-315.14	-495.64	-947.61
	1号墩底	max	-2 437.37	500.96	318.54	2 402.23	2 018.43
		min	-3 600.17	-499.05	-320.11	-2 390.69	-2 077.40
	2号墩顶	max	-2 875.06	430.50	319.24	430.19	846.62
		min	-4 097.58	-429.73	-320.14	-428.91	-900.13
	2号墩底	max	-3 152.83	447.30	325.39	2 464.13	1 873.89
		min	-4 376.46	-446.53	-326.29	-2 457.15	-1 932.25
2号墩	1号墩顶	max	-2 260.79	427.34	324.52	520.12	451.01
		min	-3 042.92	-422.52	-323.74	-521.24	-472.20
	1号墩底	max	-2 434.85	427.44	326.87	1 799.19	1 262.78
		min	-3 216.99	-422.62	-326.09	-1 803.39	-1 302.96
	2号墩顶	max	-2 537.80	363.50	338.67	455.46	415.74
		min	-3 348.84	-362.16	-336.90	-458.39	-446.30
	2号墩底	max	-2 725.10	363.62	342.17	1 889.57	1 143.64
		min	-3 536.17	-362.27	-340.41	-1 900.00	-1 179.92
3号墩	1号墩顶	max	-2 106.10	461.88	323.93	516.83	482.05
		min	-2 986.79	-459.16	-323.21	-518.09	-551.22
	1号墩底	max	-2 284.74	467.36	326.66	1 829.69	1 379.05
		min	-3 165.99	-464.64	-325.95	-1 833.83	-1 459.25
	2号墩顶	max	-3 082.31	395.84	335.82	453.07	449.23
		min	-3 942.17	-392.94	-334.63	-454.98	-521.83
	2号墩底	max	-3 274.29	401.97	339.51	1 914.79	1 246.62
		min	-4 134.55	-399.07	-338.31	-1 921.88	-1 331.84

9.5.2.2 桥墩强度验算

对 1~3 号桥墩进行桥墩关键截面的强度验算，验算结果见表 9.9~表 9.12。本部分内容结合有限元分析方法进行，通过分析不同轴压荷载作用下设计截面的弯矩曲率关系，得出其抗弯承载能力，其设计截面模型和弯矩-曲率关系分别如图 9.15 和图 9.16 所示。结果表明，在 E1 和 E2 纵向地震作用下，桥墩均处于弹性工作状态，桥墩抗剪承载力均满足要求。

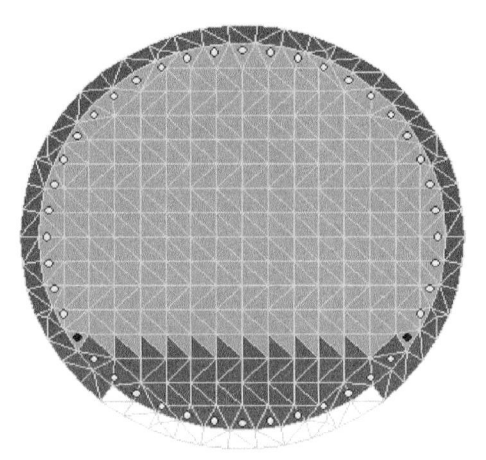

图 9.15 设计截面模型

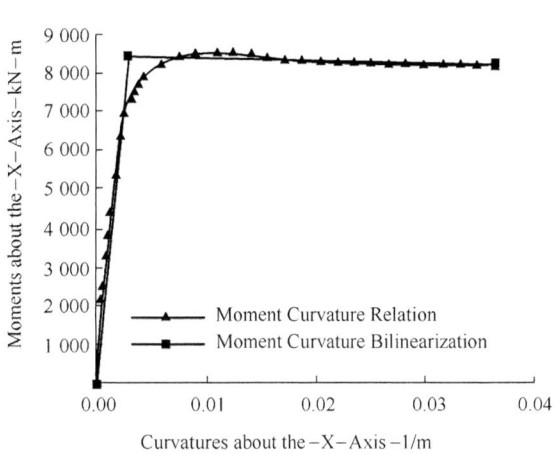

图 9.16 弯矩-曲率关系

桥墩截面沿纵桥向和横桥向的斜截面抗剪强度应按下列公式计算：

$$V \leqslant \left(\frac{1.75}{\lambda + 1} f_t b h_0 + f_{yv} \frac{A_{sv}}{s} h_0 + 0.07N \right) / \gamma_{RE} \qquad (9.3)$$

式中：λ——偏心受压构件计算截面的剪跨比，取为 $M/(Vh_0)$，当 $\lambda<1.5$ 时取 1.5，当 $\lambda>3$ 时取 3；

N——与剪力值 V 相应的轴向压力值，当 $N>0.3f_c A$ 时，取为 $0.3f_c A$，此处，A 为构件的截面面积，f_c 为混凝土轴心抗压强度设计值；

f_t——混凝土的轴心抗拉强度设计值；

b——截面宽度，圆形截面取 $1.76r$，r 为圆形截面的半径；

h_0——截面的有效高度，圆形截面取 $1.6r$；

f_{yv}——箍筋的抗拉强度设计值；

A_{sv}——同一截面内箍筋的总面积；

s——沿构件长度方向的箍筋间距；

γ_{RE}——承载力抗震调整系数。

表 9.9　恒载+E1 地震作用下桥墩抗弯承载力验算

墩　号		取值	P/kN	M_2/kN	M_3/(kN·m)	抗弯承载力/(kN·m)	抗弯结果
恒载+纵向地震作用							
1号墩	1号墩顶	max	−2 545.73	320.74	309.33	4 176.00	弹性
		min	−2 961.66	−318.61	−356.83	4 375.00	弹性
	1号墩底	max	−2 810.64	1 554.07	721.45	4 291.00	弹性
		min	−3 226.90	−1 542.53	−780.43	4 472.00	弹性
	2号墩顶	max	−3 263.92	275.44	286.51	4 487.00	弹性
		min	−3 708.72	−274.16	−340.01	4 674.00	弹性
	2号墩底	max	−3 542.03	1 602.73	668.85	4 603.00	弹性
		min	−3 987.26	−1 595.75	−727.21	4 789.00	弹性
2号墩	1号墩顶	max	−2 512.90	333.51	176.89	4 161.00	弹性
		min	−2 790.81	−334.62	−198.08	4 281.00	弹性
	1号墩底	max	−2 686.96	1 152.39	468.18	4 237.00	弹性
		min	−2 964.88	−1 156.59	−508.37	4 358.00	弹性
	2号墩顶	max	−2 798.63	290.67	154.86	4 284.00	弹性
		min	−3 088.01	−293.60	−185.42	4 411.00	弹性
	2号墩底	max	−2 985.94	1 217.34	421.43	4 366.00	弹性
		min	−3 275.33	−1 227.77	−457.70	4 490.00	弹性
3号墩	1号墩顶	max	−2 387.07	331.23	171.56	4 107.00	弹性
		min	−2 705.82	−332.49	−240.72	4 245.00	弹性
	1号墩底	max	−2 565.88	1 170.20	497.83	4 184.00	弹性
		min	−2 884.86	−1 174.33	−578.03	4 322.00	弹性
	2号墩顶	max	−3 352.82	289.01	152.97	4 524.00	弹性
		min	−3 671.66	−290.91	−225.56	4 658.00	弹性
	2号墩底	max	−3 544.91	1 234.04	444.05	4 606.00	弹性
		min	−3 863.92	−1 241.13	−529.26	4 737.00	弹性
恒载+横向地震作用							
墩　号		取值	P/kN	M_2/kN	M_3/(kN·m)	抗弯承载力/(kN·m)	抗弯结果
1号墩	1号墩顶	max	−2 472.85	238.64	424.92	4 144.00	弹性
		min	−3 034.54	−236.51	−472.42	4 389.00	弹性
	1号墩底	max	−2 737.67	1 155.44	966.64	4 258.00	弹性
		min	−3 299.86	−1 143.91	−1 025.62	4 502.00	弹性
	2号墩顶	max	−3 190.09	205.49	397.50	4 455.00	弹性
		min	−3 782.55	−204.21	−451.01	4 704.00	弹性
	2号墩底	max	−3 468.10	1 186.04	896.80	4 573.00	弹性
		min	−4 061.19	−1 179.06	−955.16	4 817.00	弹性

续表

墩号		取值	P/kN	M_2/kN	M_3/(kN·m)	抗弯承载力/(kN·m)	抗弯结果
恒载+横向地震作用							
2号墩	1号墩顶	max	-2 468.80	249.12	206.20	4 140.00	弹性
		min	-2 834.91	-250.23	-227.39	4 301.00	弹性
	1号墩底	max	-2 642.86	861.62	581.01	4 219.00	弹性
		min	-3 008.98	-865.81	-621.20	4 376.00	弹性
	2号墩顶	max	-2 753.31	217.17	186.91	4 263.00	弹性
		min	-3 133.33	-220.10	-217.48	4 430.00	弹性
	2号墩底	max	-2 940.61	906.29	526.16	4 346.00	弹性
		min	-3 320.66	-916.72	-562.44	4 512.00	弹性
3号墩	1号墩顶	max	-2 335.32	247.55	212.65	4 083.00	弹性
		min	-2 757.56	-248.81	-281.82	4 268.00	弹性
	1号墩底	max	-2 514.08	876.91	639.66	4 161.00	弹性
		min	-2 936.65	-881.04	-719.85	4 343.00	弹性
	2号墩顶	max	-3 307.46	216.36	196.19	4 505.00	弹性
		min	-3 717.02	-218.26	-268.78	4 677.00	弹性
	2号墩底	max	-3 499.52	919.54	575.05	4 587.00	弹性
		min	-3 909.31	-926.63	-660.27	4 756.00	弹性

表 9.10　恒载+E1 地震作用下桥墩抗剪承载力验算

墩号		取值	P/kN	V_2/kN	V_3/(kN·m)	抗剪承载力/(kN·m)	抗剪结果
恒载+纵向地震作用							
1号墩	1号墩顶	max	-2 545.73	174.97	201.98	568.91	满足
		min	-2 961.66	-173.06	-203.55	591.31	满足
	1号墩底	max	-2 810.64	180.84	206.17	582.75	满足
		min	-3 226.90	-178.92	-207.74	605.15	满足
	2号墩顶	max	-3 263.92	155.13	207.38	607.59	满足
		min	-3 708.72	-154.36	-208.29	631.54	满足
	2号墩底	max	-3 542.03	161.42	212.70	622.19	满足
		min	-3 987.26	-160.65	-213.61	646.12	满足
2号墩	1号墩顶	max	-2 512.90	154.12	207.66	567.15	满足
		min	-2 790.81	-149.30	-206.88	582.11	满足
	1号墩底	max	-2 686.96	154.20	209.60	576.37	满足
		min	-2 964.88	-149.38	-208.82	591.28	满足
	2号墩顶	max	-2 798.63	130.18	219.04	582.53	满足
		min	-3 088.01	-128.83	-217.27	598.11	满足
	2号墩底	max	-2 985.94	130.26	221.95	592.58	满足
		min	-3 275.33	-128.92	-220.19	608.10	满足

续表

墩号		取值	P/kN	V_2/kN	V_3/(kN·m)	抗剪承载力/(kN·m)	抗剪结果
	恒载+纵向地震作用						
3号墩	1号墩顶	max	−2 387.07	167.57	206.85	560.37	满足
		min	−2 705.82	−164.85	−206.14	577.53	满足
	1号墩底	max	−2 565.88	169.82	208.97	569.81	满足
		min	−2 884.86	−167.09	−208.26	586.88	满足
	2号墩顶	max	−3 352.82	143.80	217.10	612.37	满足
		min	−3 671.66	−140.90	−215.91	629.54	满足
	2号墩底	max	−3 544.91	146.32	220.16	622.64	满足
		min	−3 863.92	−143.42	−218.97	639.69	满足

墩号		取值	P/kN	V_2/kN	V_3/(kN·m)	抗剪承载力/(kN·m)	抗剪结果
	恒载+横向地震作用						
1号墩	1号墩顶	max	−2 472.85	235.84	149.94	564.99	满足
		min	−3 034.54	−233.93	−151.51	595.23	满足
	1号墩底	max	−2 737.67	244.74	152.77	578.80	满足
		min	−3 299.86	−242.83	−154.34	609.08	满足
	2号墩顶	max	−3 190.09	208.92	153.19	603.61	满足
		min	−3 782.55	−208.15	−154.10	635.51	满足
	2号墩底	max	−3 468.10	218.47	156.69	618.13	满足
		min	−4 061.19	−217.70	−157.60	650.07	满足
2号墩	1号墩顶	max	−2 468.80	201.25	155.72	564.77	满足
		min	−2 834.91	−196.43	−154.94	584.48	满足
	1号墩底	max	−2 642.86	201.31	157.07	573.70	满足
		min	−3 008.98	−196.49	−156.29	593.41	满足
	2号墩顶	max	−2 753.31	170.46	163.53	580.09	满足
		min	−3 133.33	−169.11	−161.76	600.55	满足
	2号墩底	max	−2 940.61	170.52	165.54	589.73	满足
		min	−3 320.66	−169.17	−163.77	610.20	满足
3号墩	1号墩顶	max	−2 335.32	221.61	155.56	557.58	满足
		min	−2 757.56	−218.88	−154.85	580.32	满足
	1号墩底	max	−2 514.08	224.77	157.13	566.76	满足
		min	−2 936.65	−222.05	−156.42	589.52	满足
	2号墩顶	max	−3 307.46	190.08	162.04	609.93	满足
		min	−3 717.02	−187.18	−160.85	631.98	满足
	2号墩底	max	−3 499.52	193.62	164.15	619.83	满足
		min	−3 909.31	−190.72	−162.95	641.89	满足

表 9.11 恒载+E2 地震作用下桥墩抗弯承载力验算

墩号		取值	P/kN	M_2/kN	M_3/kN	抗弯承载力/(kN·m)	抗弯结果
恒载+纵向地震作用							
1号墩	1号墩顶	max	-2 321.98	666.80	664.66	5 390.00	弹性
		min	-3 185.41	-664.67	-712.15	5 873.00	弹性
	1号墩底	max	-2 586.77	3 220.14	1 521.97	5 538.00	弹性
		min	-3 450.77	-3 208.60	-1 580.95	5 993.00	弹性
	2号墩顶	max	-3 027.07	574.88	620.68	5 789.00	弹性
		min	-3 945.58	-573.60	-674.18	6 210.00	弹性
	2号墩底	max	-3 305.02	3 316.62	1 412.47	5 927.00	弹性
		min	-4 224.27	-3 309.64	-1 470.83	6 332.00	弹性
2号墩	1号墩顶	max	-2 355.34	694.12	386.06	5 411.00	弹性
		min	-2 948.37	-695.24	-407.25	5 745.00	弹性
	1号墩底	max	-2 529.40	2 398.98	1 018.88	5 507.00	弹性
		min	-3 122.44	-2 403.17	-1 059.06	5 840.00	弹性
	2号墩顶	max	-2 635.08	607.47	345.67	5 567.00	弹性
		min	-3 251.55	-610.40	-376.24	5 903.00	弹性
	2号墩底	max	-2 822.39	2 528.51	917.49	5 675.00	弹性
		min	-3 438.88	-2 538.95	-953.76	5 986.00	弹性
3号墩	1号墩顶	max	-2 214.03	689.29	395.96	5 330.00	弹性
		min	-2 878.85	-690.55	-465.12	5 707.00	弹性
	1号墩底	max	-2 392.76	2 434.78	1 084.10	5 431.00	弹性
		min	-3 057.97	-2 438.92	-1 164.30	5 806.00	弹性
	2号墩顶	max	-3 179.35	603.34	359.19	5 869.00	弹性
		min	-3 845.13	-605.24	-431.79	6 167.00	弹性
	2号墩底	max	-3 371.38	2 560.44	974.25	5 956.00	弹性
		min	-4 037.45	-2 567.53	-1 059.47	6 250.00	弹性
恒载+横向地震作用							
墩号		取值	P/kN	M_2/kN	M_3/kN	抗弯承载力/(kN·m)	抗弯结果
1号墩	1号墩顶	max	-2 172.73	497.77	900.11	5 306.00	弹性
		min	-3 334.66	-495.64	-947.61	5 941.00	弹性
	1号墩底	max	-2 437.37	2 402.23	2 018.43	5 452.00	弹性
		min	-3 600.17	-2 390.69	-2 077.40	6 059.00	弹性
	2号墩顶	max	-2 875.06	430.19	846.62	5 699.00	弹性
		min	-4 097.58	-428.91	-900.13	6 278.00	弹性
	2号墩底	max	-3 152.83	2 464.13	1 873.89	5 857.00	弹性
		min	-4 376.46	-2 457.15	-1 932.25	6 403.00	弹性

续表

墩号		取值	P/kN	M_2/kN	M_3/kN	抗弯承载力/(kN·m)	抗弯结果
			恒载+横向地震作用				
2号墩	1号墩顶	max	-2 260.79	520.12	451.01	5 355.00	弹性
		min	-3 042.92	-521.24	-472.20	5 795.00	弹性
	1号墩底	max	-2 434.85	1 799.19	1 262.78	5 451.00	弹性
		min	-3 216.99	-1 803.39	-1 302.96	5 886.00	弹性
	2号墩顶	max	-2 537.80	455.46	415.74	5 509.00	弹性
		min	-3 348.84	-458.39	-446.30	5 946.00	弹性
	2号墩底	max	-2 725.10	1 889.57	1 143.64	5 611.00	弹性
		min	-3 536.17	-1 900.00	-1 179.92	6 033.00	弹性
3号墩	1号墩顶	max	-2 106.10	516.83	482.05	5 270.00	弹性
		min	-2 986.79	-518.09	-551.22	5 760.00	弹性
	1号墩底	max	-2 284.74	1 829.69	1 379.05	5 367.00	弹性
		min	-3 165.99	-1 833.83	-1 459.25	5 862.00	弹性
	2号墩顶	max	-3 082.31	453.07	449.23	5 816.00	弹性
		min	-3 942.17	-454.98	-521.83	6 212.00	弹性
	2号墩底	max	-3 274.29	1 914.79	1 246.62	5 913.00	弹性
		min	-4 134.55	-1 921.88	-1 331.84	6 294.00	弹性

表 9.12 恒载+E2 地震作用下桥墩抗剪承载力验算

墩号		取值	P/kN	V_2/kN	V_3/(kN·m)	抗剪承载力/(kN·m)	抗剪结果
			恒载+纵向地震作用				
1号墩	1号墩顶	max	-2 321.98	361.30	420.47	556.87	满足
		min	-3 185.41	-359.39	-422.04	603.36	满足
	1号墩底	max	-2 586.77	371.59	427.84	570.69	满足
		min	-3 450.77	-369.67	-429.41	617.20	满足
	2号墩顶	max	-3 027.07	320.89	430.09	594.83	满足
		min	-3 945.58	-320.12	-431.00	644.29	满足
	2号墩底	max	-3 305.02	331.93	439.47	609.42	满足
		min	-4 224.27	-331.15	-440.38	658.89	满足
2号墩	1号墩顶	max	-2 355.34	326.51	431.80	558.66	满足
		min	-2 948.37	-321.69	-431.02	590.59	满足
	1号墩底	max	-2 529.40	326.65	435.20	567.85	满足
		min	-3 122.44	-321.83	-434.42	599.76	满足
	2号墩顶	max	-2 635.08	277.32	452.61	573.72	满足
		min	-3 251.55	-275.97	-450.84	606.92	满足
	2号墩底	max	-2 822.39	277.47	457.72	583.73	满足
		min	-3 438.88	-276.12	-455.95	616.90	满足

续表

恒载+纵向地震作用						
墩 号	取值	P/kN	V_2/kN	V_3/(kN·m)	抗剪承载力/(kN·m)	抗剪结果
3号墩	1号墩顶 max	-2 214.03	349.36	429.93	551.05	满足
	1号墩顶 min	-2 878.85	-346.64	-429.22	586.85	满足
	1号墩底 max	-2 392.76	353.25	433.63	560.45	满足
	1号墩底 min	-3 057.97	-350.53	-432.92	596.22	满足
	2号墩顶 max	-3 179.35	299.46	448.76	603.03	满足
	2号墩顶 min	-3 845.13	-296.56	-447.57	638.88	满足
	2号墩底 max	-3 371.38	303.81	454.13	613.25	满足
	2号墩底 min	-4 037.45	-300.91	-452.94	649.06	满足

恒载+横向地震作用						
墩 号	取值	P/kN	V_2/kN	V_3/(kN·m)	抗剪承载力/(kN·m)	抗剪结果
1号墩	1号墩顶 max	-2 172.73	485.29	313.57	548.83	满足
	1号墩顶 min	-3 334.66	-483.38	-315.14	611.39	满足
	1号墩底 max	-2 437.37	500.96	318.54	562.63	满足
	1号墩底 min	-3 600.17	-499.05	-320.11	625.25	满足
	2号墩顶 max	-2 875.06	430.50	319.24	586.65	满足
	2号墩顶 min	-4 097.58	-429.73	-320.14	652.47	满足
	2号墩底 max	-3 152.83	447.30	325.39	601.16	满足
	2号墩底 min	-4 376.46	-446.53	-326.29	667.05	满足
2号墩	1号墩顶 max	-2 260.79	427.34	324.52	553.57	满足
	1号墩顶 min	-3 042.92	-422.52	-323.74	595.68	满足
	1号墩底 max	-2 434.85	427.44	326.87	562.50	满足
	1号墩底 min	-3 216.99	-422.62	-326.09	604.61	满足
	2号墩顶 max	-2 537.80	363.50	338.67	568.49	满足
	2号墩顶 min	-3 348.84	-362.16	-336.90	612.16	满足
	2号墩底 max	-2 725.10	363.62	342.17	578.13	满足
	2号墩底 min	-3 536.17	-362.27	-340.41	621.80	满足
3号墩	1号墩顶 max	-2 106.10	461.88	323.93	545.24	满足
	1号墩顶 min	-2 986.79	-459.16	-323.21	592.66	满足
	1号墩底 max	-2 284.74	467.36	326.66	554.42	满足
	1号墩底 min	-3 165.99	-464.64	-325.95	601.87	满足
	2号墩顶 max	-3 082.31	395.84	335.82	597.81	满足
	2号墩顶 min	-3 942.17	-392.94	-334.63	644.11	满足
	2号墩底 max	-3 274.29	401.97	339.51	607.70	满足
	2号墩底 min	-4 134.55	-399.07	-338.31	654.02	满足

9.5.3 支座的计算

9.5.3.1 支座变形和水平地震力

E1 和 E2 地震作用下，桥台与双柱式桥墩不同墩柱上支座的侧向变形见表 9.13 和表 9.14。支座编号如图 9.17 所示。

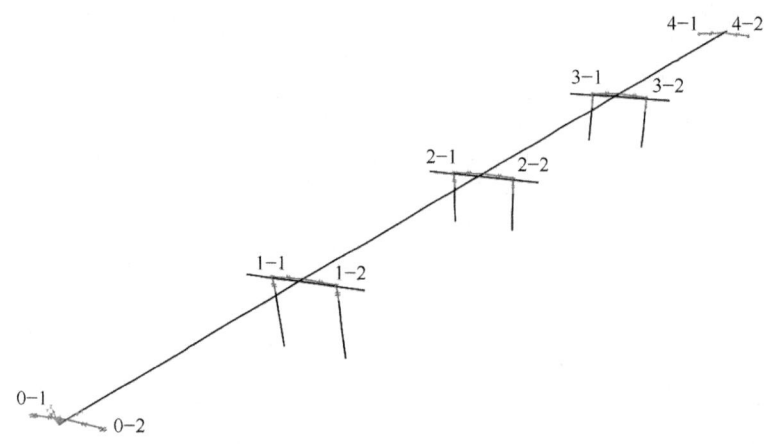

图 9.17 支座编号

表 9.13 恒载+E1 地震作用下支座变形　　　　单位：mm

恒载+纵向地震作用				恒载+横向地震作用			
位置		顺桥向	横桥向	位置		顺桥向	横桥向
0 号桥台	1(GYZ d650×150)	40.05	36.70	0 号桥台	1(GYZ d650×150)	37.13	39.14
	2(GYZ d800×171)	39.54	35.98		2(GYZ d800×171)	36.54	38.41
1 号桥墩	1(GYZ d800×171)	35.75	34.96	1 号桥墩	1(GYZ d800×171)	33.53	37.92
	2(GYZ d800×171)	36.02	35.04		2(GYZ d800×171)	33.83	38.05
2 号桥墩	1(GYZ d800×171)	37.47	35.55	2 号桥墩	1(GYZ d800×171)	34.84	38.40
	2(GYZ d800×171)	37.50	36.23		2(GYZ d800×171)	34.93	39.10
3 号桥墩	1(GYZ d800×171)	37.39	34.91	3 号桥墩	1(GYZ d800×171)	34.74	37.82
	2(GYZ d800×171)	37.42	35.43		2(GYZ d800×171)	34.89	38.36
4 号桥台	1(GYZ d800×171)	39.13	35.38	4 号桥台	1(GYZ d800×171)	36.13	38.12
	2(GYZ d650×150)	39.77	34.41		2(GYZ d650×150)	36.88	37.13

表 9.14 恒载+E2 地震作用下支座变形　　　　单位：mm

恒载+纵向地震作用				恒载+横向地震作用			
位置		顺桥向	横桥向	位置		顺桥向	横桥向
0 号桥台	1(GYZ d650×150)	83.60	77.27	0 号桥台	1(GYZ d650×150)	77.36	82.48
	2(GYZ d800×171)	83.16	76.62		2(GYZ d800×171)	76.77	81.82

续表

位置		恒载+纵向地震作用		位置		恒载+横向地震作用	
		顺桥向	横桥向			顺桥向	横桥向
1号桥墩	1(GYZ d800×171)	76.07	73.54	1号桥墩	1(GYZ d800×171)	71.35	79.88
	2(GYZ d800×171)	76.20	73.58		2(GYZ d800×171)	71.54	80.01
2号桥墩	1(GYZ d800×171)	79.62	75.22	2号桥墩	1(GYZ d800×171)	74.01	81.31
	2(GYZ d800×171)	79.58	75.83		2(GYZ d800×171)	74.08	81.96
3号桥墩	1(GYZ d800×171)	79.50	73.84	3号桥墩	1(GYZ d800×171)	73.84	80.07
	2(GYZ d800×171)	79.42	74.22		2(GYZ d800×171)	74.01	80.48
4号桥台	1(GYZ d800×171)	82.71	74.23	4号桥台	1(GYZ d800×171)	76.30	80.09
	2(GYZ d650×150)	83.38	73.13		2(GYZ d650×150)	77.19	78.94

E1和E2地震作用下,支座的水平地震力见表9.15和表9.16。

表 9.15　恒载+E1 地震作用下支座水平地震力　　单位:kN

位置		恒载+纵向地震作用			位置		恒载+横向地震作用		
		取值	顺桥向	横桥向			取值	顺桥向	横桥向
0号桥台	1(GYZ d650×150)	max	140.55	128.81	0号桥台	1(GYZ d650×150)	max	130.30	137.36
		min	-128.21	-121.52			min	-117.96	-130.06
	2(GYZ d800×171)	max	177.52	159.30		2(GYZ d800×171)	max	164.08	170.21
		min	-166.92	-161.55			min	-153.48	-172.47
1号桥墩	1(GYZ d800×171)	max	160.51	156.97	1号桥墩	1(GYZ d800×171)	max	150.57	170.27
		min	-158.00	-147.73			min	-148.06	-161.03
	2(GYZ d800×171)	max	155.73	147.01		2(GYZ d800×171)	max	145.90	160.50
		min	-161.72	-157.34			min	-151.90	-170.83
2号桥墩	1(GYZ d800×171)	max	168.23	159.64	2号桥墩	1(GYZ d800×171)	max	156.44	172.42
		min	-164.61	-153.57			min	-152.82	-166.35
	2(GYZ d800×171)	max	163.87	149.99		2(GYZ d800×171)	max	152.33	162.86
		min	-168.36	-162.68			min	-156.82	-175.54
3号桥墩	1(GYZ d800×171)	max	167.87	156.73	3号桥墩	1(GYZ d800×171)	max	155.99	169.80
		min	-164.60	-150.68			min	-152.73	-163.75
	2(GYZ d800×171)	max	163.58	147.20		2(GYZ d800×171)	max	152.23	160.34
		min	-168.01	-159.08			min	-156.66	-172.22
4号桥台	1(GYZ d800×171)	max	168.38	158.87	4号桥台	1(GYZ d800×171)	max	154.93	171.17
		min	-175.68	-147.80			min	-162.23	-160.10
	2(GYZ d650×150)	max	129.47	118.18		2(GYZ d650×150)	max	119.30	127.72
		min	-139.58	-120.76			min	-129.42	-130.30

表 9.16　恒载+E2 地震作用下支座水平地震力　　　　　　　　单位：kN

位置		取值	顺桥向	横桥向	位置		取值	顺桥向	横桥向
0号桥台	1(GYZ d650×150)	max	293.40	271.18	0号桥台	1(GYZ d650×150)	max	271.50	289.45
		min	−281.06	−263.89			min	−259.16	−282.16
	2(GYZ d800×171)	max	373.41	341.78		2(GYZ d800×171)	max	344.69	365.11
		min	−362.81	−344.03			min	−334.08	−367.37
1号桥墩	1(GYZ d800×171)	max	341.57	330.22	1号桥墩	1(GYZ d800×171)	max	320.35	358.66
		min	−339.06	−320.98			min	−317.85	−349.42
	2(GYZ d800×171)	max	336.16	320.05		2(GYZ d800×171)	max	315.22	348.91
		min	−342.15	−330.38			min	−321.21	−359.24
2号桥墩	1(GYZ d800×171)	max	357.51	337.76	2号桥墩	1(GYZ d800×171)	max	332.32	365.09
		min	−353.89	−331.69			min	−328.70	−359.02
	2(GYZ d800×171)	max	352.80	327.81		2(GYZ d800×171)	max	328.15	355.31
		min	−357.30	−340.49			min	−332.64	−368.00
3号桥墩	1(GYZ d800×171)	max	356.94	331.55	3号桥墩	1(GYZ d800×171)	max	331.56	359.51
		min	−353.67	−325.50			min	−328.30	−353.46
	2(GYZ d800×171)	max	352.16	321.39		2(GYZ d800×171)	max	327.89	349.48
		min	−356.58	−333.27			min	−332.32	−361.35
4号桥台	1(GYZ d800×171)	max	364.07	333.29	4号桥台	1(GYZ d800×171)	max	335.31	359.59
		min	−371.37	−322.22			min	−342.61	−348.52
	2(GYZ d650×150)	max	282.49	254.07		2(GYZ d650×150)	max	260.76	274.47
		min	−292.60	−256.65			min	−270.88	−277.05

上部结构重力在支座上产生的反力取绝对值的最大值如表 9.17 所示。

表 9.17　上部结构重力在支座上产生的反力　　　　　　　　单位：kN

位置	恒载	
		取值 R_b
0号桥台	1(GYZ d650×150)	−1 445.07
	2(GYZ d800×171)	−704.46
1号桥墩	1(GYZ d800×171)	−2 404.36
	2(GYZ d800×171)	−3 142.55
2号桥墩	1(GYZ d800×171)	−2 307.40
	2(GYZ d800×171)	−2 594.66
3号桥墩	1(GYZ d800×171)	−2 193.81
	2(GYZ d800×171)	−3 171.76
4号桥台	1(GYZ d800×171)	−1 751.77
	2(GYZ d650×150)	−471.44

9.5.3.2 支座验算

对于板式橡胶支座,应按下列要求进行板式橡胶支座的抗震验算。

支座厚度按下式进行验算:

$$\Sigma t \geqslant \frac{X_0}{\tan\gamma} = X_0 \tag{9.4}$$

式中:Σt——橡胶层的总厚度(m);

$\tan\gamma$——橡胶片剪切角正切值,取 $\tan\gamma = 1.0$;

X_0——对应水准地震作用效应和永久作用效应组合后橡胶支座顶面相对于底面的水平位移(m)。

支座抗滑稳定性按下式进行验算:

$$\mu_d R_b \geqslant E_{hzb} \tag{9.5}$$

式中:μ_d——支座的摩阻系数,橡胶支座与混凝土表面的动摩阻系数采用 0.15,与钢板的动摩阻系数采用 0.10;

R_b——上部结构重力在支座上产生的反力(kN);

E_{hzb}——对应水准地震作用效应和永久作用效应组合后橡胶支座的水平地震力(kN)。

E1 和 E2 地震作用下的支座厚度验算结果如表 9.18 和表 9.19 所示,支座抗滑稳定性验算结果如表 9.20 和表 9.21 所示。结果表明:在 E1 和 E2 地震作用下,支座变形均满足要求;在 E1 地震作用下,桥台处支座不满足抗滑稳定性要求;在 E2 地震作用下,桥墩处的支座也会产生滑移。

考虑到支座的摩擦滑移位移较大,应增设限位措施,建议采用双层挡块或分级凹槽措施。在非线性时程分析中,考虑板式橡胶支座的摩擦滑移特性,支座采用双线性模型。

表 9.18 恒载+E1 地震作用下支座厚度验算 单位:mm

恒载+纵向地震作用					
位 置		X_2	X_3	Σt	验算结果
0 号桥台	1(GYZ d650×150)	40.05	36.70	110	满足
	2(GYZ d800×171)	39.54	35.98	131	满足
1 号桥墩	1(GYZ d800×171)	35.75	34.96	131	满足
	2(GYZ d800×171)	36.02	35.04	131	满足
2 号桥墩	1(GYZ d800×171)	37.47	35.55	131	满足
	2(GYZ d800×171)	37.50	36.23	131	满足
3 号桥墩	1(GYZ d800×171)	37.39	34.91	131	满足
	2(GYZ d800×171)	37.42	35.43	131	满足
4 号桥台	1(GYZ d800×171)	39.13	35.38	131	满足
	2(GYZ d650×150)	39.77	34.41	110	满足

续表

恒载+纵向地震作用					
位置		X_2	X_3	$\sum t$	验算结果
0 号桥台	1(GYZ d650×150)	37.13	39.14	110	满足
	2(GYZ d800×171)	36.54	38.41	131	满足
1 号桥墩	1(GYZ d800×171)	33.53	37.92	131	满足
	2(GYZ d800×171)	33.83	38.05	131	满足
2 号桥墩	1(GYZ d800×171)	34.84	38.40	131	满足
	2(GYZ d800×171)	34.93	39.10	131	满足
3 号桥墩	1(GYZ d800×171)	34.74	37.82	131	满足
	2(GYZ d800×171)	34.89	38.36	131	满足
4 号桥台	1(GYZ d800×171)	36.13	38.12	131	满足
	2(GYZ d650×150)	36.88	37.13	110	满足

表 9.19 恒载+E2 地震作用下支座厚度验算　　　　　　单位：mm

恒载+纵向地震作用					
位置		X_2	X_3	$\sum t$	验算结果
0 号桥台	1(GYZ d650×150)	83.60	77.27	110	满足
	2(GYZ d800×171)	83.16	76.62	131	满足
1 号桥墩	1(GYZ d800×171)	76.07	73.54	131	满足
	2(GYZ d800×171)	76.20	73.58	131	满足
2 号桥墩	1(GYZ d800×171)	79.62	75.22	131	满足
	2(GYZ d800×171)	79.58	75.83	131	满足
3 号桥墩	1(GYZ d800×171)	79.50	73.84	131	满足
	2(GYZ d800×171)	79.42	74.22	131	满足
4 号桥台	1(GYZ d800×171)	82.71	74.23	131	满足
	2(GYZ d650×150)	83.38	73.13	110	满足
恒载+横向地震作用					
位置		X_2	X_3	$\sum t$	验算结果
0 号桥台	1(GYZ d650×150)	77.36	82.48	110	满足
	2(GYZ d800×171)	76.77	81.82	131	满足
1 号桥墩	1(GYZ d800×171)	71.35	79.88	131	满足
	2(GYZ d800×171)	71.54	80.01	131	满足
2 号桥墩	1(GYZ d800×171)	74.01	81.31	131	满足
	2(GYZ d800×171)	74.08	81.96	131	满足
3 号桥墩	1(GYZ d800×171)	73.84	80.07	131	满足
	2(GYZ d800×171)	74.01	80.48	131	满足
4 号桥台	1(GYZ d800×171)	76.30	80.09	131	满足
	2(GYZ d650×150)	77.19	78.94	110	满足

表 9.20　恒载+E1 地震作用下支座抗滑稳定性验算　　　　　　　　单位：kN

恒载+纵向地震作用							
位　置		取值	E_{hzb2}	E_{hzb3}	$\mu_d R_b$	验算结果 2	验算结果 3
0 号桥台	1(GYZ d650×150)	max	140.55	128.81	-216.76	满足	满足
		min	-128.21	-121.52	-216.76	满足	满足
	2(GYZ d800×171)	max	177.52	159.30	-105.67	不满足	不满足
		min	-166.92	-161.55	-105.67	不满足	不满足
1 号桥墩	1(GYZ d800×171)	max	160.51	156.97	-360.65	满足	满足
		min	-158.00	-147.73	-360.65	满足	满足
	2(GYZ d800×171)	max	155.73	147.01	-471.38	满足	满足
		min	-161.72	-157.34	-471.38	满足	满足
2 号桥墩	1(GYZ d800×171)	max	168.23	159.64	-346.11	满足	满足
		min	-164.61	-153.57	-346.11	满足	满足
	2(GYZ d800×171)	max	163.87	149.99	-389.20	满足	满足
		min	-168.36	-162.68	-389.20	满足	满足
3 号桥墩	1(GYZ d800×171)	max	167.87	156.73	-329.07	满足	满足
		min	-164.60	-150.68	-329.07	满足	满足
	2(GYZ d800×171)	max	163.58	147.20	-475.76	满足	满足
		min	-168.01	-159.08	-475.76	满足	满足
4 号桥台	1(GYZ d800×171)	max	168.38	158.87	-262.77	满足	满足
		min	-175.68	-147.80	-262.77	满足	满足
	2(GYZ d650×150)	max	129.47	118.18	-70.72	不满足	不满足
		min	-139.58	-120.76	-70.72	不满足	不满足
恒载+横向地震作用							
位　置		取值	E_{hzb2}	E_{hzb3}	$\mu_d R_b$	验算结果 2	验算结果 3
0 号桥台	1(GYZ d650×150)	max	130.30	137.36	-216.76	满足	满足
		min	-117.96	-130.06	-216.76	满足	满足
	2(GYZ d800×171)	max	164.08	170.21	-105.67	不满足	不满足
		min	-153.48	-172.47	-105.67	不满足	不满足
1 号桥墩	1(GYZ d800×171)	max	150.57	170.27	-360.65	满足	满足
		min	-148.06	-161.03	-360.65	满足	满足
	2(GYZ d800×171)	max	145.90	160.50	-471.38	满足	满足
		min	-151.90	-170.83	-471.38	满足	满足
2 号桥墩	1(GYZ d800×171)	max	156.44	172.42	-346.11	满足	满足
		min	-152.82	-166.35	-346.11	满足	满足
	2(GYZ d800×171)	max	152.33	162.86	-389.20	满足	满足
		min	-156.82	-175.54	-389.20	满足	满足

续表

位置		取值	E_{hzb2}	E_{hzb3}	$\mu_d R_b$	验算结果2	验算结果3
恒载+横向地震作用							
3号桥墩	1(GYZ d800×171)	max	155.99	169.80	-329.07	满足	满足
		min	-152.73	-163.75	-329.07	满足	满足
	2(GYZ d800×171)	max	152.23	160.34	-475.76	满足	满足
		min	-156.66	-172.22	-475.76	满足	满足
4号桥台	1(GYZ d800×171)	max	154.93	171.17	-262.77	满足	满足
		min	-162.23	-160.10	-262.77	满足	满足
	2(GYZ d650×150)	max	119.30	127.72	-70.72	不满足	不满足
		min	-129.42	-130.30	-70.72	不满足	不满足

表 9.21 恒载+E2 地震作用下支座抗滑稳定性验算 单位：kN

位置		取值	E_{hzb2}	E_{hzb3}	$\mu_d R_b$	验算结果2	验算结果3
恒载+纵向地震作用							
0号桥台	1(GYZ d650×150)	max	293.40	271.18	-216.76	不满足	不满足
		min	-281.06	-263.89	-216.76	不满足	不满足
	2(GYZ d800×171)	max	373.41	341.78	-105.67	不满足	不满足
		min	-362.81	-344.03	-105.67	不满足	不满足
1号桥墩	1(GYZ d800×171)	max	341.57	330.22	-360.65	满足	满足
		min	-339.06	-320.98	-360.65	满足	满足
	2(GYZ d800×171)	max	336.16	320.05	-471.38	满足	满足
		min	-342.15	-330.38	-471.38	满足	满足
2号桥墩	1(GYZ d800×171)	max	357.51	337.76	-346.11	不满足	满足
		min	-353.89	-331.69	-346.11	不满足	满足
	2(GYZ d800×171)	max	352.80	327.81	-389.20	满足	满足
		min	-357.30	-340.49	-389.20	满足	满足
3号桥墩	1(GYZ d800×171)	max	356.94	331.55	-329.07	不满足	不满足
		min	-353.67	-325.50	-329.07	不满足	不满足
	2(GYZ d800×171)	max	352.16	321.39	-475.76	满足	满足
		min	-356.58	-333.27	-475.76	满足	满足
4号桥台	1(GYZ d800×171)	max	364.07	333.29	-262.77	不满足	不满足
		min	-371.37	-322.22	-262.77	不满足	不满足
	2(GYZ d650×150)	max	282.49	254.07	-70.72	不满足	不满足
		min	-292.60	-256.65	-70.72	不满足	不满足

续表

			恒载+横向地震作用				
位 置		取值	E_{hzb2}	E_{hzb3}	$\mu_d R_b$	验算结果2	验算结果3
0号桥台	1(GYZ d650×150)	max	271.50	289.45	-216.76	不满足	不满足
		min	-259.16	-282.16	-216.76	不满足	不满足
	2(GYZ d800×171)	max	344.69	365.11	-105.67	不满足	不满足
		min	-334.08	-367.37	-105.67	不满足	不满足
1号桥墩	1(GYZ d800×171)	max	320.35	358.66	-360.65	满足	满足
		min	-317.85	-349.42	-360.65	满足	满足
	2(GYZ d800×171)	max	315.22	348.91	-471.38	满足	满足
		min	-321.21	-359.24	-471.38	满足	满足
2号桥墩	1(GYZ d800×171)	max	332.32	365.09	-346.11	满足	不满足
		min	-328.70	-359.02	-346.11	满足	不满足
	2(GYZ d800×171)	max	328.15	355.31	-389.20	满足	满足
		min	-332.64	-368.00	-389.20	满足	满足
3号桥墩	1(GYZ d800×171)	max	331.56	359.51	-329.07	不满足	不满足
		min	-328.30	-353.46	-329.07	不满足	不满足
	2(GYZ d800×171)	max	327.89	349.48	-475.76	满足	满足
		min	-332.32	-361.35	-475.76	满足	满足
4号桥台	1(GYZ d800×171)	max	335.31	359.59	-262.77	不满足	不满足
		min	-342.61	-348.52	-262.77	不满足	不满足
	2(GYZ d650×150)	max	260.76	274.47	-70.72	不满足	不满足
		min	-270.88	-277.05	-70.72	不满足	不满足

9.6 非线性动力时程分析

9.6.1 非线性时程分析地震动输入

根据连续梁桥示例二的设计反应谱,得到E2地震作用下相应的三条加速度时程曲线如图9.18所示,地震输入采用纵桥向和横桥向两种方式。

板式橡胶支座近似采用理想弹塑性连接单元进行模拟,其恢复力模型如图9.19所示。

板式橡胶支座临界滑动摩擦力F_{max}按下式计算:

$$F_{max} = \mu_d R \tag{9.6}$$

式中:μ_d——摩擦系数,支座与混凝土接触取$\mu_d = 0.3$,支座与钢板接触取$\mu_d = 0.2$,聚四氟乙烯板与不锈钢接触(加硅脂)取$\mu_d = 0.06$;

R——支座所承担的上部结构恒载(kN)。

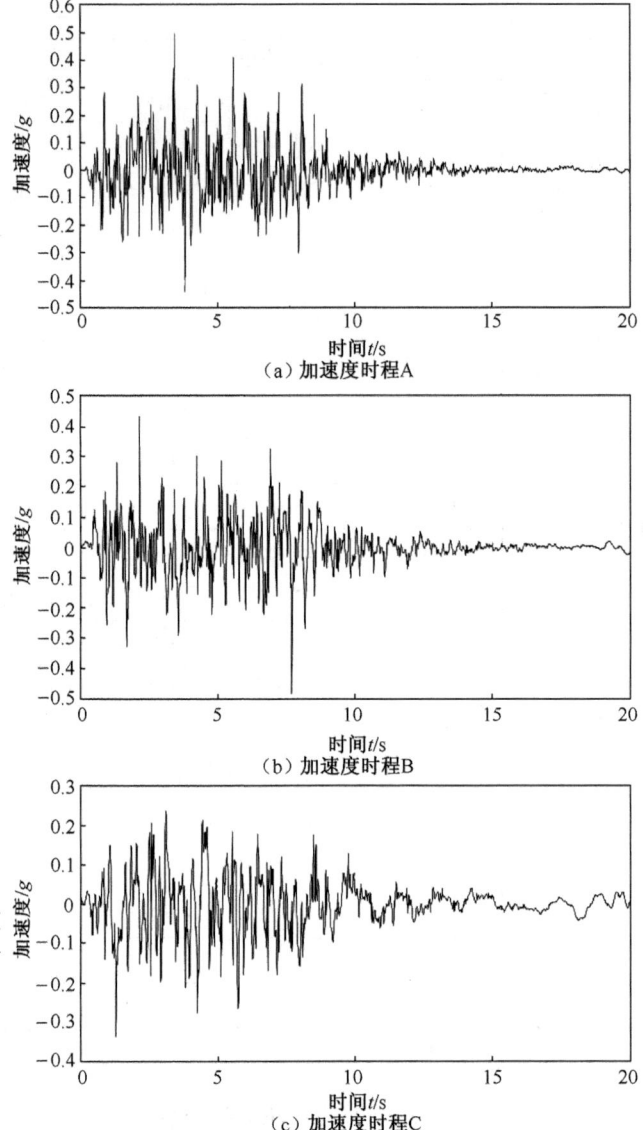

图 9.18　E2 地震作用下加速度时程曲线

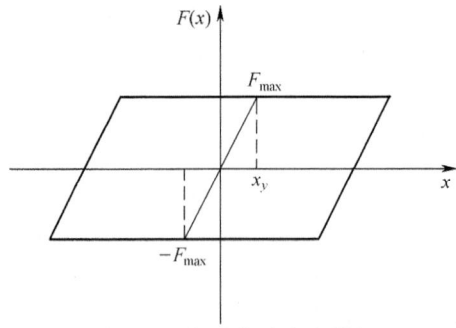

图 9.19　板式橡胶支座模拟

支座屈服位移 x_y 按下式计算：

$$x_y = \frac{F_{\max}}{k} \qquad (9.7)$$

9.6.2 桥墩的计算

9.6.2.1 桥墩关键截面内力

E2 地震作用下主桥的各桥墩墩顶和墩底的关键截面内力分析结果见表 9.22。

表 9.22 恒载+E2 地震作用下桥墩关键截面内力

(a) 加速度时程 A

恒载+纵向地震作用

墩 号		取值	P/kN	V_2/kN	V_3/kN	M_2/(kN·m)	M_3/(kN·m)
1号墩	1号墩顶	max	-2 400.41	281.49	380.40	686.00	621.74
		min	-3 178.31	-342.39	-446.48	-600.06	-796.47
	1号墩底	max	-2 665.05	296.51	397.99	3 419.29	1 336.11
		min	-3 443.52	-368.47	-464.62	-2 935.21	-1 112.26
	2号墩顶	max	-3 053.71	247.99	382.89	570.88	574.94
		min	-3 859.51	-303.95	-464.86	-521.12	-755.16
	2号墩底	max	-3 331.93	263.98	401.73	3 570.11	1 245.57
		min	-4 138.30	-331.20	-487.28	-2 992.68	-1 037.76
2号墩	1号墩顶	max	-2 379.39	248.34	418.85	517.88	412.74
		min	-2 941.13	-247.02	-320.00	-683.68	-499.81
	1号墩底	max	-2 553.30	252.06	423.82	1 786.18	536.93
		min	-3 115.16	-253.78	-323.81	-2 343.75	-647.22
	2号墩顶	max	-2 657.93	211.99	448.91	449.64	374.19
		min	-3 211.24	-212.99	-337.28	-592.66	-459.07
	2号墩底	max	-2 845.28	216.46	456.24	1 890.59	499.95
		min	-3 398.71	-220.22	-342.41	-2 511.56	-596.41
3号墩	1号墩顶	max	-2 286.75	248.01	425.48	520.27	368.39
		min	-2 830.62	-255.41	-323.30	-676.06	-541.56
	1号墩底	max	-2 465.55	258.41	439.01	1 838.30	578.48
		min	-3 009.49	-261.96	-327.58	-2 426.65	-698.24
	2号墩顶	max	-3 239.19	213.91	437.24	452.19	337.76
		min	-3 771.20	-219.41	-338.79	-593.09	-492.08
	2号墩底	max	-3 431.27	224.97	452.31	1 937.97	531.80
		min	-3 963.51	-226.51	-344.33	-2 527.86	-650.00

续表

(a) 加速度时程 A

恒载+横向地震作用

墩 号		取值	P/kN	V_2/kN	V_3/kN	M_2/(kN·m)	M_3/(kN·m)
1号墩	1号墩顶	max	-2 116.36	542.28	228.23	426.75	938.28
		min	-3 272.96	-444.70	-270.74	-353.75	-797.97
	1号墩底	max	-2 380.94	582.06	240.77	2 082.74	1 935.49
		min	-3 538.71	-466.45	-281.26	-1 760.74	-2 434.73
	2号墩顶	max	-2 970.52	479.05	232.60	350.99	885.41
		min	-4 099.56	-395.34	-291.13	-311.91	-766.70
	2号墩底	max	-3 248.15	520.95	245.68	2 228.21	1 796.68
		min	-4 378.36	-418.43	-304.81	-1 818.49	-2 264.58
2号墩	1号墩顶	max	-2 301.51	436.71	262.81	314.47	275.42
		min	-2 999.01	-407.27	-196.27	-433.31	-319.79
	1号墩底	max	-2 475.61	448.37	267.03	1 093.91	1 319.80
		min	-3 173.30	-412.37	-199.39	-1 477.09	-1 484.96
	2号墩顶	max	-2 581.53	370.12	290.75	274.93	262.66
		min	-3 323.91	-347.84	-207.45	-373.90	-309.81
	2号墩底	max	-2 768.62	382.62	297.07	1 162.53	1 191.12
		min	-3 511.19	-353.49	-211.22	-1 620.08	-1 339.24
3号墩	1号墩顶	max	-2 175.71	418.42	255.59	318.86	289.58
		min	-2 903.10	-398.92	-194.10	-417.89	-368.14
	1号墩底	max	-2 354.51	428.73	265.60	1 111.47	1 275.82
		min	-3 082.23	-403.48	-197.31	-1 463.39	-1 492.23
	2号墩顶	max	-3 145.22	356.94	279.21	271.86	277.87
		min	-3 897.00	-339.97	-214.40	-360.57	-354.24
	2号墩底	max	-3 337.19	368.77	290.55	1 215.55	1 147.94
		min	-4 089.34	-345.01	-219.48	-1 589.05	-1 353.45

(b) 加速度时程 B

恒载+纵向地震作用

墩 号		取值	P/kN	V_2/kN	V_3/kN	M_2/(kN·m)	M_3/(kN·m)
1号墩	1号墩顶	max	-2 334.33	309.63	447.55	737.94	785.36
		min	-3 118.56	-274.30	-478.68	-702.92	-728.58
	1号墩底	max	-2 599.06	323.18	452.30	3 668.10	958.92
		min	-3 383.71	-288.20	-498.04	-3 402.48	-1 113.05
	2号墩顶	max	-3 089.61	269.56	448.03	638.09	708.20
		min	-3 930.29	-241.15	-480.22	-614.18	-674.50
	2号墩底	max	-3 367.83	283.96	452.89	3 728.77	891.04
		min	-4 208.99	-255.85	-500.95	-3 452.08	-1 035.38

续表

(b) 加速度时程 B

恒载+纵向地震作用

墩号		取值	P/kN	V_2/kN	V_3/kN	M_2/(kN·m)	M_3/(kN·m)
2号墩	1号墩顶	max	-2 356.53	267.85	449.48	643.79	459.51
		min	-2 969.91	-265.72	-405.31	-717.76	-546.87
	1号墩底	max	-2 530.54	273.05	458.91	2 276.97	523.18
		min	-3 144.13	-267.48	-423.72	-2 507.27	-606.06
	2号墩顶	max	-2 616.79	228.56	463.14	562.68	415.89
		min	-3 226.24	-229.75	-430.27	-631.51	-501.72
	2号墩底	max	-2 803.92	234.20	473.83	2 425.60	492.56
		min	-3 413.61	-231.69	-451.92	-2 617.88	-565.15
3号墩	1号墩顶	max	-2 263.70	259.72	442.08	647.90	443.16
		min	-2 864.55	-267.24	-405.84	-698.88	-574.91
	1号墩底	max	-2 442.58	264.70	455.08	2 301.70	535.29
		min	-3 043.64	-269.29	-410.85	-2 515.63	-620.05
	2号墩顶	max	-3 205.10	223.39	450.51	569.62	399.57
		min	-3 810.78	-229.60	-415.00	-615.85	-526.15
	2号墩底	max	-3 397.22	228.79	464.67	2 387.25	495.95
		min	-4 003.02	-231.84	-420.69	-2 606.08	-583.92

恒载+横向地震作用

墩号		取值	P/kN	V_2/kN	V_3/kN	M_2/(kN·m)	M_3/(kN·m)
1号墩	1号墩顶	max	-2 217.22	460.22	264.83	425.88	725.11
		min	-3 348.38	-518.32	-269.28	-414.46	-858.35
	1号墩底	max	-2 482.16	483.10	268.06	2 070.18	2 320.62
		min	-3 613.83	-541.34	-281.13	-2 013.12	-2 104.84
	2号墩顶	max	-2 883.28	408.72	268.98	369.07	693.98
		min	-4 005.88	-463.12	-280.57	-368.37	-838.51
	2号墩底	max	-3 161.16	432.84	271.80	2 169.49	2 155.82
		min	-4 284.35	-487.47	-297.93	-2 071.82	-1 956.93
2号墩	1号墩顶	max	-2 248.62	480.04	268.28	398.23	282.34
		min	-3 026.67	-447.47	-250.40	-427.18	-316.15
	1号墩底	max	-2 422.63	481.65	274.53	1 407.91	1 462.60
		min	-3 200.81	-455.45	-262.13	-1 496.51	-1 624.69
	2号墩顶	max	-2 530.28	407.32	280.35	345.57	278.86
		min	-3 366.09	-381.97	-269.79	-379.56	-317.92
	2号墩底	max	-2 717.50	409.12	287.10	1 517.67	1 320.03
		min	-3 553.62	-390.66	-283.53	-1 582.54	-1 462.50

续表

(b) 加速度时程 B

恒载+横向地震作用

墩号		取值	P/kN	V_2/kN	V_3/kN	M_2/(kN·m)	M_3/(kN·m)
3号墩	1号墩顶	max	−2 121.56	484.55	261.02	402.91	296.31
		min	−2 931.59	−447.90	−249.15	−414.71	−356.57
	1号墩底	max	−2 300.41	487.30	268.63	1 418.02	1 473.22
		min	−3 110.56	−455.71	−252.14	−1 487.26	−1 690.05
	2号墩顶	max	−3 106.68	414.19	271.43	355.10	292.63
		min	−3 946.51	−381.98	−262.56	−369.49	−354.70
	2号墩底	max	−3 298.79	417.21	279.62	1 504.68	1 325.31
		min	−4 138.89	−390.45	−265.98	−1 566.86	−1 530.93

(c) 加速度时程 C

恒载+纵向地震作用

墩号		取值	P/kN	V_2/kN	V_3/kN	M_2/(kN·m)	M_3/(kN·m)
1号墩	1号墩顶	max	−2 497.71	206.76	424.92	504.83	470.11
		min	−3 095.74	−246.18	−329.33	−673.78	−693.47
	1号墩底	max	−2 762.53	221.89	434.07	2 546.42	795.72
		min	−3 360.93	−250.22	−353.93	−3 250.76	−843.54
	2号墩顶	max	−3 111.36	182.54	435.27	437.12	419.84
		min	−3 757.90	−214.11	−338.92	−573.99	−628.15
	2号墩底	max	−3 389.54	198.42	446.75	2 638.40	734.23
		min	−4 036.48	−218.39	−366.45	−3 352.36	−788.74
2号墩	1号墩顶	max	−2 423.20	201.88	389.68	440.05	346.70
		min	−2 906.07	−205.43	−275.65	−626.40	−462.98
	1号墩底	max	−2 597.08	211.02	392.50	1 535.13	445.16
		min	−3 080.10	−204.99	−280.23	−2 167.28	−466.70
	2号墩顶	max	−2 683.40	171.26	403.15	386.04	311.13
		min	−3 168.97	−178.09	−282.47	−550.79	−421.63
	2号墩底	max	−2 870.76	181.17	406.85	1 594.83	411.34
		min	−3 356.48	−177.07	−287.72	−2 268.00	−436.03
3号墩	1号墩顶	max	−2 313.79	204.65	399.48	445.08	342.61
		min	−2 807.00	−210.41	−278.84	−641.41	−502.72
	1号墩底	max	−2 492.52	214.23	402.86	1 584.22	429.88
		min	−2 985.91	−210.20	−289.37	−2 266.13	−505.62
	2号墩顶	max	−3 250.40	175.32	412.87	390.19	307.43
		min	−3 740.26	−180.01	−286.15	−562.24	−456.28
	2号墩底	max	−3 442.58	185.68	417.24	1 647.13	391.15
		min	−3 932.66	−179.77	−291.75	−2 367.74	−477.76

续表

(c) 加速度时程 C

恒载+横向地震作用

墩 号		取值	P/kN	V_2/kN	V_3/kN	M_2/(kN·m)	M_3/(kN·m)
1号墩	1号墩顶	max	-2 497.71	206.76	424.92	504.83	470.11
		min	-3 095.74	-246.18	-329.33	-673.78	-693.47
	1号墩底	max	-2 522.66	437.02	247.98	1 539.54	1 424.41
		min	-3 409.04	-349.29	-212.30	-1 871.75	-1 956.90
	2号墩顶	max	-3 111.36	182.54	435.27	437.12	419.84
		min	-3 757.90	-214.11	-338.92	-573.99	-628.15
	2号墩底	max	-3 387.77	392.89	267.71	1 632.67	1 321.70
		min	-4 260.17	-313.24	-226.36	-2 000.84	-1 820.86
2号墩	1号墩顶	max	-2 423.20	201.88	389.68	440.05	346.70
		min	-2 906.07	-205.43	-275.65	-626.40	-462.98
	1号墩底	max	-2 513.45	381.31	233.88	898.77	1 105.41
		min	-3 106.16	-349.87	-163.70	-1 291.30	-1 309.41
	2号墩顶	max	-2 683.40	171.26	403.15	386.04	311.13
		min	-3 168.97	-178.09	-282.47	-550.79	-421.63
	2号墩底	max	-2 852.92	323.74	248.16	954.04	999.06
		min	-3 455.62	-301.69	-172.94	-1 377.30	-1 177.48
3号墩	1号墩顶	max	-2 313.79	204.65	399.48	445.08	342.61
		min	-2 807.00	-210.41	-278.84	-641.41	-502.72
	1号墩底	max	-2 407.67	385.41	240.04	924.64	1 132.83
		min	-3 015.82	-357.83	-165.01	-1 349.22	-1 369.70
	2号墩顶	max	-3 250.40	175.32	412.87	390.19	307.43
		min	-3 740.26	-180.01	-286.15	-562.24	-456.28
	2号墩底	max	-3 400.37	330.17	253.39	986.99	1 019.41
		min	-4 045.72	-307.92	-175.84	-1 432.96	-1 240.86

9.6.2.2 桥墩强度验算

对1号桥墩的关键截面进行强度验算,验算结果如表9.23所示。结果表明,在E2地震作用下,桥墩处于弹性工作阶段。

表9.23 恒载+E2地震作用下桥墩强度验算结果

(a) 加速度时程 A

恒载+纵向地震作用

墩 号		取值	P/kN	V_3/kN	M_2/(kN·m)	抗弯承载力/(kN·m)	抗剪承载力/kN	抗弯结果	抗剪结果
1号墩	1号墩顶	max	-3 670.99	452.76	0.00	8 477.00	2 046.63	弹性	满足
		min	-3 723.43	-558.32	0.00	8 470.00	2 049.46	弹性	满足
	1号墩底	max	-4 313.73	514.50	7 052.20	8 733.00	1 575.40	弹性	满足
		min	-4 366.21	-709.89	-5 421.89	8 756.00	1 578.23	弹性	满足
	2号墩顶	max	-3 673.83	453.53	0.00	8 466.00	2 046.79	弹性	满足
		min	-3 726.31	-559.23	0.00	8 472.00	2 049.61	弹性	满足
	2号墩底	max	-4 311.11	527.78	7 137.42	8 732.00	1 575.26	弹性	满足
		min	-4 363.45	-725.05	-5 495.76	8 756.00	1 578.08	弹性	满足

续表

(a) 加速度时程 A

恒载+横向地震作用

墩号		取值	P/kN	V_2/kN	M_3/(kN·m)	抗弯承载力/(kN·m)	抗剪承载力/kN	抗弯结果	抗剪结果
1号墩	1号墩顶	max	-3 649.00	498.67	0.00	8 428.00	2 045.45	弹性	满足
		min	-3 737.69	-493.17	0.00	8 470.00	2 050.22	弹性	满足
	1号墩底	max	-3 557.19	581.01	4 391.22	8 385.00	1 534.66	弹性	满足
		min	-5 293.24	-740.98	-3 468.57	9 150.00	1 628.14	弹性	满足
	2号墩顶	max	-3 656.88	498.78	0.00	8 430.00	2 045.87	弹性	满足
		min	-3 745.85	-492.94	0.00	8 473.00	2 050.66	弹性	满足
	2号墩底	max	-3 381.60	614.60	4 407.18	8 308.00	1 525.21	弹性	满足
		min	-5 116.89	-739.92	-3 593.49	9 076.00	1 618.65	弹性	满足

(b) 加速度时程 B

恒载+纵向地震作用

墩号		取值	P/kN	V_2/kN	M_3/(kN·m)	抗弯承载力/(kN·m)	抗剪承载力/kN	抗弯结果	抗剪结果
1号墩	1号墩顶	max	-2 334.33	447.55	737.94	5 356.00	1 741.91	弹性	满足
		min	-3 118.56	-478.68	-702.92	5 850.50	1 784.14	弹性	满足
	1号墩底	max	-2 599.06	452.30	3 668.10	5 567.00	1 311.58	弹性	满足
		min	-3 383.71	-498.04	-3 402.48	5 974.500	1 353.83	弹性	满足
	2号墩顶	max	-3 089.61	448.03	638.09	5 804.25	1 782.58	弹性	满足
		min	-3 930.29	-480.22	-614.18	6 194.75	1 827.84	弹性	满足
	2号墩底	max	-3 367.83	452.89	3 728.77	5 969.875	1 352.97	弹性	满足
		min	-4 208.99	-500.95	-3 452.08	6 321.25	1 398.26	弹性	满足

恒载+横向地震作用

墩号		取值	P/kN	V_2/kN	M_3/(kN·m)	抗弯承载力/(kN·m)	抗剪承载力/kN	抗弯结果	抗剪结果
1号墩	1号墩顶	max	-2 217.22	460.22	725.11	5 331.00	1 735.60	弹性	满足
		min	-3 348.38	-518.32	-858.35	5 960.625	1 796.51	弹性	满足
	1号墩底	max	-2 482.16	483.10	2 320.62	5 475.00	1 305.28	弹性	满足
		min	-3 613.83	-541.34	-2 104.84	6 062.60	1 366.22	弹性	满足
	2号墩顶	max	-2 883.28	408.72	693.98	5 567.00	1 771.47	弹性	满足
		min	-4 005.88	-463.12	-838.51	6 222.50	1 827.74	弹性	满足
	2号墩底	max	-3 161.16	432.84	2 155.82	5 859.75	1 341.84	弹性	满足
		min	-4 284.35	-487.47	-1 956.93	6 375.75	1 402.32	弹性	满足

(c) 加速度时程 C

恒载+纵向地震作用

墩号		取值	P/kN	V_3/kN	M_2/(kN·m)	抗弯承载力/(kN·m)	抗剪承载力/kN	抗弯结果	抗剪结果
1号墩	1号墩顶	max	-2 497.71	424.92	504.83	5 501.00	1 750.70	弹性	满足
		min	-3 095.74	-329.33	-673.78	5 822.75	1 693.10	弹性	满足
	1号墩底	max	-2 762.53	434.07	2 546.42	5 567.00	1 320.38	弹性	满足
		min	-3 360.93	-353.93	-3 250.76	5 965.25	1 352.60	弹性	满足
	2号墩顶	max	-3 111.36	435.27	437.12	5 836.00	1 783.75	弹性	满足
		min	-3 757.90	-338.92	-573.99	6 112.00	1 818.56	弹性	满足
	2号墩底	max	-3 389.54	446.75	2 638.40	5 983.75	1 354.14	弹性	满足
		min	-4 036.48	-366.45	-3 352.36	6 250.25	1 388.98	弹性	满足

续表

(c) 加速度时程 C

恒载+横向地震作用

墩号		取值	P/kN	V_2/kN	M_3/(kN·m)	抗弯承载力/(kN·m)	抗剪承载力/kN	抗弯结果	抗剪结果
1号墩	1号墩顶	max	-2 497.71	206.76	470.11	5 501.00	1 589.05	弹性	满足
		min	-3 095.74	-246.18	-693.47	5 813.50	1 482.76	弹性	满足
	1号墩底	max	-2 522.66	437.02	1 424.41	5 544.00	1 364.06	弹性	满足
		min	-3 409.04	-349.29	-1 956.90	5 988.38	1 355.19	弹性	满足
	2号墩顶	max	-3 111.36	182.54	419.84	5 836.00	1 614.37	弹性	满足
		min	-3 757.90	-214.11	-628.15	6 112.00	1 493.40	弹性	满足
	2号墩底	max	-3 387.77	392.89	1 321.70	5 979.13	1 392.35	弹性	满足
		min	-4 260.17	-313.24	-1 820.86	6 348.50	1 401.02	弹性	满足

9.6.3 支座的计算

9.6.3.1 支座变形和水平地震力

不同地震动水平下,支座的侧向变形见表9.24,支座的水平地震力见表9.25。

表 9.24 恒载+E2 地震作用下支座变形　　　　　单位:mm

(a) 加速度时程 A

恒载+纵向地震作用				恒载+横向地震作用			
位置		顺桥向	横桥向	位置		顺桥向	横桥向
0号桥台	1(GYZ d650×150)	97.36	5.86	0号桥台	1(GYZ d650×150)	6.57	94.95
	2(GYZ d800×171)	97.08	5.04		2(GYZ d800×171)	6.41	96.35
1号桥墩	1(GYZ d800×171)	90.15	6.09	1号桥墩	1(GYZ d800×171)	6.69	91.20
	2(GYZ d800×171)	89.13	7.56		2(GYZ d800×171)	6.07	93.29
2号桥墩	1(GYZ d800×171)	93.09	5.64	2号桥墩	1(GYZ d800×171)	5.39	92.99
	2(GYZ d800×171)	92.21	6.69		2(GYZ d800×171)	5.85	94.96
3号桥墩	1(GYZ d800×171)	92.69	6.94	3号桥墩	1(GYZ d800×171)	5.32	91.86
	2(GYZ d800×171)	91.84	8.43		2(GYZ d800×171)	5.92	93.65
4号桥台	1(GYZ d800×171)	94.72	8.53	4号桥台	1(GYZ d800×171)	5.57	92.08
	2(GYZ d650×150)	94.49	8.67		2(GYZ d650×150)	6.57	93.59

(b) 加速度时程 B

恒载+纵向地震作用				恒载+横向地震作用			
位置		顺桥向	横桥向	位置		顺桥向	横桥向
0号桥台	1(GYZ d650×150)	113.83	5.36	0号桥台	1(GYZ d650×150)	9.91	105.58
	2(GYZ d800×171)	113.90	4.51		2(GYZ d800×171)	9.29	107.36
1号桥墩	1(GYZ d800×171)	104.31	6.54	1号桥墩	1(GYZ d800×171)	7.97	102.91
	2(GYZ d800×171)	103.46	8.19		2(GYZ d800×171)	7.94	105.29

续表

(b) 加速度时程 B

恒载+纵向地震作用				恒载+横向地震作用			
位置		顺桥向	横桥向	位置		顺桥向	横桥向
2号桥墩	1(GYZ d800×171)	109.00	7.95	2号桥墩	1(GYZ d800×171)	7.74	108.29
	2(GYZ d800×171)	108.44	8.78		2(GYZ d800×171)	7.97	110.62
3号桥墩	1(GYZ d800×171)	108.78	9.81	3号桥墩	1(GYZ d800×171)	7.64	109.60
	2(GYZ d800×171)	108.25	10.46		2(GYZ d800×171)	7.97	111.73
4号桥台	1(GYZ d800×171)	111.19	13.13	4号桥台	1(GYZ d800×171)	9.18	112.49
	2(GYZ d650×150)	111.28	12.36		2(GYZ d650×150)	9.96	114.35

(c) 加速度时程 C

恒载+纵向地震作用				恒载+横向地震作用			
位置		顺桥向	横桥向	位置		顺桥向	横桥向
0号桥台	1(GYZ d650×150)	92.72	5.46	0号桥台	1(GYZ d650×150)	6.34	90.64
	2(GYZ d800×171)	92.33	4.13		2(GYZ d800×171)	5.40	92.12
1号桥墩	1(GYZ d800×171)	83.19	6.37	1号桥墩	1(GYZ d800×171)	6.28	86.03
	2(GYZ d800×171)	81.92	6.04		2(GYZ d800×171)	7.39	88.09
2号桥墩	1(GYZ d800×171)	88.27	4.86	2号桥墩	1(GYZ d800×171)	5.30	89.96
	2(GYZ d800×171)	87.28	6.39		2(GYZ d800×171)	4.84	92.00
3号桥墩	1(GYZ d800×171)	87.97	5.87	3号桥墩	1(GYZ d800×171)	5.17	89.47
	2(GYZ d800×171)	87.03	7.64		2(GYZ d800×171)	4.88	91.35
4号桥台	1(GYZ d800×171)	90.08	7.71	4号桥台	1(GYZ d800×171)	5.30	90.37
	2(GYZ d650×150)	89.76	7.64		2(GYZ d650×150)	6.19	91.95

表 9.25　恒载+E2 地震作用下支座水平地震力　　　　单位：kN

(a) 加速度时程 A

恒载+纵向地震作用					恒载+横向地震作用				
位置		取值	顺桥向	横桥向	位置		取值	顺桥向	横桥向
0号桥台	1(GYZ d650×150)	max	341.76	20.55	0号桥台	1(GYZ d650×150)	max	23.07	289.89
		min	-287.82	-13.12			min	-10.35	-333.30
	2(GYZ d800×171)	max	211.34	20.12		2(GYZ d800×171)	max	28.78	211.34
		min	-211.34	-22.60			min	-18.05	-211.34
1号桥墩	1(GYZ d800×171)	max	404.70	27.35	1号桥墩	1(GYZ d800×171)	max	30.05	361.71
		min	-351.46	-23.01			min	-21.90	-409.45
	2(GYZ d800×171)	max	400.11	18.50		2(GYZ d800×171)	max	25.65	352.31
		min	-355.09	-33.96			min	-27.25	-418.81

续表

(a) 加速度时程 A

位置		取值	恒载+纵向地震作用 顺桥向	恒载+纵向地震作用 横桥向	位置		取值	恒载+横向地震作用 顺桥向	恒载+横向地震作用 横桥向
2号桥墩	1(GYZ d800×171)	max	417.90	25.34	2号桥墩	1(GYZ d800×171)	max	24.21	373.76
		min	-366.79	-18.95			min	-20.15	-417.47
	2(GYZ d800×171)	max	413.98	17.06		2(GYZ d800×171)	max	20.86	365.01
		min	-371.50	-30.03			min	-26.27	-426.31
3号桥墩	1(GYZ d800×171)	max	416.13	31.16	3号桥墩	1(GYZ d800×171)	max	23.88	375.77
		min	-366.48	-27.21			min	-20.79	-412.40
	2(GYZ d800×171)	max	412.31	23.30		2(GYZ d800×171)	max	21.28	367.18
		min	-370.98	-37.83			min	-26.60	-420.43
4号桥台	1(GYZ d800×171)	max	425.47	38.33	4号桥台	1(GYZ d800×171)	max	18.39	385.28
		min	-379.61	-30.63			min	-25.02	-413.60
	2(GYZ d650×150)	max	141.43	25.22		2(GYZ d650×150)	max	12.87	141.43
		min	-141.43	-30.42			min	-23.05	-141.43

(b) 加速度时程 B

位置		取值	恒载+纵向地震作用 顺桥向	恒载+纵向地震作用 横桥向	位置		取值	恒载+横向地震作用 顺桥向	恒载+横向地震作用 横桥向
0号桥台	1(GYZ d600×150)	max	399.58	18.83	0号桥台	1(GYZ d600×150)	max	34.79	346.09
		min	-352.50	-9.98			min	-23.09	-370.60
	2(GYZ d600×171)	max	211.34	19.66		2(GYZ d600×171)	max	41.68	211.34
		min	-211.34	-20.22			min	-33.24	-211.34
1号桥墩	1(GYZ d800×171)	max	468.28	29.37	1号桥墩	1(GYZ d800×171)	max	35.76	429.40
		min	-425.59	-25.14			min	-32.31	-461.98
	2(GYZ d800×171)	max	464.45	20.77		2(GYZ d800×171)	max	31.25	420.60
		min	-430.79	-36.78			min	-35.62	-472.70
2号桥墩	1(GYZ d800×171)	max	489.36	35.69	2号桥墩	1(GYZ d800×171)	max	34.76	452.08
		min	-443.91	-28.84			min	-31.76	-486.17
	2(GYZ d800×171)	max	486.82	27.45		2(GYZ d800×171)	max	30.02	443.75
		min	-449.14	-39.43			min	-35.78	-496.61
3号桥墩	1(GYZ d800×171)	max	488.35	44.06	3号桥墩	1(GYZ d800×171)	max	34.28	457.82
		min	-442.47	-36.82			min	-31.72	-492.02
	2(GYZ d800×171)	max	485.98	36.21		2(GYZ d800×171)	max	29.73	449.54
		min	-447.26	-46.94			min	-35.77	-501.62
4号桥台	1(GYZ d800×171)	max	499.43	58.97	4号桥台	1(GYZ d800×171)	max	32.95	475.44
		min	-462.35	-46.71			min	-41.24	-505.26
	2(GYZ d600×171)	max	141.43	41.72		2(GYZ d600×171)	max	23.37	141.43
		min	-141.43	-43.39			min	-34.94	-141.43

续表

(c) 加速度时程 C

位置		取值	恒载+纵向地震作用		位置		取值	恒载+横向地震作用	
			顺桥向	横桥向				顺桥向	横桥向
0号桥台	1(GYZ d650×150)	max	325.46	19.16	0号桥台	1(GYZ d650×150)	max	22.27	236.92
		min	-224.23	-9.98			min	-9.59	-318.17
	2(GYZ d800×171)	max	211.34	18.51		2(GYZ d800×171)	max	24.23	211.34
		min	-211.34	-18.55			min	-15.99	-211.34
1号桥墩	1(GYZ d800×171)	max	373.47	28.61	1号桥墩	1(GYZ d800×171)	max	28.20	291.93
		min	-274.84	-15.77			min	-26.93	-386.21
	2(GYZ d800×171)	max	367.75	20.30		2(GYZ d800×171)	max	23.06	281.99
		min	-278.94	-27.11			min	-33.19	-395.45
2号桥墩	1(GYZ d800×171)	max	396.25	21.81	2号桥墩	1(GYZ d800×171)	max	23.80	296.85
		min	-284.35	-18.23			min	-16.77	-403.84
	2(GYZ d800×171)	max	391.85	12.90		2(GYZ d800×171)	max	19.32	287.15
		min	-288.77	-28.70			min	-21.73	-413.03
3号桥墩	1(GYZ d800×171)	max	394.93	26.35	3号桥墩	1(GYZ d800×171)	max	23.21	293.44
		min	-284.40	-24.34			min	-17.09	-401.68
	2(GYZ d800×171)	max	390.70	17.89		2(GYZ d800×171)	max	19.48	283.79
		min	-288.69	-34.31			min	-21.89	-410.08
4号桥台	1(GYZ d800×171)	max	404.60	34.62	4号桥台	1(GYZ d800×171)	max	16.18	296.53
		min	-298.30	-26.35			min	-23.81	-405.90
	2(GYZ d650×150)	max	141.43	22.05		2(GYZ d650×150)	max	10.47	141.43
		min	-141.43	-26.80			min	-21.74	-141.43

9.6.3.2 支座验算

E2 地震作用下，支座厚度的验算结果见表 9.26。结果表明，在该水准地震作用下，支座均满足变形要求。

表 9.26 恒载+E2 地震作用下支座厚度验算 单位：mm

(a) 加速度时程 A

位置		恒载+纵向地震作用			位置		恒载+横向地震作用		
		X_2	$\sum t$	验算结果			X_3	$\sum t$	验算结果
0号桥台	1(GYZ d650×150)	97.36	110	满足	0号桥台	1(GYZ d650×150)	94.95	110	满足
	2(GYZ d800×171)	97.08	131	满足		2(GYZ d800×171)	96.35	131	满足
1号桥墩	1(GYZ d800×171)	90.15	131	满足	1号桥墩	1(GYZ d800×171)	91.20	131	满足
	2(GYZ d800×171)	89.13	131	满足		2(GYZ d800×171)	93.29	131	满足

续表

(a) 加速度时程 A

位置		恒载+纵向地震作用			位置		恒载+横向地震作用		
	位 置	X_2	$\sum t$	验算结果		位 置	X_3	$\sum t$	验算结果
2号桥墩	1(GYZ d800×171)	93.09	131	满足	2号桥墩	1(GYZ d800×171)	92.99	131	满足
	2(GYZ d800×171)	92.21	131	满足		2(GYZ d800×171)	94.96	131	满足
3号桥墩	1(GYZ d800×171)	92.69	131	满足	3号桥墩	1(GYZ d800×171)	91.86	131	满足
	2(GYZ d800×171)	91.84	131	满足		2(GYZ d800×171)	93.65	131	满足
4号桥台	1(GYZ d800×171)	94.72	131	满足	4号桥台	1(GYZ d800×171)	92.08	131	满足
	2(GYZ d650×150)	94.49	110	满足		2(GYZ d600×171)	93.59	110	满足

(b) 加速度时程 B

位置		恒载+纵向地震作用			位置		恒载+横向地震作用		
	位 置	X_2	$\sum t$	验算结果		位 置	X_3	$\sum t$	验算结果
0号桥台	1(GYZ d650×150)	113.83	110	不满足	0号桥台	1(GYZ d650×150)	105.58	110	满足
	2(GYZ d800×171)	113.90	131	满足		2(GYZ d800×171)	107.36	131	满足
1号桥墩	1(GYZ d800×171)	104.31	131	满足	1号桥墩	1(GYZ d800×171)	102.91	131	满足
	2(GYZ d800×171)	103.46	131	满足		2(GYZ d800×171)	105.29	131	满足
2号桥墩	1(GYZ d800×171)	109.00	131	满足	2号桥墩	1(GYZ d800×171)	108.29	131	满足
	2(GYZ d800×171)	108.44	131	满足		2(GYZ d800×171)	110.62	131	满足
3号桥墩	1(GYZ d800×171)	108.78	131	满足	3号桥墩	1(GYZ d800×171)	109.60	131	满足
	2(GYZ d800×171)	108.25	131	满足		2(GYZ d800×171)	111.73	131	满足
4号桥台	1(GYZ d800×171)	111.19	131	满足	4号桥台	1(GYZ d800×171)	112.49	131	满足
	2(GYZ d650×150)	111.28	110	不满足		2(GYZ d650×150)	114.35	110	满足

(c) 加速度时程 C

位置		恒载+纵向地震作用			位置		恒载+横向地震作用		
	位 置	X_2	$\sum t$	验算结果		位 置	X_3	$\sum t$	验算结果
0号桥台	1(GYZ d650×150)	92.72	110	满足	0号桥台	1(GYZ d650×150)	90.64	110	满足
	2(GYZ d800×171)	92.33	131	满足		2(GYZ d800×171)	92.12	131	满足
1号桥墩	1(GYZ d800×171)	83.19	131	满足	1号桥墩	1(GYZ d800×171)	86.03	131	满足
	2(GYZ d800×171)	81.92	131	满足		2(GYZ d800×171)	88.09	131	满足
2号桥墩	1(GYZ d800×171)	88.27	131	满足	2号桥墩	1(GYZ d800×171)	89.96	131	满足
	2(GYZ d800×171)	87.28	131	满足		2(GYZ d800×171)	92.00	131	满足
3号桥墩	1(GYZ d800×171)	87.97	131	满足	3号桥墩	1(GYZ d800×171)	89.47	131	满足
	2(GYZ d800×171)	87.03	131	满足		2(GYZ d800×171)	91.35	131	满足
4号桥台	1(GYZ d800×171)	90.08	131	满足	4号桥台	1(GYZ d800×171)	90.37	131	满足
	2(GYZ d650×150)	89.76	110	满足		2(GYZ d650×150)	91.95	110	满足

10 连续梁桥抗震分析示例三

10.1 设计资料、主要材料和尺寸

10.1.1 设计资料

连续梁桥示例三上部结构采用（20+30+23）m 预应力混凝土现浇连续箱梁+30 m 预应力混凝土简支"T"形梁+（41+42+41）m 连续钢箱梁-混凝土组合梁，桥梁全长 238.06 m，最大桥高 15.00 m，桥面变宽。下部结构桥墩均采用钢筋混凝土桩柱式圆墩、矩形实体墩，桥台均采用肋板式桥台，桥墩、桥台均采用钻孔桩基础。当桥梁布孔时，墩台均按线路法线方向布设。桥梁平面位于 $R=720$ m 的左偏圆曲线上，桥面宽度为 0.50 m 防撞护栏+净-变宽桥面+0.50 m 防撞护栏。

主线桥下部结构与支座的信息详见表 10.1。

表 10.1 下部结构与支座

墩台号	形式	墩高/m		支座/mm		数量
0	肋板式桥台	—		GJZF$_4$ 350×550×87		3
1	双柱式桥墩	1	6.605	GYZ 900×148		1
		2	6.785			1
2	独柱式桥墩	—	6.655	GYZ 900×148		2
3	双柱式桥墩	1	5.449	小桩号侧	GJZF$_4$ 350×550×87	3
		2	5.729	大桩号侧	GJZ 350×450×99	5
4	双柱式桥墩	1	5.861	小桩号侧	GJZ 350×450×99	5
		2	6.141	大桩号侧	GJZF$_4$ 350×550×87	4
5	独柱式桥墩	—	7.442	GYZ 1600×500		1
6	双柱式桥墩	1	8.193	GYZ 1100×420		1
		2	8.433			1
7	肋板式桥台	—		GJZF$_4$ 350×550×87		6

材料选用详见表 10.2。

表 10.2 材料选用

混凝土	C50	预应力混凝土现浇连续梁、"T"形梁预制主梁（梁肋、翼缘板和横隔板）及梁间湿接缝、桥面连续
	C40	钢箱梁顶板
	C30	普通钢筋混凝土盖梁、墩柱、系梁、桩柱式及肋板式桥台的台帽耳背墙及肋板、承台、桩基

续表

钢筋和预应力体系	HPB300、HRB400	普通钢筋
	预应力钢绞线	采用《预应力混凝土用钢绞线》（GB/T 5224－2003）标准生产的低松弛高强度钢绞线
钢材	Q345C、Q235B	钢箱梁、附属钢板

10.1.2 技术规范

(1)《四川高速公路工程抗震设计指南》。
(2) 中华人民共和国行业标准《公路工程技术标准》（JTG B01—2014）。
(3) 中华人民共和国行业标准《公路桥涵设计通用规范》（JTG D60—2015）。
(4) 中华人民共和国行业标准《公路钢筋混凝土及预应力混凝土桥涵设计规范》（JTG 3362—2018）。
(5) 中华人民共和国行业标准《公路桥梁抗震设计细则》（JTG/T 2231—01—2020）。
(6) 中华人民共和国行业标准《公路桥涵地基与基础设计规范》（JTG 3363—2019）。
(7)《公路工程抗震规范》（JTG B02—2013）。
(8)《公路桥梁板式橡胶支座》（JT/T 663—2006）。
(9)《钢结构设计规范》（GB 50017—2003）。
(10)《公路桥梁钢结构防腐涂装技术条件》（JT/T 722—2008）。
(11)《钢-混凝土组合桥梁设计规范》（GB 50917—2013）。

10.1.3 技术指标

(1) 公路等级：双向四车道高速公路。
(2) 设计速度：80 km/h。
(3) 路基宽度：分离式路基 12.25 m。
(4) 荷载等级：公路Ⅰ级。
(5) 基本地震动峰值加速度：$0.20g$。
(6) 行车道数：4。
(7) 桥面宽度：变宽。
(8) 桥跨布置：(20+30+23) m +30m + (41+42+41) m。
(9) 预制"T"形梁高：1.80 m；现浇连续梁高：1.80 m；钢箱-混凝土组合梁：2.00 m。
(10) 环境类别：Ⅰ类。
(11) 场地类别：Ⅱ类（根据地质情况得出）。

10.1.4 材料指标

混凝土和钢筋的主要的力学指标见表10.3和表10.4。

表10.3 混凝土主要力学指标

强度等级	弹性模量/MPa	容重/(kN/m³)	轴心抗压设计强度/MPa	抗拉设计强度/MPa	轴心抗压标准强度/MPa	抗拉标准强度/MPa
C50	3.45×10⁴	26	22.4	1.83	32.4	2.65
C40	3.25×10⁴	26	18.4	1.65	26.8	2.40
C30	3.00×10⁴	26	13.8	1.39	20.1	2.01

表 10.4 钢筋主要力学指标

强度等级	弹性模量/MPa	直径/mm	符号	抗拉强度标准值/MPa	抗拉强度设计值/MPa	抗压强度设计值/MPa
HPB300	2.10×10^5	6~22	Φ	300	270	270
HRB400	2.00×10^5	6~50	Φ	400	330	330

10.2 抗震设防目标的确定

根据连续梁桥示例三的重要性，以及地震破坏后桥梁结构的性能要求、修复（抢修）的难易程度，采用 50 年超越概率 10%、2% 地震作用输入作为设防标准，其抗震性能目标见表 10.5。

表 10.5 例六连续梁桥抗震设防目标

设防标准	构件类别	结构性能要求	受力状态	功能要求
E1 地震作用 50 年超越概率 10% 地震作用 （相当于地震重现期 475 年）	主梁	无损伤	保持弹性	车辆正常通行
	桥墩	无损伤		
	支座	轻微损伤	基本正常工作	
E2 地震作用 50 年超越概率 2% 地震作用 （相当于地震重现期 2 475 年）	主梁	轻微损伤	总体保持弹性	不致产生严重结构损伤
	桥墩	可修复损伤	可进入塑性	
	支座	可损伤	可剪切破坏	

10.3 结构有限元模型的建立

根据连续梁桥示例三的设计方案，采用 Sap2000 有限元程序，建立三维有限元动力计算模型进行抗震性能分析，计算模型均以起始点连线为顺桥向 x 轴，垂直于连线的为横桥向 y 轴，竖桥向为 z 轴；上部结构、盖梁和下部结构采用梁单元，赋予框架截面属性；聚四氟滑板橡胶支座和板式橡胶支座采用连接属性，其顶端与上部结构共用节点，底端与盖梁相连。二期恒载等效为线质量分别均匀施加在主桥和匝道桥上。

整桥有限元模型示意图如图 10.1（a）所示。上部结构预应力混凝土"T"形梁段采用梁格单元模拟和预应力混凝土连续箱梁和钢箱-混凝土连续组合梁采用"鱼骨"模拟。"T"形梁内外悬臂梁以及标准横截面形式如图 10.1（b）、（c）和（d）所示，预应力混凝土连续箱梁的截面形式如图 10.1（e）、（f）和（g）所示，钢箱-混凝土连续组合梁采用输入截面特性的方法模拟截面。在模拟主梁与支座的连接时，在各墩位处的支座顶，同时也是梁底处建立节点，并与相同截面位置处的主梁单位节点间建立刚性连接。桥墩的立柱与系梁模拟为梁柱单元。

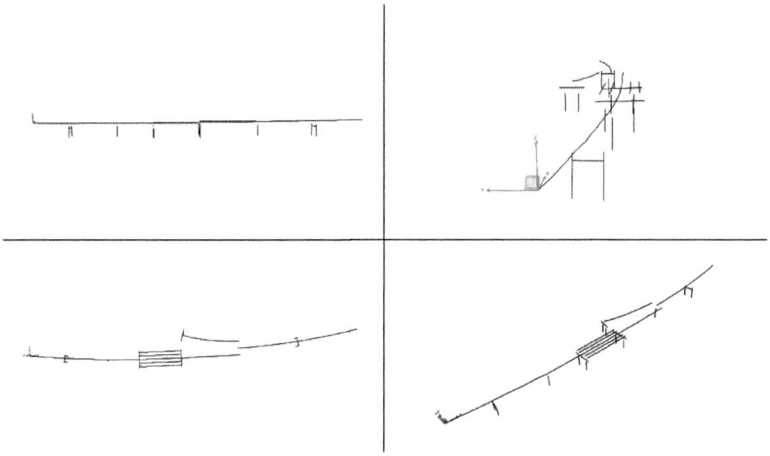

(a) 整桥有限元模型

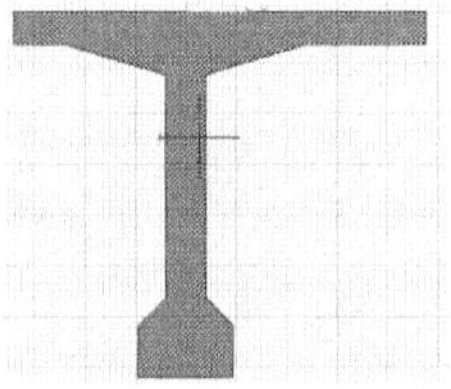

(b)"T"形梁内悬臂梁截面形式 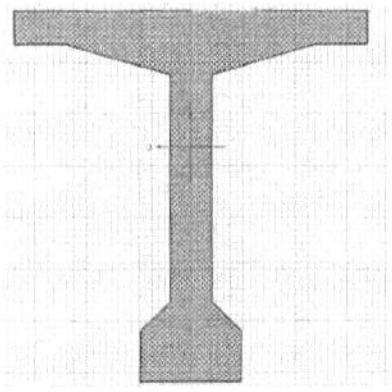　　(c)"T"形梁标准横截面形式 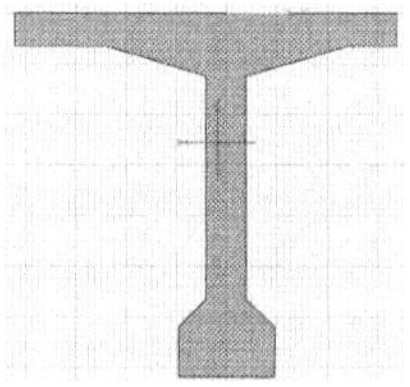　　(d)"T"形梁外悬臂梁截面形式

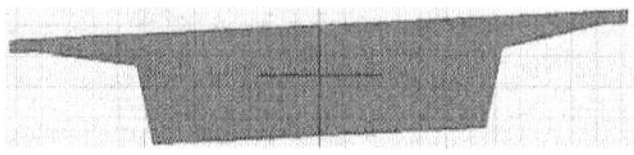

(e) 箱梁梁端截面形式 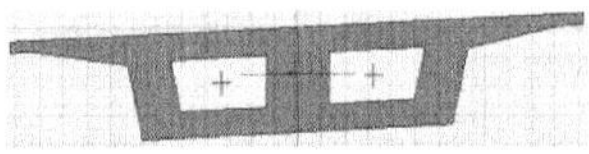　　(f) 箱梁孔端截面形式 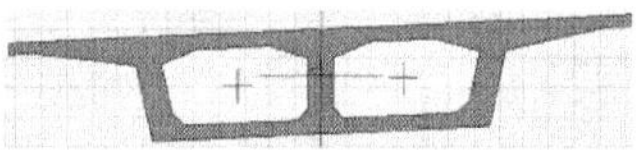　　(g) 箱梁跨中截面形式

图 10.1　整桥有限元模型及主梁截面形式

墩台编号如图 10.2 所示。

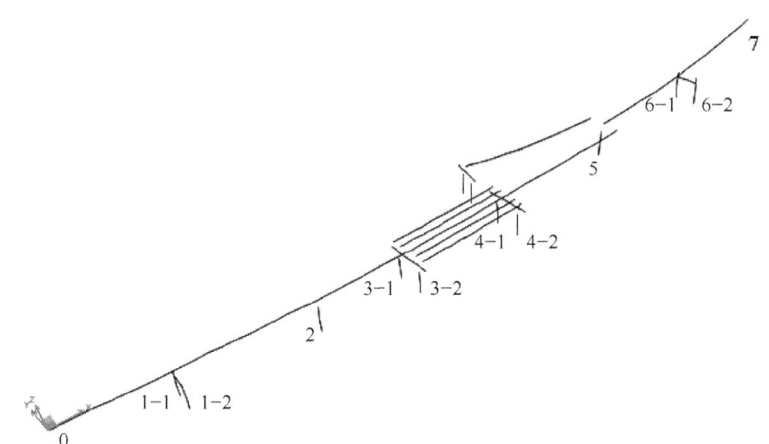

图 10.2　墩台编号

10.4 模态分析

上部结构的桥梁动力特性计算结果分别列举如下。前20阶周期、频率、顺桥向和横桥向累计振型贡献率见表10.6，前10阶振型示意如图10.3~图10.12所示。由表10.6可知，顺桥向和横桥向前20阶累计振型贡献率均达到90%以上，顺桥向收敛速度较快。

表10.6 动力特性计算结果

振型阶数	周期/s	频率/Hz	顺桥向累计振型贡献率(%)	横桥向累计振型贡献率(%)
1	2.287 5	0.437 2	0.200	51.32
2	1.846 8	0.541 5	56.39	51.46
3	1.459 5	0.685 2	86.19	51.64
4	1.450 3	0.689 5	86.37	80.76
5	1.228 6	0.813 9	86.63	82.65
6	1.168 6	0.855 7	86.63	82.66
7	1.006 1	0.994 0	92.20	82.66
8	0.991 4	1.008 7	92.21	89.26
9	0.845 9	1.182 1	92.26	90.14
10	0.633 0	1.579 8	92.26	90.15
11	0.592 4	1.688 1	92.27	91.72
12	0.394 3	2.535 9	92.27	91.72
13	0.333 2	3.001 2	92.27	91.72
14	0.287 8	3.475 2	92.27	91.72
15	0.243 9	4.099 3	92.27	91.72
16	0.228 7	4.373 1	92.27	91.72
17	0.206 6	4.839 6	92.28	91.72
18	0.197 6	5.060 1	92.28	91.72
19	0.186 1	5.372 7	92.28	91.72
20	0.168 8	5.924 5	92.31	91.73

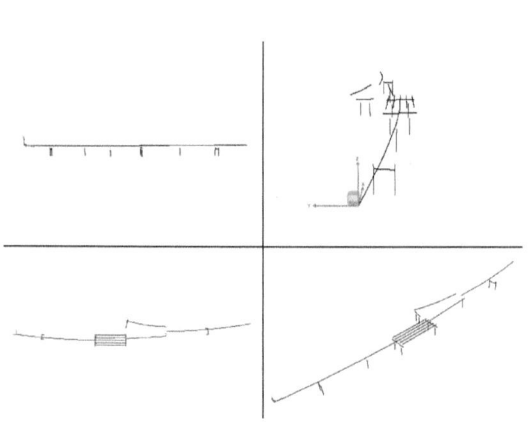

图10.3 第1阶，周期2.287 5 s

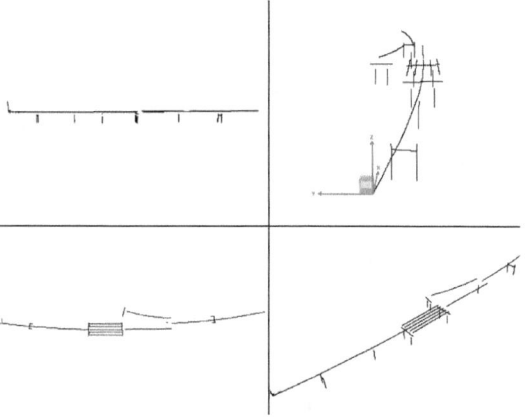

图10.4 第2阶，周期1.846 8 s

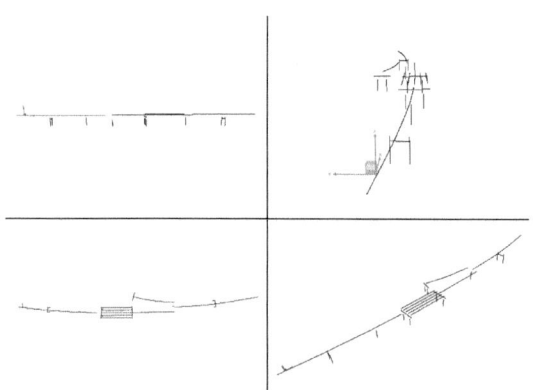

图 10.5 第 3 阶，周期 1.459 5 s

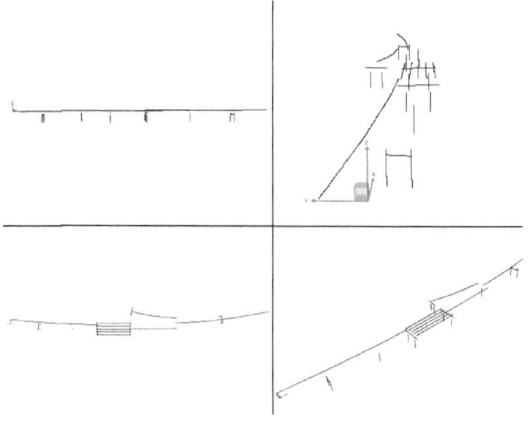

图 10.6 第 4 阶，周期 1.450 3 s

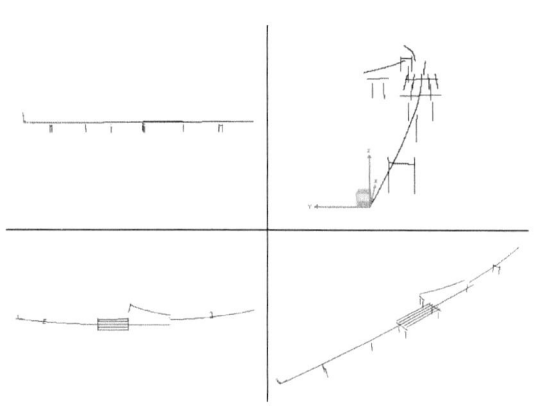

图 10.7 第 5 阶，周期 1.228 6 s

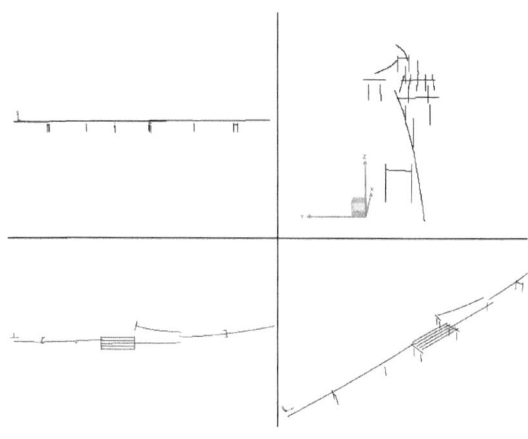

图 10.8 第 6 阶，周期 1.168 6 s

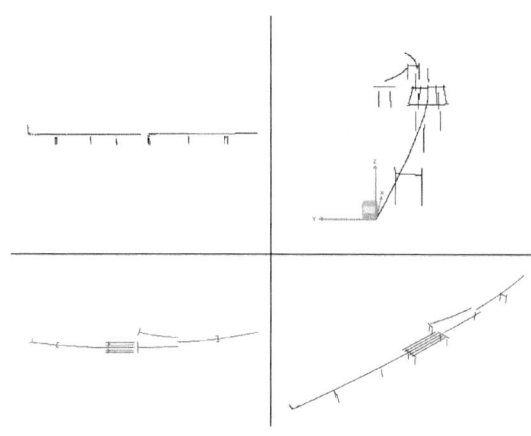

图 10.9 第 7 阶，周期 1.006 1 s

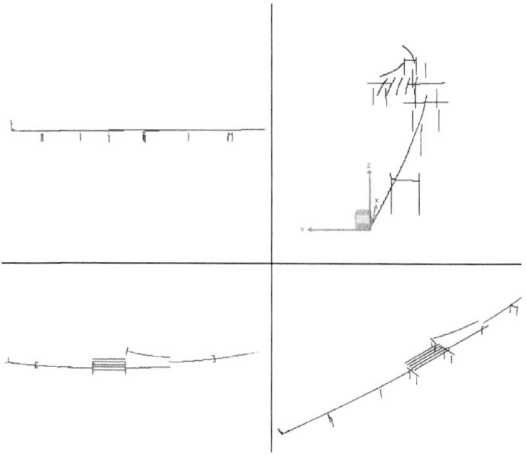

图 10.10 第 8 阶，周期 0.991 4 s

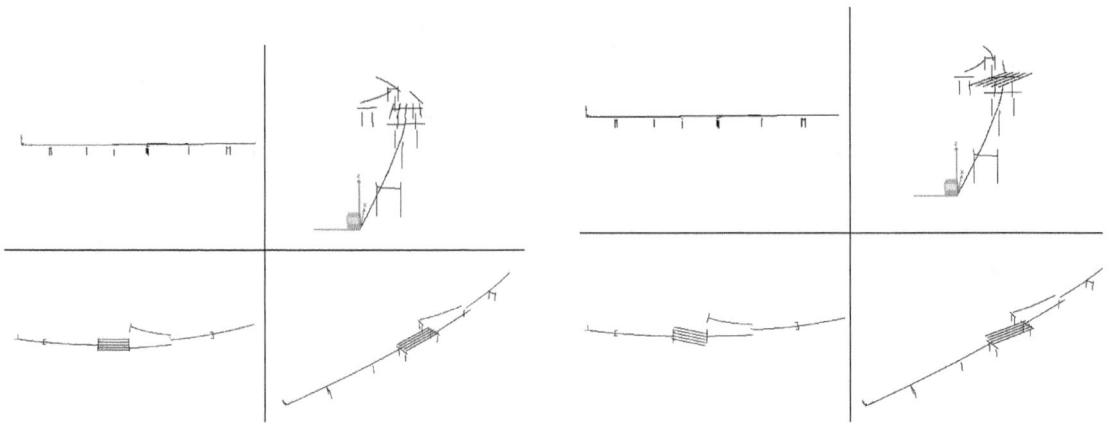

图 10.11　第 9 阶，周期 0.845 9 s　　　　　图 10.12　第 10 阶，周期 0.633 0 s

10.5　反应谱分析

10.5.1　设计加速度反应谱

根据《四川高速公路工程抗震设计指南》及梁桥的场地地震动参数及场地条件，水平设计加速度反应谱 S 由下式确定：

$$S = \begin{cases} S_{\max}(5.5T + 0.45) & T < 0.1 \text{ s} \\ S_{\max} & 0.1 \text{ s} \leq T \leq T_g \\ S_{\max}(T_g/T) & T > T_g \end{cases} \quad (10.1)$$

式中：$S_{\max}$——设计加速度反应谱最大值；

T——结构自振周期；

T_g——场地特征周期，在 50 年超越概率 2% 地震作用下，特征周期增加 0.05 s；

水平设计加速度反应谱最大值 $S_{\max}$ 由下式确定：

$$S_{\max} = 2.5 R_i C_s C_d A \quad (10.2)$$

式中：R_i——地震作用调整系数，即不同地震重现期地震动峰值加速度与基本地震动加速度的比值；50 年超越概率 10% 地震作用下，取 1.0；50 年超越概率 2% 地震作用下，取 1.9；

C_s——场地系数，根据桥梁所在场地条件，取 1.0；

C_d——阻尼调整系数，当结构阻尼比采用 5% 时，取 1.0；

A——水平设计基本地震动加速度峰值，取 $0.20g$。

E1 和 E2 地震作用下的水平设计加速度反应谱如图 10.13 所示。

10.5.2　桥墩的计算

10.5.2.1　桥墩关键截面内力

分别提取 E1 和 E2 地震作用下各桥墩墩顶和墩底的关键截面内力，分析结果见表 10.7 和表 10.8。

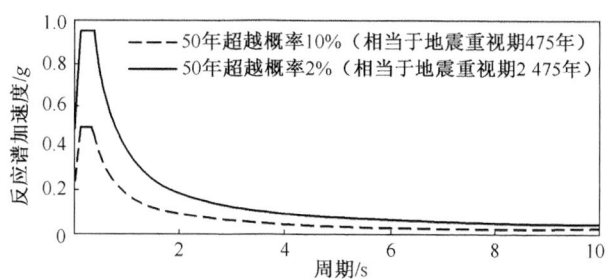

图 10.13 设计反应谱曲线

表 10.7 恒载+E1 地震作用下桥墩关键截面内力

墩号		取值	P/kN	V_2/kN	V_3/kN	M_2/(kN·m)	M_3/(kN·m)
\multicolumn{8}{	c	}{恒载+纵向地震作用}
1号墩	1号墩顶	max	-4 798.47	3.65	400.31	0.00	0.00
		min	-4 978.66	-4.28	-395.98	0.00	0.00
	1号墩底	max	-5 185.91	-7.98	403.24	2 645.72	173.07
		min	-5 464.77	-15.96	-401.63	-2 666.15	-108.58
	2号墩顶	max	-4 443.81	3.83	399.57	0.00	0.00
		min	-4 570.82	-4.17	-396.11	0.00	0.00
	2号墩底	max	-4 863.89	15.55	399.63	2 646.48	135.95
		min	-5 062.00	7.42	-393.45	-2 673.43	-150.10
2号墩	墩顶	max	-9 033.86	9.44	844.96	53.92	308.07
		min	-9 641.64	-6.97	-846.70	-18.41	234.87
	墩底	max	-10 218.22	9.45	845.12	5 689.23	344.08
		min	-10 826.95	-6.98	-846.86	-5 642.13	182.40
3号墩	1号墩顶	max	-3 274.63	-134.12	447.15	690.80	-412.17
		min	-3 561.71	-166.07	-435.44	-1 060.70	-579.84
	1号墩底	max	-3 548.44	-133.86	450.96	3 072.17	392.12
		min	-3 835.70	-166.32	-439.25	-3 505.88	251.57
	2号墩顶	max	-3 205.74	159.04	480.39	806.74	603.32
		min	-3 415.84	139.86	-399.00	-731.92	475.75
	2号墩底	max	-3 493.60	159.24	485.26	3 104.69	-244.08
		min	-3 703.93	139.67	-403.88	-3 496.10	-389.28

续表

墩号		取值	恒载+纵向地震作用				
			P/kN	V_2/kN	V_3/kN	M_2/(kN·m)	M_3/(kN·m)
4号墩	1号墩顶	max	-3 495.60	-23.82	599.69	1 414.78	-114.37
		min	-3 734.92	-94.67	-619.46	-877.00	-276.81
	1号墩底	max	-3 868.38	-23.78	604.32	5 057.96	289.31
		min	-4 107.86	-94.71	-624.10	-4 404.26	13.98
	2号墩顶	max	-3 071.08	98.30	561.56	985.12	338.48
		min	-3 248.50	37.87	-659.45	-1 063.27	215.40
	2号墩底	max	-3 461.67	98.34	568.52	5 054.41	-12.22
		min	-3 639.26	37.84	-666.40	-4 531.45	-270.15
5号墩	墩顶	max	-20 004.56	57.32	402.15	0.00	0.00
		min	-20 491.77	-21.15	-417.95	0.00	0.00
	墩底	max	-20 707.14	57.34	402.32	3 110.97	157.49
		min	-21 195.32	-21.17	-418.11	-2 993.42	-426.66
6号墩	1号墩顶	max	-5 058.64	18.88	210.17	0.00	0.00
		min	-5 271.36	-14.39	-221.81	0.00	0.00
	1号墩底	max	-5 861.13	13.84	355.86	2 606.61	359.17
		min	-6 146.07	-63.85	-360.96	-2 538.25	-158.47
	2号墩顶	max	-3 826.87	19.23	212.69	0.00	0.00
		min	-3 893.43	-14.70	-224.84	0.00	0.00
	2号墩底	max	-4 705.75	69.41	353.62	2 656.60	250.22
		min	-4 813.37	-10.37	-372.32	-2 558.18	-276.11

墩号		取值	恒载+横向地震作用				
			P/kN	V_2/kN	V_3/kN	M_2/(kN·m)	M_3/(kN·m)
1号墩	1号墩顶	max	-4 386.92	409.73	5.19	0.00	0.00
		min	-5 390.20	-410.36	-0.86	0.00	0.00
	1号墩底	max	-4 239.01	403.77	4.03	120.51	1 480.22
		min	-6 411.66	-427.71	-2.41	-140.93	-1 415.73
	2号墩顶	max	-4 013.44	409.51	5.44	0.00	0.00
		min	-5 001.20	-409.85	-1.97	0.00	0.00
	2号墩底	max	-3 884.38	416.66	6.32	116.37	1 423.15
		min	-6 041.51	-393.69	-0.15	-143.33	-1 437.30
2号墩	墩顶	max	-9 324.73	819.71	5.04	18.40	297.38
		min	-9 350.78	-817.23	-6.78	17.11	245.56
	墩底	max	-10 509.54	820.20	5.04	63.19	5 737.31
		min	-10 535.63	-817.73	-6.78	-16.10	-5 210.82

续表

墩 号	取值		P/kN	V_2/kN	V_3/kN	M_2/(kN·m)	M_3/(kN·m)
\multicolumn{8}{	c	}{恒载+横向地震作用}

墩 号	取值		P/kN	V_2/kN	V_3/kN	M_2/(kN·m)	M_3/(kN·m)
3号墩	1号墩顶	max	-2 600.88	306.17	56.38	-19.26	411.29
		min	-4 235.46	-606.36	-44.67	-350.64	-1 403.31
	1号墩底	max	-2 874.77	306.36	56.43	-58.10	1 901.37
		min	-4 509.37	-606.55	-44.72	-375.61	-1 257.67
	2号墩顶	max	-2 482.44	560.07	90.83	175.48	1 411.27
		min	-4 139.14	-261.16	-9.45	-100.66	-332.20
	2号墩底	max	-2 770.39	560.26	90.90	-22.45	1 165.10
		min	-4 427.13	-261.36	-9.52	-368.97	-1 798.47
4号墩	1号墩顶	max	-2 821.60	434.72	119.14	356.62	719.51
		min	-4 408.92	-553.21	-138.92	181.15	-1 110.69
	1号墩底	max	-3 194.45	434.94	119.19	1 134.44	2 132.37
		min	-4 781.79	-553.43	-138.97	-480.74	-1 829.09
	2号墩顶	max	-2 362.79	512.46	0.28	186.41	1 148.30
		min	-3 956.79	-376.28	-98.17	-264.56	-594.42
	2号墩底	max	-2 753.45	512.69	0.36	691.98	1 717.27
		min	-4 347.48	-376.52	-98.25	-169.01	-1 999.63
5号墩	墩顶	max	-20 189.09	579.94	30.63	0.00	0.00
		min	-20 307.24	-543.78	-46.43	0.00	0.00
	墩底	max	-20 892.11	580.10	30.65	345.56	4 047.34
		min	-21 010.35	-543.93	-46.44	-228.02	-4 316.51
6号墩	1号墩顶	max	-4 875.75	190.95	8.38	0.00	0.00
		min	-5 454.25	-186.46	-20.03	0.00	0.00
	1号墩底	max	-5 470.87	162.56	35.89	297.15	932.43
		min	-6 536.33	-212.57	-40.98	-228.80	-731.74
	2号墩顶	max	-3 564.67	188.79	17.53	0.00	0.00
		min	-4 155.63	-184.25	-29.68	0.00	0.00
	2号墩底	max	-4 220.39	217.68	32.08	315.55	824.68
		min	-5 298.72	-158.65	-50.78	-217.14	-850.58

表 10.8 恒载+E2 地震作用下桥墩关键截面内力

墩 号	取值		P/kN	V_2/kN	V_3/kN	M_2/(kN·m)	M_3/(kN·m)
\multicolumn{8}{	c	}{恒载+纵向地震作用}

墩 号	取值		P/kN	V_2/kN	V_3/kN	M_2/(kN·m)	M_3/(kN·m)
1号墩	1号墩顶	max	-4 704.19	8.29	866.70	0.00	0.00
		min	-5 072.93	-8.92	-862.38	0.00	0.00

续表

墩号		取值	恒载+纵向地震作用				
			P/kN	V_2/kN	V_3/kN	M_2/(kN·m)	M_3/(kN·m)
1号墩	1号墩底	max	-5 029.80	-3.30	874.67	5 756.96	338.04
		min	-5 620.88	-20.64	-873.05	-5 777.38	-273.55
	2号墩顶	max	-4 385.05	8.52	865.61	0.00	0.00
		min	-4 629.58	-8.86	-862.14	0.00	0.00
	2号墩底	max	-4 757.64	20.31	864.15	5 762.42	303.50
		min	-5 168.25	2.66	-857.97	-5 789.38	-317.64
2号墩	墩顶	max	-8 758.13	19.05	1 835.78	96.29	350.55
		min	-9 917.38	-16.58	-1 837.52	-60.77	192.39
	墩底	max	-9 942.06	19.07	1 836.14	12 326.17	438.57
		min	-11 103.11	-16.59	-1 837.88	-12 279.08	87.92
3号墩	1号墩顶	max	-3 129.54	-117.61	949.37	1 677.93	-315.41
		min	-3 706.80	-182.58	-937.66	-2 047.83	-676.61
	1号墩底	max	-3 403.28	-117.15	956.00	6 802.09	462.93
		min	-3 980.86	-183.03	-944.28	-7 235.80	180.76
	2号墩顶	max	-3 105.75	168.65	978.53	1 676.38	672.15
		min	-3 515.83	130.25	-897.15	-1 601.56	406.92
	2号墩底	max	-3 393.51	169.01	987.00	6 836.56	-165.05
		min	-3 804.01	129.89	-905.62	-7 227.97	-468.31
4号墩	1号墩顶	max	-3 370.04	17.59	1 301.52	2 726.20	-19.39
		min	-3 860.47	-136.08	-1 321.30	-2 188.43	-371.78
	1号墩底	max	-3 742.75	17.67	1 309.47	10 491.69	449.56
		min	-4 233.49	-136.16	-1 329.25	-9 837.99	-146.28
	2号墩顶	max	-2 979.63	133.67	1 259.49	2 161.47	409.96
		min	-3 339.95	2.51	-1 357.37	-2 239.62	143.92
	2号墩底	max	-3 370.16	133.73	1 271.40	10 530.66	138.06
		min	-3 730.77	2.44	-1 369.29	-10 007.69	-420.43
5号墩	墩顶	max	-19 771.54	103.28	882.49	0.00	0.00
		min	-20 724.79	-67.11	-898.29	0.00	0.00
	墩底	max	-20 473.71	103.32	882.85	6 686.40	499.58
		min	-21 428.75	-67.15	-898.65	-6 568.85	-768.75
6号墩	1号墩顶	max	-4 944.51	38.20	462.38	0.00	0.00
		min	-5 385.49	-33.71	-474.03	0.00	0.00
	1号墩底	max	-5 702.01	50.75	715.72	5 264.56	607.14
		min	-6 305.19	-100.76	-720.82	-5 196.21	-406.45

续表

墩号		取值	P/kN	V_2/kN	V_3/kN	M_2/(kN·m)	M_3/(kN·m)
恒载+纵向地震作用							
6号墩	2号墩顶	max	-3 791.30	38.75	467.14	0.00	0.00
		min	-3 928.99	-34.21	-479.29	0.00	0.00
	2号墩底	max	-4 644.76	107.25	716.02	5 345.37	501.87
		min	-4 874.35	-48.22	-734.72	-5 246.96	-527.77
恒载+横向地震作用							
墩号		取值	P/kN	V_2/kN	V_3/kN	M_2/(kN·m)	M_3/(kN·m)
1号墩	1号墩顶	max	-3 799.30	890.06	8.74	0.00	0.00
		min	-5 977.82	-890.69	-4.41	0.00	0.00
	1号墩底	max	-3 496.73	889.41	9.78	7.77	1 094.39
		min	-5 641.55	-889.75	-6.31	-12.03	-1 093.97
	2号墩顶	max	-2 826.85	890.78	7.80	283.26	635.80
		min	-7 544.60	-914.72	-6.19	-299.20	-637.79
	2号墩底	max	-2 620.93	891.29	10.11	268.48	3 098.56
		min	-7 304.96	-868.33	-3.93	-295.44	-3 112.70
2号墩	墩顶	max	-9 312.35	1 778.48	11.97	19.12	327.53
		min	-9 363.15	-1 776.01	-13.71	16.39	215.41
	墩底	max	-10 497.15	1 779.55	11.97	109.63	12 149.78
		min	-10 548.02	-1 777.08	-13.71	-62.53	-11 623.29
3号墩	1号墩顶	max	-1 643.61	840.65	115.39	174.57	1 474.13
		min	-5 192.73	-1 140.84	-103.68	-544.47	-2 466.15
	1号墩底	max	-1 917.48	841.06	115.49	124.60	3 751.65
		min	-5 466.65	-1 141.25	-103.78	-558.31	-3 107.96
	2号墩顶	max	-1 512.18	1 041.07	149.38	336.84	2 432.45
		min	-5 109.40	-742.16	-68.00	-262.02	-1 353.38
	2号墩底	max	-1 800.12	1 041.50	149.51	176.78	2 900.90
		min	-5 397.40	-742.59	-68.13	-568.19	-3 534.26
4号墩	1号墩顶	max	-1 892.10	1 013.37	270.25	459.18	1 791.49
		min	-5 338.42	-1 131.86	-290.03	78.60	-2 182.66
	1号墩底	max	-2 264.93	1 013.84	270.35	2 080.15	4 452.65
		min	-5 711.31	-1 132.33	-290.13	-1 426.45	-4 149.37
	2号墩顶	max	-1 429.24	1 033.01	57.82	450.45	2 169.03
		min	-4 890.34	-896.83	-155.71	-528.60	-1 615.15
	2号墩底	max	-1 819.88	1 033.51	57.97	1 195.41	3 894.31
		min	-5 281.05	-897.34	-155.86	-672.44	-4 176.68

续表

墩 号		取值	P/kN	V_2/kN	V_3/kN	$M_2/(\text{kN}\cdot\text{m})$	$M_3/(\text{kN}\cdot\text{m})$
			恒载+横向地震作用				
5号墩	墩顶	max	-20 124.96	1 238.12	75.77	0.00	0.00
		min	-20 371.37	-1 201.95	-91.56	0.00	0.00
	墩底	max	-20 827.95	1 238.45	75.80	681.52	8 946.16
		min	-21 074.51	-1 202.28	-91.60	-563.97	-9 215.33
6号墩	1号墩顶	max	-4 537.04	412.00	24.83	0.00	0.00
		min	-5 792.96	-407.51	-36.47	0.00	0.00
	1号墩底	max	-4 846.88	382.24	72.13	550.51	1 906.90
		min	-7 160.32	-432.25	-77.22	-482.16	-1 706.21
	2号墩顶	max	-3 218.60	407.28	44.93	0.00	0.00
		min	-4 501.70	-402.74	-57.08	0.00	0.00
	2号墩底	max	-3 588.83	438.07	72.03	571.24	1 805.64
		min	-5 930.29	-379.03	-90.73	-472.83	-1 831.54

10.5.2.2　桥墩强度验算

对1~6号桥墩进行桥墩关键截面的强度验算，验算结果见表10.9和表10.10。本部分内容结合有限元分析方法进行，通过分析不同轴压荷载作用下设计截面的弯矩曲率关系，得出其抗弯承载能力，1号墩、2号墩及5号墩的设计截面模型和弯矩曲率关系分别如图10.14和图10.15所示。验算结果表明，在E1和E2纵向地震作用下，桥墩均处于弹性工作状态，桥墩抗剪承载力均满足要求。

桥墩截面沿纵桥向和横桥向的斜截面抗剪强度应按下列公式计算：

$$V \leqslant \left(\frac{1.75}{\lambda + 1}f_t b h_0 + f_{yv}\frac{A_{sv}}{s}h_0 + 0.07N\right)\bigg/\gamma_{RE} \qquad (10.3)$$

式中：λ——偏心受压构件计算截面的剪跨比，取为$M/(Vh_0)$，当$\lambda<1.5$时取1.5，当$\lambda>3$时取3；

N——与剪力值V相应的轴向压力值，当$N>0.3f_c A$时，取为$0.3f_c A$，此处，A为构件的截面面积，f_c为混凝土轴心抗压强度设计值；

f_t——混凝土的轴心抗拉强度设计值；

b——截面宽度，圆形截面取$1.76r$，r为圆形截面的半径；

h_0——截面的有效高度，圆形截面取$1.6r$；

f_{yv}——箍筋的抗拉强度设计值；

A_{sv}——同一截面内箍筋的总面积；

s——沿构件长度方向的箍筋间距；

γ_{RE}——承载力抗震调整系数。

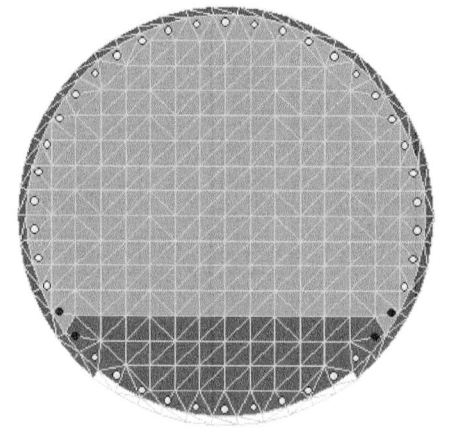

（a）1号墩

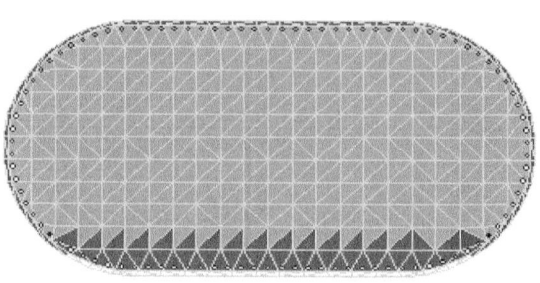

（b）2号墩

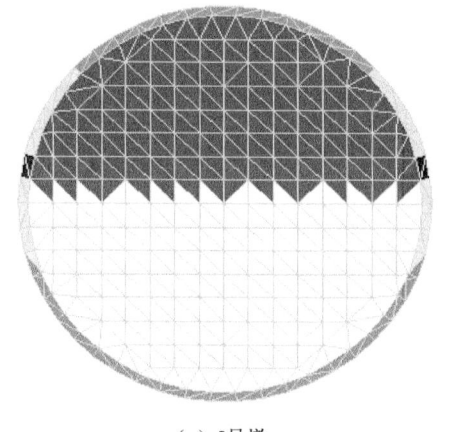

（c）5号墩

图 10.14　设计截面模型

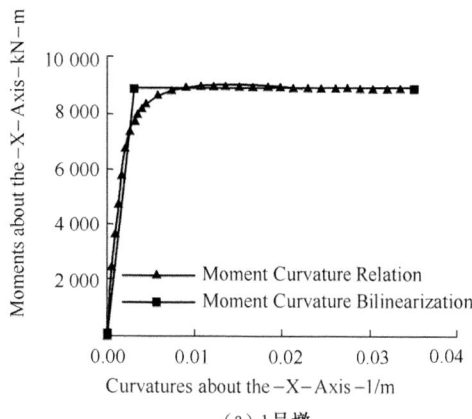

（a）1号墩

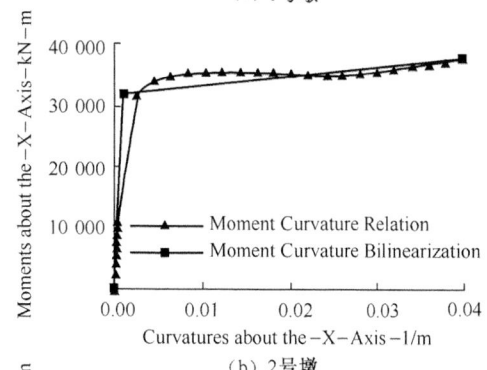

（b）2号墩

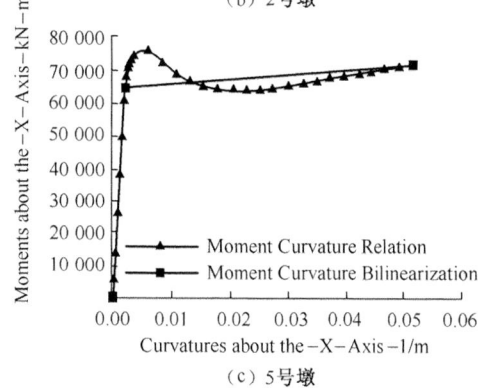

（c）5号墩

图 10.15　弯矩曲率关系

表 10.9 恒载+E1 地震作用下桥墩强度验算结果

墩号		取值	P/kN	V_3/kN	M_2/(kN·m)	抗弯承载力/(kN·m)	抗剪承载力/kN	抗弯结果	抗剪结果
恒载+纵向地震作用									
1号墩	1号墩顶	max	-4 798.47	400.31	0.00	6 804.00	2 162.90	弹性	满足
		min	-4 978.66	-395.98	0.00	6 879.00	2 172.61	弹性	满足
	1号墩底	max	-5 185.91	403.24	2 645.72	6 964.00	1 677.93	弹性	满足
		min	-5 464.77	-401.63	-2 666.15	7 081.00	1 692.94	弹性	满足
	2号墩顶	max	-4 443.81	399.57	0.00	6 657.00	2 143.81	弹性	满足
		min	-4 570.82	-396.11	0.00	6 711.00	2 150.65	弹性	满足
	2号墩底	max	-4 863.89	399.63	2 646.48	6 831.00	1 660.59	弹性	满足
		min	-5 062.00	-393.45	-2 673.43	6 915.00	1 671.25	弹性	满足
2号墩	墩顶	max	-9 033.86	844.96	53.92	7 162.00	3 410.88	弹性	满足
		min	-9 641.64	-846.70	-18.41	7 200.00	3 443.61	弹性	满足
	墩底	max	-10 218.22	845.12	5 689.23	7 230.00	2 684.28	弹性	满足
		min	-10 826.95	-846.86	-5 642.13	7 247.00	2 717.06	弹性	满足
3号墩	1号墩顶	max	-3 274.63	447.15	690.80	6 149.00	2 080.85	弹性	满足
		min	-3 561.71	-435.44	-1 060.70	6 274.00	1 909.03	弹性	满足
	1号墩底	max	-3 548.44	450.96	3 072.17	6 269.00	1 589.76	弹性	满足
		min	-3 835.70	-439.25	-3 505.88	6 394.00	1 605.22	弹性	满足
	2号墩顶	max	-3 205.74	480.39	806.74	6 118.00	2 077.14	弹性	满足
		min	-3 415.84	-399.00	-731.92	6 210.00	2 088.46	弹性	满足
	2号墩底	max	-3 493.60	485.26	3 104.69	6 224.00	1 586.80	弹性	满足
		min	-3 703.93	-403.88	-3 496.10	6 335.00	1 598.13	弹性	满足
4号墩	1号墩顶	max	-3 495.60	599.69	1 414.78	8 543.00	2 509.13	弹性	满足
		min	-3 734.92	-619.46	-877.00	8 664.00	2 611.53	弹性	满足
	1号墩底	max	-3 868.38	604.32	5 057.96	8 731.00	1 978.51	弹性	满足
		min	-4 107.86	-624.10	-4 404.26	8 851.00	1 991.40	弹性	满足
	2号墩顶	max	-3 071.08	561.56	985.12	8 327.00	2 575.78	弹性	满足
		min	-3 248.50	-659.45	-1 063.27	8 420.00	2 585.33	弹性	满足
	2号墩底	max	-3 461.67	568.52	5 054.41	8 526.00	1 956.61	弹性	满足
		min	-3 639.26	-666.40	-4 531.45	8 617.00	1 966.17	弹性	满足
5号墩	墩顶	max	-20 004.56	402.15	0.00	61 400.00	2 808.00	弹性	满足
		min	-20 491.77	-417.95	0.00	61 240.00	2 808.00	弹性	满足
	墩底	max	-20 707.14	402.32	3 110.97	61 170.00	2 017.63	弹性	满足
		min	-21 195.32	-418.11	-2 993.42	61 010.00	2 017.63	弹性	满足
6号墩	1号墩顶	max	-5 058.64	210.17	0.00	13 260.00	3 287.58	弹性	满足
		min	-5 271.36	-221.81	0.00	13 380.00	3 299.04	弹性	满足
	1号墩底	max	-5 861.13	355.86	2 606.61	13 690.00	2 540.42	弹性	满足
		min	-6 146.07	-360.96	-2 538.25	13 850.00	2 555.76	弹性	满足
	2号墩顶	max	-3 826.87	212.69	0.00	12 580.00	3 221.26	弹性	满足
		min	-3 893.43	-224.84	0.00	12 620.00	3 224.84	弹性	满足
	2号墩底	max	-4 705.75	353.62	2 656.60	13 070.00	2 478.21	弹性	满足
		min	-4 813.37	-372.32	-2 558.18	13 120.00	2 484.00	弹性	满足

续表

墩号		取值	P/kN	V_2/kN	M_3/(kN·m)	抗弯承载力/(kN·m)	抗剪承载力/kN	抗弯结果	抗剪结果
	恒载+横向地震作用								
1号墩	1号墩顶	max	−4 386.92	409.73	0.00	6 642.00	2 140.74	弹性	满足
		min	−5 390.20	−410.36	0.00	7 060.00	2 194.77	弹性	满足
	1号墩底	max	−4 239.01	403.77	1 480.22	6 580.00	1 656.60	弹性	满足
		min	−6 411.66	−427.71	−1 415.73	7 480.00	1 841.27	弹性	满足
	2号墩顶	max	−4 013.44	409.51	0.00	6 482.00	2 120.63	弹性	满足
		min	−5 001.20	−409.85	0.00	6 897.00	2 173.82	弹性	满足
	2号墩底	max	−3 884.38	416.66	1 423.15	6 425.00	1 684.04	弹性	满足
		min	−6 041.51	−393.69	−1 437.30	7 329.00	1 756.34	弹性	满足
2号墩	墩顶	max	−9 324.73	819.71	297.38	12 680.00	12 471.02	弹性	满足
		min	−9 350.78	−817.23	245.56	12 690.00	12 472.42	弹性	满足
	墩底	max	−10 509.54	820.20	5 737.31	12 890.00	11 009.63	弹性	满足
		min	−10 535.63	−817.73	−5 210.82	12 890.00	11 548.43	弹性	满足
3号墩	1号墩顶	max	−2 600.88	306.17	411.29	5 852.00	2 044.57	弹性	满足
		min	−4 235.46	−606.36	−1 403.31	6 578.00	1 984.61	弹性	满足
	1号墩底	max	−2 874.77	306.36	1 901.37	5 977.00	1 553.48	弹性	满足
		min	−4 509.37	−606.55	−1 257.67	6 693.00	2 085.60	弹性	满足
	2号墩顶	max	−2 482.44	560.07	1 411.27	5 796.00	1 825.27	弹性	满足
		min	−4 139.14	−261.16	−332.20	6 536.00	2 127.40	弹性	满足
	2号墩底	max	−2 770.39	560.26	1 165.10	5 928.00	1 989.63	弹性	满足
		min	−4 427.13	−261.36	−1 798.47	6 660.00	1 637.07	弹性	满足
4号墩	1号墩顶	max	−2 821.60	434.72	719.51	8 209.00	2 562.35	弹性	满足
		min	−4 408.92	−553.21	−1 110.69	9 010.00	2 647.82	弹性	满足
	1号墩底	max	−3 194.45	434.94	2 132.37	8 400.00	1 942.22	弹性	满足
		min	−4 781.79	−553.43	−1 829.09	9 196.00	2 255.93	弹性	满足
	2号墩顶	max	−2 362.79	512.46	1 148.30	7 972.00	2 500.18	弹性	满足
		min	−3 956.79	−376.28	−594.42	8 785.00	2 623.47	弹性	满足
	2号墩底	max	−2 753.45	512.69	1 717.27	8 177.00	2 134.67	弹性	满足
		min	−4 347.48	−376.52	−1 999.63	8 980.00	2 004.31	弹性	满足
5号墩	墩顶	max	−20 189.09	579.94	0.00	61 540.00	2 808.00	弹性	满足
		min	−20 307.24	−543.78	0.00	61 500.00	2 808.00	弹性	满足
	墩底	max	−20 892.11	580.10	4 047.34	61 310.00	2 017.63	弹性	满足
		min	−21 010.35	−543.93	−4 316.51	61 270.00	2 017.63	弹性	满足
6号墩	1号墩顶	max	−4 875.75	190.95	0.00	13 170.00	3 277.74	弹性	满足
		min	−5 454.25	−186.46	0.00	13 480.00	3 308.89	弹性	满足
	1号墩底	max	−5 470.87	162.56	932.43	13 490.00	2 519.41	弹性	满足
		min	−6 536.33	−212.57	−731.74	14 070.00	2 931.46	弹性	满足
	2号墩顶	max	−3 564.67	188.79	0.00	12 450.00	3 207.14	弹性	满足
		min	−4 155.63	−184.25	0.00	12 780.00	3 238.96	弹性	满足
	2号墩底	max	−4 220.39	217.68	824.68	12 810.00	2 699.35	弹性	满足
		min	−5 298.72	−158.65	−850.58	13 400.00	2 510.14	弹性	满足

表 10.10 恒载+E2 地震作用下桥墩强度验算结果

墩号		取值	P/kN	V_3/kN	M_2/(kN·m)	抗弯承载力/(kN·m)	抗剪承载力/kN	抗弯结果	抗剪结果
恒载+纵向地震作用									
1号墩	1号墩顶	max	-4 704.19	866.70	0.00	8 916.00	2 157.83	弹性	满足
		min	-5 072.93	-862.38	0.00	9 083.00	2 177.68	弹性	满足
	1号墩底	max	-5 029.80	874.67	5 756.96	9 063.00	1 669.52	弹性	满足
		min	-5 620.88	-873.05	-5 777.38	9 329.00	1 701.35	弹性	满足
	2号墩顶	max	-4 385.05	865.61	0.00	8 771.00	2 140.64	弹性	满足
		min	-4 629.58	-862.14	0.00	8 882.00	2 153.81	弹性	满足
	2号墩底	max	-4 757.64	864.15	5 762.42	8 939.00	1 654.87	弹性	满足
		min	-5 168.25	-857.97	-5 789.38	9 124.00	1 676.98	弹性	满足
2号墩	墩顶	max	-8 758.13	1 835.78	96.29	31 950.00	3 396.03	弹性	满足
		min	-9 917.38	-1 837.52	-60.77	32 940.00	3 458.46	弹性	满足
	墩底	max	-9 942.06	1 836.14	12 326.17	32 960.00	2 669.41	弹性	满足
		min	-11 103.11	-1 837.88	-12 279.08	33 790.00	2 731.93	弹性	满足
3号墩	1号墩顶	max	-3 129.54	949.37	1 677.93	8 181.00	2 073.04	弹性	满足
		min	-3 706.80	-937.66	-2 047.83	8 460.00	2 001.33	弹性	满足
	1号墩底	max	-3 403.28	956.00	6 802.09	8 314.00	1 581.94	弹性	满足
		min	-3 980.86	-944.28	-7 235.80	8 584.00	1 613.04	弹性	满足
	2号墩顶	max	-3 105.75	978.53	1 676.38	8 168.00	2 071.76	弹性	满足
		min	-3 515.83	-897.15	-1 601.56	8 367.00	2 093.84	弹性	满足
	2号墩底	max	-3 393.51	987.00	6 836.56	8 312.00	1 581.41	弹性	满足
		min	-3 804.01	-905.62	-7 227.97	8 486.00	1 603.52	弹性	满足
4号墩	1号墩顶	max	-3 370.04	1 301.52	2 726.20	11 470.00	2 591.88	弹性	满足
		min	-3 860.47	-1 321.30	-2 188.43	11 770.00	2 618.29	弹性	满足
	1号墩底	max	-3 742.75	1 309.47	10 491.69	11 700.00	1 971.74	弹性	满足
		min	-4 233.49	-1 329.25	-9 837.99	11 990.00	1 998.17	弹性	满足
	2号墩顶	max	-2 979.63	1 259.49	2 161.47	11 220.00	2 570.86	弹性	满足
		min	-3 339.95	-1 357.37	-2 239.62	11 450.00	2 590.26	弹性	满足
	2号墩底	max	-3 370.16	1 271.40	10 530.66	11 470.00	1 951.68	弹性	满足
		min	-3 730.77	-1 369.29	-10 007.69	11 690.00	1 971.10	弹性	满足
5号墩	墩顶	max	-19 771.54	882.49	0.00	64 580.00	2 808.00	弹性	满足
		min	-20 724.79	-898.29	0.00	64 460.00	2 808.00	弹性	满足
	墩底	max	-20 473.71	882.85	6 686.40	64 490.00	2 017.63	弹性	满足
		min	-21 428.75	-898.65	-6 568.85	64 370.00	2 017.63	弹性	满足
6号墩	1号墩顶	max	-4 944.51	462.38	0.00	17 900.00	3 281.44	弹性	满足
		min	-5 385.49	-474.03	0.00	18 160.00	3 305.18	弹性	满足
	1号墩底	max	-5 702.01	715.72	5 264.56	18 340.00	2 531.85	弹性	满足
		min	-6 305.19	-720.82	-5 196.21	18 690.00	2 564.33	弹性	满足
	2号墩顶	max	-3 791.30	467.14	0.00	17 130.00	3 219.34	弹性	满足
		min	-3 928.99	-479.29	0.00	17 230.00	3 226.76	弹性	满足
	2号墩底	max	-4 644.76	716.02	5 345.37	17 720.00	2 474.92	弹性	满足
		min	-4 874.35	-734.72	-5 246.96	17 860.00	2 487.29	弹性	满足

续表

墩号		取值	P/kN	V_2/kN	M_3/(kN·m)	抗弯承载力/(kN·m)	抗剪承载力/kN	抗弯结果	抗剪结果
恒载+横向地震作用									
1号墩	1号墩顶	max	-3 799.30	890.06	0.00	8 503.00	2 109.10	弹性	满足
		min	-5 977.82	-890.69	0.00	9 483.00	2 226.41	弹性	满足
	1号墩底	max	-3 496.73	889.41	1 094.39	8 359.00	2 092.81	弹性	满足
		min	-5 641.55	-889.75	-1 093.97	9 338.00	2 208.30	弹性	满足
	2号墩顶	max	-2 826.85	890.78	635.80	8 016.00	2 056.74	弹性	满足
		min	-7 544.60	-914.72	-637.79	10 140.00	2 310.77	弹性	满足
	2号墩底	max	-2 620.93	891.29	3 098.56	7 891.00	1 604.24	弹性	满足
		min	-7 304.96	-868.33	-3 112.70	10 040.00	1 836.27	弹性	满足
2号墩	墩顶	max	-9 312.35	1 778.48	327.53	61 810.00	12 470.35	弹性	满足
		min	-9 363.15	-1 776.01	215.41	61 850.00	12 473.09	弹性	满足
	墩底	max	-10 497.15	1 779.55	12 149.78	63 000.00	11 147.26	弹性	满足
		min	-10 548.02	-1 777.08	-11 623.29	63 050.00	11 397.29	弹性	满足
3号墩	1号墩顶	max	-1 643.61	840.65	1 474.13	7 278.00	1 993.03	弹性	满足
		min	-5 192.73	-1 140.84	-2 466.15	9 141.00	2 089.41	弹性	满足
	1号墩底	max	-1 917.48	841.06	3 751.65	7 449.00	1 501.93	弹性	满足
		min	-5 466.65	-1 141.25	-3 107.96	9 261.00	1 928.21	弹性	满足
	2号墩顶	max	-1 512.18	1 041.07	2 432.45	7 197.00	1 830.60	弹性	满足
		min	-5 109.40	-742.16	-1 353.38	9 104.00	2 179.65	弹性	满足
	2号墩底	max	-1 800.12	1 041.50	2 900.90	7 375.00	1 714.34	弹性	满足
		min	-5 397.40	-742.59	-3 534.26	9 231.00	1 689.31	弹性	满足
4号墩	1号墩顶	max	-1 892.10	1 013.37	1 791.49	10 510.00	2 512.30	弹性	满足
		min	-5 338.42	-1 131.86	-2 182.66	12 580.00	2 697.87	弹性	满足
	1号墩底	max	-2 264.93	1 013.84	4 452.65	10 760.00	1 892.17	弹性	满足
		min	-5 711.31	-1 132.33	-4 149.37	12 780.00	2 214.78	弹性	满足
	2号墩顶	max	-1 429.24	1 033.01	2 169.03	10 180.00	2 487.37	弹性	满足
		min	-4 890.34	-896.83	-1 615.15	12 350.00	2 673.74	弹性	满足
	2号墩底	max	-1 819.88	1 033.51	3 894.31	10 470.00	1 981.29	弹性	满足
		min	-5 281.05	-897.34	-4 176.68	12 550.00	2 054.58	弹性	满足
5号墩	墩顶	max	-20 124.96	1 238.12	0.00	64 560.00	2 808.00	弹性	满足
		min	-20 371.37	-1 201.95	0.00	64 570.00	2 808.00	弹性	满足
	墩底	max	-20 827.95	1 238.45	8 946.16	64 530.00	2 017.63	弹性	满足
		min	-21 074.51	-1 202.28	-9 215.33	64 480.00	2 017.63	弹性	满足
6号墩	1号墩顶	max	-4 537.04	412.00	0.00	17 650.00	3 259.50	弹性	满足
		min	-5 792.96	-407.51	0.00	18 400.00	3 327.12	弹性	满足
	1号墩底	max	-4 846.88	382.24	1 906.90	17 840.00	2 485.81	弹性	满足
		min	-7 160.32	-432.25	-1 706.21	19 170.00	2 812.87	弹性	满足
	2号墩顶	max	-3 218.60	407.28	0.00	16 700.00	3 188.51	弹性	满足
		min	-4 501.70	-402.74	0.00	17 630.00	3 257.60	弹性	满足
	2号墩底	max	-3 588.83	438.07	1 805.64	16 970.00	2 574.20	弹性	满足
		min	-5 930.29	-379.03	-1 831.54	18 480.00	2 544.14	弹性	满足

10.5.3 支座的计算

10.5.3.1 支座变形和水平地震力

E1 和 E2 地震作用下，桥台与双柱式桥墩不同墩柱以及桥墩不同侧上的支座变形见表 10.11 和表 10.12。

3 号桥墩、4 号桥墩的大小桩号侧均布置有支座，分别选取大小桩号侧支座变形的最不利值，即最大值作为验算依据。

表 10.11　恒载+E1 地震作用下支座变形　　　　　　　　　单位：mm

恒载+纵向地震作用				恒载+横向地震作用			
位置		顺桥向	横桥向	位置		顺桥向	横桥向
0 号桥台	(GJZF$_4$ 350×550×87)	65.04	1.69	0 号桥台	(GJZF$_4$ 350×550×87)	1.45	62.12
1 号桥墩	1(GYZ d900×148)	60.56	0.65	1 号桥墩	1(GYZ d900×148)	0.79	62.10
	2(GYZ d900×148)	60.44	0.63		2(GYZ d900×148)	0.83	62.02
2 号桥墩	(GYZ d900×148)	64.07	0.72	2 号桥墩	(GYZ d900×148)	0.51	61.96
3 号桥墩	小桩号侧 (GJZF$_4$ 350×550×87)	60.52	1.45	3 号桥墩	小桩号侧 (GJZF$_4$ 350×550×87)	1.69	60.92
	大桩号侧 (GJZ 350×450×99)	41.14	0.58		大桩号侧 (GJZ 350×450×99)	5.44	40.58
4 号桥墩	小桩号侧 (GJZ 350×450×99)	41.99	0.49	4 号桥墩	小桩号侧 (GJZ 350×450×99)	5.51	40.47
	大桩号侧 (GJZF$_4$ 350×550×87)	73.27	4.93		大桩号侧 (GJZF$_4$ 350×550×87)	15.76	54.39
5 号桥墩	(GYZ d1600×500)	78.89	10.82	5 号桥墩	(GYZ d1600×500)	8.76	109.49
6 号桥墩	1(GYZ d1100×420)	78.65	6.63	6 号桥墩	1(GYZ d1100×420)	7.02	68.20
	2(GYZ d1100×420)	79.00	6.62		2(GYZ d1100×420)	10.42	67.43
7 号桥台	(GJZF$_4$ 350×550×87)	81.50	6.22	7 号桥台	(GJZF$_4$ 350×550×87)	14.47	30.23

表 10.12　恒载+E2 地震作用下支座变形　　　　　　　　　单位：mm

恒载+纵向地震作用				恒载+横向地震作用			
位置		顺桥向	横桥向	位置		顺桥向	横桥向
0 号桥台	(GJZF$_4$ 350×550×87)	140.28	3.56	0 号桥台	(GJZF$_4$ 350×550×87)	2.19	134.78
1 号桥墩	1(GYZ d900×148)	131.12	1.35	1 号桥墩	1(GYZ d900×148)	1.32	134.80
	2(GYZ d900×148)	130.94	1.34		2(GYZ d900×148)	1.48	134.65
2 号桥墩	(GYZ d900×148)	139.07	1.45	2 号桥墩	(GYZ d900×148)	1.05	134.52

续表

恒载+纵向地震作用				恒载+横向地震作用			
位 置		顺桥向	横桥向	位 置		顺桥向	横桥向
3号桥墩	小桩号侧 （GJZF$_4$ 350×550×87）	130.01	3.05	3号桥墩	小桩号侧 （GJZF$_4$ 350×550×87）	2.29	132.16
	大桩号侧 （GJZ 350×450×99）	83.68	1.02		大桩号侧 （GJZ 350×450×99）	6.52	87.89
4号桥墩	小桩号侧 （GJZ 350×450×99）	85.54	0.97	4号桥墩	小桩号侧 （GJZ 350×450×99）	6.35	87.78
	大桩号侧 （GJZF$_4$ 350×550×87）	158.85	10.02		大桩号侧 （GJZF$_4$ 350×550×87）	33.98	117.42
5号桥墩	（GYZ d1600×500）	169.55	19.50	5号桥墩	（GYZ d1600×500）	17.28	233.74
6号桥墩	1（GYZ d1100×420）	168.34	13.46	6号桥墩	1（GYZ d1100×420）	12.80	147.16
	2（GYZ d1100×420）	168.99	13.41		2（GYZ d1100×420）	20.08	145.47
7号桥台	（GJZF$_4$ 350×550×87）	172.96	13.22	7号桥台	（GJZF$_4$ 350×550×87）	27.21	65.33

E1 和 E2 地震作用下，支座的水平地震力如表 10.13 和表 10.14 所示。

表 10.13　恒载+E1 地震作用下支座水平地震力　　　　单位：kN

恒载+纵向地震作用				
位 置		取值	顺桥向	横桥向
0号桥台	（GJZF$_4$ 350×550×87）	max	238.83	6.21
		min	−234.33	−5.73
1号桥墩	1（GYZ d900×148）	max	400.10	4.28
		min	−395.77	−3.64
	2（GYZ d900×148）	max	399.32	4.17
		min	−395.85	−3.83
2号桥墩	（GYZ d900×148）	max	422.58	3.48
		min	−423.30	−4.75
3号桥墩	小桩号侧 （GJZF$_4$ 350×550×87）	max	214.91	5.31
		min	−222.24	−5.17
	大桩号侧 （GJZ 350×450×99）	max	104.01	1.47
		min	−81.01	−1.14
4号桥墩	小桩号侧 （GJZ 350×450×99）	max	83.18	0.99
		min	−106.18	−1.25
	大桩号侧 （GJZF$_4$ 350×550×87）	max	269.04	14.05
		min	−267.86	−18.10

续表

恒载+纵向地震作用				
位置		取值	顺桥向	横桥向
5号桥墩	(GYZ d1600×500)	max	401.90	21.13
		min	-417.69	-57.30
6号桥墩	1(GYZ d1100×420)	max	208.53	14.08
		min	-220.17	-18.56
	2(GYZ d1100×420)	max	209.00	13.98
		min	-221.15	-18.52
7号桥台	(GJZF$_4$ 350×550×87)	max	274.16	22.84
		min	-299.26	-21.07
恒载+横向地震作用				
位置		取值	顺桥向	横桥向
0号桥台	(GJZF$_4$ 350×550×87)	max	5.31	228.11
		min	0.53	-227.43
1号桥墩	1(GYZ d900×148)	max	5.19	410.29
		min	-0.87	-409.66
	2(GYZ d900×148)	max	5.45	409.76
		min	-1.98	-409.42
2号桥墩	(GYZ d900×148)	max	2.67	408.33
		min	-3.44	-409.61
3号桥墩	小桩号侧 (GJZF$_4$ 350×550×87)	max	-0.98	223.50
		min	-6.21	-223.70
	大桩号侧 (GJZ 350×450×99)	max	13.75	102.61
		min	8.75	-102.38
4号桥墩	小桩号侧 (GJZ 350×450×99)	max	13.75	102.61
		min	8.75	-102.38
	大桩号侧 (GJZF$_4$ 350×550×87)	max	-9.42	101.90
		min	-13.93	-102.33
5号桥墩	(GYZ d1600×500)	max	57.87	195.62
		min	-56.37	-199.73
6号桥墩	1(GYZ d1100×420)	max	30.61	543.54
		min	-46.40	-579.71
	2(GYZ d1100×420)	max	8.00	186.44
		min	-19.65	-190.93
7号桥台	(GJZF$_4$ 350×550×87)	max	17.02	184.22
		min	-29.17	-188.76

表 10.14 恒载+E2 地震作用下支座水平地震力　　　　　　　单位：kN

恒载+纵向地震作用				
位　　置		取值	顺桥向	横桥向
0 号桥台	(GJZF$_4$ 350×550×87)	max	515.77	13.19
		min	-511.40	-12.72
1 号桥墩	1(GYZ d900×148)	max	866.26	8.91
		min	-861.93	-8.28
	2(GYZ d900×148)	max	865.06	8.84
		min	-861.60	-8.50
2 号桥墩	(GYZ d900×148)	max	918.03	8.29
		min	-918.75	-9.56
3 号桥墩	小桩号侧 (GJZF$_4$ 350×550×87)	max	469.73	11.20
		min	-477.40	-10.78
	大桩号侧 (GJZ 350×450×99)	max	211.58	2.57
		min	-188.92	-2.21
4 号桥墩	小桩号侧 (GJZ 350×450×99)	max	193.42	2.19
		min	-216.29	-2.44
	大桩号侧 (GJZF$_4$ 350×550×87)	max	583.28	32.79
		min	-581.79	-36.79
5 号桥墩	(GYZ d1600×500)	max	881.94	67.06
		min	-897.73	-103.23
6 号桥墩	1(GYZ d1100×420)	max	459.60	33.19
		min	-471.25	-37.68
	2(GYZ d1100×420)	max	460.92	33.01
		min	-473.07	-37.55
7 号桥台	(GJZF$_4$ 350×550×87)	max	610.02	48.55
		min	-635.11	-46.78
恒载+横向地震作用				
位　　置		取值	顺桥向	横桥向
0 号桥台	(GJZF$_4$ 350×550×87)	max	8.05	494.92
		min	-2.10	-494.24
1 号桥墩	1(GYZ d900×148)	max	8.74	890.54
		min	-4.42	-889.91
	2(GYZ d900×148)	max	9.80	889.56
		min	-6.34	-889.22
2 号桥墩	(GYZ d900×148)	max	6.22	887.41
		min	-6.94	-888.68

续表

位置		取值	顺桥向	横桥向
恒载+横向地震作用				
3号桥墩	小桩号侧（GJZF$_4$ 350×550×87）	max	1.02	485.04
		min	-8.39	-485.31
	大桩号侧（GJZ 350×450×99）	max	16.48	222.22
		min	5.89	-222.10
4号桥墩	小桩号侧（GJZ 350×450×99）	max	-7.60	221.52
		min	-16.06	-221.95
	大桩号侧（GJZF$_4$ 350×550×87）	max	124.77	427.13
		min	-123.28	-431.18
5号桥墩	（GYZ d1600×500）	max	75.71	1 201.44
		min	-91.51	-1 237.61
6号桥墩	1（GYZ d1100×420）	max	24.19	407.47
		min	-35.84	-411.95
	2（GYZ d1100×420）	max	44.06	402.68
		min	-56.21	-407.21
7号桥台	（GJZF$_4$ 350×550×87）	max	73.59	239.90
		min	-99.92	-237.91

上部结构重力在支座上产生的反力取绝对值的最大值见表10.15。

表 10.15 上部结构重力在支座上产生的反力 单位：kN

位置		取值 R_b
恒 载		
0号桥台	（GJZF$_4$ 350×550×87）	-1 025.12
1号桥墩	1（GYZ d900×148）	-4 888.56
	2（GYZ d900×148）	-4 507.32
2号桥墩	（GYZ d900×148）	-4 792.66
3号桥墩	小桩号侧（GJZF$_4$ 350×550×87）	-1 121.77
	大桩号侧（GJZ 350×450×99）	-873.09
4号桥墩	小桩号侧（GJZ 350×450×99）	-726.52
	大桩号侧（GJZF$_4$ 350×550×87）	-1 450.03
5号桥墩	（GYZ d1600×500）	-20 248.16

续表

恒 载		
位 置		取值 R_b
6号桥墩	1(GYZ d1100×420)	-5 165.00
	2(GYZ d1100×420)	-3 860.15
7号桥台	(GJZF₄ 350×550×87)	-519.09

10.5.3.2 支座验算

对于板式橡胶支座,应按下列要求进行板式橡胶支座的抗震验算。

支座厚度按下式进行验算:

$$\sum t \geqslant \frac{X_0}{\tan\gamma} = X_0 \quad (10.4)$$

式中:Σt——橡胶层的总厚度(m);

$\tan\gamma$——橡胶片剪切角正切值,取 $\tan\gamma = 1.0$;

X_0——对应水准地震作用效应和永久作用效应组合后橡胶支座顶面相对于底面的水平位移(m)。

支座抗滑稳定性按下式进行验算:

$$\mu_d R_b \geqslant E_{hzb} \quad (10.5)$$

式中:μ_d——支座的摩阻系数,橡胶支座与混凝土表面的动摩阻系数采用0.15,与钢板的动摩阻系数采用0.10;

R_b——上部结构重力在支座上产生的反力(kN);

E_{hzb}——对应水准地震作用效应和永久作用效应组合后橡胶支座的水平地震力(kN)。

E1和E2地震作用下的支座厚度验算结果见表10.16和表10.17,支座抗滑稳定性验算结果见表10.18和表10.19。结果表明,在E1地震作用下,聚四氟滑板橡胶支座不满足式(10.4)变形,但是满足剪切应变不超过200%的要求;在E2纵向地震作用下,0号桥台、3号桥墩小桩号侧、4号桥墩大桩号侧以及7号桥台处的支座剪切应变超过了200%;E2横向地震作用下,0号桥台、3号桥墩小桩号侧支座产生损伤。在E1地震作用下,聚四氟滑板橡胶支座均不满足抗滑稳定性要求;在E2地震作用下,除5号桥墩、6号桥墩处支座满足抗滑稳定性要求外,其他支座均产生滑移。

表10.16 恒载+E1地震作用下支座厚度验算 单位:mm

恒载+纵向地震作用				
位 置		X_0	Σt	验算结果
0号桥台	(GJZF₄ 350×550×87)	65.04	60	不满足
1号桥墩	1(GYZ d900×148)	60.56	113	满足
	2(GYZ d900×148)	60.44	113	满足

续表

		恒载+纵向地震作用		
位置		X_0	Σt	验算结果
2号桥墩	（GYZ d900×148）	64.07	113	满足
3号桥墩	小桩号侧 （GJZF$_4$ 350×550×87）	60.52	60	不满足
	大桩号侧 （GJZ 350×450×99）	41.14	71	满足
4号桥墩	小桩号侧 （GJZ 350×450×99）	41.99	71	满足
	大桩号侧 （GJZF$_4$ 350×550×87）	73.27	60	不满足
5号桥墩	（GYZ d1600×500）	78.89	380	满足
6号桥墩	1（GYZ d1100×420）	78.65	305	满足
	2（GYZ d1100×420）	79.00	305	满足
7号桥台	（GJZF$_4$ 350×550×87）	81.50	60	不满足
		恒载+横向地震作用		
位置		X_0	Σt	验算结果
0号桥台	（GJZF$_4$ 350×550×87）	62.12	60	不满足
1号桥墩	1（GYZ d900×148）	62.10	113	满足
	2（GYZ d900×148）	62.02	113	满足
2号桥墩	（GYZ d900×148）	61.96	113	满足
3号桥墩	小桩号侧 （GJZF$_4$ 350×550×87）	60.92	60	满足
	大桩号侧 （GJZ 350×450×99）	40.58	71	满足
4号桥墩	小桩号侧 （GJZ 350×450×99）	40.47	71	满足
	大桩号侧 （GJZF$_4$ 350×550×87）	54.39	60	满足
5号桥墩	（GYZ d1600×500）	109.49	380	满足
6号桥墩	1（GYZ d1100×420）	68.20	305	满足
	2（GYZ d1100×420）	67.43	305	满足
7号桥台	（GJZF$_4$ 350×550×87）	30.23	60	满足

表 10.17 恒载+E2 地震作用下支座厚度验算　　　　　　单位：mm

位置		X_0	$\sum t$	验算结果
恒载+纵向地震作用				
0 号桥台	（GJZF$_4$ 350×550×87）	140.28	60	不满足
1 号桥墩	1（GYZ d900×148）	131.12	113	不满足
	2（GYZ d900×148）	130.94	113	不满足
2 号桥墩	（GYZ d900×148）	139.07	113	不满足
3 号桥墩	小桩号侧 （GJZF$_4$ 350×550×87）	130.01	60	不满足
	大桩号侧 （GJZ 350×450×99）	83.68	71	不满足
4 号桥墩	小桩号侧 （GJZ 350×450×99）	85.54	71	不满足
	大桩号侧 （GJZF$_4$ 350×550×87）	158.85	60	不满足
5 号桥墩	（GYZ d1600×500）	169.55	380	满足
6 号桥墩	1（GYZ d1100×420）	168.34	305	满足
	2（GYZ d1100×420）	168.99	305	满足
7 号桥台	（GJZF$_4$ 350×550×87）	172.96	60	不满足
恒载+横向地震作用				
位置		X_0	$\sum t$	验算结果
0 号桥台	（GJZF$_4$ 350×550×87）	134.78	60	不满足
1 号桥墩	1（GYZ d900×148）	134.80	113	不满足
	2（GYZ d900×148）	134.65	113	不满足
2 号桥墩	（GYZ d900×148）	134.52	113	不满足
3 号桥墩	小桩号侧 （GJZF$_4$ 350×550×87）	132.16	60	不满足
	大桩号侧 （GJZ 350×450×99）	87.89	71	不满足
4 号桥墩	小桩号侧 （GJZ 350×450×99）	87.78	71	不满足
	大桩号侧 （GJZF$_4$ 350×550×87）	117.42	60	不满足
5 号桥墩	（GYZ d1600×500）	233.74	380	满足
6 号桥墩	1（GYZ d1100×420）	147.16	305	满足
	2（GYZ d1100×420）	145.47	305	满足
7 号桥台	（GJZF$_4$ 350×550×87）	65.33	60	不满足

表 10.18　恒载+E1 地震作用下支座抗滑稳定性验算　　　　单位：kN

位置		取值	E_{hzb}	$\mu_d R_b$	验算结果
恒载+纵向地震作用					
0 号桥台	（GJZF₄ 350×550×87）	max	238.83	-153.77	不满足
		min	-234.33	-153.77	不满足
1 号桥墩	1（GYZ d900×148）	max	400.10	-733.28	满足
		min	-395.77	-733.28	满足
	2（GYZ d900×148）	max	399.32	-676.10	满足
		min	-395.85	-676.10	满足
2 号桥墩	（GYZ d900×148）	max	422.58	-718.90	满足
		min	-423.30	-718.90	满足
3 号桥墩	小桩号侧（GJZF₄ 350×550×87）	max	214.91	-168.27	不满足
		min	-222.24	-168.27	不满足
	大桩号侧（GJZ 350×450×99）	max	104.01	-130.96	满足
		min	-81.01	-130.96	满足
4 号桥墩	小桩号侧（GJZ 350×450×99）	max	83.18	-108.98	满足
		min	-106.18	-108.98	满足
	大桩号侧（GJZF₄ 350×550×87）	max	269.04	-217.50	不满足
		min	-267.86	-217.50	不满足
5 号桥墩	（GYZ d1600×500）	max	401.90	-3 037.22	满足
		min	-417.69	-3 037.22	满足
6 号桥墩	1（GYZ d1100×420）	max	208.53	-774.75	满足
		min	-220.17	-774.75	满足
	2（GYZ d1100×420）	max	209.00	-579.02	满足
		min	-221.15	-579.02	满足
7 号桥台	（GJZF₄ 350×550×87）	max	274.16	-77.86	不满足
		min	-299.26	-77.86	不满足
恒载+横向地震作用					
位置		取值	E_{hzb}	$\mu_d R_b$	验算结果
0 号桥台	（GJZF₄ 350×550×87）	max	228.11	-153.77	不满足
		min	-227.43	-153.77	不满足
1 号桥墩	1（GYZ d900×148）	max	410.29	-733.28	满足
		min	-409.66	-733.28	满足
	2（GYZ d900×148）	max	409.76	-676.10	满足
		min	-409.42	-676.10	满足
2 号桥墩	（GYZ d900×148）	max	408.33	-718.90	满足
		min	-409.61	-718.90	满足
3 号桥墩	小桩号侧（GJZF₄ 350×550×87）	max	223.50	-168.27	不满足
		min	-223.70	-168.27	不满足
	大桩号侧（GJZ 350×450×99）	max	102.61	-130.96	满足
		min	-102.38	-130.96	满足

续表

		恒载+横向地震作用			
位置		取值	E_{hzb}	$\mu_d R_b$	验算结果
4号桥墩	小桩号侧 (GJZ 350×450×99)	max	102.61	-108.98	满足
		min	-102.38	-108.98	满足
	大桩号侧 (GJZF$_4$ 350×550×87)	max	101.90	-217.50	不满足
		min	-102.33	-217.50	不满足
5号桥墩	(GYZ d1600×500)	max	195.62	-3 037.22	满足
		min	-199.73	-3 037.22	满足
6号桥墩	1(GYZ d1100×420)	max	543.54	-774.75	满足
		min	-579.71	-774.75	满足
	2(GYZ d1100×420)	max	186.44	-579.02	满足
		min	-190.93	-579.02	满足
7号桥台	(GJZF$_4$ 350×550×87)	max	184.22	-77.86	不满足
		min	-188.76	-77.86	不满足

表10.19 恒载+E2地震作用下支座抗滑稳定性验算　　　　　单位：kN

		恒载+纵向地震作用			
位置		取值	E_{hzb}	$\mu_d R_b$	验算结果
0号桥台	(GJZF$_4$ 350×550×87)	max	515.77	-153.77	不满足
		min	-511.40	-153.77	不满足
1号桥墩	1(GYZ d900×148)	max	866.26	-733.28	不满足
		min	-861.93	-733.28	不满足
	2(GYZ d900×148)	max	865.06	-676.10	不满足
		min	-861.60	-676.10	不满足
2号桥墩	(GYZ d900×148)	max	918.03	-718.90	不满足
		min	-918.75	-718.90	不满足
3号桥墩	小桩号侧 (GJZF$_4$ 350×550×87)	max	469.73	-168.27	不满足
		min	-477.40	-168.27	不满足
	大桩号侧 (GJZ 350×450×99)	max	211.58	-130.96	不满足
		min	-188.92	-130.96	不满足
4号桥墩	小桩号侧 (GJZ 350×450×99)	max	193.42	-108.98	不满足
		min	-216.29	-108.98	不满足
	大桩号侧 (GJZF$_4$ 350×550×87)	max	583.28	-217.50	不满足
		min	-581.79	-217.50	不满足
5号桥墩	(GYZ d1600×500)	max	881.94	-3 037.22	满足
		min	-897.73	-3 037.22	满足
6号桥墩	1(GYZ d1100×420)	max	459.60	-774.75	满足
		min	-471.25	-774.75	满足
	2(GYZ d1100×420)	max	460.92	-579.02	满足
		min	-473.07	-579.02	满足

续表

恒载+纵向地震作用					
位置		取值	E_{hzb}	$\mu_d R_b$	验算结果
7号桥台	(GJZF$_4$ 350×550×87)	max	610.02	-77.86	不满足
		min	-635.11	-77.86	不满足
恒载+横向地震作用					
位置		取值	E_{hzb}	$\mu_d R_b$	验算结果
0号桥台	(GJZF$_4$ 350×550×87)	max	494.92	-153.77	不满足
		min	-494.24	-153.77	不满足
1号桥墩	1(GYZ d900×148)	max	890.54	-733.28	不满足
		min	-889.91	-733.28	不满足
	2(GYZ d900×148)	max	889.56	-676.10	不满足
		min	-889.22	-676.10	不满足
2号桥墩	(GYZ d900×148)	max	887.41	-718.90	不满足
		min	-888.68	-718.90	不满足
3号桥墩	小桩号侧 (GJZF$_4$ 350×550×87)	max	485.04	-168.27	不满足
		min	-485.31	-168.27	不满足
	大桩号侧 (GJZ 350×450×99)	max	222.22	-130.96	不满足
		min	-222.10	-130.96	不满足
4号桥墩	小桩号侧 (GJZ 350×450×99)	max	221.52	-108.98	不满足
		min	-221.95	-108.98	不满足
	大桩号侧 (GJZF$_4$ 350×550×87)	max	427.13	-217.50	不满足
		min	-431.18	-217.50	不满足
5号桥墩	(GYZ d1600×500)	max	1 201.44	-3 037.22	满足
		min	-1 237.61	-3 037.22	满足
6号桥墩	1(GYZ d1100×420)	max	407.47	-774.75	满足
		min	-411.95	-774.75	满足
	2(GYZ d1100×420)	max	402.68	-579.02	满足
		min	-407.21	-579.02	满足
7号桥台	(GJZF$_4$ 350×550×87)	max	239.90	-77.86	不满足
		min	-237.91	-77.86	不满足

在 E2 地震作用下,支座会产生损伤,震后应更换支座。在 E1 和 E2 地震作用下,支座均会产生滑动,考虑到支座的摩擦滑移位移较大,应增设限位措施,建议采用双层挡块或分级凹槽措施。在非线性时程分析中,考虑板式橡胶支座的摩擦滑移特性,支座采用双线性模型。

10.6 非线性动力时程分析

10.6.1 非线性时程分析地震动输入

根据本示例的设计反应谱,得到 E2 地震作用下相应的三条加速度时程曲线,如图

10.16所示,地震输入采用纵桥向和横桥向两种方式。

板式橡胶支座近似采用理想弹塑性连接单元进行模拟,其恢复力模型如图 10.17 所示。

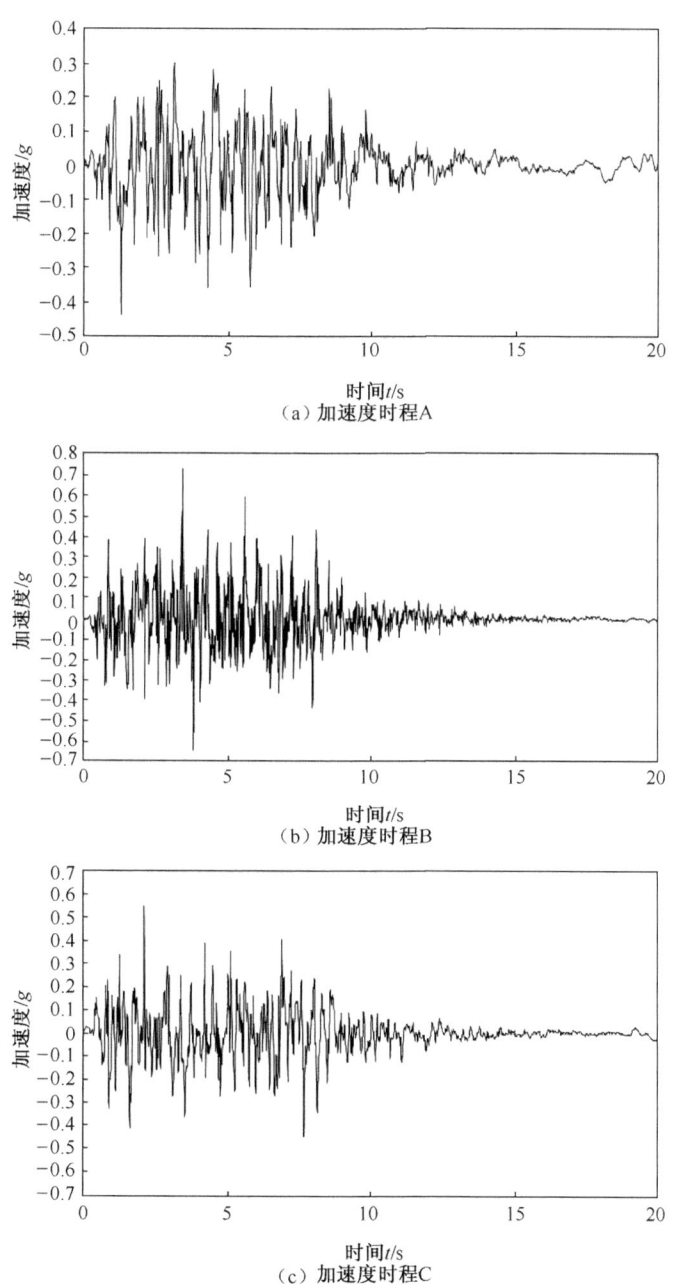

图 10.16　E2 地震作用下加速度时程曲线

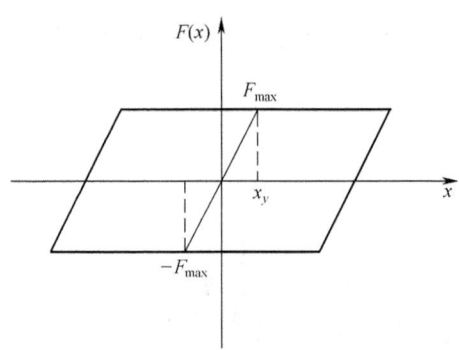

图 10.17 板式橡胶支座模拟

板式橡胶支座临界滑动摩擦力 F_{max} 按下式计算：

$$F_{max} = \mu_d R \tag{10.6}$$

式中：μ_d ——摩擦系数，支座与混凝土接触取 $\mu_d = 0.3$，支座与钢板接触取 $\mu_d = 0.2$，当采用聚四氟乙烯板与不锈钢接触（加硅脂）时取 $\mu_d = 0.06$；

R ——支座所承担的上部结构恒载（kN）。

支座屈服位移 x_y 按下式计算：

$$x_y = \frac{F_{max}}{k} \tag{10.7}$$

10.6.2 桥墩的计算

10.6.2.1 桥墩关键截面内力

E2 地震作用下主桥的各桥墩关键截面内力分析结果见表 10.20。

表 10.20 恒载+E2 地震作用下桥墩关键截面内力

(a) 加速度 A

墩号		取值	P/kN	V_2/kN	V_3/kN	M_2/(kN·m)	M_3/(kN·m)
1号墩	1号墩顶	max	-4 844.65	3.95	585.58	0.00	0.00
		min	-4 938.50	-4.60	-597.81	0.00	0.00
	1号墩底	max	-5 191.42	-6.50	586.17	3 948.65	218.67
		min	-5 472.26	-16.83	-604.77	-3 877.65	-159.40
	2号墩顶	max	-4 453.01	4.30	582.43	0.00	0.00
		min	-4 559.64	-4.73	-595.77	0.00	0.00
	2号墩底	max	-4 819.14	16.41	578.75	3 946.61	182.28
		min	-5 108.44	7.31	-592.87	-3 881.71	-201.73
2号墩	墩顶	max	-9 282.18	10.98	1 232.14	71.41	313.75
		min	-9 405.08	-10.01	-1 261.16	-34.16	232.96
	墩底	max	-10 467.00	10.98	1 228.06	8 513.89	317.60
		min	-10 589.91	-10.00	-1 284.34	-8 220.46	204.85

恒载+纵向地震作用

续表

		(a) 加速度 A				
恒载+纵向地震作用						
墩 号	取值		P/kN	V_2/kN	V_3/kN	$M_2/(\mathrm{kN}\cdot\mathrm{m})$	$M_3/(\mathrm{kN}\cdot\mathrm{m})$

墩号		取值	P/kN	V_2/kN	V_3/kN	$M_2/(\mathrm{kN}\cdot\mathrm{m})$	$M_3/(\mathrm{kN}\cdot\mathrm{m})$
3号墩	1号墩顶	max	-3 339.35	-141.42	654.31	784.33	-391.63
		min	-3 481.45	-159.75	-502.39	-1 420.41	-579.70
	1号墩底	max	-3 613.24	-141.43	668.46	3 522.42	398.28
		min	-3 755.36	-159.79	-502.60	-5 024.30	241.49
	2号墩顶	max	-3 204.36	162.19	686.55	881.46	630.24
		min	-3 423.81	137.80	-465.42	-1 036.17	465.35
	2号墩底	max	-3 492.33	162.16	701.83	3 549.23	-217.48
		min	-3 711.79	137.70	-465.90	-5 013.17	-419.59
4号墩	1号墩顶	max	-3 563.02	-42.90	678.62	1 373.91	-155.21
		min	-3 694.41	-80.34	-593.80	-1 044.32	-257.48
	1号墩底	max	-3 935.87	-42.88	673.55	4 930.70	223.24
		min	-4 067.27	-80.34	-626.03	-5 006.84	78.36
	2号墩顶	max	-3 043.61	86.15	633.26	952.00	313.22
		min	-3 246.48	53.24	-631.55	-1 223.86	231.66
	2号墩底	max	-3 434.28	86.16	628.16	4 915.19	-61.82
		min	-3 637.16	53.20	-665.51	-5 097.04	-217.50
5号墩	墩顶	max	-20 133.83	36.45	962.21	0.00	0.00
		min	-20 335.16	-5.77	-828.92	0.00	0.00
	墩底	max	-20 836.81	36.46	987.98	6 114.79	42.95
		min	-21 038.24	-5.78	-819.34	-7 256.66	-271.28
6号墩	1号墩顶	max	-5 131.87	14.07	549.90	0.00	0.00
		min	-5 218.15	-13.89	-492.78	0.00	0.00
	1号墩底	max	-5 905.85	-14.08	610.65	3 830.29	362.88
		min	-6 095.53	-42.88	-462.70	-4 839.46	-208.33
	2号墩顶	max	-3 811.90	13.88	550.37	0.00	0.00
		min	-3 902.20	-13.72	-489.29	0.00	0.00
	2号墩底	max	-4 625.98	40.50	594.87	3 857.72	248.64
		min	-4 873.67	11.10	-460.18	-4 846.45	-319.52

恒载+横向地震作用							
墩号		取值	P/kN	V_2/kN	V_3/kN	$M_2/(\mathrm{kN}\cdot\mathrm{m})$	$M_3/(\mathrm{kN}\cdot\mathrm{m})$
1号墩	1号墩顶	max	-4 336.34	583.30	5.47	0.00	0.00
		min	-5 472.62	-625.42	-3.19	0.00	0.00
	1号墩底	max	-3 938.71	577.37	3.59	183.47	2 188.70
		min	-6 795.08	-631.31	-3.71	-203.19	-2 013.31
	2号墩顶	max	-3 916.99	583.01	5.44	0.00	0.00
		min	-5 064.30	-624.97	-0.90	0.00	0.00
	2号墩底	max	-3 486.94	585.85	5.48	181.82	2 123.32
		min	-6 354.34	-592.71	1.03	-214.23	-2 027.68

续表

(a) 加速度 A

恒载+横向地震作用

墩 号		取值	P/kN	V_2/kN	V_3/kN	M_2/(kN·m)	M_3/(kN·m)
2号墩	墩顶	max	-9 318.94	1 180.11	5.82	34.20	480.91
		min	-9 357.64	-1 216.03	-7.63	2.29	79.18
	墩底	max	-10 503.77	1 176.56	5.82	82.41	8 117.77
		min	-10 542.47	-1 201.02	-7.64	-31.98	-7 387.94
3号墩	1号墩顶	max	-2 316.62	531.31	66.54	-69.67	845.65
		min	-4 519.21	-732.99	-53.47	-296.33	-1 639.43
	1号墩底	max	-2 590.50	532.82	66.64	41.08	2 362.12
		min	-4 793.10	-735.74	-53.48	-446.79	-2 053.56
	2号墩顶	max	-2 214.39	747.08	101.68	293.87	1 776.60
		min	-4 415.59	-359.93	-24.90	-214.95	-507.85
	2号墩底	max	-2 502.37	748.71	101.75	-72.31	1 562.46
		min	-4 703.58	-362.82	-24.90	-326.56	-2 508.08
4号墩	1号墩顶	max	-2 522.21	661.74	89.07	394.09	1 145.18
		min	-4 664.14	-718.44	-135.67	191.00	-1 410.46
	1号墩底	max	-2 894.97	679.70	89.13	1 068.99	2 828.20
		min	-5 037.00	-727.96	-135.72	-218.66	-2 785.89
	2号墩顶	max	-2 097.34	707.85	-12.51	250.41	1 525.77
		min	-4 255.89	-519.28	-125.06	-295.91	-861.45
	2号墩底	max	-2 488.02	726.72	-12.41	684.95	2 358.07
		min	-4 646.69	-529.25	-125.10	88.67	-2 879.06
5号墩	墩顶	max	-20 180.69	1 063.90	22.39	0.00	0.00
		min	-20 311.17	-898.80	-37.59	0.00	0.00
	墩底	max	-20 883.75	1 089.67	22.42	279.75	6 523.24
		min	-21 014.25	-863.02	-37.60	-166.73	-8 013.44
6号墩	1号墩顶	max	-4 507.53	606.62	6.52	0.00	0.00
		min	-5 738.24	-484.59	-20.66	0.00	0.00
	1号墩底	max	-4 566.10	611.15	12.89	308.89	2 194.26
		min	-7 162.61	-496.21	-17.03	-296.37	-2 672.25
	2号墩顶	max	-3 292.58	603.29	12.13	0.00	0.00
		min	-4 514.64	-479.73	-27.65	0.00	0.00
	2号墩底	max	-3 602.55	672.45	9.14	318.07	2 109.25
		min	-6 195.94	-445.39	-29.06	-266.33	-2 826.03

续表

(b) 加速度B							
恒载+纵向地震作用							
墩 号		取值	P/kN	V_2/kN	V_3/kN	M_2/(kN·m)	M_3/(kN·m)
1号墩	1号墩顶	max	−4 832.38	5.36	894.02	0.00	0.00
		min	−4 956.71	−7.04	−978.30	0.00	0.00
	1号墩底	max	−5 128.80	−5.09	921.96	6 568.27	327.67
		min	−5 550.34	−20.00	−1 001.17	−6 045.07	−281.70
	2号墩顶	max	−4 419.59	5.91	890.08	0.00	0.00
		min	−4 592.70	−7.33	−974.10	0.00	0.00
	2号墩底	max	−4 716.02	17.36	910.06	6 566.72	293.10
		min	−5 193.81	4.55	−982.69	−6 052.25	−326.01
2号墩	墩顶	max	−9 270.07	17.54	1 894.72	104.88	335.41
		min	−9 418.38	−13.93	−2 087.59	−61.43	213.68
	墩底	max	−10 454.81	17.53	1 917.56	14 088.36	341.45
		min	−10 603.20	−13.90	−2 119.50	−12 746.80	177.94
3号墩	1号墩顶	max	−3 328.07	−135.92	628.73	1 119.62	−390.30
		min	−3 496.76	−163.26	−709.33	−1 343.60	−621.45
	1号墩底	max	−3 601.96	−135.82	646.06	5 051.40	415.23
		min	−3 770.66	−163.26	−733.79	−4 812.36	226.27
	2号墩顶	max	−3 192.01	168.15	656.45	1 175.42	631.36
		min	−3 426.70	137.54	−667.83	−972.58	468.57
	2号墩底	max	−3 479.97	168.32	674.50	5 074.66	−212.37
		min	−3 714.69	137.45	−693.40	−4 780.67	−437.38
4号墩	1号墩顶	max	−3 547.32	−43.18	705.16	1 875.17	−129.77
		min	−3 694.86	−81.78	−870.14	−1 069.49	−258.70
	1号墩底	max	−3 920.18	−43.11	729.82	7 082.80	247.56
		min	−4 067.72	−81.86	−906.90	−5 274.70	100.81
	2号墩顶	max	−3 042.00	81.59	659.79	1 399.30	315.68
		min	−3 258.75	46.08	−907.85	−1 239.60	232.20
	2号墩底	max	−3 432.68	81.59	685.19	7 094.25	−41.03
		min	−3 649.43	46.00	−946.89	−5 369.39	−200.66
5号墩	墩顶	max	−20 145.75	49.26	1 274.45	0.00	0.00
		min	−20 369.70	−5.59	−1 166.99	0.00	0.00
	墩底	max	−20 848.74	49.28	1 278.80	8 868.96	41.67
		min	−21 072.84	−5.61	−1 217.92	−9 411.14	−366.67

续表

(b) 加速度 B

恒载+纵向地震作用

墩号		取值	P/kN	V_2/kN	V_3/kN	M_2/(kN·m)	M_3/(kN·m)
6号墩	1号墩顶	max	-5 109.47	23.78	746.29	0.00	0.00
		min	-5 209.35	-16.98	-674.50	0.00	0.00
	1号墩底	max	-5 902.24	-0.82	782.10	5 981.75	521.53
		min	-6 125.61	-43.58	-756.38	-6 111.47	-332.01
	2号墩顶	max	-3 810.25	23.75	739.49	0.00	0.00
		min	-3 908.07	-16.79	-672.75	0.00	0.00
	2号墩底	max	-4 592.60	52.30	766.48	6 022.98	406.36
		min	-4 907.56	13.28	-752.63	-6 119.85	-443.32

恒载+横向地震作用

墩号		取值	P/kN	V_2/kN	V_3/kN	M_2/(kN·m)	M_3/(kN·m)
1号墩	1号墩顶	max	-4 051.19	920.27	7.06	0.00	0.00
		min	-5 798.50	-998.68	-2.57	0.00	0.00
	1号墩底	max	-3 162.07	930.75	5.57	293.70	3 575.92
		min	-7 675.24	-1 036.86	-2.89	-338.60	-3 228.51
	2号墩顶	max	-3 585.91	920.23	4.76	0.00	0.00
		min	-5 356.04	-998.28	-1.46	0.00	0.00
	2号墩底	max	-2 601.58	930.75	6.20	300.70	3 494.57
		min	-7 137.55	-987.93	-0.56	-350.98	-3 229.27
2号墩	墩顶	max	-9 301.38	1 828.06	8.80	44.59	607.95
		min	-9 368.40	-1 994.43	-9.45	-12.45	-128.91
	墩底	max	-10 486.20	1 848.70	8.84	99.49	13 277.13
		min	-10 553.23	-2 049.20	-9.46	-71.13	-11 644.94
3号墩	1号墩顶	max	-2 309.35	563.71	68.88	-22.28	921.86
		min	-4 928.44	-1 002.06	-43.79	-354.95	-2 196.97
	1号墩底	max	-2 583.20	583.05	69.11	24.91	3 341.35
		min	-5 202.60	-1 030.73	-43.84	-463.30	-2 202.50
	2号墩顶	max	-1 801.01	776.40	97.38	277.50	1 853.26
		min	-4 425.89	-600.00	-20.21	-214.88	-1 042.64
	2号墩底	max	-2 088.69	796.79	97.53	-76.03	2 481.62
		min	-4 713.91	-630.33	-20.03	-340.77	-2 653.14
4号墩	1号墩顶	max	-2 583.03	650.01	93.43	433.32	1 131.15
		min	-4 919.67	-976.20	-104.84	184.50	-1 917.01
	1号墩底	max	-2 955.84	676.11	93.47	845.95	3 914.99
		min	-5 292.79	-1 013.90	-104.89	-276.22	-2 755.07
	2号墩顶	max	-1 846.61	696.89	8.13	179.99	1 512.32
		min	-4 192.46	-746.94	-146.40	-269.35	-1 333.76
	2号墩底	max	-2 236.99	724.29	8.13	835.57	3 375.09
		min	-4 582.98	-786.64	-146.47	-93.26	-2 851.44

续表

(b) 加速度 B

恒载+横向地震作用

墩号		取值	P/kN	V_2/kN	V_3/kN	M_2/(kN·m)	M_3/(kN·m)
5号墩	墩顶	max	-20 177.90	1 396.23	18.24	0.00	0.00
		min	-20 340.31	-1 137.11	-47.50	0.00	0.00
	墩底	max	-20 880.97	1 386.16	18.27	353.53	8 654.61
		min	-21 043.38	-1 189.11	-47.51	-135.84	-10 210.46
6号墩	1号墩顶	max	-4 315.22	748.86	12.75	0.00	0.00
		min	-5 828.08	-600.42	-35.21	0.00	0.00
	1号墩底	max	-4 266.50	809.27	13.87	533.16	3 017.10
		min	-7 479.15	-700.54	-29.12	-450.51	-3 466.91
	2号墩顶	max	-3 200.73	742.74	9.39	0.00	0.00
		min	-4 703.79	-599.70	-31.18	0.00	0.00
	2号墩底	max	-3 287.66	874.81	3.45	505.84	2 944.25
		min	-6 490.67	-653.62	-36.75	-407.64	-3 634.80

(c) 加速度 C

恒载+纵向地震作用

墩号		取值	P/kN	V_2/kN	V_3/kN	M_2/(kN·m)	M_3/(kN·m)
1号墩	1号墩顶	max	-4 829.59	4.76	804.57	0.00	0.00
		min	-4 940.10	-4.71	-681.80	0.00	0.00
	1号墩底	max	-5 143.01	-5.82	842.69	4 692.54	288.05
		min	-5 485.69	-16.81	-723.31	-5 407.09	-201.18
	2号墩顶	max	-4 448.49	5.21	798.86	0.00	0.00
		min	-4 579.56	-4.84	-679.68	0.00	0.00
	2号墩底	max	-4 793.96	16.96	833.37	4 694.91	253.09
		min	-5 159.68	7.24	-710.76	-5 416.03	-244.35
2号墩	墩顶	max	-9 238.21	15.02	1 667.33	78.68	318.36
		min	-9 430.52	-13.10	-1 468.93	-54.21	217.91
	墩底	max	-10 423.01	15.01	1 788.27	10 030.56	335.24
		min	-10 615.39	-13.11	-1 521.92	-11 548.40	190.24
3号墩	1号墩顶	max	-3 342.82	-138.75	544.57	1 015.73	-408.07
		min	-3 494.57	-161.22	-621.43	-1 167.54	-599.76
	1号墩底	max	-3 616.71	-138.71	561.15	4 427.09	401.04
		min	-3 768.47	-161.26	-630.67	-4 180.09	256.34
	2号墩顶	max	-3 193.55	159.54	573.56	1 079.13	616.59
		min	-3 396.57	136.78	-584.75	-819.57	441.24
	2号墩底	max	-3 481.51	159.57	590.87	4 458.08	-213.96
		min	-3 684.54	136.73	-594.84	-4 155.07	-397.92

续表

(c) 加速度 C							
恒载+纵向地震作用							
墩号		取值	P/kN	V_2/kN	V_3/kN	M_2/(kN·m)	M_3/(kN·m)
4号墩	1号墩顶	max	-3 557.88	-35.13	634.52	1 462.74	-126.25
		min	-3 673.39	-80.78	-650.31	-936.27	-253.50
	1号墩底	max	-3 930.73	-35.09	658.00	5 318.90	238.70
		min	-4 046.25	-80.81	-665.56	-4 723.99	79.52
	2号墩顶	max	-3 063.42	85.38	590.68	1 036.72	324.91
		min	-3 284.85	46.00	-678.32	-1 125.40	228.74
	2号墩底	max	-3 454.09	85.39	615.22	5 250.71	-53.62
		min	-3 675.54	45.96	-708.83	-4 828.10	-216.67
5号墩	墩顶	max	-20 132.65	40.54	1 116.01	0.00	0.00
		min	-20 341.80	-9.45	-1 215.76	0.00	0.00
	墩底	max	-20 835.69	40.56	1 115.20	9 037.96	70.39
		min	-21 044.91	-9.46	-1 214.46	-8 286.41	-301.76
6号墩	1号墩顶	max	-5 123.08	15.22	650.70	0.00	0.00
		min	-5 230.82	-16.30	-707.28	0.00	0.00
	1号墩底	max	-5 889.49	-12.32	665.54	6 198.05	531.71
		min	-6 119.90	-47.22	-779.74	-5 325.94	-217.52
	2号墩顶	max	-3 804.05	15.24	644.73	0.00	0.00
		min	-3 916.21	-16.29	-705.63	0.00	0.00
	2号墩底	max	-4 603.42	41.25	647.79	6 243.62	416.68
		min	-4 925.20	8.55	-776.40	-5 332.82	-328.02
恒载+横向地震作用							
墩号		取值	P/kN	V_2/kN	V_3/kN	M_2/(kN·m)	M_3/(kN·m)
1号墩	1号墩顶	max	-4 130.06	822.81	4.86	0.00	0.00
		min	-5 543.85	-709.69	-1.29	0.00	0.00
	1号墩底	max	-3 422.41	853.72	4.76	252.29	2 597.23
		min	-7 013.50	-757.48	-2.73	-242.72	-2 922.82
	2号墩顶	max	-3 844.18	821.04	5.46	0.00	0.00
		min	-5 275.55	-709.35	-2.05	0.00	0.00
	2号墩底	max	-3 266.94	857.00	6.15	252.61	2 528.06
		min	-6 873.80	-715.96	0.21	-251.52	-2 928.65
2号墩	墩顶	max	-9 313.50	1 630.32	7.33	43.11	596.88
		min	-9 367.15	-1 427.27	-9.10	-2.99	6.96
	墩底	max	-10 498.33	1 752.52	7.33	95.51	9 693.81
		min	-10 551.99	-1 479.81	-9.09	-45.55	-10 659.53

续表

(c) 加速度 C							
恒载+横向地震作用							
墩号		取值	P/kN	V_2/kN	V_3/kN	M_2/(kN·m)	M_3/(kN·m)
3号墩	1号墩顶	max	-2 344.08	437.05	39.26	-32.27	675.63
		min	-4 558.78	-792.00	-43.92	-318.03	-1 757.96
	1号墩底	max	-2 617.93	454.98	39.31	-7.12	2 575.90
		min	-4 832.66	-798.70	-43.97	-402.35	-1 754.70
	2号墩顶	max	-2 173.56	666.71	89.89	251.69	1 631.43
		min	-4 381.20	-413.55	2.56	-176.85	-623.80
	2号墩底	max	-2 461.55	685.60	89.93	-104.60	1 765.64
		min	-4 669.22	-420.61	2.34	-312.20	-2 242.27
4号墩	1号墩顶	max	-2 747.50	565.83	101.52	416.53	981.55
		min	-4 723.60	-765.24	-112.19	203.96	-1 504.71
	1号墩底	max	-3 120.33	589.87	101.56	915.15	3 026.36
		min	-5 096.43	-780.93	-112.18	-379.28	-2 405.22
	2号墩顶	max	-2 046.93	623.08	1.88	239.87	1 375.83
		min	-4 025.42	-560.44	-131.66	-237.09	-948.70
	2号墩底	max	-2 437.64	648.30	1.95	701.27	2 543.40
		min	-4 416.04	-576.87	-131.71	-59.15	-2 527.92
5号墩	墩顶	max	-20 158.91	1 263.93	30.72	0.00	0.00
		min	-20 325.83	-1 318.34	-49.81	0.00	0.00
	墩底	max	-20 861.97	1 267.54	30.74	370.81	9 801.31
		min	-21 028.89	-1 318.06	-49.84	-228.67	-9 354.74
6号墩	1号墩顶	max	-4 373.60	732.93	11.26	0.00	0.00
		min	-5 954.86	-696.33	-31.24	0.00	0.00
	1号墩底	max	-4 271.75	686.94	11.30	539.17	3 411.68
		min	-7 731.20	-780.92	-29.92	-286.33	-3 056.39
	2号墩顶	max	-3 075.87	731.91	18.16	0.00	0.00
		min	-4 648.47	-696.65	-31.02	0.00	0.00
	2号墩底	max	-3 036.49	747.33	11.37	516.73	3 344.38
		min	-6 483.90	-734.04	-35.54	-256.08	-3 214.25

10.6.2.2 桥墩强度验算

对1~6号桥墩的关键截面进行强度验算,验算结果见表10.21。结果表明,在 E2 地震作用下,桥墩处于弹性工作阶段。

表 10.21 恒载+E2 地震作用下桥墩强度验算结果

(a) 加速度时程 A

恒载+纵向地震作用

墩号		取值	P/kN	V_3/kN	M_2/(kN·m)	抗弯承载力/(kN·m)	抗剪承载力/kN	抗弯结果	抗剪结果
1号墩	1号墩顶	max	-4 844.65	585.58	0.00	8 980.00	2 165.39	弹性	满足
		min	-4 938.50	-597.81	0.00	9 021.00	2 170.45	弹性	满足
	1号墩底	max	-5 191.42	586.17	3 948.65	9 134.00	1 678.22	弹性	满足
		min	-5 472.26	-604.77	-3 877.65	9 261.00	1 693.35	弹性	满足
	2号墩顶	max	-4 453.01	582.43	0.00	8 801.00	2 144.30	弹性	满足
		min	-4 559.64	-595.77	0.00	8 850.00	2 150.04	弹性	满足
	2号墩底	max	-4 819.14	578.75	3 946.61	8 969.00	1 658.18	弹性	满足
		min	-5 108.44	-592.87	-3 881.71	9 100.00	1 673.76	弹性	满足
2号墩	墩顶	max	-9 282.18	1 232.14	71.41	32 390.00	3 424.25	弹性	满足
		min	-9 405.08	-1 261.16	-34.16	32 500.00	3 430.87	弹性	满足
	墩底	max	-10 467.00	1 228.06	8 513.89	33 330.00	2 697.68	弹性	满足
		min	-10 589.91	-1 284.34	-8 220.46	33 420.00	2 704.29	弹性	满足
3号墩	1号墩顶	max	-3 339.35	654.31	784.33	8 286.00	2 084.34	弹性	满足
		min	-3 481.45	-502.39	-1 420.41	8 352.00	1 794.01	弹性	满足
	1号墩底	max	-3 613.24	668.46	3 522.42	8 414.00	1 593.24	弹性	满足
		min	-3 755.36	-502.60	-5 024.30	8 481.00	1 600.90	弹性	满足
	2号墩顶	max	-3 204.36	686.55	881.46	8 220.00	2 077.07	弹性	满足
		min	-3 423.81	-465.42	-1 036.17	8 327.00	1 971.04	弹性	满足
	2号墩底	max	-3 492.33	701.83	3 549.23	8 356.00	1 586.73	弹性	满足
		min	-3 711.79	-465.90	-5 013.17	8 459.00	1 598.55	弹性	满足
4号墩	1号墩顶	max	-3 563.02	678.62	1 373.91	11 590.00	2 602.27	弹性	满足
		min	-3 694.41	-593.80	-1 044.32	11 670.00	2 609.35	弹性	满足
	1号墩底	max	-3 935.87	673.55	4 930.70	11 810.00	1 982.14	弹性	满足
		min	-4 067.27	-626.03	-5 006.84	11 890.00	1 989.22	弹性	满足
	2号墩顶	max	-3 043.61	633.26	952.00	11 260.00	2 574.30	弹性	满足
		min	-3 246.48	-631.55	-1 223.86	11 390.00	2 585.23	弹性	满足
	2号墩底	max	-3 434.28	628.16	4 915.19	11 510.00	1 955.13	弹性	满足
		min	-3 637.16	-665.51	-5 097.04	11 640.00	1 966.06	弹性	满足
5号墩	墩顶	max	-20 133.83	962.21	0.00	60 090.00	2 808.00	弹性	满足
		min	-20 335.16	-828.92	0.00	60 050.00	2 808.00	弹性	满足
	墩底	max	-20 836.81	987.98	6 114.79	59 970.00	2 017.63	弹性	满足
		min	-21 038.24	-819.34	-7 256.66	59 940.00	2 017.63	弹性	满足

续表

(a) 加速度时程 A

恒载+纵向地震作用

墩号		取值	P/kN	V_3/kN	M_2/(kN·m)	抗弯承载力/(kN·m)	抗剪承载力/kN	抗弯结果	抗剪结果
6号墩	1号墩顶	max	-5 131.87	549.90	0.00	18 010.00	3 291.53	弹性	满足
		min	-5 218.15	-492.78	0.00	18 060.00	3 296.17	弹性	满足
	1号墩底	max	-5 905.85	610.65	3 830.29	18 460.00	2 542.83	弹性	满足
		min	-6 095.53	-462.70	-4 839.46	18 560.00	2 553.04	弹性	满足
	2号墩顶	max	-3 811.90	550.37	0.00	17 150.00	3 220.45	弹性	满足
		min	-3 902.20	-489.29	0.00	17 210.00	3 225.31	弹性	满足
	2号墩底	max	-4 625.98	594.87	3 857.72	17 710.00	2 473.91	弹性	满足
		min	-4 873.67	-460.18	-4 846.45	17 860.00	2 487.25	弹性	满足

恒载+横向地震作用

墩号		取值	P/kN	V_3/kN	M_2/(kN·m)	抗弯承载力/(kN·m)	抗剪承载力/kN	抗弯结果	抗剪结果
1号墩	1号墩顶	max	-4 336.34	583.30	0.00	8 754.00	2 138.02	弹性	满足
		min	-5 472.62	-625.42	0.00	9 265.00	2 199.21	弹性	满足
	1号墩底	max	-3 938.71	577.37	2 188.70	8 569.00	1 618.95	弹性	满足
		min	-6 795.08	-631.31	-2 013.31	9 830.00	1 887.36	弹性	满足
	2号墩顶	max	-3 916.99	583.01	0.00	8 561.00	2 115.44	弹性	满足
		min	-5 064.30	-624.97	0.00	9 084.00	2 177.22	弹性	满足
	2号墩底	max	-3 486.94	585.85	2 123.32	8 354.00	1 623.52	弹性	满足
		min	-6 354.34	-592.71	-2 027.68	9 641.00	1 815.98	弹性	满足
2号墩	墩顶	max	-9 318.94	1 180.11	480.91	61 810.00	3 426.23	弹性	满足
		min	-9 357.64	-1 216.03	79.18	61 850.00	3 428.32	弹性	满足
	墩底	max	-10 503.77	1 176.56	8 117.77	63 010.00	2 699.66	弹性	满足
		min	-10 542.47	-1 201.02	-7 387.94	63 040.00	2 701.74	弹性	满足
3号墩	1号墩顶	max	-2 316.62	531.31	845.65	7 705.00	2 029.27	弹性	满足
		min	-4 519.21	-732.99	-1 639.43	8 836.00	2 026.41	弹性	满足
	1号墩底	max	-2 590.50	532.82	2 362.12	7 874.00	1 538.17	弹性	满足
		min	-4 793.10	-735.74	-2 053.56	8 961.00	1 873.98	弹性	满足
	2号墩顶	max	-2 214.39	747.08	1 776.60	7 639.00	1 854.86	弹性	满足
		min	-4 415.59	-359.93	-507.85	8 790.00	2 142.29	弹性	满足
	2号墩底	max	-2 502.37	748.71	1 562.46	7 820.00	1 972.41	弹性	满足
		min	-4 703.58	-362.82	-2 508.08	8 919.00	1 651.96	弹性	满足

续表

(a) 加速度时程 A

恒载+横向地震作用

墩号		取值	P/kN	V_3/kN	M_2/(kN·m)	抗弯承载力/(kN·m)	抗剪承载力/kN	抗弯结果	抗剪结果
4号墩	1号墩顶	max	-2 522.21	661.74	1 145.18	10 930.00	2 546.23	弹性	满足
		min	-4 664.14	-718.44	-1 410.46	12 230.00	2 661.56	弹性	满足
	1号墩底	max	-2 894.97	679.70	2 828.20	11 170.00	1 956.39	弹性	满足
		min	-5 037.00	-727.96	-2 785.89	12 420.00	2 141.31	弹性	满足
	2号墩顶	max	-2 097.34	707.85	1 525.77	10 650.00	2 523.35	弹性	满足
		min	-4 255.89	-519.28	-861.45	12 000.00	2 639.58	弹性	满足
	2号墩底	max	-2 488.02	726.72	2 358.07	10 910.00	2 149.06	弹性	满足
		min	-4 646.69	-529.25	-2 879.06	12 220.00	2 020.42	弹性	满足
5号墩	墩顶	max	-20 180.69	1 063.90	0.00	60 100.00	2 808.00	弹性	满足
		min	-20 311.17	-898.80	0.00	60 080.00	2 808.00	弹性	满足
	墩底	max	-20 883.75	1 089.67	6 523.24	59 980.00	2 017.63	弹性	满足
		min	-21 014.25	-863.02	-8 013.44	59 960.00	2 017.63	弹性	满足
6号墩	1号墩顶	max	-4 507.53	606.62	0.00	17 630.00	3 257.91	弹性	满足
		min	-5 738.24	-484.59	0.00	18 360.00	3 324.18	弹性	满足
	1号墩底	max	-4 566.10	611.15	2 194.26	17 670.00	2 777.69	弹性	满足
		min	-7 162.61	-496.21	-2 672.25	19 170.00	2 610.50	弹性	满足
	2号墩顶	max	-3 292.58	603.29	0.00	16 760.00	3 192.49	弹性	满足
		min	-4 514.64	-479.73	0.00	17 640.00	3 258.29	弹性	满足
	2号墩底	max	-3 602.55	672.45	2 109.25	16 980.00	2 881.38	弹性	满足
		min	-6 195.94	-445.39	-2 826.03	18 630.00	2 558.45	弹性	满足

(b) 加速度 B

恒载+纵向地震作用

墩号		取值	P/kN	V_3/kN	M_2/(kN·m)	抗弯承载力/(kN·m)	抗剪承载力/(kN)	抗弯结果	抗剪结果
1号墩	1号墩顶	max	-4 832.38	894.02	0.00	8 974.00	2 164.73	弹性	满足
		min	-4 956.71	-978.30	0.00	9 029.00	2 171.43	弹性	满足
	1号墩底	max	-5 128.80	921.96	6 568.27	9 109.00	1 674.85	弹性	满足
		min	-5 550.34	-1 001.17	-6 045.07	9 269.00	1 697.55	弹性	满足
	2号墩顶	max	-4 419.59	890.08	0.00	8 786.00	2 142.50	弹性	满足
		min	-4 592.70	-974.10	0.00	8 865.00	2 151.82	弹性	满足
	2号墩底	max	-4 716.02	910.06	6 566.72	8 290.00	1 652.62	弹性	满足
		min	-5 193.81	-982.69	-6 052.25	9 135.00	1 678.35	弹性	满足

续表

(b) 加速度 B

恒载+纵向地震作用

墩号		取值	P/kN	V_3/kN	M_2/(kN·m)	抗弯承载力/ (kN·m)	抗剪承载力/ kN	抗弯结果	抗剪结果
2号墩	墩顶	max	-9 270.07	1 894.72	104.88	32 380.00	3 423.60	弹性	满足
		min	-9 418.38	-2 087.59	-61.43	32 520.00	3 431.59	弹性	满足
	墩底	max	-10 454.81	1 917.56	14 088.36	33 320.00	2 697.02	弹性	满足
		min	-10 603.20	-2 119.50	-12 746.80	33 430.00	2 705.01	弹性	满足
3号墩	1号墩顶	max	-3 328.07	628.73	1 119.62	8 280.00	2 083.73	弹性	满足
		min	-3 496.76	-709.33	-1 343.60	8 361.00	2 092.81	弹性	满足
	1号墩底	max	-3 601.96	646.06	5 051.40	8 409.00	1 592.64	弹性	满足
		min	-3 770.66	-733.79	-4 812.36	8 488.00	1 601.72	弹性	满足
	2号墩顶	max	-3 192.01	656.45	1 175.42	8 212.00	2 076.40	弹性	满足
		min	-3 426.70	-667.83	-972.58	8 326.00	2 089.04	弹性	满足
	2号墩底	max	-3 479.97	674.50	5 074.66	8 350.00	1 586.07	弹性	满足
		min	-3 714.69	-693.40	-4 780.67	8 461.00	1 598.71	弹性	满足
4号墩	1号墩顶	max	-3 547.32	705.16	1 875.17	11 580.00	2 393.52	弹性	满足
		min	-3 694.86	-870.14	-1 069.49	11 670.00	2 609.37	弹性	满足
	1号墩底	max	-3 920.18	729.82	7 082.80	11 800.00	1 981.30	弹性	满足
		min	-4 067.72	-906.90	-5 274.70	11 890.00	1 989.24	弹性	满足
	2号墩顶	max	-3 042.00	659.79	1 399.30	11 260.00	2 574.22	弹性	满足
		min	-3 258.75	-907.85	-1 239.60	11 400.00	2 585.89	弹性	满足
	2号墩底	max	-3 432.68	685.19	7 094.25	11 510.00	1 955.05	弹性	满足
		min	-3 649.43	-946.89	-5 369.39	11 640.00	1 966.72	弹性	满足
5号墩	墩顶	max	-20 145.75	1 274.45	0.00	60 080.00	2 808.00	弹性	满足
		min	-20 369.70	-1 166.99	0.00	60 050.00	2 808.00	弹性	满足
	墩底	max	-20 848.74	1 278.80	8 868.96	59 970.00	2 017.63	弹性	满足
		min	-21 072.84	-1 217.92	-9 411.14	59 930.00	2 017.63	弹性	满足
6号墩	1号墩顶	max	-5 109.47	746.29	0.00	18 000.00	3 290.32	弹性	满足
		min	-5 209.35	-674.50	0.00	18 060.00	3 295.70	弹性	满足
	1号墩底	max	-5 902.24	782.10	5 981.75	18 450.00	2 542.63	弹性	满足
		min	-6 125.61	-756.38	-6 111.47	18 590.00	2 554.66	弹性	满足
	2号墩顶	max	-3 810.25	739.49	0.00	17 150.00	3 220.36	弹性	满足
		min	-3 908.07	-672.75	0.00	17 210.00	3 225.63	弹性	满足
	2号墩底	max	-4 592.60	766.48	6 022.98	17 690.00	2 472.11	弹性	满足
		min	-4 907.56	-752.63	-6 119.85	17 880.00	2 489.07	弹性	满足

续表

(b) 加速度 B

恒载+横向地震作用

墩 号	取值		P/kN	V_3/kN	M_2/(kN·m)	抗弯承载力/(kN·m)	抗剪承载力/kN	抗弯结果	抗剪结果
1号墩	1号墩顶	max	-4 051.19	920.27	0.00	8 624.00	2 122.67	弹性	满足
		min	-5 798.50	-998.68	0.00	9 407.00	2 216.75	弹性	满足
	1号墩底	max	-3 162.07	930.75	3 575.92	8 192.00	1 568.95	弹性	满足
		min	-7 675.24	-1 036.86	-3 228.51	10 190.00	1 951.32	弹性	满足
	2号墩顶	max	-3 585.91	920.23	0.00	8 402.00	2 097.61	弹性	满足
		min	-5 356.04	-998.28	0.00	9 213.00	2 192.93	弹性	满足
	2号墩底	max	-2 601.58	930.75	3 494.57	7 881.00	1 553.08	弹性	满足
		min	-7 137.55	-987.93	-3 229.27	9 973.00	1 888.89	弹性	满足
2号墩	墩顶	max	-9 301.38	1 828.06	607.95	61 800.00	3 425.29	弹性	满足
		min	-9 368.40	-1 994.43	-128.91	61 860.00	3 428.90	弹性	满足
	墩底	max	-10 486.20	1 848.70	13 277.13	62 990.00	2 698.71	弹性	满足
		min	-10 553.23	-2 049.20	-11 644.94	63 060.00	2 702.32	弹性	满足
3号墩	1号墩顶	max	-2 309.35	563.71	921.86	7 700.00	2 028.88	弹性	满足
		min	-4 928.44	-1 002.06	-2 196.97	9 023.00	2 064.06	弹性	满足
	1号墩底	max	-2 583.20	583.05	3 341.35	7 869.00	1 537.78	弹性	满足
		min	-5 202.60	-1 030.73	-2 202.50	9 145.00	2 099.06	弹性	满足
	2号墩顶	max	-1 801.01	776.40	1 853.26	7 374.00	1 829.72	弹性	满足
		min	-4 425.89	-600.00	-1 042.64	8 795.00	2 142.84	弹性	满足
	2号墩底	max	-2 088.69	796.79	2 481.62	7 558.00	1 650.33	弹性	满足
		min	-4 713.91	-630.33	-2 653.14	8 926.00	1 652.51	弹性	满足
4号墩	1号墩顶	max	-2 583.03	650.01	1 131.15	10 970.00	2 549.50	弹性	满足
		min	-4 919.67	-976.20	-1 917.01	12 360.00	2 675.32	弹性	满足
	1号墩底	max	-2 955.84	676.11	3 914.99	11 210.00	1 929.37	弹性	满足
		min	-5 292.79	-1 013.90	-2 755.07	12 560.00	2 466.56	弹性	满足
	2号墩顶	max	-1 846.61	696.89	1 512.32	10 480.00	2 505.08	弹性	满足
		min	-4 192.46	-746.94	-1 333.76	11 960.00	2 636.16	弹性	满足
	2号墩底	max	-2 236.99	724.29	3 375.09	10 740.00	1 890.66	弹性	满足
		min	-4 582.98	-786.64	-2 851.44	12 180.00	2 163.43	弹性	满足
5号墩	墩顶	max	-20 177.90	1 396.23	0.00	60 100.00	2 808.00	弹性	满足
		min	-20 340.31	-1 137.11	0.00	60 070.00	2 808.00	弹性	满足
	墩底	max	-20 880.97	1 386.16	8 654.61	59 980.00	2 017.63	弹性	满足
		min	-21 043.38	-1 189.11	-10 210.46	59 950.00	2 017.63	弹性	满足

续表

(b) 加速度 B

恒载+横向地震作用

墩号		取值	P/kN	V_3/kN	M_2/(kN·m)	抗弯承载力/(kN·m)	抗剪承载力/kN	抗弯结果	抗剪结果
6号墩	1号墩顶	max	-4 315.22	748.86	0.00	17 500.00	3 247.55	弹性	满足
		min	-5 828.08	-600.42	0.00	18 420.00	3 329.02	弹性	满足
	1号墩底	max	-4 266.50	809.27	3 017.10	17 460.00	2 719.54	弹性	满足
		min	-7 479.15	-700.54	-3 466.91	19 350.00	2 627.54	弹性	满足
	2号墩顶	max	-3 200.73	742.74	0.00	16 690.00	3 187.54	弹性	满足
		min	-4 703.79	-599.70	0.00	17 750.00	3 268.48	弹性	满足
	2号墩底	max	-3 287.66	874.81	2 944.25	16 750.00	2 782.38	弹性	满足
		min	-6 490.67	-653.62	-3 634.80	18 800.00	2 574.32	弹性	满足

(c) 加速度 C

恒载+纵向地震作用

墩号		取值	P/kN	V_3/kN	M_2/(kN·m)	抗弯承载力/(kN·m)	抗剪承载力/kN	抗弯结果	抗剪结果
1号墩	1号墩顶	max	-4 829.59	804.57	0.00	8 972.00	2 164.58	弹性	满足
		min	-4 940.10	-681.80	0.00	9 021.00	2 170.53	弹性	满足
	1号墩底	max	-5 143.01	842.69	4 692.54	9 114.00	1 675.62	弹性	满足
		min	-5 485.69	-723.31	-5 407.09	9 266.00	1 694.07	弹性	满足
	2号墩顶	max	-4 448.49	798.86	0.00	8 798.00	2 144.06	弹性	满足
		min	-4 579.56	-679.68	0.00	8 860.00	2 151.12	弹性	满足
	2号墩底	max	-4 793.96	833.37	4 694.91	8 957.00	1 656.82	弹性	满足
		min	-5 159.68	-710.76	-5 416.03	9 121.00	1 676.51	弹性	满足
2号墩	墩顶	max	-9 238.21	1 667.33	78.68	32 360.00	3 421.89	弹性	满足
		min	-9 430.52	-1 468.93	-54.21	32 530.00	3 432.24	弹性	满足
	墩底	max	-10 423.01	1 788.27	10 030.56	33 330.00	2 695.31	弹性	满足
		min	-10 615.39	-1 521.92	-11 548.40	33 440.00	2 705.67	弹性	满足
3号墩	1号墩顶	max	-3 342.82	544.57	1 015.73	8 289.00	2 084.52	弹性	满足
		min	-3 494.57	-621.43	-1 167.54	8 358.00	2 092.70	弹性	满足
	1号墩底	max	-3 616.71	561.15	4 427.09	8 415.00	1 593.43	弹性	满足
		min	-3 768.47	-630.67	-4 180.09	8 485.00	1 601.60	弹性	满足
	2号墩顶	max	-3 193.55	573.56	1 079.13	8 212.00	2 076.49	弹性	满足
		min	-3 396.57	-584.75	-819.57	8 315.00	2 087.42	弹性	满足
	2号墩底	max	-3 481.51	590.87	4 458.08	8 352.00	1 586.15	弹性	满足
		min	-3 684.54	-594.84	-4 155.07	8 448.00	1 597.08	弹性	满足

续表

(c) 加速度C

恒载+纵向地震作用

墩号		取值	P/kN	V_3/kN	M_2/(kN·m)	抗弯承载力/(kN·m)	抗剪承载力/kN	抗弯结果	抗剪结果
4号墩	1号墩顶	max	-3 557.88	634.52	1 462.74	11 590.00	2 535.78	弹性	满足
		min	-3 673.39	-650.31	-936.27	11 660.00	2 608.21	弹性	满足
	1号墩底	max	-3 930.73	658.00	5 318.90	11 810.00	1 981.87	弹性	满足
		min	-4 046.25	-665.56	-4 723.99	11 880.00	1 988.09	弹性	满足
	2号墩顶	max	-3 063.42	590.68	1 036.72	11 270.00	2 575.37	弹性	满足
		min	-3 284.85	-678.32	-1 125.40	11 410.00	2 587.29	弹性	满足
	2号墩底	max	-3 454.09	615.22	5 250.71	11 520.00	1 956.20	弹性	满足
		min	-3 675.54	-708.83	-4 828.10	11 660.00	1 968.12	弹性	满足
5号墩	墩顶	max	-20 132.65	1 116.01	0.00	60 090.00	2 808.00	弹性	满足
		min	-20 341.80	-1 215.76	0.00	60 050.00	2 808.00	弹性	满足
	墩底	max	-20 835.69	1 115.20	9 037.96	59 970.00	2 017.63	弹性	满足
		min	-21 044.91	-1 214.46	-8 286.41	59 930.00	2 017.63	弹性	满足
6号墩	1号墩顶	max	-5 123.08	650.70	0.00	18 010.00	3 291.05	弹性	满足
		min	-5 230.82	-707.28	0.00	18 070.00	3 296.86	弹性	满足
	1号墩底	max	-5 889.49	665.54	6 198.05	18 450.00	2 541.95	弹性	满足
		min	-6 119.90	-779.74	-5 325.94	18 580.00	2 554.35	弹性	满足
	2号墩顶	max	-3 804.05	644.73	0.00	17 140.00	3 220.03	弹性	满足
		min	-3 916.21	-705.63	0.00	17 220.00	3 226.07	弹性	满足
	2号墩底	max	-4 603.42	647.79	6 243.62	17 690.00	2 472.70	弹性	满足
		min	-4 925.20	-776.40	-5 332.82	17 890.00	2 490.02	弹性	满足

恒载+横向地震作用

墩号		取值	P/kN	V_3/kN	M_2/(kN·m)	抗弯承载力/(kN·m)	抗剪承载力/kN	抗弯结果	抗剪结果
1号墩	1号墩顶	max	-4 130.06	822.81	0.00	8 658.00	2 126.91	弹性	满足
		min	-5 543.85	-709.69	0.00	9 294.00	2 203.04	弹性	满足
	1号墩底	max	-3 422.41	853.72	2 597.23	8 324.00	1 738.57	弹性	满足
		min	-7 013.50	-757.48	-2 922.82	9 923.00	1 776.34	弹性	满足
	2号墩顶	max	-3 844.18	821.04	0.00	8 527.00	2 111.52	弹性	满足
		min	-5 275.55	-709.35	0.00	9 178.00	2 188.59	弹性	满足
	2号墩底	max	-3 266.94	857.00	2 528.06	8 247.00	1 752.01	弹性	满足
		min	-6 873.80	-715.96	-2 928.65	9 863.00	1 768.81	弹性	满足
2号墩	墩顶	max	-9 313.50	1 630.32	596.88	61 810.00	3 425.94	弹性	满足
		min	-9 367.15	-1 427.27	6.96	61 870.00	3 428.83	弹性	满足
	墩底	max	-10 498.33	1 752.52	9 693.81	63 000.00	2 699.36	弹性	满足
		min	-10 551.99	-1 479.81	-10 659.53	63 050.00	2 702.25	弹性	满足

续表

(c) 加速度 C

恒载+横向地震作用

墩号		取值	P/kN	V_3/kN	M_2/(kN·m)	抗弯承载力/(kN·m)	抗剪承载力/kN	抗弯结果	抗剪结果
3号墩	1号墩顶	max	-2 344.08	437.05	675.63	7 723.00	2 030.75	弹性	满足
		min	-4 558.78	-792.00	-1 757.96	8 855.00	2 034.50	弹性	满足
	1号墩底	max	-2 617.93	454.98	2 575.90	7 890.00	1 539.65	弹性	满足
		min	-4 832.66	-798.70	-1 754.70	8 980.00	2 057.30	弹性	满足
	2号墩顶	max	-2 173.56	666.71	1 631.43	7 615.00	1 830.84	弹性	满足
		min	-4 381.20	-413.55	-623.80	8 775.00	2 140.44	弹性	满足
	2号墩底	max	-2 461.55	685.60	1 765.64	7 794.00	1 807.78	弹性	满足
		min	-4 669.22	-420.61	-2 242.27	8 906.00	1 650.11	弹性	满足
4号墩	1号墩顶	max	-2 747.50	565.83	981.55	11 080.00	2 558.36	弹性	满足
		min	-4 723.60	-765.24	-1 504.71	12 260.00	2 664.76	弹性	满足
	1号墩底	max	-3 120.33	589.87	3 026.36	11 320.00	1 938.23	弹性	满足
		min	-5 096.43	-780.93	-2 405.22	12 460.00	2 337.38	弹性	满足
	2号墩顶	max	-2 046.93	623.08	1 375.83	10 610.00	2 498.11	弹性	满足
		min	-4 025.42	-560.44	-948.70	11 870.00	2 627.17	弹性	满足
	2号墩底	max	-2 437.64	648.30	2 543.40	10 880.00	1 980.41	弹性	满足
		min	-4 416.04	-576.87	-2 527.92	12 090.00	2 008.00	弹性	满足
5号墩	墩顶	max	-20 158.91	1 263.93	0.00	60 100.00	2 808.00	弹性	满足
		min	-20 325.83	-1 318.34	0.00	60 080.00	2 808.00	弹性	满足
	墩底	max	-20 861.97	1 267.54	9 801.31	59 980.00	2 017.63	弹性	满足
		min	-21 028.89	-1 318.06	-9 354.74	59 960.00	2 017.63	弹性	满足
6号墩	1号墩顶	max	-4 373.60	732.93	0.00	17 540.00	3 250.10	弹性	满足
		min	-5 954.86	-696.33	0.00	18 490.00	3 335.84	弹性	满足
	1号墩底	max	-4 271.75	686.94	3 411.68	17 470.00	2 454.85	弹性	满足
		min	-7 731.20	-780.92	-3 056.39	19 490.00	2 852.82	弹性	满足
	2号墩顶	max	-3 075.87	731.91	0.00	16 600.00	3 180.82	弹性	满足
		min	-4 648.47	-696.65	0.00	17 720.00	3 265.50	弹性	满足
	2号墩底	max	-3 036.49	747.33	3 344.38	16 570.00	2 458.76	弹性	满足
		min	-6 483.90	-734.04	-3 214.25	18 790.00	2 666.74	弹性	满足

10.6.3 支座的计算

10.6.3.1 支座变形和水平地震力

不同地震动水平下，支座的侧向变形见表10.22，支座的水平地震力见表10.23。

表 10.22　恒载+E2 地震作用支座变形　　　　　　　　　　单位：mm

(a) 加速度

位置		顺桥向	横桥向	位置		顺桥向	横桥向
恒载+纵向地震作用				恒载+横向地震作用			
0号桥台	(GJZF₄ 350×550×87)	96.58	1.22	0号桥台	(GJZF₄ 350×550×87)	1.78	99.08
1号桥墩	1(GYZ d900×148)	90.65	0.69	1号桥墩	1(GYZ d900×148)	0.82	94.83
	2(GYZ d900×148)	90.37	0.71		2(GYZ d900×148)	0.82	94.78
2号桥墩	(GYZ d900×148)	96.36	0.83	2号桥墩	(GYZ d900×148)	0.67	92.88
3号桥墩	小桩号侧 (GJZF₄ 350×550×87)	94.75	1.64	3号桥墩	小桩号侧 (GJZF₄ 350×550×87)	1.81	94.03
	大桩号侧 (GJZ 350×450×99)	79.36	0.74		大桩号侧 (GJZ 350×450×99)	5.49	77.64
4号桥墩	小桩号侧 (GJZ 350×450×99)	76.84	0.61	4号桥墩	小桩号侧 (GJZ 350×450×99)	5.30	76.99
	大桩号侧 (GJZF₄ 350×550×87)	158.58	3.10		大桩号侧 (GJZF₄ 350×550×87)	12.29	192.65
5号桥墩	(GYZ d1600×500)	153.79	5.81	5号桥墩	(GYZ d1600×500)	5.99	168.76
6号桥墩	1(GYZ d1100×420)	152.02	4.02	6号桥墩	1(GYZ d1100×420)	5.67	167.27
	2(GYZ d1100×420)	151.73	4.04		2(GYZ d1100×420)	7.51	167.16
7号桥台	(GJZF₄ 350×550×87)	154.79	4.31	7号桥台	(GJZF₄ 350×550×87)	13.63	167.00

(b) 加速度 B

位置		顺桥向	横桥向	位置		顺桥向	横桥向
恒载+纵向地震作用				恒载+横向地震作用			
0号桥台	(GJZF₄ 350×550×87)	157.99	1.78	0号桥台	(GJZF₄ 350×550×87)	2.17	156.78
1号桥墩	1(GYZ d900×148)	147.92	1.07	1号桥墩	1(GYZ d900×148)	1.06	151.03
	2(GYZ d900×148)	147.25	1.11		2(GYZ d900×148)	0.74	150.95
2号桥墩	(GYZ d900×148)	157.02	1.33	2号桥墩	(GYZ d900×148)	0.80	150.08
3号桥墩	小桩号侧 (GJZF₄ 350×550×87)	158.79	2.39	3号桥墩	小桩号侧 (GJZF₄ 350×550×87)	1.77	155.27
	大桩号侧 (GJZ 350×450×99)	82.87	0.76		大桩号侧 (GJZ 350×450×99)	5.34	81.44
4号桥墩	小桩号侧 (GJZ 350×450×99)	78.83	0.69	4号桥墩	小桩号侧 (GJZ 350×450×99)	5.40	81.40
	大桩号侧 (GJZF₄ 350×550×87)	216.57	2.59		大桩号侧 (GJZF₄ 350×550×87)	13.92	270.33

续表

(b) 加速度 B

恒载+纵向地震作用				恒载+横向地震作用			
位置		顺桥向	横桥向	位置		顺桥向	横桥向
5号桥墩	(GYZ d1600×500)	209.08	7.85	5号桥墩	(GYZ d1600×500)	7.57	228.52
6号桥墩	1(GYZ d1100×420)	206.94	6.49	6号桥墩	1(GYZ d1100×420)	9.65	206.94
	2(GYZ d1100×420)	206.55	6.48		2(GYZ d1100×420)	8.54	206.44
7号桥台	(GJZF₄ 350×550×87)	211.13	6.56	7号桥台	(GJZF₄ 350×550×87)	21.82	188.05

(c) 加速度 C

恒载+纵向地震作用				恒载+横向地震作用			
位置		顺桥向	横桥向	位置		顺桥向	横桥向
0号桥台	(GJZF₄ 350×550×87)	131.70	1.64	0号桥台	(GJZF₄ 350×550×87)	1.75	129.96
1号桥墩	1(GYZ d900×148)	123.43	0.73	1号桥墩	1(GYZ d900×148)	0.73	125.91
	2(GYZ d900×148)	122.87	0.80		2(GYZ d900×148)	0.83	125.87
2号桥墩	(GYZ d900×148)	129.47	1.14	2号桥墩	(GYZ d900×148)	0.76	125.77
3号桥墩	小桩号侧 (GJZF₄ 350×550×87)	130.89	2.14	3号桥墩	小桩号侧 (GJZF₄ 350×550×87)	2.06	130.52
	大桩号侧 (GJZ 350×450×99)	66.71	0.63		大桩号侧 (GJZ 350×450×99)	5.27	69.45
4号桥墩	小桩号侧 (GJZ 350×450×99)	80.18	0.45	4号桥墩	小桩号侧 (GJZ 350×450×99)	5.38	69.93
	大桩号侧 (GJZF₄ 350×550×87)	197.50	3.51		大桩号侧 (GJZF₄ 350×550×87)	16.12	262.31
5号桥墩	(GYZ d1600×500)	193.93	6.46	5号桥墩	(GYZ d1600×500)	7.94	210.30
6号桥墩	1(GYZ d1100×420)	192.67	4.39	6号桥墩	1(GYZ d1100×420)	8.57	199.96
	2(GYZ d1100×420)	192.23	4.35		2(GYZ d1100×420)	8.33	199.83
7号桥台	(GJZF₄ 350×550×87)	200.42	5.64	7号桥台	(GJZF₄ 350×550×87)	13.66	205.11

表 10.23 恒载+E2 地震作用支座水平地震力   单位：kN

(a) 加速度时程 A

恒载+纵向地震作用				
位置		取值	顺桥向	横桥向
0号桥台	(GJZF₄ 350×550×87)	max	61.51	3.95
		min	−61.51	−4.46
1号桥墩	1(GYZ d900×148)	max	585.63	4.59
		min	−598.83	−3.98
	2(GYZ d900×148)	max	582.49	4.71
		min	−596.97	−4.33

续表

(a) 加速度时程 A				
恒载+纵向地震作用				
位置		取值	顺桥向	横桥向
2号桥墩	(GYZ d900×148)	max	617.05	5.02
		min	−636.73	−5.51
3号桥墩	小桩号侧 (GJZF$_4$ 350×550×87)	max	67.31	6.02
		min	−67.31	−4.95
	大桩号侧 (GJZ 350×450×99)	max	200.63	1.87
		min	−162.63	−1.23
4号桥墩	小桩号侧 (GJZ 350×450×99)	max	180.59	1.34
		min	−194.29	−1.54
	大桩号侧 (GJZF$_4$ 350×550×87)	max	87.00	7.11
		min	−87.00	−11.39
5号桥墩	(GYZ d1600×500)	max	964.27	5.76
		min	−858.28	−36.43
6号桥墩	1(GYZ d1100×420)	max	558.15	14.02
		min	−501.16	−14.74
	2(GYZ d1100×420)	max	557.09	13.92
		min	−500.74	−14.82
7号桥台	(GJZF$_4$ 350×550×87)	max	31.15	15.84
		min	−31.15	−15.44
恒载+横向地震作用				
位置		取值	顺桥向	横桥向
0号桥台	(GJZF$_4$ 350×550×87)	max	6.52	61.51
		min	−2.35	−61.51
1号桥墩	1(GYZ d900×148)	max	5.39	626.41
		min	−3.16	−583.38
	2(GYZ d900×148)	max	5.42	626.12
		min	−0.91	−583.10
2号桥墩	(GYZ d900×148)	max	3.97	613.71
		min	−4.42	−590.79
3号桥墩	小桩号侧 (GJZF$_4$ 350×550×87)	max	1.41	67.31
		min	−6.64	−67.31
	大桩号侧 (GJZ 350×450×99)	max	13.88	186.99
		min	8.59	−196.29

续表

(a) 加速度时程 A

恒载+横向地震作用				
位 置		取值	顺桥向	横桥向
4号桥墩	小桩号侧 (GJZ 350×450×99)	max	-9.81	184.47
		min	-13.39	-194.67
	大桩号侧 (GJZF₄ 350×550×87)	max	45.13	87.00
		min	-42.34	-87.00
5号桥墩	(GYZ d1600×500)	max	22.35	931.70
		min	-37.57	-1 058.17
6号桥墩	1(GYZ d1100×420)	max	6.61	493.46
		min	-20.82	-614.17
	2(GYZ d1100×420)	max	12.33	491.86
		min	-27.58	-613.77
7号桥台	(GJZF₄ 350×550×87)	max	31.15	31.15
		min	-31.15	-31.15

(b) 加速度时程 B

恒载+纵向地震作用				
位 置		取值	顺桥向	横桥向
0号桥台	(GJZF₄ d350×550×87)	max	61.51	6.50
		min	-61.51	-5.61
1号桥墩	1(GYZ d900×148)	max	891.65	7.05
		min	-977.12	-5.29
	2(GYZ d900×148)	max	887.20	7.36
		min	-972.72	-5.82
2号桥墩	(GYZ d900×148)	max	942.20	7.00
		min	-1 037.52	-8.80
3号桥墩	小桩号侧 (GJZF₄ 350×550×87)	max	67.31	8.14
		min	-67.31	-8.80
	大桩号侧 (GJZ 350×450×99)	max	209.51	1.93
		min	-175.15	-1.64
4号桥墩	小桩号侧 (GJZ 350×450×99)	max	190.93	1.27
		min	-199.31	-1.75
	大桩号侧 (GJZF₄ 350×550×87)	max	87.00	8.10
		min	-87.00	-9.50
5号桥墩	(GYZ d1600×500)	max	1 310.96	5.58
		min	-1 164.39	-49.24
6号桥墩	1(GYZ d1100×420)	max	759.83	17.20
		min	-677.35	-23.82
	2(GYZ d1100×420)	max	758.40	17.11
		min	-676.64	-23.80
7号桥台	(GJZF₄ d350×550×87)	max	31.15	24.10
		min	-31.15	-20.83

续表

(b) 加速度时程 B					
恒载+横向地震作用					
位置		取值	顺桥向	横桥向
0号桥台	(GJZF$_4$ 350×550×87)	max	7.95	61.51
		min	-2.74	-61.51
1号桥墩	1(GYZ d900×148)	max	7.03	997.69
		min	-2.65	-919.58
	2(GYZ d900×148)	max	4.87	997.13
		min	-1.55	-919.43
2号桥墩	(GYZ d900×148)	max	5.25	991.63
		min	-5.12	-910.58
3号桥墩	小桩号侧 (GJZF$_4$ 350×550×87)	max	2.10	67.31
		min	-6.52	-67.31
	大桩号侧 (GJZ 350×450×99)	max	13.51	205.91
		min	9.08	-195.39
4号桥墩	小桩号侧 (GJZ 350×450×99)	max	-9.67	205.81
		min	-13.66	-194.42
	大桩号侧 (GJZF$_4$ 350×550×87)	max	51.08	87.00
		min	-40.39	-87.00
5号桥墩	(GYZ d1600×500)	max	18.20	1 123.83
		min	-47.48	-1 432.83
6号桥墩	1(GYZ d1100×420)	max	13.00	597.18
		min	-35.44	-759.82
	2(GYZ d1100×420)	max	9.52	595.30
		min	-31.34	-757.99
7号桥台	(GJZF$_4$ 350×550×87)	max	31.15	31.15
		min	-31.15	-31.15
(c) 加速度时程 C					
恒载+纵向地震作用					
位置		取值	顺桥向	横桥向
0号桥台	(GJZF$_4$ 350×550×87)	max	61.51	6.00
		min	-61.51	-5.72
1号桥墩	1(GYZ d900×148)	max	815.34	4.72
		min	-681.51	-4.79
	2(GYZ d900×148)	max	811.64	4.85
		min	-679.33	-5.25
2号桥墩	(GYZ d900×148)	max	855.45	6.56
		min	-724.87	-7.54
3号桥墩	小桩号侧 (GJZF$_4$ 350×550×87)	max	67.31	7.87
		min	-67.31	-7.38
	大桩号侧 (GJZ 350×450×99)	max	154.94	1.59
		min	-168.66	-1.20

续表

(c) 加速度时程 C

恒载+纵向地震作用

位 置		取值	顺桥向	横桥向
4 号桥墩	小桩号侧 (GJZ 350×450×99)	max	134.02	1.08
		min	−202.72	−1.14
	大桩号侧 (GJZF$_4$ 350×550×87)	max	87.00	9.52
		min	−87.00	−12.88
5 号桥墩	(GYZ d1600×500)	max	1 145.25	9.44
		min	−1 215.96	−40.52
6 号桥墩	1(GYZ d1100×420)	max	663.50	16.12
		min	−707.43	−15.48
	2(GYZ d1100×420)	max	662.59	15.98
		min	−705.82	−15.60
7 号桥台	(GJZF$_4$ 350×550×87)	max	31.15	20.71
		min	−31.15	−14.61

恒载+横向地震作用

位 置		取值	顺桥向	横桥向
0 号桥台	(GJZF$_4$ 350×550×87)	max	6.39	61.51
		min	−0.13	−61.51
1 号桥墩	1(GYZ d900×148)	max	4.84	709.38
		min	−1.29	−831.71
	2(GYZ d900×148)	max	5.51	708.98
		min	−2.09	−831.48
2 号桥墩	(GYZ d900×148)	max	3.90	701.30
		min	−5.01	−831.03
3 号桥墩	小桩号侧 (GJZF$_4$ 350×550×87)	max	0.29	67.31
		min	−7.57	−67.31
	大桩号侧 (GJZ 350×450×99)	max	13.33	175.58
		min	9.50	−143.47
4 号桥墩	小桩号侧 (GJZ 350×450×99)	max	−9.48	176.83
		min	−13.59	−141.42
	大桩号侧 (GJZF$_4$ 350×550×87)	max	59.17	87.00
		min	−49.17	−87.00
5 号桥墩	(GYZ d1600×500)	max	30.69	1 318.57
		min	−49.76	−1 296.23
6 号桥墩	1(GYZ d1100×420)	max	11.50	696.18
		min	−31.47	−734.20
	2(GYZ d1100×420)	max	18.00	693.98
		min	−30.58	−733.70
7 号桥台	(GJZF$_4$ 350×550×87)	max	31.15	31.15
		min	−31.15	−31.15

10.6.3.2 支座验算

E2 地震作用下，支座厚度的验算结果见表 10.24。结果表明，在该水准地震作用下，两侧桥台、3 号桥墩小桩号侧和 4 号桥墩大桩号侧的支座容易损坏。

表 10.24　恒载+E2 地震作用下支座厚度验算　　　　单位：mm

(a) 加速度时程 A

位置		X_0	$200\% \times \sum t$	验算结果
恒载+纵向地震作用				
0 号桥台	(GJZF$_4$ 350×550×87)	96.58	120	满足
1 号桥墩	1(GYZ d900×148)	90.65	226	满足
	2(GYZ d900×148)	90.37	226	满足
2 号桥墩	(GYZ d900×148)	96.36	226	满足
3 号桥墩	小桩号侧 (GJZF$_4$ 350×550×87)	94.75	120	满足
	大桩号侧 (GJZ 350×450×99)	79.36	142	满足
4 号桥墩	小桩号侧 (GJZ 350×450×99)	76.84	142	满足
	大桩号侧 (GJZF$_4$ 350×550×87)	158.58	120	不满足
5 号桥墩	(GYZ d1600×500)	153.79	760	满足
6 号桥墩	1(GYZ d1100×420)	152.02	610	满足
	2(GYZ d1100×420)	151.73	610	满足
7 号桥台	(GJZF$_4$ 350×550×87)	154.79	120	不满足
恒载+横向地震作用				
位置		X_0	$200\% \times \sum t$	验算结果
0 号桥台	(GJZF$_4$ 350×550×87)	99.08	120	满足
1 号桥墩	1(GYZ d900×148)	94.83	226	满足
	2(GYZ d900×148)	94.78	226	满足
2 号桥墩	(GYZ d900×148)	92.88	226	满足
3 号桥墩	小桩号侧 (GJZF$_4$ 350×550×87)	94.03	120	满足
	大桩号侧 (GJZ 350×450×99)	77.64	142	满足
4 号桥墩	小桩号侧 (GJZ 350×450×99)	76.99	142	满足
	大桩号侧 (GJZF$_4$ 350×550×87)	192.65	120	不满足

续表

(a) 加速度时程 A

恒载+横向地震作用

位 置		X_0	$200\% \times \sum t$	验算结果
5号桥墩	(GYZ d1600×500)	168.76	760	满足
6号桥墩	1(GYZ d1100×420)	167.27	610	满足
	2(GYZ d1100×420)	167.16	610	满足
7号桥台	(GJZF$_4$ 350×550×87)	167.00	120	不满足

(b) 加速度时程 B

恒载+纵向地震作用

位 置		X_0	$200\% \times \sum t$	验算结果
0号桥台	(GJZF$_4$ 350×550×87)	157.99	120	不满足
1号桥墩	1(GYZ d900×148)	147.92	226	满足
	2(GYZ d900×148)	147.25	226	满足
2号桥墩	(GYZ d900×148)	157.02	226	满足
3号桥墩	小桩号侧 (GJZF$_4$ 350×550×87)	158.79	120	不满足
	大桩号侧 (GJZ 350×450×99)	82.87	142	满足
4号桥墩	小桩号侧 (GJZ 350×450×99)	78.83	142	满足
	大桩号侧 (GJZF$_4$ 350×550×87)	216.57	120	不满足
5号桥墩	(GYZ d1600×500)	209.08	760	满足
6号桥墩	1(GYZ d1100×420)	206.94	610	满足
	2(GYZ d1100×420)	206.55	610	满足
7号桥台	(GJZF$_4$ 350×550×87)	211.13	120	不满足

恒载+横向地震作用

位 置		X_0	$200\% \times \sum t$	验算结果
0号桥台	(GJZF$_4$ 350×550×87)	156.78	120	不满足
1号桥墩	1(GYZ d900×148)	151.03	226	满足
	2(GYZ d900×148)	150.95	226	满足
2号桥墩	(GYZ d900×148)	150.08	226	满足
3号桥墩	小桩号侧 (GJZF$_4$ 350×550×87)	155.27	120	不满足
	大桩号侧 (GJZ 350×450×99)	81.44	142	满足
4号桥墩	小桩号侧 (GJZ 350×450×99)	81.40	142	满足
	大桩号侧 (GJZF$_4$ 350×550×87)	270.33	120	不满足

续表

(b) 加速度时程 B				
恒载+横向地震作用				
位　置		X_0	$200\% \times \sum t$	验算结果
5号桥墩	（GYZ d1600×500）	228.52	760	满足
6号桥墩	1（GYZ d1100×420）	206.94	610	满足
	2（GYZ d1100×420）	206.44	610	满足
7号桥台	（GJZF₄ 350×550×87）	188.05	120	不满足
(c) 加速度时程 C				
恒载+纵向地震作用				
位　置		X_0	$200\% \times \sum t$	验算结果
0号桥台	（GJZF₄ 350×550×87）	131.70	120	不满足
1号桥墩	1（GYZ d900×148）	123.43	226	满足
	2（GYZ d900×148）	122.87	226	满足
2号桥墩	（GYZ d900×148）	129.47	226	满足
3号桥墩	小桩号侧（GJZF₄ 350×550×87）	130.89	120	不满足
	大桩号侧（GJZ 350×450×99）	66.71	142	满足
4号桥墩	小桩号侧（GJZ 350×450×99）	80.18	142	满足
	大桩号侧（GJZF₄ 350×550×87）	197.50	120	不满足
5号桥墩	（GYZ d1600×500）	193.93	760	满足
6号桥墩	1（GYZ d1100×420）	192.67	610	满足
	2（GYZ d1100×420）	192.23	610	满足
7号桥台	（GJZF₄ 350×550×87）	200.42	120	不满足
恒载+横向地震作用				
位　置		X_0	$200\% \times \sum t$	验算结果
0号桥台	（GJZF₄ 350×550×87）	129.96	120	不满足
1号桥墩	1（GYZ d900×148）	125.91	226	满足
	2（GYZ d900×148）	125.87	226	满足
2号桥墩	（GYZ d900×148）	125.77	226	满足
3号桥墩	小桩号侧（GJZF₄ 350×550×87）	130.52	120	不满足
	大桩号侧（GJZ 350×450×99）	69.45	142	满足
4号桥墩	小桩号侧（GJZ 350×450×99）	69.93	142	满足
	大桩号侧（GJZF₄ 350×550×87）	262.31	120	不满足

续表

(c) 加速度时程C

恒载+横向地震作用

位　置		X_0	200%×$\sum t$	验算结果
5号桥墩	(GYZ d1600×500)	210.30	760	满足
6号桥墩	1(GYZ d1100×420)	199.96	610	满足
	2(GYZ d1100×420)	199.83	610	满足
7号桥台	(GJZF$_4$ 350×550×87)	205.11	120	不满足

11 连续梁桥抗震分析示例四

11.1 设计资料、主要材料和尺寸

11.1.1 设计资料

本示例连续梁桥上部结构采用现浇预应力混凝土连续箱梁，桥跨布置为 (3×25)+(3×25)+(20+34+20) m，全桥长 236.0 m，下部结构采用双柱式桥墩、柱式台和重力式台，钻孔灌注摩擦桩基础。下部结构的编号如图 11.1 所示，下部结构与支座的信息详见表 11.1。

表 11.1 下部结构与支座

墩台号	形式	墩高/m		支座/mm	数量
0	柱式桥台	0	—	GYZ d600×110 型板式橡胶支座	1
		1	—	GYZ d600×110 型板式橡胶支座	1
1	双柱式桥墩	0	8.270	GYZ d750×125 型板式橡胶支座	1
		1	8.437	GYZ d750×125 型板式橡胶支座	1
2	双柱式桥墩	0	14.615	GYZ d750×125 型板式橡胶支座	1
		1	14.840	GYZ d750×125 型板式橡胶支座	1
3	双柱式桥墩	0	28.643	小桩号侧 GYZ d600×110 型板式橡胶支座	2
		1	28.913	大桩号侧 GYZ d600×110 型板式橡胶支座	2
4	双柱式桥墩	0	27.693	GYZ d750×125 型板式橡胶支座	1
		1	27.963	GYZ d750×125 型板式橡胶支座	1
5	双柱式桥墩	0	26.843	GYZ d750×125 型板式橡胶支座	1
		1	27.113	GYZ d750×125 型板式橡胶支座	1
6	双柱式桥墩	0	21.198	小桩号侧 GYZ d600×110 型板式橡胶支座	2
		1	21.407	大桩号侧 GYZ d600×110 型板式橡胶支座	2
7	双柱式桥墩	0	12.751	GYZ d800×125 型板式橡胶支座	1
		1	12.835	GYZ d800×125 型板式橡胶支座	1
8	双柱式桥墩	0	6.957	GYZ d800×125 型板式橡胶支座	1
		1	6.935	GYZ d800×125 型板式橡胶支座	1
9	重力式桥台	0	—	GYZ d600×110 型板式橡胶支座	1
		1	—	GYZ d600×110 型板式橡胶支座	1

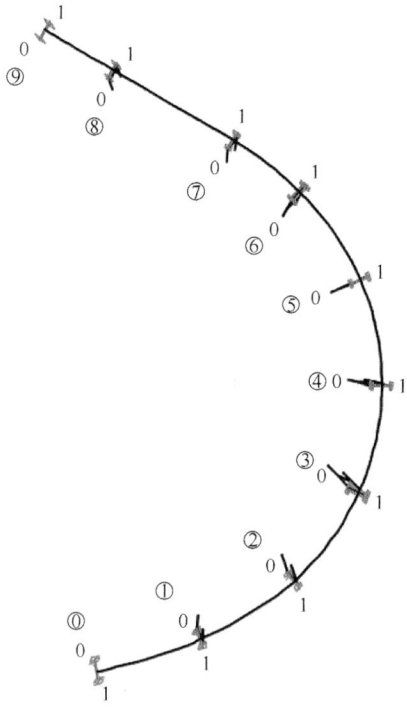

图 11.1 桥墩编号

材料选用详见表 11.2。

表 11.2 材料选用

混凝土	C50	预应力混凝土现浇连续梁
	C40	桥面铺装
	C30	普通钢筋混凝土盖梁、墩柱、系梁、桩柱式及重力式桥台的承台、桩基
钢筋和预应力体系	普通钢筋	HPB300、HRB400
	预应力钢绞线	采用《预应力混凝土用钢绞线》（GB/T 5224—2003）标准生产的低松弛高强度钢绞线

11.1.2 技术规范

（1）《四川高速公路工程抗震设计指南》。
（2）中华人民共和国行业标准《公路工程技术标准》（JTG B01—2014）。
（3）中华人民共和国行业标准《公路桥涵设计通用规范》（JTG D60—2015）。
（4）中华人民共和国行业标准《公路钢筋混凝土及预应力混凝土桥涵设计规范》（JTG 3362—2018）。
（5）中华人民共和国行业标准《公路桥梁抗震设计细则》（JTG/T B02-01—2008）。
（6）中华人民共和国行业标准《公路桥涵地基与基础设计规范》（JTG 3363—2019）。
（7）《公路工程抗震规范》（JTG B02—2013）。

(8)《公路桥梁板式橡胶支座规格系列》(JT/T 663—2006)。

11.1.3 技术指标

(1) 设计速度:40 km/h。
(2) 荷载等级:公路Ⅰ级。
(3) 地震动峰值加速度:0.15g。
(4) 行车道数:2。
(5) 桥面宽度:变宽。
(6) 桥跨布置:(20+30+23)m+30 m + (41+42+41)m。
(7) 现浇连续梁高:1.50 m、2.00 m。
(8) 场地类别:Ⅱ类(根据地质情况得出)。

11.1.4 材料指标

混凝土和钢筋主要力学指标分别见表 11.3 和表 11.4。

表 11.3 混凝土主要力学指标

强度等级	弹性模量/MPa	容重/(kN/m³)	轴心抗压设计强度/MPa	抗拉设计强度/MPa	轴心抗压标准强度/MPa	抗拉标准强度/MPa
C50	3.45×10^4	25	22.4	1.83	32.4	2.65
C40	3.25×10^4	26	18.4	1.65	26.8	2.40
C30	3.00×10^4	25	13.8	1.39	20.1	2.01

表 11.4 钢筋主要力学指标

强度等级	弹性模量/MPa	直径/mm	符号	抗拉强度标准值/MPa	抗拉强度设计值/MPa	抗压强度设计值/MPa
HPB300	2.10×10^5	6~22	Φ	300	270	270
HRB400	2.00×10^5	6~50	⊕	400	330	330

11.2 抗震设防目标的确定

根据本示例连续梁桥的重要性,以及地震破坏后桥梁结构的性能要求、修复(抢修)的难易程度,采用 50 年超越概率 10%、2% 地震作用输入作为设防标准,其抗震性能目标可见表 11.5。

表 11.5 示例四连续梁桥抗震设防目标

设防标准		构件类别	结构性能要求	受力状态	功能要求
E1 地震作用	50 年超越概率 10% 地震作用(相当于地震重现期 475 年)	主梁	无损伤	保持弹性	车辆正常通行
		桥墩	无损伤		
		支座	轻微损伤	基本正常工作	

续表

设防标准		构件类别	结构性能要求	受力状态	功能要求
E2 地震作用	50 年超越概率 2% 地震作用（相当于地震重现期 2 475 年）	主梁	轻微损伤	总体保持弹性	不致产生严重结构损伤
		桥墩	可修复损伤	可进入塑性	
		支座	可损伤	可剪切破坏	

11.3 结构有限元模型的建立

根据本示例连续梁桥的设计方案，采用 Sap2000 有限元程序，建立三维有限元动力计算模型进行抗震性能分析。上部结构、系梁和下部结构采用梁单元，赋予框架截面属性，桥墩编号如图 11.2 所示；设计方案中的板式橡胶支座采用连接单元模拟，支座编号如图 11.3 所示，支座水平活动方向初始刚度见表 11.6。

表 11.6 支座水平活动方向初始刚度

支座编号	刚度值/(kN·m^{-1})
1	4 101.0
2	4 101.0
3	5 432.6
4	5 432.6
5	5 432.6
6	5 432.6
7	4 101.0
8	4 101.0
9	4 101.0
10	4 101.0
11	5 432.6
12	5 432.6
13	5 432.6
14	5 432.6
15	4 101.0
16	4 101.0
17	4 101.0
18	4 101.0
19	6 191.6
20	6 191.6
21	6 191.6
22	6 191.6
23	4 101.0
24	4 101.0

整桥有限元模型如图 11.2（a）所示。上部结构的横截面形式如图 11.2（b）所示。计算模型均以垂直于第二联边墩（即③、⑥号桥墩）连线为 U1 向，作为纵桥向，平行于连线为 U2 向，作为横桥向，如图 11.3 所示。

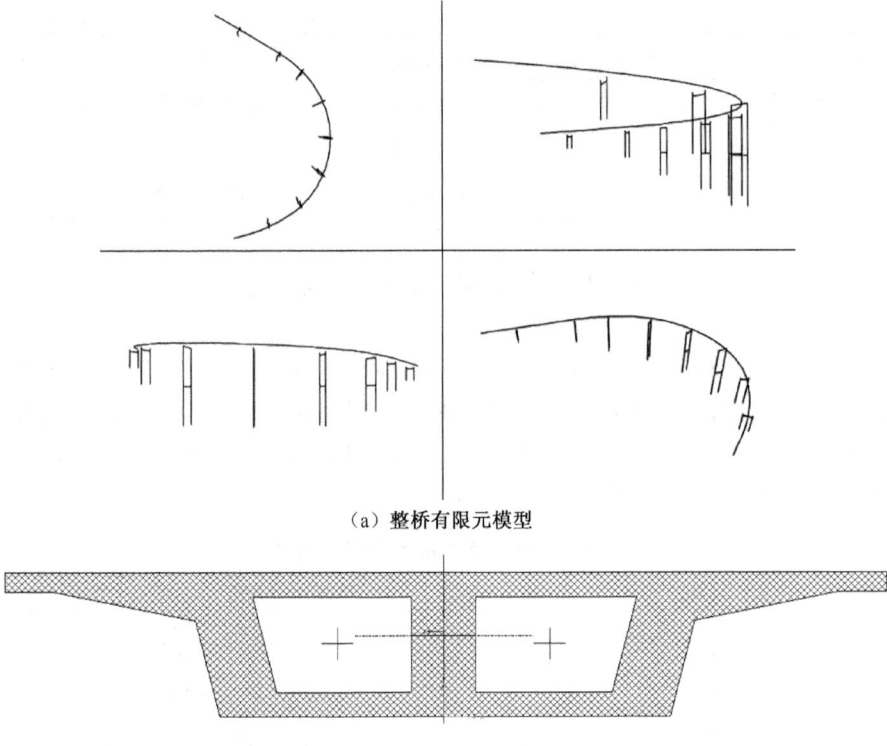

(a) 整桥有限元模型

(b) 箱梁截面形式

图 11.2 采用梁单元的整桥动力计算有限元模型

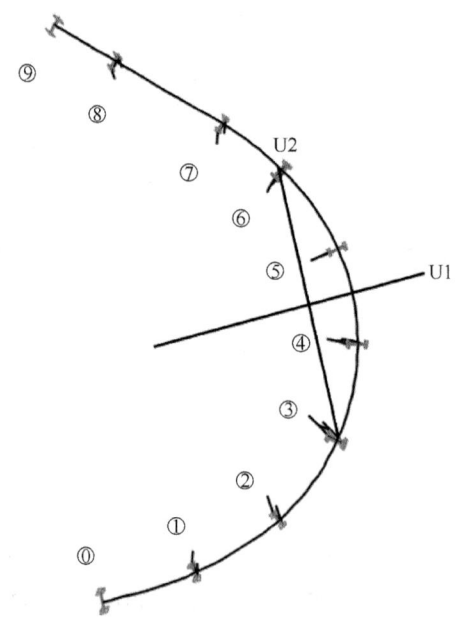

图 11.3 采用梁单元的整桥动力计算有限元模型

11.4 模态分析

桥梁动力特性计算结果分别列举如下，前30阶周期、频率、纵桥向和横桥向累积振型贡献率如表11.7所示，前10阶振型如图11.4~图11.13所示。经模态分析可知，沿整体坐标 x 方向前30阶累计振型贡献率达到92%，沿整体坐标 y 方向前30阶累计振型贡献率达到90%。

表11.7 动力特性计算结果

振型阶数	周期/s	频率/Hz	沿整体坐标 x 方向累计振型贡献率	沿整体坐标 y 方向累计振型贡献率
1	2.33	0.43	0.00	0.45
2	1.87	0.53	0.03	0.57
3	1.72	0.58	0.56	0.57
4	1.61	0.62	0.61	0.67
5	1.55	0.64	0.69	0.69
6	1.44	0.69	0.76	0.69
7	1.33	0.75	0.78	0.79
8	1.20	0.83	0.82	0.84
9	1.11	0.90	0.82	0.84
10	1.09	0.91	0.82	0.84
11	0.61	1.65	0.82	0.84
12	0.54	1.86	0.82	0.85
13	0.52	1.94	0.82	0.86
14	0.48	2.09	0.82	0.87
15	0.39	2.58	0.84	0.87
16	0.38	2.64	0.84	0.88
17	0.38	2.64	0.85	0.88
18	0.38	2.66	0.90	0.88
19	0.28	3.60	0.90	0.88
20	0.27	3.72	0.90	0.88
21	0.27	3.74	0.90	0.88
22	0.26	3.82	0.90	0.88
23	0.26	3.84	0.90	0.88
24	0.26	3.92	0.90	0.88
25	0.24	4.13	0.91	0.89
26	0.23	4.43	0.91	0.89
27	0.22	4.55	0.91	0.89
28	0.22	4.58	0.91	0.89
29	0.21	4.82	0.92	0.90
30	0.20	5.04	0.92	0.90

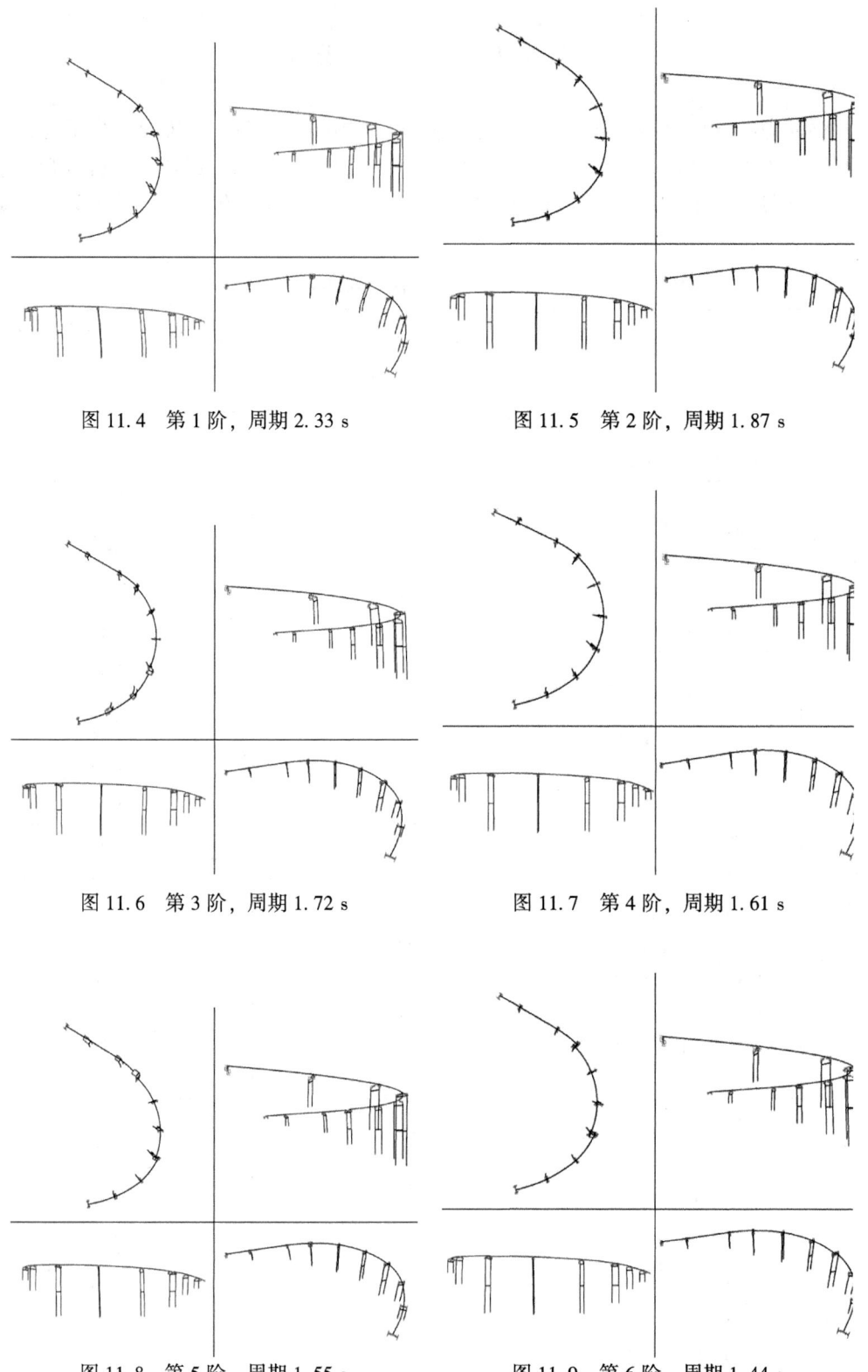

图 11.4　第 1 阶，周期 2.33 s　　　　　图 11.5　第 2 阶，周期 1.87 s

图 11.6　第 3 阶，周期 1.72 s　　　　　图 11.7　第 4 阶，周期 1.61 s

图 11.8　第 5 阶，周期 1.55 s　　　　　图 11.9　第 6 阶，周期 1.44 s

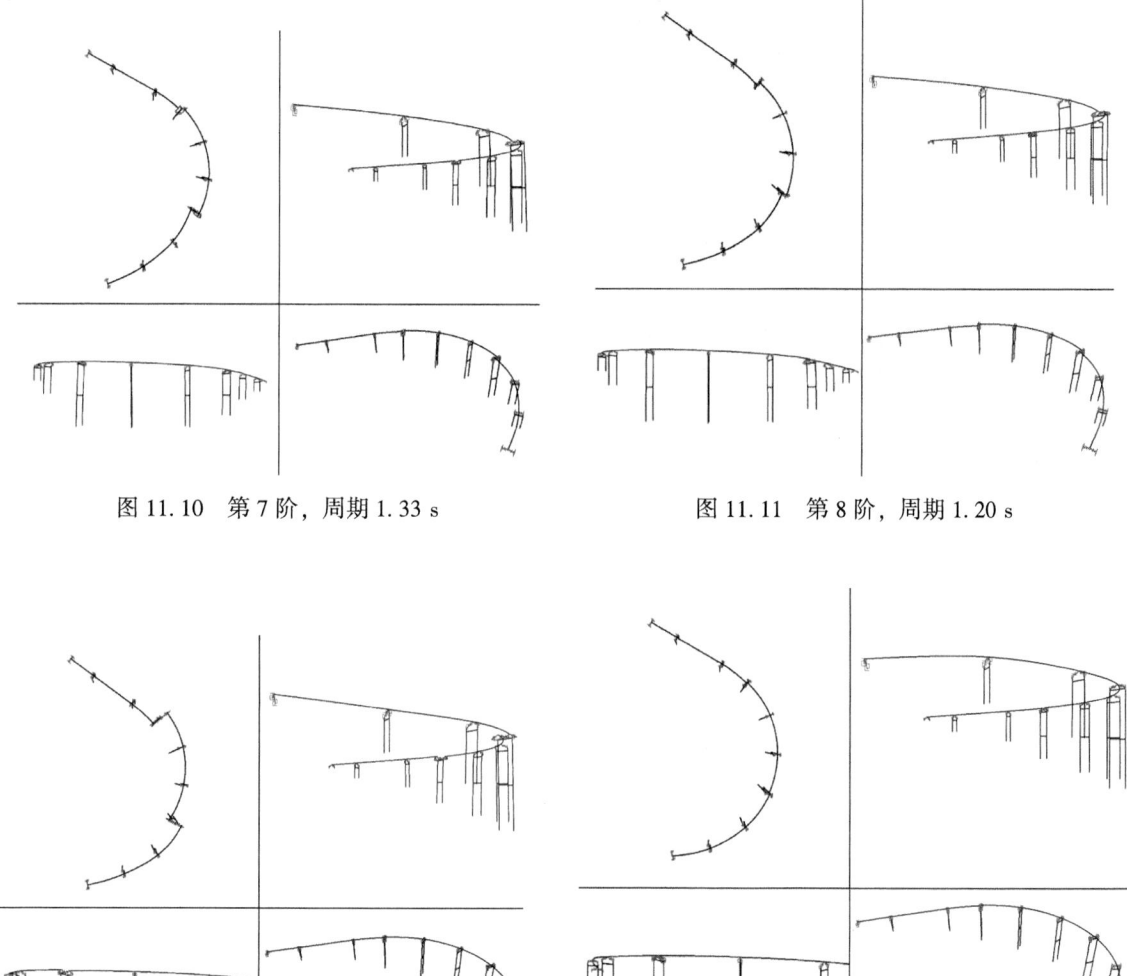

图 11.10　第 7 阶，周期 1.33 s

图 11.11　第 8 阶，周期 1.20 s

图 11.12　第 9 阶，周期 1.11 s

图 11.13　第 10 阶，周期 1.09 s

11.5　反应谱分析

11.5.1　设计加速度反应谱

水平设计加速度反应谱 S 由下式确定：

$$S = \begin{cases} S_{\max}(5.5T + 0.45) & T < 0.1 \text{ s} \\ S_{\max} & 0.1 \text{ s} \leqslant T \leqslant T_{\text{g}} \\ S_{\max}(T_{\text{g}}/T) & T > T_{\text{g}} \end{cases} \qquad (11.1)$$

式中：S_{max}——设计加速度反应谱最大值；
　　　T——结构自振周期；
　　　T_g——场地特征周期。

水平设计加速度反应谱最大值 S_{max} 由下式确定：

$$S_{max} = 2.5R_i C_s C_d A \tag{11.2}$$

式中：R_i——地震作用调整系数，即不同地震重现期地震动峰值加速度与基本地震动加速度的比值，50 年超越概率 10%，相当于地震重现期 475 年，取 1.0，50 年超越概率 2%，相当于地震重现期 2 475 年，取 1.9；
　　　C_s——场地系数，根据桥梁所在场地条件，取 0.9；
　　　C_d——阻尼调整系数，当结构阻尼比采用 5% 时，取 1.0；
　　　A——水平设计基本地震动加速度峰值，取 0.15g。

对 E1 和 E2 的水平设计地震动反应谱如图 11.14 所示。地震动输入方向分别取 U1 向、U2 向。

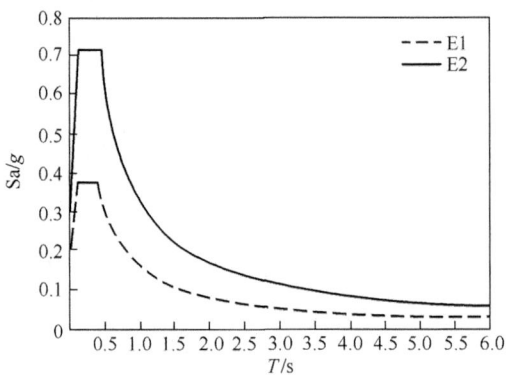

图 11.14　地震作用

11.5.2　桥墩的计算

11.5.2.1　桥墩关键截面内力

在 E1 和 E2 地震作用下，桥墩关键截面的内力分析结果见表 11.8 和表 11.9。

注意：

（1）所提取的截面内力数据是桥墩 0 号柱顶部和底部截面数据，验算截面的位置示意如图 11.15 所示。

（2）V_y、V_z、M_y、M_z 中所表示的 y、z 对应如图 11.15 所示。

表 11.8　恒载+E1 地震作用下桥墩关键截面内力

墩号	截面号	取值	纵桥向				
			P/kN	V_y/kN	V_z/kN	M_y/(kN·m)	M_z/(kN·m)
1	1-1	max	-6 160.3	298.1	84.5	0.0	0.0
		min	-6 427.0	-359.9	-71.3	0.0	0.0
	2-2	max	-6 399.8	308.2	90.1	210.4	3 007.2
		min	-6 848.7	-362.6	-70.1	-500.9	-2 561.5

续表

墩号	截面号	取值	纵桥向				
			P/kN	V_y/kN	V_z/kN	M_y/(kN·m)	M_z/(kN·m)
2	1-1	max	-1 168.1	217.9	83.4	0.0	0.0
		min	-1 399.1	-161.7	-84.0	0.0	0.0
	2-2	max	-1 479.0	237.8	105.7	762.1	2 565.8
		min	-2 327.7	-181.9	-103.2	-763.2	-3 385.5
3	1-1	max	-964.2	51.6	225.3	1 722.7	-23.6
		min	-2 413.5	-51.3	-208.3	-1 516.0	-138.9
	2-2	max	-1 167.4	81.1	306.2	2 446.5	1 441.4
		min	-5 346.6	-85.4	-294.3	-2 452.4	-1 543.2
4	1-1	max	-2 397.6	18.3	217.7	0.0	0.0
		min	-2 640.0	-18.9	-222.1	0.0	0.0
	2-2	max	-1 880.9	32.7	356.9	2 880.3	751.2
		min	-6 343.8	-32.5	-357.8	-2 853.0	-760.3
5	1-1	max	-2 425.2	32.3	187.6	0.0	0.0
		min	-2 650.7	-27.0	-191.5	0.0	0.0
	2-2	max	-2 208.6	49.6	339.1	2 705.9	1 030.0
		min	-5 973.1	-44.7	-339.6	-2 687.2	-1 160.1
6	1-1	max	-1 028.4	88.5	200.9	1 210.2	21.3
		min	-2 198.4	-96.3	-183.9	-1 078.1	-103.8
	2-2	max	-1 313.5	108.0	272.2	1 624.3	2 199.8
		min	-4 276.0	-120.8	-261.5	-1 638.6	-2 063.4
7	1-1	max	-2 272.8	144.2	134.7	0.0	0.0
		min	-2 609.7	-157.4	-136.5	0.0	0.0
	2-2	max	-2 381.6	163.5	141.4	940.5	2 199.2
		min	-3 588.4	-177.0	-139.4	-943.6	-2 027.3
8	1-1	max	-3 473.3	254.5	235.8	0.0	0.0
		min	-4 017.0	-235.0	-234.3	0.0	0.0
	2-2	max	-3 398.9	261.6	240.2	866.3	1 683.8
		min	-4 740.4	-242.2	-228.7	-893.5	-1 818.6

墩号	截面号	取值	横桥向				
			P/kN	V_y/kN	V_z/kN	M_y/(kN·m)	M_z/(kN·m)
1	1-1	max	-6 037.0	144.3	299.6	0.0	0.0
		min	-6 550.4	-206.1	-286.4	0.0	0.0
	2-2	max	-5 762.5	159.3	311.2	1 186.7	1 776.1
		min	-7 486.0	-213.7	-291.2	-1 477.2	-1 330.4
2	1-1	max	-1 175.5	132.9	160.1	0.0	0.0
		min	-1 391.7	-76.6	-160.7	0.0	0.0
	2-2	max	-1 184.8	147.8	195.9	1 435.0	1 304.5
		min	-2 621.9	-91.9	-1 93.4	-1 436.1	-2 124.2

续表

墩号	截面号	取值	横桥向				
			P/kN	V_y/kN	V_z/kN	M_y/(kN·m)	M_z/(kN·m)
3	1-1	max	-1 153.8	89.2	178.7	1 391.1	-42.3
		min	-2 223.9	-88.9	-161.7	-1 184.4	-120.2
	2-2	max	-1 654.8	126.0	231.1	1 855.7	2 514.7
		min	-4 859.1	-130.3	-219.3	-1 861.6	-2 616.5
4	1-1	max	-2 450.5	98.0	37.0	0.0	0.0
		min	-2 587.2	-98.6	-41.4	0.0	0.0
	2-2	max	-3 704.4	143.7	68.5	562.2	3 424.2
		min	-4 520.3	-143.4	-69.4	-534.9	-3 433.3
5	1-1	max	-2 469.1	109.5	66.2	0.0	0.0
		min	-2 606.8	-104.2	-70.1	0.0	0.0
	2-2	max	-3 434.0	153.8	96.2	797.1	3 450.6
		min	-4 747.6	-148.9	-96.7	-778.5	-3 580.6
6	1-1	max	-1 076.9	123.0	200.6	1 182.4	90.7
		min	-2 149.9	-130.8	-183.6	-1 050.4	-173.1
	2-2	max	-1 421.4	147.0	237.1	1 437.1	3 105.0
		min	-4 168.1	-159.9	-226.3	-1 451.4	-2 968.6
7	1-1	max	-2 297.7	108.2	128.4	0.0	0.0
		min	-2 584.9	-121.4	-130.2	0.0	0.0
	2-2	max	-2 434.0	116.0	134.5	897.8	1 586.0
		min	-3 536.0	-129.5	-132.5	-900.9	-1 414.2
8	1-1	max	-3 480.2	180.8	270.5	0.0	0.0
		min	-4 010.0	-161.4	-269.0	0.0	0.0
	2-2	max	-3 348.4	178.4	274.9	1 000.3	1 105.3
		min	-4 790.9	-159.1	-263.3	-1 027.5	-1 240.1

注：1. y 方向为纵桥向，z 方向为横桥向。
2. 按偏心受压构件计算桥墩承载力，抗弯能力为最不利轴力作用下的极限弯矩。

表 11.9 恒载+E2 地震作用下桥墩关键截面内力

墩号	截面号	取值	纵桥向				
			P/kN	V_y/kN	V_z/kN	M_y/(kN·m)	M_z/(kN·m)
1	1-1	max	-6 008.8	672.4	173.0	0.0	0.0
		min	-6 578.5	-734.2	-159.8	0.0	0.0
	2-2	max	-6 144.7	689.7	181.2	614.9	6 174.3
		min	-7 103.9	-744.1	-161.2	-905.4	-5 728.6
2	1-1	max	-1 040.0	433.2	178.5	0.0	0.0
		min	-1 527.2	-376.9	-179.0	0.0	0.0
	2-2	max	-999.8	473.4	217.6	1 590.2	5 930.6
		min	-2 806.9	-417.5	-215.1	-1 591.3	-6 750.3

续表

墩号	截面号	取值	P/kN	V_y/kN	V_z/kN	M_y/(kN·m)	M_z/(kN·m)
			纵桥向				
3	1-1	max	-139.9	107.3	470.8	3 559.9	40.9
		min	-3 237.8	-107.1	-453.8	-3 353.1	-203.4
	2-2	max	1 160.6	170.2	617.9	5 021.7	3 125.1
		min	-7 674.6	-174.5	-606.1	-5 027.6	-3 226.9
4	1-1	max	-2 273.4	39.4	463.2	0.0	0.0
		min	-2 764.3	-40.0	-467.5	0.0	0.0
	2-2	max	557.0	69.7	715.6	5 793.9	1 610.8
		min	-8 781.7	-69.5	-716.5	-5 766.6	-1 619.8
5	1-1	max	-2 315.7	65.9	398.5	0.0	0.0
		min	-2 760.2	-60.6	-402.4	0.0	0.0
	2-2	max	-179.2	103.2	673.0	5 391.4	2 275.3
		min	-8 002.4	-98.3	-673.5	-5 372.8	-2 405.4
6	1-1	max	-365.1	193.0	419.5	2 487.6	91.1
		min	-2 861.7	-200.8	-402.5	-2 355.6	-173.6
	2-2	max	319.4	234.2	546.5	3 321.3	4 599.9
		min	-5 908.9	-247.1	-535.7	-3 335.5	-4 463.4
7	1-1	max	-2 083.4	315.4	288.9	0.0	0.0
		min	-2 799.2	-328.6	-290.7	0.0	0.0
	2-2	max	-1 695.7	354.4	301.0	2 012.1	4 586.0
		min	-4 274.3	-367.8	-299.0	-2 015.1	-4 414.1
8	1-1	max	-3 164.2	532.8	503.2	0.0	0.0
		min	-4 326.1	-513.4	-501.7	0.0	0.0
	2-2	max	-2 636.0	548.1	506.9	1 867.2	3 675.7
		min	-5 503.2	-528.7	-495.4	-1 894.4	-3 810.6
			横桥向				
墩号	截面号	取值	P/kN	V_y/kN	V_z/kN	M_y/(kN·m)	M_z/(kN·m)
1	1-1	max	-5 745.3	343.5	632.8	0.0	0.0
		min	-6 842.1	-405.4	-619.6	0.0	0.0
	2-2	max	-4 782.4	371.5	653.8	2 701.7	3 543.0
		min	-8 466.1	-425.9	-633.7	-2 992.3	-3 097.3
2	1-1	max	-1 054.7	251.6	342.3	0.0	0.0
		min	-1 512.5	-195.4	-342.9	0.0	0.0
	2-2	max	-375.6	282.1	406.1	3 005.3	3 242.4
		min	-3 431.1	-226.2	-403.6	-3 006.4	-4 062.1
3	1-1	max	-545.3	187.6	371.8	2 852.8	0.7
		min	-2 832.4	-187.3	-354.7	-2 646.0	-163.2
	2-2	max	141.1	264.9	470.1	3 849.7	5 418.6
		min	-6 655.0	-269.2	-458.3	-3 855.6	-5 520.4

续表

墩号	截面号	取值	横桥向				
			P/kN	V_y/kN	V_z/kN	M_y/(kN·m)	M_z/(kN·m)
4	1-1	max	-2 375.7	209.8	80.3	0.0	0.0
		min	-2 662.0	-210.4	-84.7	0.0	0.0
	2-2	max	-3 260.7	306.9	136.8	1 112.7	7 324.7
		min	-4 964.1	-306.7	-137.7	-1 085.4	-7 333.7
5	1-1	max	-2 396.6	231.0	143.3	0.0	0.0
		min	-2 679.3	-225.7	-147.1	0.0	0.0
	2-2	max	-2 700.7	326.0	197.2	1 631.1	7 449.7
		min	-5 480.9	-321.1	-197.7	-1 612.4	-7 579.8
6	1-1	max	-467.4	265.9	418.9	2 440.2	240.4
		min	-2 759.4	-273.7	-401.9	-2 308.2	-322.9
	2-2	max	114.3	313.8	484.3	2 992.8	6 512.4
		min	-5 703.8	-326.7	-473.5	-3 007.1	-6 376.0
7	1-1	max	-2 135.8	238.4	275.4	0.0	0.0
		min	-2 746.8	-251.6	-277.2	0.0	0.0
	2-2	max	-1 807.6	252.0	286.4	1 920.9	3 269.8
		min	-4 162.4	-265.4	-284.4	-1 924.0	-3 097.9
8	1-1	max	-3 179.1	375.4	577.4	0.0	0.0
		min	-4 311.2	-356.0	-575.9	0.0	0.0
	2-2	max	-2 528.0	370.4	580.9	2 153.5	2 439.3
		min	-5 611.2	-351.1	-569.4	-2 180.7	-2 574.1

注：1. y 方向为纵桥向，z 方向为横桥向。

2. 按偏心受压构件计算桥墩承载力，抗弯能力为最不利轴力作用下的极限弯矩。

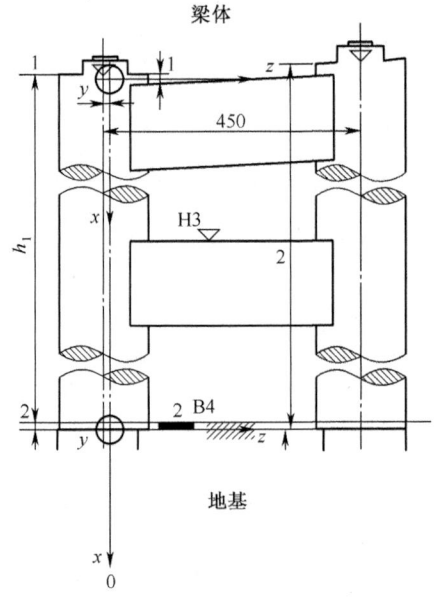

图 11.15 桥墩关键截面示意

11.5.2.2 桥墩抗弯强度验算

对桥墩进行桥墩关键截面的抗弯强度验算，验算结果见表 11.10 和表 11.11。本部分内容结合有限元分析方法进行，通过分析不同轴压荷载作用下设计截面的弯矩-曲率关系，得出其抗弯承载能力，其设计截面模型和弯矩-曲率关系分别如图 11.16 和图 11.17 所示。

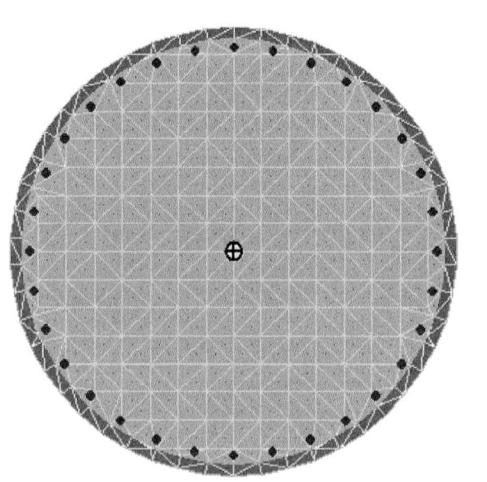

图 11.16　设计截面模型　　　　　　图 11.17　弯矩-曲率关系

表 11.10　恒载+E1 地震作用下桥墩关键截面抗弯强度验算结果

墩号	截面号	取值	纵桥向					抗弯结果
			P/kN	M_y/(kN·m)	M_z/(kN·m)	抗弯承载力/(kN·m)		
						M_y	M_z	
1	1-1	max	-6 160.3	0.0	0.0	4 604.0	4 610.0	满足
		min	-6 427.0	0.0	0.0	4 631.0	4 625.0	满足
	2-2	max	-6 399.8	210.4	3 007.2	4 623.0	4 623.0	满足
		min	-6 848.7	-500.9	-2 561.5	4 647.0	4 647.0	满足
2	1-1	max	-1 168.1	0.0	0.0	2 988.0	2 984.0	满足
		min	-1 399.1	0.0	0.0	3 073.0	3 077.0	满足
	2-2	max	-1 479.0	762.1	2 565.8	3 109.0	3 109.0	满足
		min	-2 327.7	-763.2	-3 385.5	3 461.0	3 448.0	满足
3	1-1	max	-964.2	1 722.7	-23.6	5 185.0	5 185.0	满足
		min	-2 413.5	-1 516.0	-138.9	5 832.0	5 832.0	满足
	2-2	max	-1 167.4	2 446.5	1 441.4	5 276.0	5 276.0	满足
		min	-5 346.6	-2 452.4	-1 543.2	7 027.0	7 027.0	满足

续表

墩号	截面号	取值	P/kN	M_y/(kN·m)	M_z/(kN·m)	抗弯承载力/(kN·m)		抗弯结果
						M_y	M_z	
纵桥向								
4	1-1	max	-2 397.6	0.0	0.0	5 826.0	5 826.0	满足
		min	-2 640.0	0.0	0.0	5 934.0	5 934.0	满足
	2-2	max	-1 880.9	2 880.3	751.2	5 597.0	5 597.0	满足
		min	-6 343.8	-2 853.0	-760.3	7 413.0	7 413.0	满足
5	1-1	max	-2 425.2	0.0	0.0	5 836.0	5 836.0	满足
		min	-2 650.7	0.0	0.0	5 939.0	5 939.0	满足
	2-2	max	-2 208.6	2 705.9	1 030.0	5 741.0	5741.0	满足
		min	-5 973.1	-2 687.2	-1 160.1	7 270.0	7 270.0	满足
6	1-1	max	-1 028.4	1 210.2	21.3	5 213.0	5 213.0	满足
		min	-2 198.4	-1 078.1	-103.8	5 736.0	5 736.0	满足
	2-2	max	-1 313.5	1 624.3	2 199.8	5 342.0	5 342.0	满足
		min	-4 276.0	-1 638.6	-2 063.4	6 606.0	6 606.0	满足
7	1-1	max	-2 272.8	0.0	0.0	3 435.0	3 426.0	满足
		min	-2 609.7	0.0	0.0	3 548.0	3 558.0	满足
	2-2	max	-2 381.6	940.5	2 199.2	3 487.0	3 468.0	满足
		min	-3 588.4	-943.6	-2 027.3	3 899.0	3 915.0	满足
8	1-1	max	-3 473.3	0.0	0.0	3 878.0	3 877.0	满足
		min	-4 017.0	0.0	0.0	4 064.0	4 066.0	满足
	2-2	max	-3 398.9	866.3	1 683.8	3 833.0	3 850.0	满足
		min	-4 740.4	-893.5	-1 818.6	4 333.0	4 315.0	满足
横桥向								
1	1-1	max	-6 037.0	0.0	0.0	4 592.0	4 604.0	满足
		min	-6 550.4	0.0	0.0	4 620.0	4 631.0	满足
	2-2	max	-5 762.5	1 186.7	1 776.1	4 578.0	4 590.0	满足
		min	-7 486.0	-1 477.2	-1 330.4	4 667.0	4 677.0	满足
2	1-1	max	-1 175.5	0.0	0.0	2 987.0	2 988.0	满足
		min	-1 391.7	0.0	0.0	3 075.0	3 073.0	满足
	2-2	max	-1 184.8	1 435.0	1 304.5	2 990.0	2 992.0	满足
		min	-2 621.9	-1 436.1	-2 124.2	3 563.0	3 561.0	满足

续表

墩号	截面号	取值	横桥向					
			P/kN	M_y/(kN·m)	M_z/(kN·m)	抗弯承载力/(kN·m)		抗弯结果
						M_y	M_z	
3	1-1	max	-1 153.8	1 391.1	-42.3	5 268.0	5 268.0	满足
		min	-2 223.9	-1 184.4	-120.2	5 749.0	5 749.0	满足
	2-2	max	-1 654.8	1 855.7	2 514.7	5 496.0	5 496.0	满足
		min	-4 859.1	-1 861.6	-2 616.5	6 835.0	6 835.0	满足
4	1-1	max	-2 450.5	0.0	0.0	5 847.0	5 847.0	满足
		min	-2 587.2	0.0	0.0	5 909.0	5 909.0	满足
	2-2	max	-3 704.4	562.2	3 424.2	6 378.0	6 378.0	满足
		min	-4 520.3	-534.9	-3 433.3	6 702.0	6 702.0	满足
5	1-1	max	-2 469.1	0.0	0.0	5 857.0	5 857.0	满足
		min	-2 606.8	0.0	0.0	5 917.0	5 917.0	满足
	2-2	max	-3 434.0	797.1	3 450.6	6 266.0	6 266.0	满足
		min	-4 747.6	-778.5	-3 580.6	6 792.0	6 792.0	满足
6	1-1	max	-1 076.9	1 182.4	90.7	5 237.0	5 237.0	满足
		min	-2 149.9	-1 050.4	-173.1	5 714.0	5 714.0	满足
	2-2	max	-1 421.4	1 437.1	3 105.0	5 392.0	5 392.0	满足
		min	-4 168.1	-1 451.4	-2 968.6	6 564.0	6 564.0	满足
7	1-1	max	-2 297.7	0.0	0.0	3 435.0	3 435.0	满足
		min	-2 584.9	0.0	0.0	3 547.0	3 548.0	满足
	2-2	max	-2 434.0	897.8	1 586.0	3 487.0	3 487.0	满足
		min	-3 536.0	-900.9	-1 414.2	3 899.0	3 899.0	满足
8	1-1	max	-3 480.2	0.0	0.0	3 878.0	3 878.0	满足
		min	-4 010.0	0.0	0.0	4 064.0	4 064.0	满足
	2-2	max	-3 348.4	1 000.3	1 105.3	3 833.0	3 833.0	满足
		min	-4 790.9	-1 027.5	-1 240.1	4 331.0	4 333.0	满足

注：1. y 方向为纵桥向，z 方向为横桥向。

2. 按偏心受压构件计算桥墩承载力，抗弯能力为最不利轴力作用下的极限弯矩。

表 11.11　恒载+E2 地震作用下桥墩关键截面抗弯强度验算结果

墩号	截面号	取值	P/kN	M_y/(kN·m)	M_z/(kN·m)	抗弯承载力/(kN·m)		抗弯结果
						M_y	M_z	
1	1-1	max	-6 008.8	0.0	0.0	5 868.0	5 869.0	满足
		min	-6 578.5	0.0	0.0	6 040.0	6 039.0	满足
	2-2	max	-6 144.7	614.9	6 174.3	5 910.0	5 911.0	不满足
		min	-7 103.9	-905.4	-5 728.6	6 183.0	6 186.0	满足
2	1-1	max	-1 040.0	0.0	0.0	3 851.0	3 848.0	满足
		min	-1 527.2	0.0	0.0	4 115.0	4 117.0	满足
	2-2	max	-999.8	1 590.2	5 930.6	3 829.0	3 827.0	不满足
		min	-2 806.9	-1 591.3	-6 750.3	4 704.0	4 702.0	不满足
3	1-1	Max	-139.9	3 559.9	40.9	6 298.0	6 298.0	满足
		min	-3 237.8	-3 353.1	-203.4	7 991.0	7 991.0	满足
	2-2	max	1 160.6	5 021.7	3 125.1	5 458.0	5 458.0	满足
		min	-7 674.6	-5 027.6	-3 226.9	9 893.0	9 893.0	满足
4	1-1	max	-2 273.4	0.0	0.0	7 491.0	7 491.0	满足
		min	-2 764.3	0.0	0.0	7 743.0	7 743.0	满足
	2-2	max	557.0	5 793.9	1 610.8	5 848.0	5 848.0	满足
		min	-8 781.7	-5 766.6	-1 619.8	10 240.0	10 240.0	满足
0	1-1	max	-2 315.7	0.0	0.0	7 511.0	7 511.0	满足
		min	-2 760.2	0.0	0.0	7 740.0	7 740.0	满足
	2-2	max	-179.2	5 391.4	2 275.3	6 320.0	6 320.0	满足
		min	-8 002.4	-5 372.8	-2 405.4	10 000.0	10 000.0	满足
6	1-1	max	-365.1	2 487.6	91.1	6 422.0	6 422.0	满足
		min	-2 861.7	-2 355.6	-173.6	7 792.0	7 792.0	满足
	2-2	max	319.4	3 321.3	4 599.9	6 015.0	6 015.0	满足
		min	-5 908.9	-3 335.5	-4 463.4	9 264.0	9 264.0	满足
7	1-1	max	-2 083.4	0.0	0.0	4 374.0	4 373.0	满足
		min	-2 799.2	0.0	0.0	4 701.0	4 699.0	满足
	2-2	max	-1 695.7	2 012.1	4 586.0	4 191.0	4 194.0	满足
		min	-4 274.3	-2 015.1	-4 414.1	5 293.0	5 292.0	满足
8	1-1	max	-3 164.2	0.0	0.0	4 855.0	4 852.0	满足
		min	-4 326.1	0.0	0.0	5 311.0	5 310.0	满足
	2-2	max	-2 636.0	1 867.2	3 675.7	4 632.0	4 630.0	满足
		min	-5 503.2	-1 894.4	-3 810.6	5 710.0	5 712.0	满足

续表

墩号	截面号	取值	横桥向					
			P/kN	M_y/(kN·m)	M_z/(kN·m)	抗弯承载力/(kN·m)		抗弯结果
						M_y	M_z	
1	1-1	max	−5 745.3	0.0	0.0	5 788.0	5 788.0	满足
		min	−6 842.1	0.0	0.0	6 115.0	6 115.0	满足
	2-2	max	−4 782.4	2 701.7	3 543.0	5 469.0	5 469.0	满足
		min	−8 466.1	−2 992.3	−3 097.3	6 504.0	6 504.0	满足
2	1-1	max	−1 054.7	0.0	0.0	3 858.0	3 858.0	满足
		min	−1 512.5	0.0	0.0	4 108.0	4 108.0	满足
	2-2	max	−375.6	3 005.3	3 242.4	3 496.0	3 496.0	满足
		min	−3 431.1	−3 006.4	−4 062.1	4 963.0	4 963.0	满足
3	1-1	max	−545.3	2 852.8	0.7	6 522.0	6 522.0	满足
		min	−2 832.4	−2 646.0	−163.2	7 778.0	7 778.0	满足
	2-2	max	141.1	3 849.7	5 418.6	6 143.0	6 143.0	满足
		min	−6 655.0	−3 855.6	−5 520.4	9 542.0	9 542.0	满足
4	1-1	max	−2 375.7	0.0	0.0	7 543.0	7 543.0	满足
		min	−2 662.0	0.0	0.0	7 688.0	7 688.0	满足
	2-2	max	−3 260.7	1 112.7	7 324.7	8 002.0	8 002.0	满足
		Min	−4 964.1	−1 085.4	−7 333.7	8 900.0	8 900.0	满足
5	1-1	max	−2 396.6	0.0	0.0	7 552.0	7 552.0	满足
		min	−2 679.3	0.0	0.0	7 697.0	7 697.0	满足
	2-2	max	−2 700.7	1 631.1	7 449.7	7 708.0	7 708.0	满足
		min	−5 480.9	−1 612.4	−7 579.8	9 100.0	9 100.0	满足
6	1-1	max	−467.4	2 440.2	240.4	6 480.0	6 480.0	满足
		min	−2 759.4	−2 308.2	−322.9	7 740.0	7 740.0	满足
	2-2	max	114.3	2 992.8	6 512.4	6 160.0	6 160.0	不满足
		min	−5 703.8	−3 007.1	−6 376.0	9 188.0	9 188.0	满足
7	1-1	max	−2 135.8	0.0	0.0	4 398.0	4 398.0	满足
		min	−2 746.8	0.0	0.0	4 676.0	4 676.0	满足
	2-2	max	−1 807.6	1 920.9	3 269.8	4 243.0	4 243.0	满足
		min	−4 162.4	−1 924.0	−3 097.9	5 252.0	5 252.0	满足
8	1-1	max	−3 179.1	0.0	0.0	4 858.0	4 858.0	满足
		min	−4 311.2	0.0	0.0	5 305.0	5 305.0	满足
	2-2	max	−2 528.0	2 153.5	2 439.3	4 579.0	4 579.0	满足
		min	−5 611.2	−2 180.7	−2 574.1	5 744.0	5 744.0	满足

注：1. y 方向为纵桥向，z 方向为横桥向。
2. 按偏心受压构件计算桥墩承载力，抗弯能力为最不利轴力作用下的极限弯矩。

验算结果表明,在 E1 地震作用下,分别按纵桥向和横桥向输入,桥墩关键截面的抗弯验算均满足要求;在 50 年超越概率 2% 地震作用下,分别按纵桥向和横桥向输入,桥墩部分关键截面的抗弯验算不满足要求。

11.5.2.3 桥墩抗剪强度验算

桥墩截面沿纵桥向和横桥向的斜截面抗剪强度按下列公式计算:

$$V \leqslant \left(\frac{1.75}{\lambda + 1} f_t b h_0 + f_{yv} \frac{A_{sv}}{s} h_0 + 0.07N \right) \Big/ \gamma_{RE} \qquad (11.3)$$

式中:λ——偏心受压构件计算截面的剪跨比,取为 $M/(Vh_0)$,当 $\lambda<1.5$ 时取 1.5,当 $\lambda>3$ 时取 3;

N——与剪力值 V 相应的轴向压力值,当 $N>0.3f_cA$ 时,取为 $0.3f_cA$,此处,A 为构件的截面面积,f_c 为混凝土轴心抗压强度设计值;

f_t——混凝土的轴心抗拉强度设计值;

b——截面宽度,圆形截面取 $1.76r$,r 为圆形截面的半径;

h_0——截面的有效高度,圆形截面取 $1.6r$;

f_{yv}——箍筋的抗拉强度设计值;

A_{sv}——同一截面内箍筋的总面积;

s——沿构件长度方向的箍筋间距;

γ_{RE}——承载力抗震调整系数墩柱塑性铰区域沿顺桥向和横桥向的斜截面抗剪强度应按下列公式计算:

$$V_{co} \leqslant \phi(0.0023\sqrt{f'_c}A_e + V_s) \qquad (11.4)$$

其中

$$V_s = 0.1 \frac{A_k b}{S_k} f_{yh} \leqslant 0.067\sqrt{f'_c}A_e \qquad (11.5)$$

式中:V_{co}——剪力设计值 (kN);

f'_c——混凝土抗压强度标准值 (MPa);

V_s——箍筋提供的抗剪能力 (kN);

A_e——核心混凝土面积 (cm²);

A_k——同一截面上箍筋的总面积 (cm²);

S_k——箍筋的间距 (cm);

f_{yh}——箍筋抗拉强度设计值 (MPa);

b——沿计算方向墩柱的宽度 (cm);

ϕ——抗剪强度折减系数,$\phi = 0.85$。

验算结果见表 11.12 和表 11.13。

验算结果表明,在 E1 和 E2 地震作用下,桥墩关键截面的抗剪强度均满足要求。

表 11.12 恒载+E1 地震作用下桥墩关键截面抗剪强度验算结果

纵桥向

墩号	截面号	取值	P/kN	M_y/(kN·m)	M_z/(kN·m)	抗弯承载力/(kN·m)		抗弯结果
						M_y	M_z	
1	1-1	max	-6 160.3	298.1	84.5	4 637.5	4 637.5	满足
		min	-6 427.0	-359.9	-71.3	4 657.4	4 657.4	满足
	2-2	max	-6 399.8	308.2	90.1	3 731.1	4 460.1	满足
		min	-6 848.7	-362.6	-70.1	3 731.1	3 731.1	满足
2	1-1	max	-1 168.1	217.9	83.4	4 171.6	4 171.6	满足
		min	-1 399.1	-161.7	-84.0	4 193.2	4 193.2	满足
	2-2	max	-1 479.0	237.8	105.7	3 274.3	3 274.3	满足
		min	-2 327.7	-181.9	-103.2	3 353.5	3 353.5	满足
3	1-1	max	-964.2	51.6	225.3	5 740.3	4 541.6	满足
		min	-2 413.5	-51.3	-208.3	5 576.4	4 676.9	满足
	2-2	max	-1 167.4	81.1	306.2	4 560.6	4 560.6	满足
		min	-5 346.6	-85.4	-294.3	4 950.6	4 950.6	满足
4	1-1	max	-2 397.6	18.3	217.7	5 874.1	5 874.1	满足
		min	-2 640.0	-18.9	-222.1	5 896.7	5 896.7	满足
	2-2	max	-1 880.9	32.7	356.9	4 627.2	4 627.2	满足
		min	-6 343.8	-32.5	-357.8	5 043.7	5 043.7	满足
5	1-1	max	-2 425.2	32.3	187.6	5 876.7	5 876.7	满足
		min	-2 650.7	-27.0	-191.5	5 897.7	5 897.7	满足
	2-2	max	-2 208.6	49.6	339.1	4 657.7	4 657.7	满足
		min	-5 973.1	-44.7	-339.6	5 009.1	5 009.1	满足
6	1-1	max	-1 028.4	88.5	200.9	5 746.3	4 547.6	满足
		min	-2 198.4	-96.3	-183.9	5 855.5	4 656.8	满足
	2-2	max	-1 313.5	108.0	272.2	4 574.2	4 574.2	满足
		min	-4 276.0	-120.8	-261.5	4 850.7	4 850.7	满足
7	1-1	max	-2 272.8	144.2	134.7	4 274.7	4 274.7	满足
		min	-2 609.7	-157.4	-136.5	4 306.1	4 306.1	满足
	2-2	max	-2 381.6	163.5	141.4	3 358.6	3 358.6	满足
		min	-3 588.4	-177.0	-139.4	3 471.2	3 471.2	满足
8	1-1	max	-3 473.3	254.5	235.8	4 386.7	4 386.7	满足
		min	-4 017.0	-235.0	-234.3	4 437.5	4 437.5	满足
	2-2	max	-3 398.9	261.6	240.2	3 453.5	3 600.7	满足
		min	-4 740.4	-242.2	-228.7	3 578.7	3 629.5	满足

续表

墩号	截面号	取值	横桥向			抗弯承载力/(kN·m)		抗弯结果
			P/kN	M_y/(kN·m)	M_z/(kN·m)	M_y	M_z	
1	1-1	max	−6 037.0	144.3	299.6	4 626.0	4 626.0	满足
		min	−6 550.4	−206.1	−286.4	4 657.4	4 657.4	满足
	2-2	max	−5 762.5	159.3	311.2	3 674.1	3 753.7	满足
		min	−7 486.0	−213.7	−291.2	3 731.1	3 731.1	满足
2	1-1	max	−1 175.5	132.9	160.1	4 172.3	4 172.3	满足
		min	−1 391.7	−76.6	−160.7	4 192.5	4 192.5	满足
	2-2	max	−1 184.8	147.8	195.9	3 246.9	3 246.9	满足
		min	−2 621.9	−91.9	−193.4	3 381.0	3 381.0	满足
3	1-1	max	−1 153.8	89.2	178.7	5 758.0	4 559.3	满足
		min	−2 223.9	−88.9	−161.7	5 857.9	4 659.2	满足
	2-2	max	−1 654.8	126.0	231.1	4 606.1	4 606.1	满足
		min	−4 859.1	−130.3	−219.3	4 905.1	4 905.1	满足
4	1-1	max	−2 450.5	98.0	37.0	5 879.1	5 879.1	满足
		min	−2 587.2	−98.6	−41.4	5 891.8	5 891.8	满足
	2-2	max	−3 704.4	143.7	68.5	4 797.3	4 797.3	满足
		min	−4 520.3	−143.4	−69.4	4 873.5	4 873.5	满足
5	1-1	max	−2 469.1	109.5	66.2	5 880.8	5 880.8	满足
		min	−2 606.8	−104.2	−70.1	5 893.6	5 893.6	满足
	2-2	max	−3 434.0	153.8	96.2	4 772.1	4 772.1	满足
		min	−4 747.6	−148.9	−96.7	4 894.7	4 894.7	满足
6	1-1	max	−1 076.9	123.0	200.6	5 750.8	4 552.1	满足
		min	−2 149.9	−130.8	−183.6	5 851.0	4 652.3	满足
	2-2	max	−1 421.4	147.0	237.1	4 584.3	4 584.3	满足
		min	−4 168.1	−159.9	−226.3	4 840.6	4 840.6	满足
7	1-1	max	−2 297.7	108.2	128.4	4 277.0	4 277.0	满足
		min	−2 584.9	−121.4	−130.2	4 303.8	4 303.8	满足
	2-2	max	−2 434.0	116.0	134.5	3 363.4	3 363.4	满足
		min	−3 536.0	−129.5	−132.5	3 466.3	3 466.3	满足
8	1-1	max	−3 480.2	180.8	270.5	4 387.4	4 387.4	满足
		min	−4 010.0	−161.4	−269.0	4 436.8	4 436.8	满足
	2-2	max	−3 348.4	178.4	274.9	3 448.8	3 585.1	满足
		min	−4 790.9	−159.1	−263.3	3 583.4	3 635.5	满足

表 11.13　恒载+E2 地震作用下桥墩关键截面抗剪强度验算结果

纵桥向

墩号	截面号	取值	P/kN	M_y/(kN·m)	M_z/(kN·m)	抗弯承载力/(kN·m)		抗弯结果
						M_y	M_z	
1	1-1	max	-6 008.8	672.4	173.0	1 162.6	1 162.6	满足
		min	-6 578.5	-734.2	-159.8	1 162.6	1 162.6	满足
	2-2	max	-6 144.7	689.7	181.2	1 162.6	1 162.6	满足
		min	-7 103.9	-744.1	-161.2	1 162.6	1 162.6	满足
2	1-1	max	-1 040.0	433.2	178.5	1 162.6	1 162.6	满足
		min	-1 527.2	-376.9	-179.0	1 162.6	1 162.6	满足
	2-2	max	-999.8	473.4	217.6	1 162.6	1 162.6	满足
		min	-2 806.9	-417.5	-215.1	1 162.6	1 162.6	满足
3	1-1	max	-139.9	107.3	470.8	1 773.1	1 773.1	满足
		min	-3 237.8	-107.1	-453.8	1 773.1	1 773.1	满足
	2-2	max	1 160.6	170.2	617.9	1 773.1	1 773.1	满足
		min	-7 674.6	-174.5	-606.1	1 773.1	1 773.1	满足
4	1-1	max	-2 273.4	39.4	463.2	1 773.1	1 773.1	满足
		min	-2 764.3	-40.0	-467.5	1 773.1	1 773.1	满足
	2-2	max	557.0	69.7	715.6	1 773.1	1 773.1	满足
		min	-8 781.7	-69.5	-716.5	1 773.1	1 773.1	满足
5	1-1	max	-2 315.7	65.9	398.5	1 773.1	1 773.1	满足
		min	-2 760.2	-60.6	-402.4	1 773.1	1 773.1	满足
	2-2	max	-179.2	103.2	673.0	1 773.1	1 773.1	满足
		min	-8 002.4	-98.3	-673.5	1 773.1	1 773.1	满足
6	1-1	max	-365.1	193.0	419.5	1 773.1	1 773.1	满足
		min	-2 861.7	-200.8	-402.5	1 773.1	1 773.1	满足
	2-2	max	319.4	234.2	546.5	1 773.1	1 773.1	满足
		min	-5 908.9	-247.1	-535.7	1 773.1	1 773.1	满足
7	1-1	max	-2 083.4	315.4	288.9	1 162.6	1 162.6	满足
		min	-2 799.2	-328.6	-290.7	1 162.6	1 162.6	满足
	2-2	max	-1 695.7	354.4	301.0	1 162.6	1 162.6	满足
		min	-4 274.3	-367.8	-299.0	1 162.6	1 162.6	满足
8	1-1	max	-3 164.2	532.8	503.2	1 162.6	1 162.6	满足
		min	-4 326.1	-513.4	-501.7	1 162.6	1 162.6	满足
	2-2	max	-2 636.0	548.1	506.9	1 162.6	1 162.6	满足
		min	-5 503.2	-528.7	-495.4	1 162.6	1 162.6	满足

续表

墩号	截面号	取值	横桥向			抗弯承载力/(kN·m)		抗弯结果
			P/kN	M_y/(kN·m)	M_z/(kN·m)	M_y	M_z	
1	1-1	max	-5 745.3	343.5	632.8	1 162.6	1 162.6	满足
		min	-6 842.1	-405.4	-619.6	1 162.6	1 162.6	满足
	2-2	max	-4 782.4	371.5	653.8	1 162.6	1 162.6	满足
		min	-8 466.1	-425.9	-633.7	1 162.6	1 162.6	满足
2	1-1	max	-1 054.7	251.6	342.3	1 162.6	1 162.6	满足
		min	-1 512.5	-195.4	-342.9	1 162.6	1 162.6	满足
	2-2	max	-375.6	282.1	406.1	1 162.6	1 162.6	满足
		min	-3 431.1	-226.2	-403.6	1 162.6	1 162.6	满足
3	1-1	max	-545.3	187.6	371.8	1 773.1	1 773.1	满足
		min	-2 832.4	-187.3	-354.7	1 773.1	1 773.1	满足
	2-2	max	141.1	264.9	470.1	1 773.1	1 773.1	满足
		min	-6 655.0	-269.2	-458.3	1 773.1	1 773.1	满足
4	1-1	max	-2 375.7	209.8	80.3	1 773.1	1 773.1	满足
		min	-2 662.0	-210.4	-84.7	1 773.1	1 773.1	满足
	2-2	max	-3 260.7	306.9	136.8	1 773.1	1 773.1	满足
		min	-4 964.1	-306.7	-137.7	1 773.1	1 773.1	满足
5	1-1	max	-2 396.6	231.0	143.3	1 773.1	1 773.1	满足
		min	-2 679.3	-225.7	-147.1	1 773.1	1 773.1	满足
	2-2	max	-2 700.7	326.0	197.2	1 773.1	1 773.1	满足
		min	-5 480.9	-321.1	-197.7	1 773.1	1 773.1	满足
6	1-1	max	-467.4	265.9	418.9	1 773.1	1 773.1	满足
		min	-2 759.4	-273.7	-401.9	1 773.1	1 773.1	满足
	2-2	max	114.3	313.8	484.3	1 773.1	1 773.1	满足
		min	-5 703.8	-326.7	-473.5	1 773.1	1 773.1	满足
7	1-1	max	-2 135.8	238.4	275.4	1 162.6	1 162.6	满足
		min	-2 746.8	-251.6	-277.2	1 162.6	1 162.6	满足
	2-2	max	-1 807.6	252.0	286.4	1 162.6	1 162.6	满足
		min	-4 162.4	-265.4	-284.4	1 162.6	1 162.6	满足
8	1-1	max	-3 179.1	375.4	577.4	1 162.6	1 162.6	满足
		min	-4 311.2	-356.0	-575.9	1 162.6	1 162.6	满足
	2-2	max	-2 528.0	370.4	580.9	1 162.6	1 162.6	满足
		min	-5 611.2	-351.1	-569.4	1 162.6	1 162.6	满足

11.5.3 支座的计算

11.5.3.1 支座变形和水平地震力

在 E1 和 E2 地震作用下，支座变形见表 11.14 和表 11.15。

表 11.14 恒载+E1 地震作用下支座变形　　　　　　单位：mm

纵桥向		
支座编号	切向	径向
1	0.0	0.0
2	0.0	0.0
3	-66.2	15.5
4	-65.3	15.5
5	40.1	-15.5
6	40.4	-15.5
7	-34.6	23.1
8	34.9	23.1
9	31.1	39.5
10	-31.3	39.5
11	-3.5	-41.3
12	3.8	-41.3
13	5.9	-35.8
14	5.2	-35.8
15	-16.6	26.9
16	-15.7	26.9
17	-16.3	30.2
18	-20.2	30.2
19	-25.4	-22.0
20	-28.1	-22.0
21	41.1	38.1
22	44.2	38.1
23	0.0	0.0
24	0.0	0.0
横桥向		
支座编号	切向	径向
1	0.0	0.0
2	0.0	0.0
3	-37.9	55.1
4	-40.9	55.1
5	24.5	-29.6
6	27.5	-29.7
7	-28.6	37.4
8	30.2	37.4

续表

支座编号	横桥向	
	切向	径向
9	37.6	14.7
10	−41.9	14.7
11	−18.4	−7.7
12	21.9	−7.7
13	20.4	−12.9
14	23.9	−12.9
15	−50.2	24.2
16	−54.5	24.2
17	−28.2	25.0
18	−28.5	25.1
19	−19.7	−21.0
20	−18.6	−21.0
21	29.2	43.7
22	28.1	43.7
23	0.0	0.0
24	0.0	0.0

表 11.15　恒载+E2 地震作用下支座变形　　　　单位：mm

支座编号	纵桥向	
	切向	径向
1	0.0	0.0
2	0.0	0.0
3	−135.0	31.8
4	−135.2	31.8
5	79.6	−33.0
6	80.5	−33.0
7	−72.4	47.9
8	74.2	47.9
9	65.8	83.3
10	−66.6	83.3
11	−7.3	−86.7
12	7.9	−86.7
13	12.0	−74.9
14	10.6	−74.9
15	−33.8	57.1
16	−32.6	57.1

续表

纵桥向		
支座编号	切向	径向
17	-33.8	63.9
18	-42.0	64.0
19	-53.0	-46.9
20	-58.7	-46.9
21	86.0	81.3
22	92.7	81.2
23	0.0	0.0
24	0.0	0.0
横桥向		
支座编号	切向	径向
1	0.0	0.0
2	0.0	0.0
3	-74.6	116.5
4	-83.0	116.4
5	46.3	-63.2
6	52.9	-63.2
7	-59.4	79.1
8	64.2	79.2
9	79.6	30.2
10	-89.2	30.2
11	-39.2	-15.8
12	46.6	-15.8
13	43.1	-27.1
14	50.6	-27.1
15	-105.8	51.4
16	-115.6	51.4
17	-59.0	53.0
18	-59.4	53.1
19	-40.7	-44.7
20	-38.4	-44.7
21	60.6	93.2
22	58.3	93.2
23	0.0	0.0
24	0.0	0.0

验算结果表明，在 E1 和 E2 地震作用下，分别按纵桥向和横桥向输入，部分支座均进入非线性阶段。

在 E1 和 E2 地震作用下，支座水平地震力如表 11.16 和表 11.17 所示。

表 11.16 恒载+E1 地震作用下支座水平地震力　　　　　　　单位：kN

支座编号	纵桥向			横桥向		
	取值	切向	径向	取值	切向	径向
3	max	297.8	84.4	max	144.2	299.5
	min	-359.7	-71.2	min	-206.0	-286.3
4	max	313.4	84.3	max	180.7	299.3
	min	-354.7	-71.3	min	-222.1	-286.3
5	max	217.8	83.7	max	133.0	160.5
	min	-161.5	-84.2	min	-76.7	-161.0
6	max	219.6	83.6	max	149.4	160.4
	min	-164.8	-84.4	min	-94.6	-161.2
7	max	130.1	94.8	max	105.3	153.5
	min	-142.0	-90.3	min	-117.1	-149.0
8	max	143.0	94.7	max	123.7	153.6
	min	-140.7	-90.4	min	-121.5	-149.2
9	max	127.7	162.0	Max	154.1	60.1
	min	-122.6	-158.4	min	-149.0	-56.5
10	max	126.2	162.0	max	169.7	60.1
	min	-128.3	-158.4	min	-171.8	-56.5
11	max	18.3	220.0	max	99.2	37.6
	min	-18.9	-224.4	min	-99.8	-42.0
12	max	20.4	219.9	max	118.8	37.5
	min	-19.1	-224.5	min	-117.5	-42.1
13	max	31.9	190.4	max	111.0	66.4
	min	-26.5	-194.2	min	-105.7	-70.2
14	Max	28.2	190.3	max	129.7	66.3
	min	-23.9	-194.3	min	-125.5	-70.3
15	max	59.1	110.5	max	197.1	99.3
	min	-68.0	-108.4	min	-206.0	-97.3
16	max	60.3	110.5	max	219.3	99.3
	min	-64.4	-108.5	min	-223.5	-97.3
17	max	62.0	123.7	max	110.8	102.7
	min	-66.8	-121.1	min	-115.6	-100.0

续表

支座编号	纵桥向			横桥向		
	取值	切向	径向	取值	切向	径向
18	max	76.4	123.8	max	110.3	102.7
	min	-82.9	-121.2	min	-116.8	-100.1
19	max	144.2	134.4	max	108.6	128.2
	min	-157.4	-136.3	min	-121.8	-130.0
20	max	160.3	134.4	max	101.6	128.1
	min	-173.9	-136.4	min	-115.3	-130.1
21	max	254.3	235.8	max	180.7	270.5
	min	-234.9	-234.3	min	-161.3	-269.0
22	max	273.6	235.6	max	174.1	270.3
	min	-254.2	-234.3	min	-154.7	-269.0

表 11.17　恒载+E2 地震作用下支座水平地震力　　　　　单位：kN

支座编号	纵桥向			横桥向		
	取值	切向	径向	取值	切向	径向
3	max	671.8	173.0	max	343.3	632.7
	min	-733.6	-159.8	min	-405.2	-619.5
4	max	693.3	172.9	max	409.7	632.3
	min	-734.7	-159.9	min	-451.1	-619.3
5	max	432.5	178.8	max	251.7	342.7
	min	-376.3	-179.4	min	-195.5	-343.3
6	max	437.3	178.8	max	287.6	342.8
	min	-382.5	-179.5	min	-232.8	-343.5
7	max	284.9	196.5	max	231.8	324.5
	min	-296.7	-192.0	min	-243.7	-320.0
8	max	304.3	196.4	max	263.1	324.7
	min	-302.0	-192.0	min	-260.8	-320.4
9	max	270.0	341.6	Max	326.5	123.7
	min	-264.9	-337.9	min	-321.4	-120.1
10	max	270.9	341.5	max	363.8	123.7
	min	-273.0	-337.8	min	-365.9	-120.1

续表

支座编号	纵桥向			横桥向		
	取值	切向	径向	取值	切向	径向
11	max	39.3	466.8	max	212.4	81.3
	min	-39.9	-471.1	min	-213.0	-85.7
12	max	42.8	466.7	max	253.2	81.1
	min	-41.5	-471.3	min	-251.9	-85.8
13	max	65.0	402.9	max	234.2	143.4
	min	-59.6	-406.8	min	-228.9	-147.2
14	Max	57.7	402.8	max	274.8	143.3
	min	-53.4	-406.9	min	-270.5	-147.3
15	max	129.6	234.2	max	425.0	210.7
	min	-138.5	-232.2	min	-433.9	-208.7
16	max	129.4	234.2	max	470.0	210.7
	min	-133.5	-232.2	min	-474.1	-208.7
17	max	134.0	262.2	max	237.4	217.5
	min	-138.7	-259.6	min	-242.1	-214.9
18	max	165.8	262.3	max	237.2	217.7
	min	-172.4	-259.7	min	-243.7	-215.1
19	max	315.2	288.4	max	238.9	275.0
	min	-328.4	-290.2	min	-252.1	-276.8
20	max	349.8	288.4	max	224.2	274.9
	min	-363.5	-290.4	min	-237.8	-276.9
21	max	532.6	503.1	max	375.3	577.3
	min	-513.1	-501.6	min	-355.8	-575.8
22	max	573.7	502.9	max	361.1	577.0
	min	-554.3	-501.5	min	-341.7	-575.7

在 E1 和 E2 地震作用下，上部结构重力在支座上产生的反力见表 11.18。

表 11.18　上部结构重力在支座上产生的反力　　　单位：kN

支座位置	取值 R_b
1	0.0
2	0.0
3	-6 293.7

续表

支座位置	取值 R_b
4	-2 303.9
5	-1 283.6
6	-1 335.7
7	-795.4
8	-1 524.1
9	-733.1
10	-1 168.1
11	-2 518.8
12	-2 586.8
13	-2 537.9
14	-2 538.3
15	-755.0
16	-1 130.0
17	-718.5
18	-848.1
19	-2 441.3
20	-2 399.0
21	-3 745.1
22	-3 715.0
23	0.0
24	0.0

11.5.3.2 支座验算

对于板式橡胶支座，应按下列要求进行板式橡胶支座的抗震验算。

支座厚度按下式进行验算：

$$\sum t \geqslant \frac{X_0}{\tan\gamma} = X_0 \tag{11.5}$$

式中：Σt——橡胶层的总厚度（m）；

$\tan\gamma$——橡胶片剪切角正切值，取 $\tan\gamma = 1.0$；

X_0——对应水准地震作用效应和永久作用效应组合后橡胶支座顶面相对于底面的水平位移（m）。

支座抗滑稳定性按下式进行验算：

$$\mu_d R_b \geqslant E_{hzb} \tag{11.6}$$

式中：μ_d——支座的摩阻系数，橡胶支座与混凝土表面的动摩阻系数采用 0.15，橡胶支座与钢板的动摩阻系数采用 0.10，当聚四氟乙烯板与不锈钢板接触时，取 0.06；

R_b——上部结构重力在支座上产生的反力（kN）；

E_{hzb}——对应水准地震作用效应和永久作用效应组合后橡胶支座的水平地震力（kN）。

E1 和 E2 地震作用下的支座厚度验算结果见表 11.19 和表 11.20，支座抗滑稳定性验算结果见表 11.21 和表 11.22。

表 11.19 恒载+E1 地震作用下支座厚度验算结果　　　　　　单位：mm

支座编号	纵桥向		$\sum t$	验算结果
	X_0			
	切向	径向		
1	0	0	80	满足
2	0	0	80	满足
3	-66.2	15.5	95	满足
4	-65.3	15.5	95	满足
5	40.1	-15.5	95	满足
6	40.4	-15.5	95	满足
7	-34.6	23.1	80	满足
8	34.9	23.1	80	满足
9	31.1	39.5	80	满足
10	-31.3	39.5	80	满足
11	-3.5	-41.3	95	满足
12	3.8	-41.3	95	满足
13	5.9	-35.8	95	满足
14	5.2	-35.8	95	满足
15	-16.6	26.9	80	满足
16	-15.7	26.9	80	满足
17	-16.3	30.2	80	满足
18	-20.2	30.2	80	满足
19	-25.4	-22	95	满足
20	-28.1	-22	95	满足
21	41.1	38.1	95	满足
22	44.2	38.1	95	满足
23	0	0	80	满足
24	0	0	80	满足
支座编号	横桥向		$\sum t$	验算结果
	X_0			
	切向	径向		
1	0	0	80	满足
2	0	0	80	满足
3	-37.9	55.1	95	满足
4	-40.9	55.1	95	满足
5	24.5	-29.6	95	满足

续表

支座编号	横桥向 X_0 切向	横桥向 X_0 径向	Σt	验算结果
6	27.5	-29.7	95	满足
7	-28.6	37.4	80	满足
8	30.2	37.4	80	满足
9	37.6	14.7	80	满足
10	-41.9	14.7	80	满足
11	-18.4	-7.7	95	满足
12	21.9	-7.7	95	满足
13	20.4	-12.9	95	满足
14	23.9	-12.9	95	满足
15	-50.2	24.2	80	满足
16	-54.5	24.2	80	满足
17	-28.2	25	80	满足
18	-28.5	25.1	80	满足
19	-19.7	-21	95	满足
20	-18.6	-21	95	满足
21	29.2	43.7	95	满足
22	28.1	43.7	95	满足
23	0	0	80	满足
24	0	0	80	满足

表 11.20　恒载+E2 地震作用下支座厚度验算结果　　　　　单位：mm

支座编号	纵桥向 X_0 切向	纵桥向 X_0 径向	Σt	验算结果
1	0	0	80	满足
2	0	0	80	满足
3	-135	31.8	95	不满足
4	-135.2	31.8	95	不满足
5	79.6	-33	95	满足
6	80.5	-33	95	满足
7	-72.4	47.9	80	满足
8	74.2	47.9	80	满足
9	65.8	83.3	80	不满足
10	-66.6	83.3	80	不满足
11	-7.3	-86.7	95	满足
12	7.9	-86.7	95	满足
13	12	-74.9	95	满足

续表

支座编号	纵桥向 X_0		Σt	验算结果
	切向	径向		
14	10.6	−74.9	95	满足
15	−33.8	57.1	80	满足
16	−32.6	57.1	80	满足
17	−33.8	63.9	80	满足
18	−42	64	80	满足
19	−53	−46.9	95	满足
20	−58.7	−46.9	95	满足
21	86	81.3	95	满足
22	92.7	81.2	95	满足
23	0	0	80	满足
24	0	0	80	满足

支座编号	横桥向 X_0		Σt	验算结果
	切向	径向		
1	0	0	80	满足
2	0	0	80	满足
3	−74.6	116.5	95	不满足
4	−83	116.4	95	不满足
5	46.3	−63.2	95	满足
6	52.9	−63.2	95	满足
7	−59.4	79.1	80	满足
8	64.2	79.2	80	满足
9	79.6	30.2	80	满足
10	−89.2	30.2	80	不满足
11	−39.2	−15.8	95	满足
12	46.6	−15.8	95	满足
13	43.1	−27.1	95	满足
14	50.6	−27.1	95	满足
15	−105.8	51.4	80	不满足
16	−115.6	51.4	80	不满足
17	−59	53	80	满足
18	−59.4	53.1	80	满足
19	−40.7	−44.7	95	满足
20	−38.4	−44.7	95	满足
21	60.6	93.2	95	满足
22	58.3	93.2	95	满足
23	0	0	80	满足
24	0	0	80	满足

表 11.21　恒载+E1 地震作用下支座抗滑稳定性验算　　　单位：kN

支座编号	取值	纵桥向 E_{hzb}		$\mu_d R_b$	验算结果
		切向	径向		
1	max	0.0	0.0	0.0	满足
	min	0.0	0.0	0.0	满足
2	max	0.0	0.0	0.0	满足
	min	0.0	0.0	0.0	满足
3	max	297.8	84.4	−629.4	满足
	min	−359.7	−71.2	−629.4	满足
4	max	313.4	84.3	−230.4	不满足
	min	−354.7	−71.3	−230.4	不满足
5	max	217.8	83.7	−128.4	不满足
	min	−161.5	−84.2	−128.4	不满足
6	max	219.6	83.6	−133.6	不满足
	min	−164.8	−84.4	−133.6	不满足
7	max	130.1	94.8	−79.5	不满足
	min	−142.0	−90.3	−79.5	不满足
8	max	143.0	94.7	−152.4	满足
	min	−140.7	−90.4	−152.4	满足
9	max	127.7	162.0	−73.3	不满足
	min	−122.6	−158.4	−73.3	不满足
10	max	126.2	162.0	−116.8	不满足
	min	−128.3	−158.4	−116.8	不满足
11	max	18.3	220.0	−251.9	满足
	min	−18.9	−224.4	−251.9	满足
12	max	20.4	219.9	−258.7	满足
	min	−19.1	−224.5	−258.7	满足
13	max	31.9	190.4	−253.8	满足
	min	−26.5	−194.2	−253.8	满足
14	max	28.2	190.3	−253.8	满足
	min	−23.9	−194.3	−253.8	满足
15	max	59.1	110.5	−75.5	不满足
	min	−68.0	−108.4	−75.5	不满足
16	max	60.3	110.5	−113.0	满足
	min	−64.4	−108.5	−113.0	满足
17	max	62.0	123.7	−71.9	不满足
	min	−66.8	−121.1	−71.9	不满足
18	max	76.4	123.8	−84.8	不满足
	min	−82.9	−121.2	−84.8	不满足
19	max	144.2	134.4	−244.1	满足
	min	−157.4	−136.3	−244.1	满足
20	max	160.3	134.4	−239.9	满足
	min	−173.9	−136.4	−239.9	满足
21	max	254.3	235.8	−374.5	满足
	min	−234.9	−234.3	−374.5	满足
22	max	273.6	235.6	−371.5	满足
	min	−254.2	−234.3	−371.5	满足
23	max	0.0	0.0	0.0	满足
	min	0.0	0.0	0.0	满足
24	max	0.0	0.0	0.0	满足
	min	0.0	0.0	0.0	满足

续表

支座编号	取值	横桥向 E_{hzb}		$\mu_d R_b$	验算结果
		切向	径向		
1	max	0.0	0.0	0.0	满足
	min	0.0	0.0	0.0	满足
2	max	0.0	0.0	0.0	满足
	min	0.0	0.0	0.0	满足
3	max	144.2	299.5	−629.4	满足
	min	−206.0	−286.3	−629.4	满足
4	max	180.7	299.3	−230.4	不满足
	min	−222.1	−286.3	−230.4	不满足
5	max	133.0	160.5	−128.4	不满足
	min	−76.7	−161.0	−128.4	不满足
6	max	149.4	160.4	−133.6	不满足
	min	−94.6	−161.2	−133.6	不满足
7	max	105.3	153.5	−79.5	不满足
	min	−117.1	−149.0	−79.5	不满足
8	max	123.7	153.6	−152.4	不满足
	min	−121.5	−149.2	−152.4	满足
9	max	154.1	60.1	−73.3	不满足
	min	−149.0	−56.5	−73.3	不满足
10	max	169.7	60.1	−116.8	不满足
	min	−171.8	−56.5	−116.8	不满足
11	max	99.2	37.6	−251.9	满足
	min	−99.8	−42.0	−251.9	满足
12	max	118.8	37.5	−258.7	满足
	min	−117.5	−42.1	−258.7	满足
13	max	111.0	66.4	−253.8	满足
	min	−105.7	−70.2	−253.8	满足
14	Max	129.7	66.3	−253.8	满足
	min	−125.5	−70.3	−253.8	满足
15	max	197.1	99.3	−75.5	不满足
	min	−206.0	−97.3	−75.5	不满足
16	max	219.3	99.3	−113.0	不满足
	min	−223.5	−97.3	−113.0	不满足
17	max	110.8	102.7	−71.9	不满足
	min	−115.6	−100.0	−71.9	不满足
18	max	110.3	102.7	−84.8	不满足
	min	−116.8	−100.1	−84.8	不满足
19	max	108.6	128.2	−244.1	满足
	min	−121.8	−130.0	−244.1	满足
20	max	101.6	128.1	−239.9	满足
	min	−115.3	−130.1	−239.9	满足
21	max	180.7	270.5	−374.5	满足
	min	−161.3	−269.0	−374.5	满足
22	max	174.1	270.3	−371.5	满足
	min	−154.7	−269.0	−371.5	满足
23	max	0.0	0.0	0.0	满足
	min	0.0	0.0	0.0	满足
24	max	0.0	0.0	0.0	满足
	min	0.0	0.0	0.0	满足

表 11.22　恒载+E2 地震作用下支座抗滑稳定性验算　　　　单位：kN

支座编号	取值	E_{hzb} 切向	E_{hzb} 径向	$\mu_d R_b$	验算结果
纵桥向					
1	max	0.0	0.0	0.0	满足
1	min	0.0	0.0	0.0	满足
2	max	0.0	0.0	0.0	满足
2	min	0.0	0.0	0.0	满足
3	max	671.8	173.0	−629.4	不满足
3	min	−733.6	−159.8	−629.4	不满足
4	max	693.3	172.9	−230.4	不满足
4	min	−734.7	−159.9	−230.4	不满足
5	max	432.5	178.8	−128.4	不满足
5	min	−376.3	−179.4	−128.4	不满足
6	max	437.3	178.8	−133.6	不满足
6	min	−382.5	−179.5	−133.6	不满足
7	max	284.9	196.5	−79.5	不满足
7	min	−296.7	−192.0	−79.5	不满足
8	max	304.3	196.4	−152.4	不满足
8	min	−302.0	−192.0	−152.4	不满足
9	max	270.0	341.6	−73.3	不满足
9	min	−264.9	−337.9	−73.3	不满足
10	max	270.9	341.5	−116.8	不满足
10	min	−273.0	−337.8	−116.8	不满足
11	max	39.3	466.8	−251.9	不满足
11	min	−39.9	−471.1	−251.9	不满足
12	max	42.8	466.7	−258.7	不满足
12	min	−41.5	−471.3	−258.7	不满足
13	max	65.0	402.9	−253.8	不满足
13	min	−59.6	−406.8	−253.8	不满足
14	max	57.7	402.8	−253.8	不满足
14	min	−53.4	−406.9	−253.8	不满足
15	max	129.6	234.2	−75.5	不满足
15	min	−138.5	−232.2	−75.5	不满足
16	max	129.4	234.2	−113.0	不满足
16	min	−133.5	−232.2	−113.0	不满足
17	max	134.0	262.2	−71.9	不满足
17	min	−138.7	−259.6	−71.9	不满足
18	max	165.8	262.3	−84.8	不满足
18	min	−172.4	−259.7	−84.8	不满足
19	max	315.2	288.4	−244.1	不满足
19	min	−328.4	−290.2	−244.1	不满足
20	max	349.8	288.4	−239.9	不满足
20	min	−363.5	−290.4	−239.9	不满足
21	max	532.6	503.1	−374.5	不满足
21	min	−513.1	−501.6	−374.5	不满足
22	max	573.7	502.9	−371.5	不满足
22	min	−554.3	−501.5	−371.5	不满足
23	max	0.0	0.0	0.0	满足
23	min	0.0	0.0	0.0	满足
24	max	0.0	0.0	0.0	满足
24	min	0.0	0.0	0.0	满足

续表

支座编号	取值	横桥向 E_{hzb}		$\mu_d R_b$	验算结果
		切向	径向		
1	max	0.0	0.0	0.0	满足
	min	0.0	0.0	0.0	满足
2	max	0.0	0.0	0.0	满足
	min	0.0	0.0	0.0	满足
3	max	343.3	632.7	−629.4	不满足
	min	−405.2	−619.5	−629.4	满足
4	max	409.7	632.3	−230.4	不满足
	min	−451.1	−619.3	−230.4	不满足
5	max	251.7	342.7	−128.4	不满足
	min	−195.5	−343.3	−128.4	不满足
6	max	287.6	342.8	−133.6	不满足
	min	−232.8	−343.5	−133.6	不满足
7	max	231.8	324.5	−79.5	不满足
	min	−243.7	−320.0	−79.5	不满足
8	max	263.1	324.7	−152.4	不满足
	min	−260.8	−320.4	−152.4	不满足
9	max	326.5	123.7	−73.3	不满足
	min	−321.4	−120.1	−73.3	不满足
10	max	363.8	123.7	−116.8	不满足
	min	−365.9	−120.1	−116.8	不满足
11	max	212.4	81.3	−251.9	满足
	min	−213.0	−85.7	−251.9	满足
12	max	253.2	81.1	−258.7	满足
	min	−251.9	−85.8	−258.7	满足
13	max	234.2	143.4	−253.8	满足
	min	−228.9	−147.2	−253.8	满足
14	max	274.8	143.3	−253.8	不满足
	min	−270.5	−147.3	−253.8	不满足
15	max	425.0	210.7	−75.5	不满足
	min	−433.9	−208.7	−75.5	不满足
16	max	470.0	210.7	−113.0	不满足
	min	−474.1	−208.7	−113.0	不满足
17	max	237.4	217.5	−71.9	不满足
	min	−242.1	−214.9	−71.9	不满足
18	max	237.2	217.7	−84.8	不满足
	min	−243.7	−215.1	−84.8	不满足
19	max	238.9	275.0	−244.1	不满足
	min	−252.1	−276.8	−244.1	不满足
20	max	224.2	274.9	−239.9	不满足
	min	−237.8	−276.9	−239.9	不满足
21	max	375.3	577.3	−374.5	不满足
	min	−355.8	−575.8	−374.5	不满足
22	max	361.1	577.0	−371.5	不满足
	min	−341.7	−575.7	−371.5	不满足
23	max	0.0	0.0	0.0	满足
	min	0.0	0.0	0.0	满足
24	max	0.0	0.0	0.0	满足
	min	0.0	0.0	0.0	满足

验算结果表明，在 E1 地震作用下，板式橡胶支座满足厚度要求；在 E2 地震作用下，板式橡胶支座满足变形剪切要求。在各地震作用下，大部分支座不满足抗滑稳定性要求，均产生滑移。

在 E1 和 E2 地震作用下，支座均会产生滑移，考虑到支座的摩擦滑移位移较大，应增设限位措施，建议采用双层挡块或分级凹槽措施。在非线性时程分析中，考虑板式橡胶支座的摩擦滑移特性，支座采用双线性模型。

11.6 非线性时程分析

11.6.1 非线性时程分析地震动输入

根据设计反应谱，得到 E2 地震作用下相应的 3 条加速度时程曲线如图 11.18 所示，地震动按纵桥向和横桥向两个方向输入。

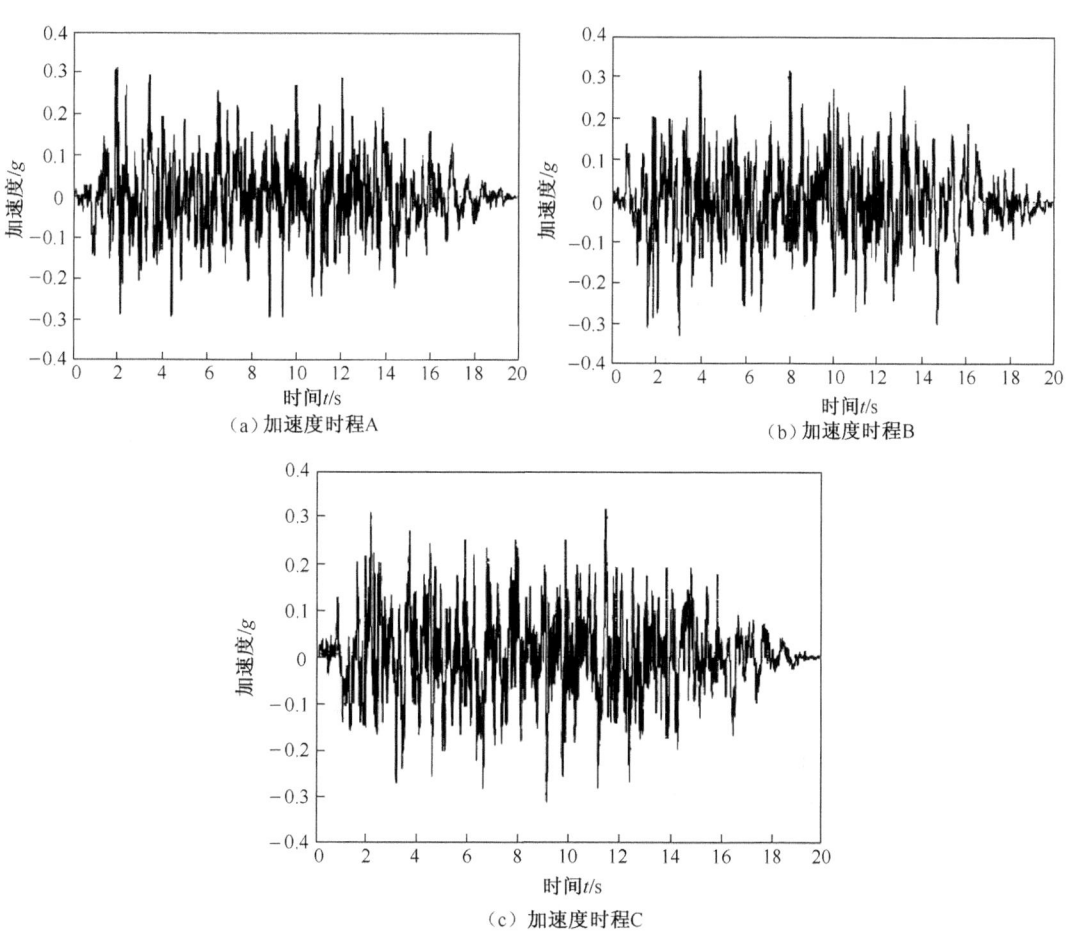

图 11.18 E2 地震作用的加速度时程

板式橡胶支座近似采用理想弹塑性连接单元进行模拟，其恢复力模型如图 11.19 所示。

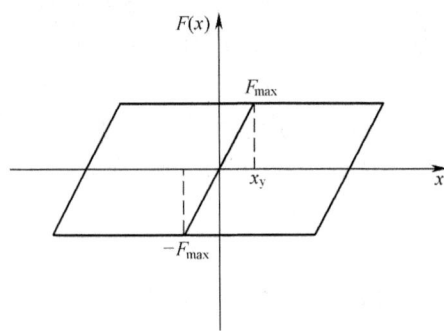

图 11.19 板式橡胶支座模拟

板式支座剪切刚度 k 按下式计算：

$$k = G \frac{A_r}{\sum t} \tag{11.7}$$

式中：G——等效剪切模量（MPa）；

A_r——有效面积，支座内部橡胶的平面面积（mm^2）；

$\sum t$——橡胶层总厚度（mm）。

板式橡胶支座临界滑动摩擦力 F_{max} 按下式计算：

$$F_{max} = \mu_d R \tag{11.8}$$

式中：μ_d——摩擦系数，取 0.2；

R——支座所承担的上部结构重力（kN）。

支座屈服位移 x_y 按下式计算：

$$x_y = \frac{F_{max}}{k} \tag{11.9}$$

11.6.2 桥墩的计算

11.6.2.1 桥墩关键截面内力

E2 地震作用下，桥墩关键截面内力如表 11.23 ~ 表 11.25 所示。

表 11.23 恒载+加速度时程 A 地震动的作用下桥墩关键截面内力

墩号	截面号	取值	纵桥向				
			P/kN	V_y/kN	V_z/kN	M_y/(kN·m)	M_z/(kN·m)
1	1-1	max	−6 091.0	466.4	110.9	0.0	0.0
		min	−6 502.8	−666.9	−122.3	0.0	0.0
	2-2	max	−6 249.1	511.1	114.6	430.9	4 572.9
		min	−6 924.7	−571.1	−118.8	−611.2	−4 033.2
2	1-1	max	−1 092.5	272.9	167.3	0.0	0.0
		min	−1 471.0	−275.8	−123.5	0.0	0.0
	2-2	max	−1 230.9	334.1	166.4	1 037.1	4 646.0
		min	−2 711.5	−329.9	−142.3	−1 293.6	−4 581.1

续表

墩号	截面号	取值	P/kN	V_y/kN	V_z/kN	M_y/(kN·m)	M_z/(kN·m)
			纵桥向				
3	1-1	max	-464.6	95.3	373.0	2 608.6	17.4
		min	-2 880.1	-90.5	-347.3	-2 511.7	-159.0
	2-2	max	217.1	170.6	493.3	4 051.2	2 810.4
		min	-6 633.1	-145.2	-486.6	-3 995.2	-2 830.9
4	1-1	max	-2 361.2	45.2	383.2	0.0	0.0
		min	-2 754.2	-29.6	-457.1	0.0	0.0
	2-2	max	-305.6	68.4	580.7	4 747.4	1 422.7
		min	-7 789.4	-64.4	-582.8	-4 423.7	-1 460.4
5	1-1	Max	-2 384.8	61.3	378.3	0.0	0.0
		min	-2 700.1	-52.7	-384.6	0.0	0.0
	2-2	max	-684.0	106.4	556.4	4 172.8	1 715.5
		min	-7 734.4	-86.8	-510.8	-4 540.5	-2 279.2
6	1-1	max	-731.2	183.2	352.5	2 022.9	68.7
		min	-2 672.0	-193.5	-261.8	-1 546.2	-147.7
	2-2	max	-619.1	219.6	420.7	2 396.5	4 380.0
		min	-5 403.5	-222.1	-388.0	-2 597.8	-3 978.4
7	1-1	max	-2 167.3	326.5	279.0	0.0	0.0
		min	-2 762.8	-341.1	-212.8	0.0	0.0
	2-2	max	-2 002.0	344.5	301.5	1 538.4	4 556.7
		min	-4 213.9	-370.2	-232.4	-1 964.6	-4 418.3
8	1-1	max	-3 108.4	554.2	588.5	0.0	0.0
		min	-4 419.1	-529.7	-537.6	0.0	0.0
	2-2	max	-2 519.2	558.2	577.6	1 984.6	3 743.5
		min	-5 735.9	-532.5	-525.0	-2 174.4	-3 902.8
			横桥向				
1	1-1	max	-5 914.4	169.5	572.8	0.0	0.0
		min	-6 723.1	-239.3	-436.0	0.0	0.0
	2-2	max	-5 335.5	170.5	569.9	1 902.4	1 954.3
		min	-8 130.6	-238.6	-462.9	-2 587.1	-1 435.6
2	1-1	max	-1 126.8	187.9	247.6	0.0	0.0
		min	-1 404.4	-152.2	-241.2	0.0	0.0
	2-2	max	-974.9	201.3	293.6	1 746.9	1 891.6
		min	-2 892.8	-150.4	-257.1	-2 089.7	-2 707.6

续表

墩号	截面号	取值	横桥向				
			P/kN	V_y/kN	V_z/kN	M_y/(kN·m)	M_z/(kN·m)
3	1-1	max	-731.9	122.1	251.9	1 962.7	-4.3
		min	-2 469.2	-107.2	-294.7	-2 022.2	-143.0
	2-2	max	-660.3	196.8	282.9	3 065.3	3 429.1
		min	-5 505.1	-194.6	-365.9	-2 368.4	-3 995.3
4	1-1	max	-2 420.8	184.4	94.7	0.0	0.0
		min	-2 610.3	-145.6	-90.0	0.0	0.0
	2-2	max	-3 031.9	262.5	128.7	1 212.8	5 049.0
		min	-5 087.9	-245.7	-145.5	-1 057.8	-6 464.5
5	1-1	max	-2 440.2	201.7	107.5	0.0	0.0
		min	-2 618.2	-145.4	-110.2	0.0	0.0
	2-2	max	-3 172.8	285.1	125.3	1 008.7	4 937.0
		min	-5 116.7	-245.3	-128.8	-1 056.5	-6 699.7
6	1-1	max	-928.2	200.9	287.1	1 618.9	168.2
		min	-2 331.5	-192.7	-247.2	-1 395.4	-192.7
	2-2	max	-1 058.7	289.3	257.7	1 652.2	4 695.6
		min	-4 584.4	-240.6	-247.6	-1 661.1	-4 713.0
7	1-1	max	-2 280.9	301.0	265.6	0.0	0.0
		min	-2 681.4	-269.9	-221.9	0.0	0.0
	2-2	max	-2 151.5	282.2	292.4	1 587.7	3 269.3
		min	-4 084.4	-269.8	-238.3	-1 940.7	-3 487.6
8	1-1	max	-3 147.6	452.6	681.5	0.0	0.0
		min	-4 403.9	-374.9	-606.9	0.0	0.0
	2-2	max	-2 449.9	425.4	668.2	2 256.9	2 477.8
		min	-5 871.5	-354.0	-597.0	-2 528.2	-2 989.4

表 11.24 恒载+加速度时程 B 地震动的作用下桥墩关键截面内力

墩号	截面号	取值	纵桥向				
			P/kN	V_y/kN	V_z/kN	M_y/(kN·m)	M_z/(kN·m)
1	1-1	max	-6 112.8	566.5	85.8	0.0	0.0
		min	-6 499.5	-614.0	-118.7	0.0	0.0
	2-2	max	-6 339.7	517.5	95.9	447.1	4 547.9
		min	-6 958.5	-545.8	-125.1	-515.1	-4 215.2

续表

墩号	截面号	取值	纵桥向				
			P/kN	V_y/kN	V_z/kN	M_y/(kN·m)	M_z/(kN·m)
2	1-1	max	-1 107.6	282.5	194.1	0.0	0.0
		min	-1 504.6	-282.6	-162.7	0.0	0.0
	2-2	max	-1 081.7	320.3	189.5	1 421.2	5 007.9
		min	-2 828.3	-366.2	-186.4	-1 456.8	-4 591.2
3	1-1	max	-592.8	88.3	370.0	2 931.7	62.0
		min	-2 909.8	-83.2	-323.0	-2 226.5	-185.5
	2-2	max	-290.6	138.4	497.2	3 625.8	3 067.3
		min	-6 775.1	-193.9	-459.8	-3 937.0	-2 900.5
4	1-1	max	-2 303.6	37.5	382.9	0.0	0.0
		min	-2 710.1	-29.2	-368.2	0.0	0.0
	2-2	max	-14.4	70.8	598.7	5 481.7	1 269.0
		min	-8 010.8	-63.4	-696.4	-4 733.5	-1 573.4
5	1-1	max	-2 391.3	58.1	367.3	0.0	0.0
		min	-2 687.2	-48.0	-329.1	0.0	0.0
	2-2	max	-554.0	86.7	572.1	5 012.8	1 804.2
		min	-7 442.7	-96.8	-639.1	-4 495.6	-1 761.1
6	1-1	max	-513.9	156.2	308.3	1 843.9	126.2
		min	-2 547.0	-180.0	-344.0	-2 056.8	-133.8
	2-2	max	-38.3	246.1	361.5	2 736.1	4 234.9
		min	-5 057.6	-233.0	-431.0	-2 251.8	-3 878.2
7	1-1	max	-2 121.7	301.9	220.8	0.0	0.0
		min	-2 707.7	-309.1	-268.4	0.0	0.0
	2-2	max	-1 770.3	378.3	226.9	1 920.5	4 387.3
		min	-3 981.1	-349.3	-286.8	-1 532.6	-4 515.0
8	1-1	max	-3 173.3	508.9	536.8	0.0	0.0
		min	-4 368.5	-488.8	-525.1	0.0	0.0
	2-2	max	-2 581.8	555.1	544.2	2 016.8	3 519.0
		min	-5 586.1	-505.4	-540.9	-2 029.9	-3 795.7

续表

墩号	截面号	取值	P/kN	V_y/kN	V_z/kN	M_y/(kN·m)	M_z/(kN·m)
				横桥向			
1	1-1	max	-5 813.7	140.1	408.8	0.0	0.0
		min	-6 629.5	-196.4	-605.8	0.0	0.0
	2-2	max	-5 079.7	146.9	409.6	2 170.9	1 640.2
		min	-7 779.6	-197.3	-517.4	-1 924.2	-1 204.9
2	1-1	max	-1 117.4	178.1	259.3	0.0	0.0
		min	-1 479.4	-108.9	-267.3	0.0	0.0
	2-2	max	-788.5	188.3	307.2	2 055.6	1 491.0
		min	-3 151.6	-126.4	-260.4	-2 316.2	-2 602.1
3	1-1	max	-785.0	102.1	291.1	2 420.8	-6.9
		min	-2 663.8	-120.6	-264.7	-2 028.2	-162.8
	2-2	max	-630.3	197.6	415.1	2 691.6	3 768.3
		min	-6 282.9	-230.8	-310.1	-3 418.6	-3 689.5
4	1-1	max	-2 419.4	161.6	73.6	0.0	0.0
		min	-2 628.9	-192.5	-87.0	0.0	0.0
	2-2	max	-3 280.4	242.9	123.7	901.2	5 674.8
		min	-4 841.4	-270.9	-107.0	-960.3	-4 747.7
5	1-1	max	-2 458.6	177.1	127.7	0.0	0.0
		min	-2 636.2	-205.7	-128.1	0.0	0.0
	2-2	max	-2 945.1	254.7	133.2	1 299.9	5 979.8
		min	-5 161.1	-286.2	-158.0	-1 131.9	-4 849.2
6	1-1	max	-660.6	188.3	327.8	1 932.3	140.7
		min	-2 519.6	-210.3	-329.1	-1 798.3	-239.8
	2-2	max	-560.3	200.9	343.6	2 178.6	6 468.9
		min	-5 077.8	-394.1	-346.2	-2 193.5	-4 120.3
7	1-1	max	-2 183.8	247.1	234.9	0.0	0.0
		min	-2 668.4	-287.8	-264.0	0.0	0.0
	2-2	max	-1 854.4	231.0	240.9	1 897.7	3 776.4
		min	-3 916.4	-319.5	-282.5	-1 636.0	-2 919.4
8	1-1	max	-3 179.4	378.3	625.6	0.0	0.0
		min	-4 355.0	-407.8	-610.9	0.0	0.0
	2-2	Max	-2 448.8	350.2	617.3	2 347.2	2 805.2
		min	-5 719.8	-412.8	-625.9	-2 313.8	-2 463.5

表 11.25 恒载+加速度时程 C 地震动的作用下桥墩关键截面内力

纵桥向

墩号	截面号	取值	P/kN	V_y/kN	V_z/kN	M_y/(kN·m)	M_z/(kN·m)
1	1-1	max	-6 062.2	448.1	143.3	0.0	0.0
		min	-6 524.1	-644.9	-124.9	0.0	0.0
	2-2	max	-6 197.8	491.3	151.6	451.5	4 842.0
		min	-7 049.0	-605.6	-124.2	-771.7	-3 990.1
2	1-1	max	-1 053.9	270.3	133.0	0.0	0.0
		min	-1 465.7	-279.7	-168.6	0.0	0.0
	2-2	max	-1 103.6	357.4	160.6	1 263.6	4 445.9
		min	-2 560.9	-323.2	-167.8	-1 159.4	-4 649.7
3	1-1	max	-372.1	77.1	316.7	2 459.4	13.2
		min	-2 741.0	-104.0	-373.5	-2 829.5	-156.5
	2-2	max	436.6	163.3	431.4	4 180.9	2 970.2
		min	-6 375.8	-174.5	-500.3	-3 546.9	-2 996.0
4	1-1	max	-2 319.3	38.1	324.1	0.0	0.0
		min	-2 688.6	-31.5	-483.0	0.0	0.0
	2-2	max	-29.1	65.4	555.6	4 803.5	1 655.0
		min	-7 903.2	-81.1	-586.9	-4 568.3	-1 468.4
5	1-1	max	-2 346.2	70.4	263.9	0.0	0.0
		min	-2 675.2	-54.0	-445.0	0.0	0.0
	2-2	max	-488.8	103.3	474.8	4 683.4	2 234.0
		min	-7 135.4	-106.2	-575.8	-3 899.1	-2 341.4
6	1-1	max	-462.3	175.3	322.1	1 904.4	33.2
		min	-2 570.4	-177.8	-361.6	-2 090.7	-174.2
	2-2	max	-4.8	233.1	376.4	2 846.7	4 590.6
		min	-5 090.6	-266.7	-452.0	-2 348.3	-4 218.9
7	1-1	max	-2 084.5	334.0	242.8	0.0	0.0
		min	-2 711.0	-286.2	-309.1	0.0	0.0
	2-2	max	-1 683.0	334.9	221.6	1 948.9	4 016.7
		min	-3 979.3	-341.3	-295.7	-1 484.3	-4 395.9
8	1-1	max	-3 072.1	563.7	412.5	0.0	0.0
		min	-4 207.4	-447.1	-550.5	0.0	0.0
	2-2	max	-2 465.6	563.3	399.0	2 014.6	3 294.3
		min	-5 210.0	-479.8	-530.6	-1 505.1	-3 955.3

续表

墩号	截面号	取值	横桥向				
			P/kN	V_y/kN	V_z/kN	M_y/(kN·m)	M_z/(kN·m)
1	1-1	max	−5 883.1	223.0	639.9	0.0	0.0
		min	−6 780.5	−241.7	−480.8	0.0	0.0
	2-2	max	−5 219.9	226.4	522.3	2 120.1	1 999.5
		min	−8 200.1	−239.8	−521.9	−2 459.1	−1 896.6
2	1-1	max	−1 127.2	220.9	260.4	0.0	0.0
		min	−1 477.2	−106.0	−228.4	0.0	0.0
	2-2	max	−956.5	233.6	283.0	1 871.1	1 479.4
		min	−2 937.0	−117.0	−249.4	−1 925.1	−3 313.6
3	1-1	max	−775.2	114.4	313.8	2 321.8	−24.9
		min	−2 666.8	−104.9	−270.7	−2 034.2	−140.9
	2-2	max	−639.3	195.2	378.7	3 005.7	3 739.4
		min	−5 978.2	−262.8	−355.5	−3 057.0	−3 844.5
4	1-1	max	−2 432.3	172.6	116.8	0.0	0.0
		min	−2 634.6	−171.3	−95.5	0.0	0.0
	2-2	max	−3 270.1	247.6	128.6	803.9	5 271.0
		min	−5 208.6	−339.9	−96.3	−1 043.5	−6 245.3
5	1-1	max	−2 436.3	185.7	117.9	0.0	0.0
		min	−2 631.6	−176.9	−101.1	0.0	0.0
	2-2	max	−3 198.1	257.6	164.3	1 065.3	5 346.8
		min	−5 285.1	−344.2	−129.1	−1 348.2	−6 606.4
6	1-1	max	−872.3	188.6	326.9	1 879.5	134.1
		min	−2 471.8	−213.5	−262.0	−1 413.2	−213.4
	2-2	max	−1 064.0	216.4	333.6	1 856.5	4 277.6
		min	−4 958.1	−291.0	−309.5	−2 099.8	−4 301.5
7	1-1	max	−2 190.6	210.5	230.5	0.0	0.0
		min	−2 659.8	−309.2	−327.2	0.0	0.0
	2-2	max	−1 741.2	220.8	209.3	2 027.4	3 729.9
		min	−3 880.6	−281.9	−301.2	−1 392.0	−2 676.6
8	1-1	max	−3 100.3	336.3	477.1	0.0	0.0
		min	−4 220.1	−431.3	−624.3	0.0	0.0
	2-2	max	−2 383.8	334.5	469.7	2 275.4	2 890.8
		min	−5 336.9	−410.8	−595.2	−1 767.1	−2 290.0

11.6.2.2 桥墩抗弯强度验算

取三条地震动结果中桥墩的关键截面的最大值进行抗弯强度验算，验算结果见表 11.26。

表 11.26　恒载+E2 地震作用下桥墩关键截面抗弯强度验算结果

墩号	截面号	取值	P/kN	M_y/(kN·m)	M_z/(kN·m)	抗弯承载力/(kN·m) M_y	抗弯承载力/(kN·m) M_z	抗弯结果
1	1-1	max	-6 112.8	0.0	0.0	5 868.0	5 869.0	满足
1	1-1	min	-6 502.8	0.0	0.0	6 040.0	6 039.0	满足
1	2-2	max	-6 339.7	451.5	4 842.0	5 910.0	5 911.0	满足
1	2-2	min	-6 958.5	-611.2	-4 215.2	6 183.0	6 186.0	满足
2	1-1	max	-1 107.6	0.0	0.0	3 851.0	3 848.0	满足
2	1-1	min	-1 504.6	0.0	0.0	4 115.0	4 117.0	满足
2	2-2	max	-1 230.9	1 421.2	5 007.9	3 956.0	3 956.0	不满足
2	2-2	min	-2 828.3	-1 456.8	-4 591.2	4 704.0	4 702.0	满足
3	1-1	max	-592.8	2 931.7	62.0	6 298.0	6 298.0	满足
3	1-1	min	-2 909.8	-2 511.7	-185.5	7 991.0	7 991.0	满足
3	2-2	max	436.6	4 180.9	3 067.3	5 458.0	5 458.0	满足
3	2-2	min	-6 775.1	-3 995.2	-2 900.5	9 893.0	9 893.0	满足
4	1-1	max	-2 361.2	0.0	0.0	7 491.0	7 491.0	满足
4	1-1	min	-2 754.2	0.0	0.0	7 743.0	7 743.0	满足
4	2-2	max	-305.6	5 481.7	1 655.0	5 848.0	5 848.0	满足
4	2-2	min	-8 010.8	-4 733.5	-1 573.4	10 240.0	10 240.0	满足
0	1-1	max	-2 391.3	0.0	0.0	7 511.0	7 511.0	满足
0	1-1	min	-2 700.1	0.0	0.0	7 740.0	7 740.0	满足
0	2-2	max	-684.0	5 012.8	2 234.0	6 320.0	6 320.0	满足
0	2-2	min	-7 734.4	-4 540.5	-2 279.2	10 000.0	10 000.0	满足
6	1-1	max	-731.2	2 022.9	126.2	6 422.0	6 422.0	满足
6	1-1	min	-2 672.0	-2 056.8	-147.7	7 792.0	7 792.0	满足
6	2-2	max	-619.1	2 846.7	4 590.6	6 015.0	6 015.0	满足
6	2-2	min	-5 403.5	-2 597.8	-3 978.4	9 264.0	9 264.0	满足
7	1-1	max	-2 167.3	0.0	0.0	4 374.0	4 373.0	满足
7	1-1	min	-2 762.8	0.0	0.0	4 701.0	4 699.0	满足
7	2-2	max	-2 002.0	1 948.9	4 556.7	4 334.0	4 334.0	满足
7	2-2	min	-4 213.9	-1 964.6	-4 515.0	5 293.0	5 292.0	满足
8	1-1	max	-3 173.3	0.0	0.0	4 855.0	4 852.0	满足
8	1-1	min	-4 419.1	0.0	0.0	5 311.0	5 310.0	满足
8	2-2	max	-2 581.8	2 016.8	3 743.5	4 632.0	4 630.0	满足
8	2-2	min	-5 735.9	-2 174.4	-3 902.8	5 710.0	5 712.0	满足

续表

| 墩号 | 截面号 | 取值 | 横桥向 ||||||
| | | | P/kN | M_y/(kN·m) | M_z/(kN·m) | 抗弯承载力/(kN·m) || 抗弯结果 |
						M_y	M_z	
1	1-1	max	-5 914.4	0.0	0.0	5 788.0	5 788.0	满足
		min	-6 723.1	0.0	0.0	6 115.0	6 115.0	满足
	2-2	max	-5 335.5	2 170.9	1 999.5	5 469.0	5 469.0	满足
		min	-8 130.6	-2 587.1	-1 435.6	6 504.0	6 504.0	满足
2	1-1	max	-1 126.8	0.0	0.0	3 858.0	3 858.0	满足
		min	-1 479.4	0.0	0.0	4 108.0	4 108.0	满足
	2-2	max	-974.9	2 055.6	1 891.7	3 496.0	3 496.0	满足
		min	-3 151.6	-2 316.2	-2 707.6	4 963.0	4 963.0	满足
3	1-1	max	-785.0	2 420.8	-6.9	6 522.0	6 522.0	满足
		min	-2 663.8	-2 028.2	-162.8	7 778.0	7 778.0	满足
	2-2	max	-660.3	3 065.3	3 768.3	6 143.0	6 143.0	满足
		min	-6 282.9	-3 418.6	-3 995.3	9 542.0	9 542.0	满足
4	1-1	max	-2 420.8	0.0	0.0	7 543.0	7 543.0	满足
		min	-2 628.9	0.0	0.0	7 688.0	7 688.0	满足
	2-2	Max	-3 280.4	1 212.8	5 674.8	8 002.0	8 002.0	满足
		min	-5 087.9	-1 057.8	-6 464.5	8 900.0	8 900.0	满足
5	1-1	max	-2 458.6	0.0	0.0	7 552.0	7 552.0	满足
		min	-2 636.2	0.0	0.0	7 697.0	7 697.0	满足
	2-2	max	-3 172.8	1 299.9	5 979.8	7 708.0	7 708.0	满足
		min	-5 161.1	-1 131.9	-6 699.7	9 100.0	9 100.0	满足
6	1-1	max	-928.2	1 932.3	168.2	6 480.0	6 480.0	满足
		min	-2 519.6	-1 798.3	-239.8	7 740.0	7 740.0	满足
	2-2	max	-1 058.7	2 178.6	6 468.9	6 806.0	6 806.0	满足
		min	-5 077.8	-2 193.5	-4 713.0	9 188.0	9 188.0	满足
7	1-1	max	-2 280.9	0.0	0.0	4 398.0	4 398.0	满足
		min	-2 681.4	0.0	0.0	4 676.0	4 676.0	满足
	2-2	max	-2 151.5	2 027.4	3 776.4	4 243.0	4 243.0	满足
		min	-4 084.4	-1 940.7	-3 487.6	5 252.0	5 252.0	满足
8	1-1	max	-3 179.4	0.0	0.0	4 858.0	4 858.0	满足
		min	-4 403.9	0.0	0.0	5 305.0	5 305.0	满足
	2-2	max	-2 449.9	2 347.2	2 890.8	4 579.0	4 579.0	满足
		min	-5 871.5	-2 528.2	-2 989.4	5 744.0	5 744.0	满足

验算结果表明，考虑桥墩的塑性和支座的非线性后，在 E2 地震作用下，仅在 U1 方向输入时，2 号桥墩墩底截面不满足要求；其他情况下，所有桥墩均满足要求。

11.6.2.3 桥墩抗剪强度验算

取三条地震动结果中桥墩的关键截面的最大值进行抗剪强度验算，验算结果如表 11.27 所示。

表 11.27 恒载+E2 地震作用下桥墩关键截面抗剪强度验算结果

纵桥向								
墩号	截面号	取值	P/kN	M_y/(kN·m)	M_z/(kN·m)	抗弯承载力/(kN·m)		抗弯结果
						M_y	M_z	
1	1-1	max	-6 112.8	566.5	143.3	1 162.6	1 162.6	满足
		min	-6 502.8	-666.9	-122.3	1 162.6	1 162.6	满足
	2-2	max	-6 339.7	517.5	151.6	1 162.6	1 162.6	满足
		min	-6 958.5	-571.1	-125.1	1 162.6	1 162.6	满足
2	1-1	max	-1 107.6	282.5	194.1	1 162.6	1 162.6	满足
		min	-1 504.6	-282.6	-162.7	1 162.6	1 162.6	满足
	2-2	max	-1 230.9	357.4	189.5	1 162.6	1 162.6	满足
		min	-2 828.3	-366.2	-186.4	1 162.6	1 162.6	满足
3	1-1	Max	-592.8	95.3	373.0	1 773.1	1 773.1	满足
		min	-2 909.8	-90.5	-347.3	1 773.1	1 773.1	满足
	2-2	max	436.6	170.6	497.2	1 773.1	1 773.1	满足
		min	-6 775.1	-193.9	-486.6	1 773.1	1 773.1	满足
4	1-1	max	-2 361.2	45.2	383.2	1 773.1	1 773.1	满足
		min	-2 754.2	-29.6	-457.1	1 773.1	1 773.1	满足
	2-2	max	-305.6	70.8	598.7	1 773.1	1 773.1	满足
		min	-8 010.8	-64.4	-696.4	1 773.1	1 773.1	满足
5	1-1	max	-2 391.3	70.4	378.5	1 773.1	1 773.1	满足
		min	-2 700.1	-52.7	-384.6	1 773.1	1 773.1	满足
	2-2	max	-684.0	106.4	572.1	1 773.1	1 773.1	满足
		min	-7 734.4	-96.8	-639.1	1 773.1	1 773.1	满足
6	1-1	max	-731.2	183.2	352.5	1 773.1	1 773.1	满足
		min	-2 672.0	-193.5	-344.0	1 773.1	1 773.1	满足
	2-2	max	-619.1	246.1	420.7	1 773.1	1 773.1	满足
		min	-5 403.5	-233.0	-431.0	1 773.1	1 773.1	满足
7	1-1	max	-2 167.3	334.0	279.0	1 162.6	1 162.6	满足
		min	-2 762.8	-341.1	-268.4	1 162.6	1 162.6	满足
	2-2	max	-2 002.0	378.3	301.5	1 162.6	1 162.6	满足
		min	-4 213.9	-370.2	-286.8	1 162.6	1 162.6	满足
8	1-1	max	-3 173.3	563.7	588.5	1 162.6	1 162.6	满足
		min	-4 419.1	-529.7	-537.6	1 162.6	1 162.6	满足
	2-2	max	-2 581.8	563.3	577.6	1 162.6	1 162.6	满足
		min	-5 735.9	-532.5	-540.9	1 162.6	1 162.6	满足

续表

墩号	截面号	取值	P/kN	M_y/(kN·m)	M_z/(kN·m)	抗弯承载力/(kN·m)		抗弯结果
						M_y	M_z	
					横桥向			
1	1-1	max	-5 914.4	223.0	639.9	4 614.6	4 614.6	满足
		min	-6 723.1	-239.3	-605.8	4 657.4	4 657.4	满足
	2-2	max	-5 335.5	226.4	569.9	3 634.3	3 715.1	满足
		min	-8 130.6	-238.6	-517.4	3 731.1	3 731.1	满足
2	1-1	max	-1 126.8	220.9	260.4	4 167.7	4 167.7	满足
		min	-1 479.4	-152.2	-267.3	4 200.6	4 200.6	满足
	2-2	max	-974.9	233.6	307.2	3 227.3	3 227.3	满足
		min	-3 151.6	-150.4	-260.4	3 430.4	3 430.4	满足
3	1-1	max	-785.0	122.1	313.8	5 723.6	4 524.9	满足
		min	-2 663.8	-120.6	-294.7	5 899.0	4 700.2	满足
	2-2	max	-660.3	197.6	415.1	4 513.2	4 513.2	满足
		min	-6 282.9	-230.8	-365.9	5 038.0	5 038.0	满足
4	1-1	Max	-2 420.8	184.4	116.8	5 876.3	5 876.3	满足
		min	-2 628.9	-192.5	-90.0	5 895.7	5 895.7	满足
	2-2	max	-3 280.4	262.5	128.7	4 757.8	4 757.8	满足
		min	-5 087.9	-270.9	-145.5	4 926.5	4 926.5	满足
5	1-1	max	-2 458.6	201.7	127.7	5 879.8	5 879.8	满足
		min	-2 636.2	-205.7	-128.1	5 896.4	5 896.4	满足
	2-2	max	-3 172.8	285.1	164.3	4 747.7	4 747.7	满足
		min	-5 161.1	-286.2	-158.0	4 933.3	4 933.3	满足
6	1-1	max	-928.2	200.9	327.8	5 737.0	4 538.2	满足
		min	-2 519.6	-210.3	-329.1	5 885.5	4 686.8	满足
	2-2	max	-1 058.7	289.3	343.6	4 550.4	4 550.4	满足
		min	-5 077.8	-394.1	-346.2	4 925.5	4 925.5	满足
7	1-1	max	-2 280.9	301.0	265.6	4 275.5	4 275.5	满足
		min	-2 681.4	-287.8	-264.0	4 312.8	4 312.8	满足
	2-2	max	-2 151.5	282.2	292.4	3 337.1	3 337.1	满足
		min	-4 084.4	-319.5	-282.5	3 517.5	3 517.5	满足
8	1-1	max	-3 179.4	452.6	681.5	4 359.3	4 359.3	满足
		min	-4 403.9	-407.8	-610.9	4 473.6	4 473.6	满足
	2-2	max	-2 449.9	425.4	668.2	3 364.9	3 544.6	满足
		min	-5 871.5	-412.8	-625.9	3 684.3	3 696.0	满足

验算结果表明，考虑桥墩的塑性和支座的非线性后，在 E2 地震作用下，所有桥墩抗剪强度均满足要求。

11.6.3 支座的计算

11.6.3.1 支座变形和水平地震力

在 E2 地震作用下，支座变形见表 11.28~表 11.30。

表 11.28 恒载+加速度时程 A 地震动的作用下支座变形　　　单位：mm

纵桥向		
支座编号	切向	径向
1	0.0	0.0
2	0.0	0.0
3	-123.6	-22.5
4	-125.1	-22.6
5	-76.3	30.8
6	-79.5	30.8
7	-64.7	46.4
8	-66.6	46.4
9	51.3	-93.1
10	48.6	-93.0
11	8.2	-84.6
12	-6.2	-84.6
13	11.1	-70.9
14	-9.9	-70.9
15	-32.2	86.2
16	-33.3	86.1
17	-41.5	46.3
18	-50.9	46.3
19	-55.2	45.1
20	-61.4	45.1
21	89.6	95.2
22	95.7	95.2
23	0.0	0.0
24	0.0	0.0
横桥向		
支座编号	切向	径向
1	0.0	0.0
2	0.0	0.0
3	-44.0	105.2

续表

支座编号	横桥向	
	切向	径向
4	−41.4	105.2
5	34.8	45.8
6	33.0	45.7
7	−45.2	−67.2
8	−52.0	−67.3
9	96.0	21.7
10	103.4	21.7
11	34.6	17.5
12	43.3	17.5
13	37.9	−20.3
14	46.5	−20.4
15	128.7	−32.7
16	139.2	−32.8
17	53.8	37.6
18	49.5	37.6
19	48.8	42.9
20	41.5	42.9
21	73.2	110.2
22	65.5	110.2
23	0.0	0.0
24	0.0	0.0

表 11.29 恒载+加速度时程 B 地震动的作用下支座变形　　单位：mm

支座编号	纵桥向	
	切向	径向
1	0.0	0.0
2	0.0	0.0
3	−113.3	−21.8
4	−116.2	−21.8
5	88.4	35.9
6	92.8	35.9
7	−60.2	47.2
8	66.5	47.2
9	−51.6	98.6

续表

纵桥向		
支座编号	切向	径向
10	-50.0	98.6
11	6.9	70.6
12	6.3	70.6
13	10.8	68.1
14	9.6	68.1
15	-33.2	62.6
16	-32.0	62.6
17	-40.8	-51.9
18	-49.7	-51.9
19	-49.7	-43.2
20	-56.7	-43.2
21	82.0	86.7
22	90.9	86.6
23	0.0	0.0
24	0.0	0.0
横桥向		
支座编号	切向	径向
1	0.0	0.0
2	0.0	0.0
3	-36.2	-112.0
4	-38.8	-112.1
5	33.2	-57.0
6	31.1	-57.0
7	46.1	63.4
8	52.1	63.4
9	-117.7	26.3
10	-127.1	26.4
11	-35.2	-16.1
12	-43.4	-16.1
13	-37.7	-23.7
14	-46.1	-23.7
15	-134.3	-44.4
16	-143.2	-44.4
17	-50.2	-48.9

续表

支座编号	横桥向	
	切向	径向
18	−45.9	−49.0
19	−46.6	−42.5
20	−40.0	−42.5
21	−65.6	101.3
22	−58.0	101.3
23	0.0	0.0
24	0.0	0.0

表 11.30 恒载+加速度时程 C 地震动的作用下支座变形　　单位：mm

支座编号	纵桥向	
	切向	径向
1	0.0	0.0
2	0.0	0.0
3	−118.6	26.4
4	−119.1	26.3
5	−70.2	−31.3
6	−72.1	−31.3
7	−53.6	−43.0
8	−57.6	−43.0
9	47.9	−84.8
10	45.5	−84.8
11	6.9	−89.4
12	−6.9	−89.4
13	12.8	−82.4
14	11.4	−82.4
15	−27.2	−69.7
16	−26.0	−69.7
17	33.8	−42.9
18	38.9	−43.0
19	53.9	−50.2
20	58.5	−50.2
21	91.1	−89.0
22	96.4	−89.0
23	0.0	0.0
24	0.0	0.0

续表

横桥向		
支座编号	切向	径向
1	0.0	0.0
2	0.0	0.0
3	-44.5	118.1
4	-44.2	118.1
5	40.7	50.4
6	39.9	50.3
7	37.3	-49.7
8	46.8	-49.7
9	95.0	31.9
10	103.3	31.8
11	-32.6	21.5
12	40.0	21.5
13	34.7	21.6
14	42.1	21.6
15	137.6	37.3
16	148.6	37.3
17	39.6	-40.0
18	34.7	-40.1
19	-50.1	-53.1
20	-45.9	-53.1
21	-69.7	-101.1
22	-65.1	-101.1
23	0.0	0.0
24	0.0	0.0

在 E2 地震作用下，支座的水平地震力见表 11.31~表 11.33。

表 11.31 恒载+加速度时程 A 地震动的作用下支座水平地震力　　单位：kN

纵桥向			
支座编号	取值	切向	径向
1	max	0.0	0.0
	min	0.0	0.0
2	max	0.0	0.0
	min	0.0	0.0
3	max	466.5	111.0
	min	-671.3	-122.5

续表

支座编号	取值	纵桥向	
		切向	径向
4	max	460.8	110.9
	min	-460.8	-122.5
5	max	256.7	167.2
	min	-256.7	-124.8
6	max	267.1	167.3
	min	-267.1	-124.8
7	max	159.1	159.1
	min	-159.1	-155.3
8	max	202.1	190.4
	min	-273.3	-116.4
9	max	146.6	146.6
	min	-146.6	-146.6
10	max	199.3	233.6
	min	-169.7	-233.6
11	max	44.6	390.2
	min	-29.3	-459.7
12	max	31.4	390.1
	min	-33.9	-459.8
13	max	60.3	382.0
	min	-52.0	-385.1
14	max	44.6	382.0
	min	-53.8	-385.3
15	max	88.2	151.0
	min	-132.3	-151.0
16	max	73.5	226.0
	min	-136.7	-223.6
17	max	134.8	143.7
	min	-143.7	-143.7
18	max	159.0	169.6
	min	-169.6	-138.7
19	max	325.7	278.9
	min	-341.8	-214.0
20	max	357.8	278.9
	min	-379.9	-214.0

续表

纵桥向			
支座编号	取值	切向	径向
21	max	554.9	589.3
	min	−530.0	−538.0
22	max	592.6	589.2
	min	−574.7	−538.0
23	max	0.0	0.0
	min	0.0	0.0
24	max	0.0	0.0
	min	0.0	0.0
横桥向			
支座编号	取值	切向	径向
1	max	0.0	0.0
	min	0.0	0.0
2	max	0.0	0.0
	min	0.0	0.0
3	max	169.8	571.6
	min	−239.2	−435.6
4	max	179.8	460.8
	min	−224.7	−460.8
5	max	188.9	248.6
	min	−154.6	−243.5
6	max	179.1	248.4
	min	−131.6	−243.6
7	max	141.4	159.1
	min	−159.1	−159.1
8	max	184.8	219.3
	min	−213.3	−276.2
9	max	146.6	88.9
	min	−146.6	−86.9
10	max	233.6	89.1
	min	−233.6	−86.7
11	max	187.9	95.0
	min	−147.1	−89.7
12	max	235.5	94.9
	min	−187.7	−89.8

续表

横桥向			
支座编号	取值	切向	径向
13	max	206.0	107.9
	min	-148.3	-110.5
14	max	252.6	107.8
	min	-194.2	-110.6
15	max	151.0	122.7
	min	-151.0	-134.3
16	max	226.0	122.8
	min	-226.0	-134.3
17	max	143.7	143.7
	min	-143.7	-137.2
18	max	169.6	154.1
	min	-168.6	-137.1
19	max	301.9	265.5
	min	-269.4	-223.1
20	max	257.1	265.4
	min	-232.9	-223.1
21	max	452.9	682.3
	min	-375.6	-607.3
22	max	405.8	682.2
	min	-337.5	-607.4
23	max	0.0	0.0
	min	0.0	0.0
24	max	0.0	0.0
	min	0.0	0.0

表 11.32　恒载+加速度时程 B 地震动的作用下支座水平地震力　　单位：kN

纵桥向			
支座编号	取值	切向	径向
1	max	0.0	0.0
	min	0.0	0.0
2	max	0.0	0.0
	min	0.0	0.0
3	max	568.8	86.1
	min	-615.5	-118.4

续表

支座编号	纵桥向		
	取值	切向	径向
4	max	460.8	86.0
	min	-460.8	-118.7
5	max	256.7	194.9
	min	-256.7	-163.1
6	max	267.1	195.0
	min	-267.1	-163.4
7	max	159.1	159.1
	min	-159.1	-159.1
8	max	272.9	193.4
	min	-248.0	-167.4
9	max	146.6	146.6
	min	-146.6	-146.6
10	max	167.3	233.6
	min	-205.0	-233.6
11	max	37.4	383.5
	min	-28.7	-373.1
12	max	34.2	383.4
	min	-30.1	-373.2
13	max	58.6	370.1
	min	-46.8	-333.6
14	max	52.1	370.1
	min	-32.9	-333.7
15	max	83.9	151.0
	min	-136.2	-151.0
16	max	81.3	226.0
	min	-131.4	-226.0
17	max	143.7	143.7
	min	-143.7	-143.7
18	max	169.6	167.1
	min	-169.6	-169.6
19	max	302.4	220.2
	min	-307.7	-267.2
20	max	344.3	220.1
	min	-350.7	-267.5

续表

支座编号	取值	切向	径向
纵桥向			
21	max	507.7	536.5
	min	−488.7	−523.5
22	max	563.1	536.3
	min	−538.0	−523.5
23	max	0.0	0.0
	min	0.0	0.0
24	max	0.0	0.0
	min	0.0	0.0
横桥向			
支座编号	取值	切向	径向
1	max	0.0	0.0
	min	0.0	0.0
2	max	0.0	0.0
	min	0.0	0.0
3	max	139.8	409.5
	min	−196.5	−608.7
4	max	156.2	409.4
	min	−211.0	−460.8
5	max	180.0	256.7
	min	−109.0	−256.7
6	max	168.8	260.6
	min	−116.6	−267.1
7	max	159.1	159.1
	min	−159.1	−159.1
8	max	213.9	260.1
	min	−180.5	−249.2
9	max	146.6	107.9
	min	−146.6	−98.4
10	max	233.6	108.2
	min	−233.6	−98.5
11	max	163.6	74.5
	min	−191.3	−87.5
12	max	194.1	74.3
	min	−235.8	−87.7

续表

横桥向			
支座编号	取值	切向	径向
13	max	180.3	128.1
	min	-204.7	-128.5
14	max	211.0	128.0
	min	-250.4	-128.7
15	max	151.0	151.0
	min	-151.0	-151.0
16	max	226.0	180.2
	min	-226.0	-182.1
17	max	143.7	143.7
	min	-143.7	-143.7
18	max	155.3	168.0
	min	-169.1	-169.6
19	max	246.1	234.4
	min	-288.6	-262.9
20	max	206.7	234.2
	min	-247.7	-263.1
21	max	378.8	627.2
	min	-406.1	-609.5
22	max	337.8	627.1
	min	-359.2	-609.5
23	max	0.0	0.0
	min	0.0	0.0
24	max	0.0	0.0
	min	0.0	0.0

表 11.33　恒载+加速度时程 C 地震动的作用下支座水平地震力　　　　单位：kN

纵桥向			
支座编号	取值	切向	径向
1	max	0.0	0.0
	min	0.0	0.0
2	max	0.0	0.0
	min	0.0	0.0
3	max	448.1	143.2
	min	-644.1	-124.9

续表

支座编号	取值	纵桥向	
		切向	径向
4	max	460.8	143.1
	min	−460.8	−125.0
5	max	256.7	134.2
	min	−256.7	−169.8
6	max	267.1	134.4
	min	−267.1	−170.0
7	max	159.1	145.3
	min	−159.1	−158.5
8	max	203.1	127.7
	min	−236.3	−176.3
9	max	146.6	146.6
	min	−146.6	−146.6
10	max	186.3	233.6
	min	−177.5	−233.6
11	max	37.5	326.6
	min	−31.7	−486.0
12	max	37.4	326.5
	min	−37.6	−486.1
13	max	69.8	266.8
	min	−52.0	−447.8
14	max	62.2	266.8
	min	−46.0	−448.0
15	max	101.9	151.0
	min	−111.7	−151.0
16	max	102.3	197.3
	min	−106.6	−226.0
17	max	138.8	143.7
	min	−124.3	−143.7
18	max	159.4	163.5
	min	−153.3	−169.6
19	max	333.6	244.0
	min	−285.5	−310.4
20	max	361.9	244.0
	min	−317.8	−310.6

续表

纵桥向			
支座编号	取值	切向	径向
21	max	563.9	413.6
	min	-445.3	-551.1
22	max	597.1	413.4
	min	-483.4	-551.2
23	max	0.0	0.0
	min	0.0	0.0
24	max	0.0	0.0
	min	0.0	0.0
横桥向			
支座编号	取值	切向	径向
1	max	0.0	0.0
	min	0.0	0.0
2	max	0.0	0.0
	min	0.0	0.0
3	max	222.9	641.7
	min	-241.7	-483.0
4	max	236.9	460.8
	min	-239.9	-460.8
5	max	220.9	256.7
	min	-106.0	-227.8
6	max	216.6	267.1
	min	-94.3	-217.1
7	max	153.1	159.1
	min	-141.6	-159.1
8	max	191.9	186.4
	min	-154.8	-204.0
9	max	146.6	130.4
	min	-146.6	-87.7
10	max	233.6	130.5
	min	-233.6	-87.8
11	max	173.1	116.7
	min	-177.2	-96.5
12	max	217.3	116.6
	min	-211.0	-96.6

续表

支座编号	取值	横桥向	
		切向	径向
13	max	188.8	117.4
	min	-183.6	-101.6
14	max	228.7	117.3
	min	-218.9	-101.8
15	max	151.0	151.0
	min	-151.0	-119.3
16	max	226.0	153.0
	min	-226.0	-117.2
17	max	143.7	143.7
	min	-143.7	-142.9
18	max	142.3	157.8
	min	-141.3	-164.1
19	max	210.2	231.9
	min	-309.8	-328.6
20	max	199.1	231.8
	min	-284.4	-328.7
21	max	336.9	478.3
	min	-431.5	-625.8
22	max	326.3	478.2
	min	-403.0	-625.9
23	max	0.0	0.0
	min	0.0	0.0
24	max	0.0	0.0
	min	0.0	0.0

11.6.3.2 支座验算

根据《四川高速公路工程抗震设计指南》，取三条地震动（E2 地震作用下）中支座变形的最大值进行厚度验算，支座厚度验算结果如表 11.34 所示。验算结果表明，考虑支座的非线性后，在 E2 地震作用下，但剪切应变均未超过 200%。

表 11.34 恒载+E2 作用下支座厚度验算结果　　　　单位：mm

支座编号	X_0		$200\% \times \sum t$	验算结果
	切向	径向		
	U1 向输入			
1	0.0	0.0	160	满足

续表

支座编号	U1 向输入 X_0		$200\% \times \sum t$	验算结果
	切向	径向		
2	0.0	0.0	160	满足
3	-123.6	26.4	190	满足
4	-125.1	26.3	190	满足
5	88.4	35.9	190	满足
6	92.8	35.9	190	满足
7	-64.7	47.2	160	满足
8	-66.6	47.2	160	满足
9	-51.6	98.6	160	满足
10	-50.0	98.6	160	满足
11	8.2	-84.6	190	满足
12	6.3	-84.6	190	满足
13	12.8	-70.9	190	满足
14	11.4	-70.9	190	满足
15	-33.2	86.2	160	满足
16	-33.3	86.1	160	满足
17	-41.5	-51.9	160	满足
18	-50.9	-51.9	160	满足
19	-55.2	45.1	190	满足
20	-61.4	45.1	190	满足
21	91.1	95.2	190	满足
22	96.4	95.2	190	满足
23	0.0	0.0	160	满足
24	0.0	0.0	160	满足

支座编号	U2 向输入 X_0		$200\% \times \sum t$	验算结果
	切向	径向		
1	0.0	0.0	160	满足
2	0.0	0.0	160	满足
3	-44.0	118.1	190	满足
4	-41.4	118.1	190	满足
5	40.7	-57.0	190	满足
6	39.9	-57.0	190	满足
7	46.1	-67.2	160	满足

续表

支座编号	U2 向输入		$200\% \times \sum t$	验算结果
	X_0			
	切向	径向		
8	52.1	-67.3	160	满足
9	-117.7	31.9	160	满足
10	-127.1	31.8	160	满足
11	-35.2	21.5	190	满足
12	-43.4	21.5	190	满足
13	37.9	-23.7	190	满足
14	46.5	-23.7	190	满足
15	137.6	-44.4	160	满足
16	148.6	-44.4	160	满足
17	53.8	-48.9	160	满足
18	49.5	-49.0	160	满足
19	48.8	42.9	190	满足
20	41.5	42.9	190	满足
21	73.2	110.2	190	满足
22	65.5	110.2	190	满足
23	0.0	0.0	160	满足
24	0.0	0.0	160	满足

第三篇

四川典型公路隧道抗震设计计算示例

12 典型隧道抗震设计计算示例一

12.1 设计资料

地震动峰值加速度为 0.10g，地震动反应谱特征值为 0.45 s。地下水水质对混凝土无侵蚀性；隧道最大涌水量为 9 250 m³/d。隧道主洞衬砌内轮廓如图 12.1 所示。

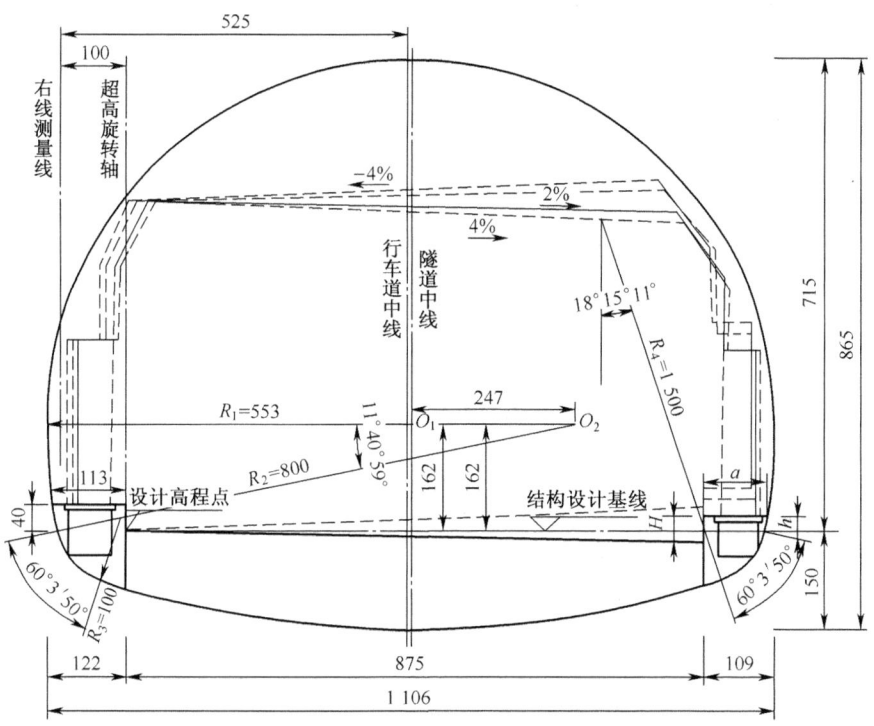

图 12.1 隧道主洞衬砌内轮廓

12.2 隧道抗震结构设计

12.2.1 深浅埋隧道

按照《四川高速公路工程抗震设计指南》及相关规范规定，单洞隧道深埋与浅埋的判定，应按荷载等效高度，并结合地质条件、施工方法等因素，按下列公式综合判定隧道的深浅埋分界线。

深埋、浅埋隧道分界深度按下式计算：

$$H_{\mathrm{p}} = (2.0 \sim 2.5) h_{\mathrm{p}} \tag{12.1}$$

其中
$$h_{\mathrm{p}} = \frac{q}{\gamma} \tag{12.2}$$

式中：H_{p}——深埋、浅埋隧道分界深度（m）；

h_{p}——荷载等效高度（m）；

q——按式（8.3）计算出的深埋隧道垂直压力（kPa）；

γ——围岩重度（kN/m³）。

在矿山法施工的条件下，Ⅳ~Ⅵ级围岩 $H_{\mathrm{p}} = 2.5 h_{\mathrm{p}}$；Ⅰ~Ⅲ级围岩 $H_{\mathrm{p}} = 2.0 h_{\mathrm{p}}$。

根据《四川高速公路工程抗震设计指南》及相关规范规定，对于深埋单洞隧道拱部竖向围岩压力可按下式计算：

$$q = 0.45 \times 2^{s-1} \cdot \gamma \cdot \omega \tag{12.3}$$

其中
$$\omega = 1 + i(B_{\mathrm{t}} - 5) \tag{12.4}$$

式中：s——围岩级别；

ω——宽度影响系数，其计算公式为：

B_{t}——隧道开挖跨度（m）；

i——B_{t} 每增减 1 m 时的围岩压力增减率，以 $B_{\mathrm{t}} = 5$ m 的隧道围岩垂直均布压力为准，当 $B_{\mathrm{t}} < 5$ m 时取 $i = 0.2$，当 $B_{\mathrm{t}} > 5$ m 时取 $i = 0.1$。

当围岩为Ⅴ级时，水平压力宜按梯形分布荷载计算。

拱顶水平压力可按下式计算：

$$e = \lambda q \tag{12.5}$$

边墙底部水平压力可按下式计算：

$$e_{\mathrm{d}} = \lambda (q + \gamma H_{\mathrm{t}}) \tag{12.6}$$

式中：e_{d}——边墙底部水平压力（kN/m²）；

H_{t}——隧道开挖高度（m）。

围岩侧压力系数按表 12.1 取值。

表 12.1 围岩侧压力系数

围岩级别	Ⅰ、Ⅱ	Ⅲ	Ⅳ	Ⅴ	Ⅵ
侧压力系数 λ	0	<0.15	0.15~0.3	0.3~0.5	0.5~1.0

由于本隧道围岩级别为Ⅳ级，所以，H_{p} 取 $2.5 h_{\mathrm{p}}$。

所以由规范计算如下。

宽度影响系数：
$$\omega = 1 + i(B - 5) = 1 + 0.1 \times (11.06 - 5) = 1.606$$

垂直均布压力：
$$q = 0.45 \times 2^{s-1} \cdot \gamma \cdot \omega = 0.45 \times 2^{4-1} \times 20 \times 1.606 = 115.63(\mathrm{kPa})$$

荷载等效高度：
$$h_{\mathrm{p}} = \frac{q}{\gamma} = \frac{115.63}{20} = 5.78(\mathrm{m})$$

由于本隧道围岩级别为Ⅳ级，H_p 取 $2.5h_p$，所以：
$$H_p = 2.5 \times h_p = 2.5 \times 5.78 = 14.45 (\text{m})$$
故可知深浅埋隧道分界深度是 14.45 m。

12.2.2 隧道围岩压力的确定

规范规定，当深埋单洞隧道围岩压力为松散压力时，其垂直均布压力可按式（12.3）计算。

由上述计算可知，垂直均布压力 $q = 115.63$ kPa。

由于本隧道为Ⅴ级围岩，故水平均布压力取 $0.4q = 0.4 \times 115.63 = 46.25 (\text{kPa})$。

模型中施加荷载：

垂直方向荷载平均到每个节点：
$$F = \frac{11.06 \times 115.63 \times 10^3}{70} = 18\,269.54 (\text{N})$$

水平方向荷载平均到每个节点：
$$F = \frac{8.65 \times 1\,000 \times 46.25}{35} = 11\,430.36 (\text{N})$$

对隧道单元施加垂直方向荷载，水平方向荷载以及重力加速度 9.8 m/s^2，如图 12.2 所示。

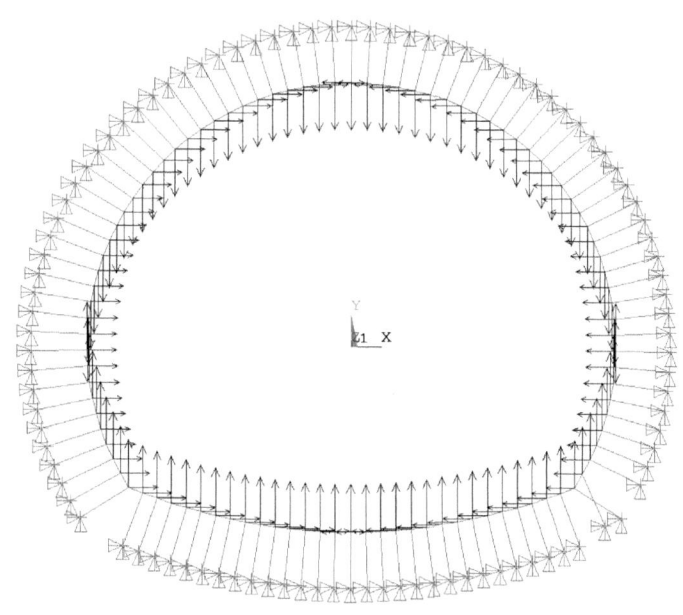

图 12.2 对隧道单元施加荷载

12.2.3 地震荷载计算

12.2.3.1 水平地震力计算

洞顶土体产生的水平地震荷载按下式计算：
$$q_{he} = C_i C_z K_h q \tag{12.7}$$

式中：q_{he}——拱部土压力荷载引起的水平地震荷载（kPa）；
　　　C_i——重要性修正系数，见表12.2，此处取1.0；
　　　C_z——场地影响系数，见表12.3，此处取1.0；
　　　K_h——水平地震系数，取值见表12.4，此处0.10；
　　　q——拱部土压力荷载（kPa）。

表12.2　各类公路隧道的重要性修正系数 C_i

隧道结构安全等级	重要性修正系数	
	E1 地震作用	E2 地震作用
一级	1.0	1.7
二级	0.43	1.3
三级	0.23	—

表12.3　场地影响系数 C_z

基本地震动峰值加速度		0.05g	0.1g	0.15g	0.2g	0.3g	0.4g
洞身地质	Ⅲ级围岩	1.2	1.0	0.9	0.9	0.9	0.9
	Ⅳ级围岩	1.0	1.0	1.0	1.0	1.0	1.0
	Ⅴ级围岩	1.1	1.3	1.2	1.2	1.0	1.0
	Ⅵ级围岩	1.2	1.4	1.3	1.3	1.0	1.0

表12.4　地震系数

基本地震动峰值加速度	0.10g	0.15g	0.20g	0.30g	0.40g
水平地震系数 K_h	0.10	0.15	0.20	0.30	0.40
竖向地震系数 K_v	0	0	0.10	0.17	0.25

所以可求得水平荷载：
$$q_{he} = C_i C_z K_h q = 1.0 \times 1.0 \times 0.10 \times 115.63 = 11.56 (\text{kPa})$$

侧边土体产生的水平地震荷载按下式计算：

$$\Delta e_e = C_i C_z q(\lambda - \lambda') \tag{12.8}$$

$$\lambda = \tan^2\left(45° - \frac{\varphi_c}{2}\right) \tag{12.9}$$

$$\lambda' = \tan^2\left(45° - \frac{\varphi_c + \theta}{2}\right) \tag{12.10}$$

式中：Δe_e——侧边地震水平荷载增量（kPa）；
　　　λ、λ'——侧边土体在非地震及地震条件下的侧压力系数；
　　　φ_c——围岩计算摩擦角（°），$\varphi_c = 30°$；
　　　θ——地震角（°），见表12.5，此处取1.5°。

表 12.5 地震角 θ

围岩浸水情况	基本地震的峰值加速度		
	$0.10g$	$0.20g$	$0.40g$
非浸水	1.5°	3.0°	6.0°
浸水	2.5°	5.0°	10.0°

代入上式：

$$\lambda = \tan^2\left(45° - \frac{\varphi_c}{2}\right) = \tan^2\left(45° - \frac{30°}{2}\right) = \tan^2 30° = 0.333$$

$$\lambda' = \tan^2\left(45° - \frac{\varphi_c + \theta}{2}\right) = \tan^2\left(45° - \frac{30° + 1.5°}{2}\right) = \tan^2 29.3° = 0.313$$

$$\Delta e_e = C_i C_z q (\lambda - \lambda') = 1.0 \times 1.0 \times 115.63 \times (0.333 - 0.313) = 2.31(\text{kPa})$$

所以水平地震荷载：

$$F = q_{he} + \Delta e_e = 11.56 + 2.31 = 13.87(\text{kPa})$$

平均到每个节点：

$$13.87 \times 10^3 \times \frac{8.65 \times 1.0}{70} = 1\,713.94(\text{N})$$

12.2.3.2 竖向地震力计算

竖向地震荷载可按式（12.11）计算：

$$q_{ve} = C_i C_z K_v q \tag{12.11}$$

式中：K_v——竖向地震系数。

由表 12.4 可知，此处取 0。所以竖向地震荷载为 0。

12.2.4 建立隧道结构模型

建立隧道模型，对各节点施加水平地震力，得出隧道的弯矩、剪力、轴力、变形图以及变形情况。

12.2.4.1 前处理

（1）定义单元类型：断面选取深埋段，围岩等级为Ⅴ级，衬砌材料为 C30 混凝土。
定义衬砌的弹性模量 3×10^{10} Pa，泊松比为 0.2，密度 2 410 g/cm³。其中梁单元面积为 0.4 m²，$h = 0.4$ m，截面惯性矩 $I_{ZZ} = 0.005\,33$。而弹簧常数 $K = 3 \times 10^8$。

（2）绘制隧道轮廓：从 CAD 图纸上可获得各特征点的坐标值，然后定义隧道轮廓线的关键点，包括圆弧曲线端点以及圆心，然后运用表 12.6 所列的命令流绘制隧道的纵断面轮廓线，如图 12.3 所示。

表 12.6　绘制隧道轮廓命令流

绘制关键点及曲线
K, 1, -3.9659, -2.5222,
K, 3, 3.9659, -2.5222,
K, 2, 0, 4.7,
K, 4, 0, 0,
K, 5, 0, 7.2,
LARC, 1, 2, 4, 4.7,
LARC, 2, 3, 4, 4.7,
LARC, 3, 1, 5, 10.5,

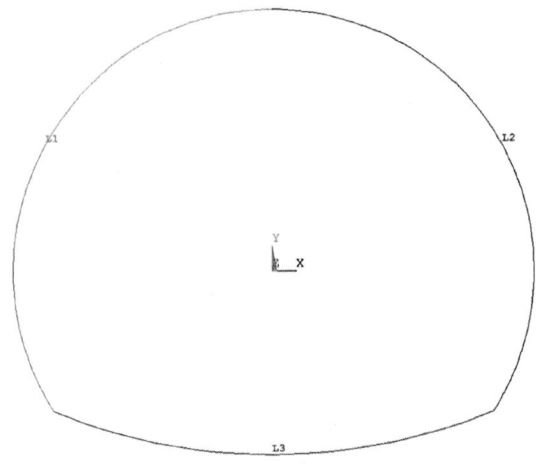

图 12.3　绘制隧道轮廓线

（3）给线赋予特性：按步骤完成对隧道轮廓线网格的划分，将隧道分成 100 份，如图 12.4 所示。

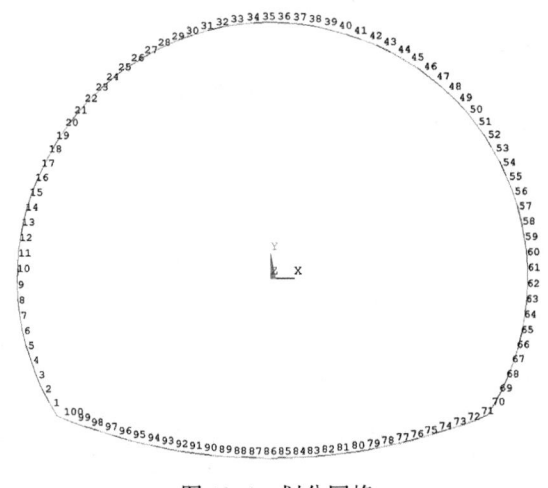

图 12.4　划分网格

(4) 添加弹簧单元：运用命令流添加 100 个弹簧单元，然后给所有的弹簧单元施加约束。命令流见表 12.7，最后添加好的弹簧单元如图 12.5 所示。

表 12.7 添加弹簧单元命令流

LOCAL,11,1,0,0,0, , , ,1,1, CSYS,11,	LOCAL,12,1,0,7.2,0, , , ,1,1, CSYS,12,	
psprng, 1, tran, 3e8, 1	psprng, 36, tran, 3e8, 1	psprng, 71, tran, 3e8, 1
psprng, 2, tran, 3e8, 1	psprng, 37, tran, 3e8, 1	psprng, 72, tran, 3e8, 1
psprng, 3, tran, 3e8, 1	psprng, 38, tran, 3e8, 1	psprng, 73, tran, 3e8, 1
psprng, 4, tran, 3e8, 1	psprng, 39, tran, 3e8, 1	psprng, 74, tran, 3e8, 1
psprng, 5, tran, 3e8, 1	psprng, 40, tran, 3e8, 1	psprng, 75, tran, 3e8, 1
psprng, 6, tran, 3e8, 1	psprng, 41, tran, 3e8, 1	psprng, 76, tran, 3e8, 1
psprng, 7, tran, 3e8, 1	psprng, 42, tran, 3e8, 1	psprng, 77, tran, 3e8, 1
psprng, 8, tran, 3e8, 1	psprng, 43, tran, 3e8, 1	psprng, 78, tran, 3e8, 1
psprng, 9, tran, 3e8, 1	psprng, 44, tran, 3e8, 1	psprng, 79, tran, 3e8, 1
psprng, 10, tran, 3e8, 1	psprng, 45, tran, 3e8, 1	psprng, 80, tran, 3e8, 1
psprng, 11, tran, 3e8, 1	psprng, 46, tran, 3e8, 1	psprng, 81, tran, 3e8, 1
psprng, 12, tran, 3e8, 1	psprng, 47, tran, 3e8, 1	psprng, 82, tran, 3e8, 1
psprng, 13, tran, 3e8, 1	psprng, 48, tran, 3e8, 1	psprng, 83, tran, 3e8, 1
psprng, 14, tran, 3e8, 1	psprng, 49, tran, 3e8, 1	psprng, 84, tran, 3e8, 1
psprng, 15, tran, 3e8, 1	psprng, 50, tran, 3e8, 1	psprng, 85, tran, 3e8, 1
psprng, 16, tran, 3e8, 1	psprng, 51, tran, 3e8, 1	psprng, 86, tran, 3e8, 1
psprng, 17, tran, 3e8, 1	psprng, 52, tran, 3e8, 1	psprng, 87, tran, 3e8, 1
psprng, 18, tran, 3e8, 1	psprng, 53, tran, 3e8, 1	psprng, 88, tran, 3e8, 1
psprng, 19, tran, 3e8, 1	psprng, 54, tran, 3e8, 1	psprng, 89, tran, 3e8, 1
psprng, 20, tran, 3e8, 1	psprng, 55, tran, 3e8, 1	psprng, 90, tran, 3e8, 1
psprng, 21, tran, 3e8, 1	psprng, 56, tran, 3e8, 1	psprng, 91, tran, 3e8, 1
psprng, 22, tran, 3e8, 1	psprng, 57, tran, 3e8, 1	psprng, 92, tran, 3e8, 1
psprng, 23, tran, 3e8, 1	psprng, 58, tran, 3e8, 1	psprng, 93, tran, 3e8, 1
psprng, 24, tran, 3e8, 1	psprng, 59, tran, 3e8, 1	psprng, 94, tran, 3e8, 1
psprng, 25, tran, 3e8, 1	psprng, 60, tran, 3e8, 1	psprng, 95, tran, 3e8, 1
psprng, 26, tran, 3e8, 1	psprng, 61, tran, 3e8, 1	psprng, 96, tran, 3e8, 1
psprng, 27, tran, 3e8, 1	psprng, 62, tran, 3e8, 1	psprng, 97, tran, 3e8, 1
psprng, 28, tran, 3e8, 1	psprng, 63, tran, 3e8, 1	psprng, 98, tran, 3e8, 1
psprng, 29, tran, 3e8, 1	psprng, 64, tran, 3e8, 1	psprng, 99, tran, 3e8, 1
psprng, 30, tran, 3e8, 1	psprng, 65, tran, 3e8, 1	psprng, 100, tran, 3e8, 1
psprng, 31, tran, 3e8, 1	psprng, 66, tran, 3e8, 1	FINISH
psprng, 32, tran, 3e8, 1	psprng, 67, tran, 3e8, 1	
psprng, 33, tran, 3e8, 1	psprng, 68, tran, 3e8, 1	
psprng, 34, tran, 3e8, 1	psprng, 69, tran, 3e8, 1	
psprng, 35, tran, 3e8, 1	psprng, 70, tran, 3e8, 1	

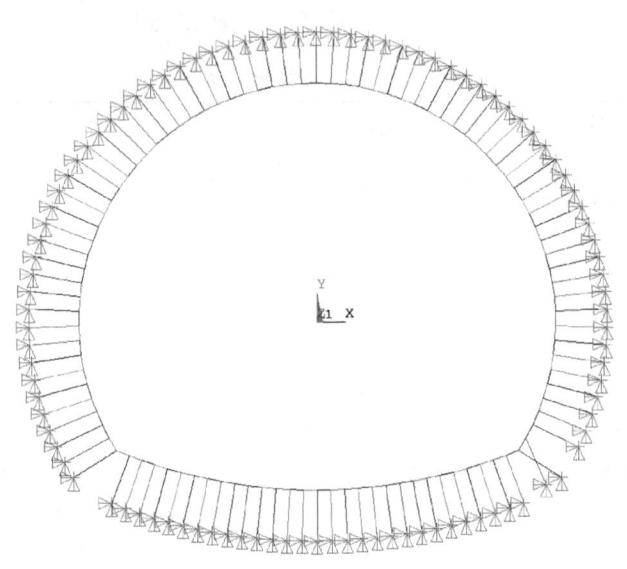

图 12.5　添加弹簧单元

12.2.4.2　弯矩、剪力以及轴力图

弯矩图、剪力图和轴力图，分别如图 12.6、图 12.7 和图 12.8 所示。

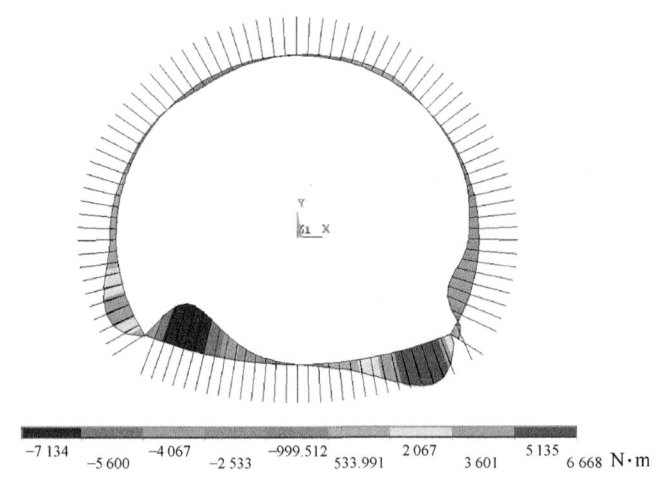

图 12.6　弯矩图

12.2.4.3　得出关键数据

各点的弯矩、剪力以及轴力值见表 12.8。

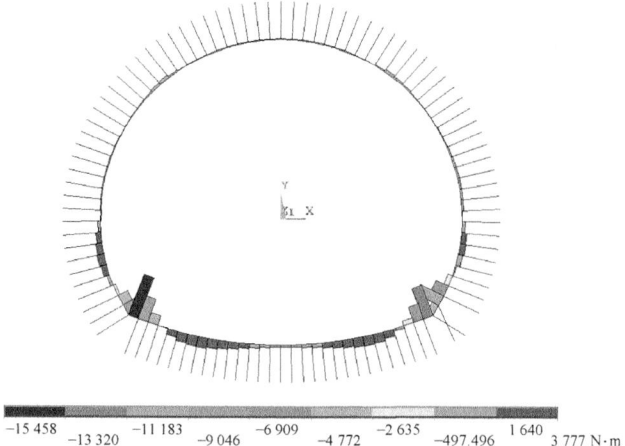

图 12.7　剪力图

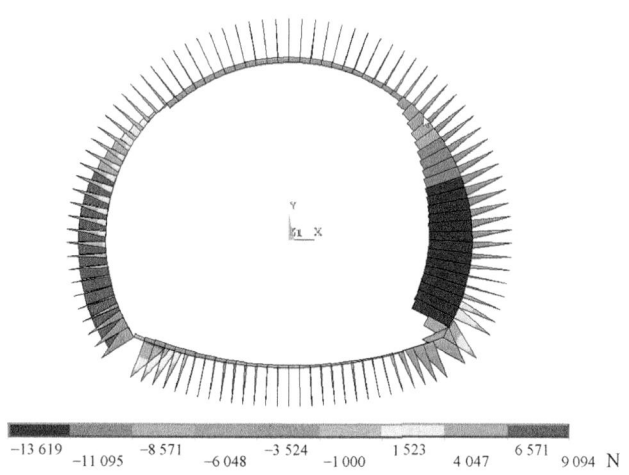

图 12.8　轴力图

表 12.8　各点的弯矩、剪力以及轴力值

ELEM	AXIAL-1	AXIAL-2	IMOMENT	JMOMENT	ISHEAR	JSHEAR
1	8 589.10	8 589.10	385.42	2 665.40	−7 945.30	−7 945.30
2	8 949.20	8 949.20	2 665.40	3 768.70	−3 844.90	−3 844.90
3	9 094.30	9 094.30	3 768.70	4 029.20	−907.84	−907.84
4	9 091.10	9 091.10	4 029.20	3 738.10	1 014.50	1 014.50
5	8 996.20	8 996.20	3 738.10	3 137.60	2 092.60	2 092.60
6	8 856.20	8 856.20	3 137.60	2 422.70	2 491.40	2 491.40
7	8 708.20	8 708.20	2 422.70	1 746.80	2 355.20	2 355.20

续表

ELEM	AXIAL-1	AXIAL-2	IMOMENT	JMOMENT	ISHEAR	JSHEAR
8	8 581.20	8 581.20	1 746.80	1 230.10	1 800.70	1 800.70
9	8 498.20	8 498.20	1 230.10	966.86	917.38	917.38
10	8 477.10	8 477.10	966.86	1 031.60	-225.46	-225.46
11	8 404.60	8 404.60	1 031.60	993.68	131.99	131.99
12	8 211.30	8 211.30	993.68	899.45	328.39	328.39
13	7 906.50	7 906.50	899.45	783.16	405.25	405.25
14	7 497.30	7 497.30	783.16	668.13	400.87	400.87
15	6 989.20	6 989.20	668.13	568.01	348.90	348.90
16	6 385.90	6 385.90	568.01	488.22	278.03	278.03
17	5 690.10	5 690.10	488.22	427.27	212.43	212.43
18	4 903.30	4 903.30	427.27	377.82	172.34	172.34
19	4 026.40	4 026.40	377.82	327.66	174.77	174.77
20	3 059.50	3 059.50	327.66	260.57	233.81	233.81
21	2 002.50	2 002.50	260.57	157.14	360.45	360.45
22	854.85	854.85	157.14	-4.03	561.65	561.65
23	-383.87	-383.87	-4.03	-244.67	838.59	838.59
24	-1 713.60	-1 713.60	-244.67	-584.44	1 184.00	1 184.00
25	-1 766.80	-1 766.80	-584.44	-744.79	558.82	558.82
26	-1 787.60	-1 787.60	-744.79	-779.25	120.07	120.07
27	-1 786.30	-1 786.30	-779.25	-732.49	-162.95	-162.95
28	-1 771.40	-1 771.40	-732.49	-639.49	-324.08	-324.08
29	-1 749.40	-1 749.40	-639.49	-525.82	-396.14	-396.14
30	-1 724.80	-1 724.80	-525.82	-408.57	-408.59	-408.59
31	-1 700.50	-1 700.50	-408.57	-297.73	-386.25	-386.25
32	-1 678.10	-1 678.10	-297.73	-197.62	-348.89	-348.89
33	-1 657.90	-1 657.90	-197.62	-108.27	-311.35	-311.35
34	-1 639.70	-1 639.70	-108.27	-26.81	-283.90	-283.90
35	-1 622.70	-1 622.70	-26.81	51.42	-272.61	-272.61
36	-1 605.90	-1 605.90	51.42	131.67	-279.66	-279.66
37	-1 588.10	-1 588.10	131.67	218.75	-303.46	-303.46
38	-1 568.50	-1 568.50	218.75	315.92	-338.60	-338.60

续表

ELEM	AXIAL-1	AXIAL-2	IMOMENT	JMOMENT	ISHEAR	JSHEAR
39	-1 546.60	-1 546.60	315.92	423.69	-375.57	-375.57
40	-1 522.90	-1 522.90	423.69	538.58	-400.36	-400.36
41	-1 498.70	-1 498.70	538.58	651.69	-394.19	-394.19
42	-1 476.50	-1 476.50	651.69	747.33	-333.28	-333.28
43	-1 460.50	-1 460.50	747.33	801.62	-189.20	-189.20
44	-1 456.90	-1 456.90	801.62	781.52	70.05	70.05
45	-1 473.60	-1 473.60	781.52	644.39	477.85	477.85
46	-1 520.70	-1 520.70	644.39	338.72	1 065.20	1 065.20
47	-2 911.50	-2 911.50	338.72	122.38	753.90	753.90
48	-4 217.80	-4 217.80	122.38	-21.00	499.67	499.67
49	-5 438.60	-5 438.60	-21.00	-110.82	312.99	312.99
50	-6 573.60	-6 573.60	-110.82	-167.27	196.72	196.72
51	-7 623.00	-7 623.00	-167.27	-209.91	148.59	148.59
52	-8 586.90	-8 586.90	-209.91	-256.62	162.77	162.77
53	-9 465.30	-9 465.30	-256.62	-322.78	230.59	230.59
54	-10 258.00	-10 258.00	-322.78	-420.48	340.45	340.45
55	-10 964.00	-10 964.00	-420.48	-557.38	477.07	477.07
56	-11 581.00	-11 581.00	-557.38	-735.36	620.24	620.24
57	-12 108.00	-12 108.00	-735.36	-948.63	743.21	743.21
58	-12 540.00	-12 540.00	-948.63	-1 181.40	811.14	811.14
59	-12 871.00	-12 871.00	-1 181.40	-1 405.20	779.79	779.79
60	-13 092.00	-13 092.00	-1 405.20	-1 575.90	595.15	595.15
61	-13 192.00	-13 192.00	-1 575.90	-1 631.70	194.34	194.34
62	-13 235.00	-13 235.00	-1 631.70	-1 979.40	1 211.80	1 211.80
63	-13 328.00	-13 328.00	-1 979.40	-2 512.10	1 856.10	1 856.10
64	-13 447.00	-13 447.00	-2 512.10	-3 092.70	2 023.60	2 023.60
65	-13 557.00	-13 557.00	-3 092.70	-3 549.20	1 590.90	1 590.90
66	-13 619.00	-13 619.00	-3 549.20	-3 668.00	413.83	413.83
67	-13 580.00	-13 580.00	-3 668.00	-3 190.10	-1 665.50	-1 665.50
68	-13 383.00	-13 383.00	-3 190.10	-1 812.20	-4 801.70	-4 801.70
69	-12 958.00	-12 958.00	-1 812.20	804.15	-9 117.50	-9 117.50

续表

ELEM	AXIAL-1	AXIAL-2	IMOMENT	JMOMENT	ISHEAR	JSHEAR
70	−7 149.30	−7 149.30	804.15	1 565.00	−2 651.50	−2 651.50
71	−486.59	−486.59	1 565.00	4 635.50	−11 326.00	−11 326.00
72	−266.14	−266.14	4 635.50	6 194.20	−5 749.30	−5 749.30
73	−169.35	−169.35	6 194.20	6 668.00	−1 747.50	−1 747.50
74	−158.66	−158.66	6 668.00	6 418.60	919.84	919.84
75	−203.03	−203.03	6 418.60	5 736.30	2 516.60	2 516.60
76	−278.13	−278.13	5 736.30	4 841.80	3 299.60	3 299.60
77	−365.93	−365.93	4 841.80	3 892.70	3 500.70	3 500.70
78	−453.95	−453.95	3 892.70	2 993.40	3 316.80	3 316.80
79	−534.31	−534.31	2 993.40	2 205.20	2 907.40	2 907.40
80	−602.78	−602.78	2 205.20	1 555.60	2 395.90	2 395.90
81	−657.91	−657.91	1 555.60	1 047.60	1 873.90	1 873.90
82	−700.27	−700.27	1 047.60	666.28	1 406.50	1 406.50
83	−731.83	−731.83	666.28	384.89	1 037.90	1 037.90
84	−755.51	−755.51	384.89	169.00	796.31	796.31
85	−774.80	−774.80	169.00	−20.28	698.16	698.16
86	−793.51	−793.51	−20.28	−223.76	750.54	750.54
87	−815.50	−815.50	−223.76	−481.96	952.35	952.35
88	−844.49	−844.49	−481.96	−832.70	1 293.70	1 293.70
89	−883.84	−883.84	−832.70	−1 308.20	1 753.80	1 753.80
90	−936.14	−936.14	−1 308.20	−1 930.90	2 296.90	2 296.90
91	−1 002.80	−1 002.80	−1 930.90	−2 708.40	2 867.90	2 867.90
92	−1 083.60	−1 083.60	−2 708.40	−3 626.40	3 385.90	3 385.90
93	−1 175.60	−1 175.60	−3 626.40	−4 640.00	3 738.70	3 738.70
94	−1 272.60	−1 272.60	−4 640.00	−5 663.90	3 776.80	3 776.80
95	−1 364.10	−1 364.10	−5 663.90	−6 561.50	3 310.60	3 310.60
96	−1 434.10	−1 434.10	−6 561.50	−7 133.50	2 110.00	2 110.00
97	−1 460.20	−1 460.20	−7 133.50	−7 109.40	−89.08	−89.08
98	−1 412.90	−1 412.90	−7 109.40	−6 141.20	−3 571.20	−3 571.20
99	−1 255.60	−1 255.60	−6 141.20	−3 805.30	−8 615.70	−8 615.70
100	−944.77	−944.77	−3 805.30	385.42	−15 458.00	−15 458.00

12.2.5 计算安全系数

通过电子表格计算出各节点位置的初始偏心距，计算结果见表12.9。

表12.9 初始偏心距计算表

NODE	M	N	e_0	e_i	NODE	M	N	e_0	e_i
1	385.42	8 589.10	0.045	0.065	34	-108.27	-1 639.70	0.066	0.086
2	2 665.40	8 949.20	0.298	0.318	35	-26.81	-1 622.70	0.017	0.037
3	3 768.70	9 094.30	0.414	0.434	36	51.42	-1 605.90	0.032	0.052
4	4 029.20	9 091.10	0.443	0.463	37	131.67	-1 588.10	0.083	0.103
5	3 738.10	8 996.20	0.416	0.436	38	218.75	-1 568.50	0.139	0.159
6	3 137.60	8 856.20	0.354	0.374	39	315.92	-1 546.60	0.204	0.224
7	2 422.70	8 708.20	0.278	0.298	40	423.69	-1 522.90	0.278	0.298
8	1 746.80	8 581.20	0.204	0.224	41	538.58	-1 498.70	0.359	0.379
9	1 230.10	8 498.20	0.145	0.165	42	651.69	-1 476.50	0.441	0.461
10	966.86	8 477.10	0.114	0.134	43	747.33	-1 460.50	0.512	0.532
11	1 031.60	8 404.60	0.123	0.143	44	801.62	-1 456.90	0.550	0.570
12	993.68	8 211.30	0.121	0.141	45	781.52	-1 473.60	0.530	0.550
13	899.45	7 906.50	0.114	0.134	46	644.39	-1 520.70	0.424	0.444
14	783.16	7 497.30	0.104	0.124	47	338.72	-2 911.50	0.116	0.136
15	668.13	6 989.20	0.096	0.116	48	122.38	-4 217.80	0.029	0.049
16	568.01	6 385.90	0.089	0.109	49	-21.00	-5 438.60	0.004	0.024
17	488.22	5 690.10	0.086	0.106	50	-110.82	-6 573.60	0.017	0.037
18	427.27	4 903.30	0.087	0.107	51	-167.27	-7 623.00	0.022	0.042
19	377.82	4 026.40	0.094	0.114	52	-209.91	-8 586.90	0.024	0.044
20	327.66	3 059.50	0.107	0.127	53	-256.62	-9 465.30	0.027	0.047
21	260.57	2 002.50	0.130	0.150	54	-322.78	-10 258.00	0.031	0.051
22	157.14	1 854.85	0.085	0.105	55	-420.48	-10 964.00	0.038	0.058
23	-4.03	-2 383.87	0.002	0.022	56	-557.38	-11 581.00	0.048	0.068
24	-244.67	-1 713.60	0.143	0.163	57	-735.36	-12 108.00	0.061	0.081
25	-584.44	-1 766.80	0.331	0.351	58	-948.63	-12 540.00	0.076	0.096
26	-744.79	-1 787.60	0.417	0.437	59	-1 181.40	-12 871.00	0.092	0.112
27	-779.25	-1 786.30	0.436	0.456	60	-1 405.20	-13 092.00	0.107	0.127
28	-732.49	-1 771.40	0.414	0.434	61	-1 575.90	-13 192.00	0.119	0.139
29	-639.49	-1 749.40	0.366	0.386	62	-1 631.70	-13 235.00	0.123	0.143
30	-525.82	-1 724.80	0.305	0.325	63	-1 979.40	-13 328.00	0.149	0.169
31	-408.57	-1 700.50	0.240	0.260	64	-2 512.10	-13 447.00	0.187	0.207
32	-297.73	-1 678.10	0.177	0.197	65	-3 092.70	-13 557.00	0.228	0.248
33	-197.62	-1 657.90	0.119	0.139	66	-3 549.20	-13 619.00	0.261	0.281

续表

NODE	M	N	e_0	e_i	NODE	M	N	e_0	e_i
67	-3 668.00	-13 580.00	0.270	0.290	84	384.89	-5 755.51	0.067	0.087
68	-3 190.10	-13 383.00	0.238	0.258	85	169.00	-5 774.80	0.029	0.049
69	-1 812.20	-12 958.00	0.140	0.160	86	-20.28	-5 793.51	0.004	0.024
70	804.15	-7 149.30	0.112	0.132	87	-223.76	-5 815.50	0.038	0.058
71	1 565.00	-5 486.59	0.285	0.305	88	-481.96	-5 844.49	0.082	0.102
72	4 635.50	-5 266.14	0.880	0.900	89	-832.70	-5 883.84	0.142	0.162
73	6 194.20	-8 169.35	0.758	0.778	90	-1 308.20	-5 936.14	0.220	0.240
74	6 668.00	-8 158.66	0.817	0.837	91	-1 930.90	-8 002.80	0.241	0.261
75	6 418.60	-8 203.03	0.782	0.802	92	-2 708.40	-8 083.60	0.335	0.355
76	5 736.30	-8 278.13	0.693	0.713	93	-3 626.40	-8 175.60	0.444	0.464
77	4 841.80	-5 365.93	0.902	0.922	94	-4 640.00	-8 272.60	0.561	0.581
78	3 892.70	-5 453.95	0.714	0.734	95	-5 663.90	-8 364.10	0.677	0.697
79	2 993.40	-5 534.31	0.541	0.561	96	-6 561.50	-8 434.10	0.778	0.798
80	2 205.20	-5 602.78	0.394	0.414	97	-7 133.50	-8 460.20	0.843	0.863
81	1 555.60	-5 657.91	0.275	0.295	98	-7 109.40	-8 412.90	0.845	0.865
82	1 047.60	-5 700.27	0.184	0.204	99	-6 141.20	-8 255.60	0.744	0.764
83	666.28	-5 731.83	0.116	0.136	100	-3 805.30	-8 944.77	0.425	0.445

根据计算,不难发现,e_{imax} = 20.2243 < 0.3 × 400 = 120(mm),则构件可判定为小偏心受压构件,可由之前介绍公式计算各节点安全系数。安全系数计算表见表 12.10。

表 12.10 安全系数计算表

序号	弯矩/(N·m)	轴力/N	轴向力偏心距/m	轴向力偏心影响系数	按小偏心计算	按大偏心计算	大小偏压判定	安全系数
1	385.42	8 589.10	0.045	0.985	4.987	1.047	大偏心	1.047
2	2 665.40	8 949.20	0.298	0.114	0.721	1.005	小偏心	0.721
3	3 768.70	9 094.30	0.414	0.540	0.510	0.989	小偏心	0.510
4	4 029.20	9 091.10	0.443	0.845	0.477	0.989	小偏心	0.477
5	3 738.10	8 996.20	0.416	0.550	0.514	1.000	小偏心	0.514
6	3 137.60	8 856.20	0.354	0.180	0.613	1.015	小偏心	0.613
7	2 422.70	8 708.20	0.278	0.138	0.793	1.033	小偏心	0.793
8	1 746.80	8 581.20	0.204	0.376	1.100	1.048	大偏心	1.048
9	1 230.10	8 498.20	0.145	0.642	1.563	1.058	大偏心	1.058
10	966.86	8 477.10	0.114	0.775	1.988	1.061	大偏心	1.061
11	1 031.60	8 404.60	0.123	0.739	1.863	1.070	大偏心	1.070
12	993.68	8 211.30	0.121	0.746	1.934	1.095	大偏心	1.095

续表

序号	弯矩/(N·m)	轴力/N	轴向力偏心距/m	轴向力偏心影响系数	按小偏心计算	按大偏心计算	大小偏压判定	安全系数
13	899.45	7 906.50	0.114	0.776	2.137	1.137	大偏心	1.137
14	783.16	7 497.30	0.104	0.813	2.454	1.199	大偏心	1.199
15	668.13	6 989.20	0.096	0.847	2.877	1.287	大偏心	1.287
16	568.01	6 385.90	0.089	0.870	3.384	1.408	大偏心	1.408
17	488.22	5 690.10	0.086	0.881	3.937	1.580	大偏心	1.580
18	427.27	4 903.30	0.087	0.876	4.499	1.834	大偏心	1.834
19	377.82	4 026.40	0.094	0.853	5.087	2.233	大偏心	2.233
20	327.66	3 059.50	0.107	0.803	5.866	2.939	大偏心	2.939
21	260.57	2 002.50	0.130	0.707	7.377	4.490	大偏心	4.490
22	157.14	1 854.85	0.085	0.884	12.232	4.848	大偏心	4.848
23	-4.03	-2 383.87	0.002	1.002	-4.868	-6.498	大偏心	-6.498
24	-244.67	-1 713.60	0.143	0.651	-7.856	-5.247	大偏心	-5.247
25	-584.44	-1 766.80	0.331	0.125	-3.289	-5.089	大偏心	-5.089
26	-744.79	-1 787.60	0.417	0.561	-2.581	-5.030	大偏心	-5.030
27	-779.25	-1 786.30	0.436	0.763	-2.467	-5.034	大偏心	-5.034
28	-732.49	-1 771.40	0.414	0.532	-2.624	-5.076	大偏心	-5.076
29	-639.49	-1 749.40	0.366	0.222	-3.006	-5.140	大偏心	-5.140
30	-525.82	-1 724.80	0.305	0.110	-3.655	-5.213	大偏心	-5.213
31	-408.57	-1 700.50	0.240	0.236	-4.704	-5.288	大偏心	-5.288
32	-297.73	-1 678.10	0.177	0.492	-6.456	-5.358	小偏心	-6.456
33	-197.62	-1 657.90	0.119	0.754	-9.726	-5.424	小偏心	-9.726
34	-108.27	-1 639.70	0.066	0.940	-17.753	-5.484	小偏心	-17.753
35	-26.81	-1 622.70	0.017	1.009	-71.707	-5.541	小偏心	-71.707
36	51.42	-1 605.90	0.032	1.001	-37.380	-5.599	小偏心	-37.380
37	131.67	-1 588.10	0.083	0.890	-14.598	-5.662	小偏心	-14.598
38	218.75	-1 568.50	0.139	0.665	-8.787	-5.733	小偏心	-8.787
39	315.92	-1 546.60	0.204	0.373	-6.084	-5.814	小偏心	-6.084
40	423.69	-1 522.90	0.278	0.138	-4.537	-5.905	大偏心	-5.905
41	538.58	-1 498.70	0.359	0.198	-3.569	-6.000	大偏心	-6.000
42	651.69	-1 476.50	0.441	0.823	-2.949	-6.090	大偏心	-6.090
43	747.33	-1 460.50	0.512	1.990	-2.572	-6.157	大偏心	-6.157
44	801.62	-1 456.90	0.550	2.935	-2.398	-6.172	大偏心	-6.172
45	781.52	-1 473.60	0.530	2.418	-2.459	-6.102	大偏心	-6.102
46	644.39	-1 520.70	0.424	0.629	-2.983	-5.913	大偏心	-5.913

续表

序号	弯矩/(N·m)	轴力/N	轴向力偏心距/m	轴向力偏心影响系数	按小偏心计算	按大偏心计算	大小偏压判定	安全系数
47	338.72	-2 911.50	0.116	0.766	-5.675	-3.088	小偏心	-5.675
48	122.38	-4 217.80	0.029	1.004	-15.706	-2.132	小偏心	-15.706
49	-21.00	-5 438.60	0.004	1.004	-91.520	-1.653	小偏心	-91.520
50	-110.82	-6 573.60	0.017	1.009	-17.344	-1.368	小偏心	-17.344
51	-167.27	-7 623.00	0.022	1.008	-11.491	-1.180	小偏心	-11.491
52	-209.91	-8 586.90	0.024	1.007	-9.157	-1.047	小偏心	-9.157
53	-256.62	-9 465.30	0.027	1.005	-7.490	-0.950	小偏心	-7.490
54	-322.78	-10 258.00	0.031	1.002	-5.955	-0.877	小偏心	-5.955
55	-420.48	-10 964.00	0.038	0.994	-4.571	-0.820	小偏心	-4.571
56	-557.38	-11 581.00	0.048	0.979	-3.448	-0.776	小偏心	-3.448
57	-735.36	-12 108.00	0.061	0.953	-2.614	-0.743	小偏心	-2.614
58	-948.63	-12 540.00	0.076	0.913	-2.026	-0.717	小偏心	-2.026
59	-1 181.40	-12 871.00	0.092	0.860	-1.627	-0.699	小偏心	-1.627
60	-1 405.20	-13 092.00	0.107	0.802	-1.368	-0.687	小偏心	-1.368
61	-1 575.90	-13 192.00	0.119	0.753	-1.220	-0.682	小偏心	-1.220
62	-1 631.70	-13 235.00	0.123	0.736	-1.178	-0.679	小偏心	-1.178
63	-1 979.40	-13 328.00	0.149	0.625	-0.971	-0.675	小偏心	-0.971
64	-2 512.10	-13 447.00	0.187	0.449	-0.765	-0.669	小偏心	-0.765
65	-3 092.70	-13 557.00	0.228	0.278	-0.621	-0.663	大偏心	-0.663
66	-3 549.20	-13 619.00	0.261	0.176	-0.542	-0.660	大偏心	-0.660
67	-3 668.00	-13 580.00	0.270	0.153	-0.524	-0.662	大偏心	-0.662
68	-3 190.10	-13 383.00	0.238	0.242	-0.603	-0.672	大偏心	-0.672
69	-1 812.20	-12 958.00	0.140	0.664	-1.061	-0.694	小偏心	-1.061
70	804.15	-7 149.30	0.112	0.782	-2.390	-1.258	小偏心	-2.390
71	1 565.00	-5 486.59	0.285	0.127	-1.228	-1.639	大偏心	-1.639
72	4 635.50	-5 266.14	0.880	23.664	-0.415	-1.708	大偏压	-1.708
73	6 194.20	-8 169.35	0.758	12.914	-0.310	-1.101	大偏心	-1.101
74	6 668.00	-8 158.66	0.817	17.595	-0.288	-1.102	大偏心	-1.102
75	6 418.60	-8 203.03	0.782	14.722	-0.299	-1.096	大偏心	-1.096
76	5 736.30	-8 278.13	0.693	8.774	-0.335	-1.086	大偏心	-1.086
77	4 841.80	-5 365.93	0.902	26.076	-0.397	-1.676	大偏心	-1.676
78	3 892.70	-5 453.95	0.714	9.982	-0.494	-1.649	大偏心	-1.649
79	2 993.40	-5 534.31	0.541	2.684	-0.642	-1.625	大偏心	-1.625
80	2 205.20	-5 602.78	0.394	0.376	-0.872	-1.605	大偏心	-1.605

续表

序号	弯矩/(N·m)	轴力/N	轴向力偏心距/m	轴向力偏心影响系数	按小偏心计算	按大偏心计算	大小偏压判定	安全系数
81	1 555.60	-5 657.91	0.275	0.144	-1.236	-1.589	大偏心	-1.589
82	1 047.60	-5 700.27	0.184	0.463	-1.835	-1.577	小偏心	-1.835
83	666.28	-5 731.83	0.116	0.766	-2.885	-1.569	小偏心	-2.885
84	384.89	-5 755.51	0.067	0.937	-4.994	-1.562	小偏心	-4.994
85	169.00	-5 774.80	0.029	1.003	-11.373	-1.557	小偏心	-11.373
86	-20.28	-5 793.51	0.004	1.003	-94.760	-1.552	小偏心	-94.760
87	-223.76	-5 815.50	0.038	0.994	-8.590	-1.546	小偏心	-8.590
88	-481.96	-5 844.49	0.082	0.892	-3.988	-1.539	小偏心	-3.988
89	-832.70	-5 883.84	0.142	0.656	-2.308	-1.528	小偏心	-2.308
90	-1 308.20	-5 936.14	0.220	0.308	-1.469	-1.515	大偏心	-1.515
91	-1 930.90	-8 002.80	0.241	0.232	-0.995	-1.124	大偏心	-1.124
92	-2 708.40	-8 083.60	0.335	0.132	-0.710	-1.112	大偏心	-1.112
93	-3 626.40	-8 175.60	0.444	0.850	-0.530	-1.100	大偏心	-1.100
94	-4 640.00	-8 272.60	0.561	3.238	-0.414	-1.087	大偏心	-1.087
95	-5 663.90	-8 364.10	0.677	7.924	-0.339	-1.075	大偏心	-1.075
96	-6 561.50	-8 434.10	0.778	14.375	-0.293	-1.066	大偏心	-1.066
97	-7 133.50	-8 460.20	0.843	19.950	-0.269	-1.063	大偏心	-1.063
98	-7 109.40	-8 412.90	0.845	20.128	-0.270	-1.069	大偏心	-1.069
99	-6 141.20	-8 255.60	0.744	11.915	-0.313	-1.089	大偏心	-1.089
100	-3 805.30	-8 944.77	0.425	0.646	-0.505	-1.005	大偏心	-1.005

在隧道抗震结构设计中，安全系数的要求见表 12.11。

表 12.11 衬砌和明洞结构抗震强度安全系数

材料种类与受力特征	钢筋混凝土	混凝土	石砌体
混凝土或石砌体达到抗压极限强度	—	1.8	2.0
混凝土达到抗拉极限强度	—	2.5	—
钢筋达到设计强度或混凝土达到抗压极限强度	1.5	—	—
混凝土达到抗拉极限强度（主拉应力）	1.8	—	—

所以可得，部分节点安全系数 K 大于标准值 1.8，建议依照抗震规范进行设防配筋。

13 典型隧道抗震设计计算示例二

13.1 设计资料

地震动峰值加速度为0.20g，地震动反应谱特征值为0.35s，对应的地震基本烈度为Ⅷ度。地下水水质对混凝土无侵蚀性；隧道最大涌水量为9 250 m³/d。隧道主洞衬砌内轮廓如图13.1所示。

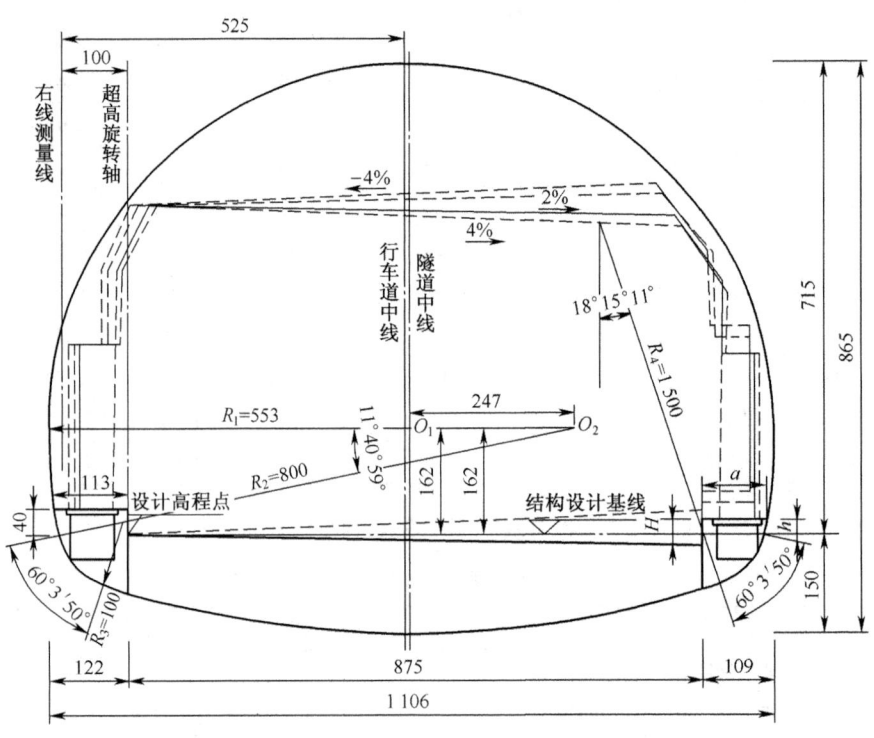

图13.1 隧道主洞衬砌内轮廓图

13.2 隧道抗震结构设计

13.2.1 深浅埋隧道

按照《四川高速公路工程抗震设计指南》及相关规范规定，单洞隧道深埋与浅埋的判定，应按荷载等效高度，并结合地质条件、施工方法等因素，按下式综合判定隧道的深浅埋分界线。

深埋、浅埋隧道分界深度按下式计算：

$$H_p = (2.0 \sim 2.5) h_p \tag{13.1}$$

其中
$$h_p = \frac{q}{\gamma} \tag{13.2}$$

式中：H_p——深埋、浅埋隧道分界深度（m）；

h_p——荷载等效高度（m）；

q——按式（13.3）计算出的深埋隧道垂直压力（kPa）；

γ——围岩重度（kN/m³）。

在矿山法施工的条件下，Ⅳ～Ⅵ级围岩 $H_p = 2.5h_p$；Ⅰ～Ⅲ级围岩则为 $H_p = 2.0h_p$。

根据《四川高速公路工程抗震设计指南》及相关规范规定，对于深埋单洞隧道拱部竖向围岩压力可按下式计算：

$$q = 0.45 \times 2^{s-1} \cdot \gamma \cdot \omega \tag{13.3}$$

其中
$$\omega = 1 + i(B_t - 5) \tag{13.4}$$

式中：s——围岩级别；

ω——宽度影响系数；

B_t——隧道开挖跨度（m）；

i——B_t 每增减 1 m 时的围岩压力增减率，以 $B_t = 5$ m 的隧道围岩垂直均布压力为准，当 $B_t < 5$ m 时取 $i = 0.2$，当 $B_t > 5$ m 时取 $i = 0.1$。

当围岩为 V 级时，水平压力宜按梯形分布荷载计算。

拱顶水平压力可按下式计算：

$$e = \lambda q \tag{13.5}$$

边墙底部水平压力可按下式计算：

$$e_d = \lambda (q + \gamma H_t) \tag{13.6}$$

式中：e_d——边墙底部水平压力（kN/m²）；

H_t——隧道开挖高度（m）。

围岩侧压力系数见表 13.1。

表 13.1 围岩侧压力系数

围岩级别	Ⅰ、Ⅱ	Ⅲ	Ⅳ	Ⅴ	Ⅵ
侧压力系数 λ	0	<0.15	0.15~0.3	0.3~0.5	0.5~1.0

围岩由于本隧道围岩级别为 V 级，所以，H_p 取 $2.5h_p$。

所以由规范计算如下。

宽度影响系数：

$$\omega = 1 + i(B - 5) = 1 + 0.1 \times (11.06 - 5) = 1.606$$

垂直均布压力：

$$q = 0.45 \times 2^{s-1} \cdot \gamma \cdot \omega = 0.45 \times 2^{5-1} \times 20 \times 1.606 = 231.26 (\text{kPa})$$

荷载等效高度：

$$h_p = \frac{q}{\gamma} = \frac{231.26}{20} = 11.56(\text{m})$$

由于本隧道围岩级别为V级，H_p取$2.5h_p$，所以：

$$H_p = 2.5 \times h_p = 2.5 \times 11.56 = 28.9(\text{m})$$

故可知深浅埋隧道分界深度是28.9 m。

13.2.2 隧道围岩压力的确定

规范规定，当深埋单洞隧道围岩压力为松散压力时，其垂直均布压力可按式（13.3）计算。

由上述计算可知，垂直均布压力$q=231.26$ kPa。

由于本隧道为V级围岩，故水平均布压力取$0.4q=0.4×231.26=92.504$（kPa）。

模型中施加荷载：竖直方向荷载平均到每个节点：

$$F = \frac{11.06 \times 231.26 \times 10^3}{70} = 36\,539.08(\text{N})$$

水平方向荷载平均到每个节点：

$$F = \frac{8.65 \times 1\,000 \times 92.50}{35} = 22\,860.71(\text{N})$$

对隧道单元施加竖直方向荷载、水平方向荷载以及重力加速度9.8 m/s²，如图13.2所示。

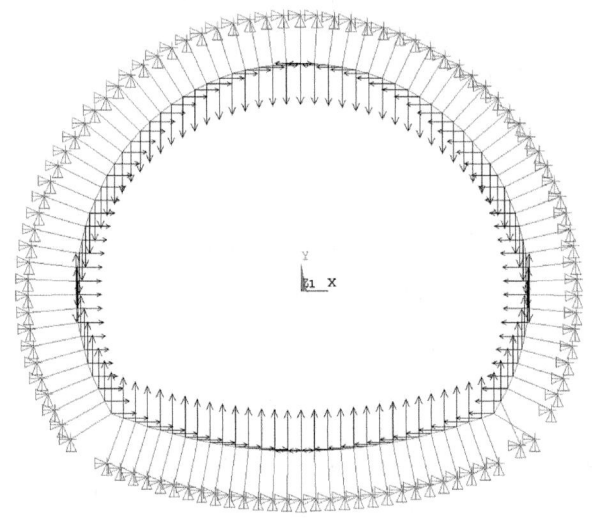

图13.2 对隧道单元施加荷载

13.2.3 地震荷载计算

13.2.3.1 水平地震力计算

洞顶土体产生的水平地震荷载按下式计算：

$$q_{he} = C_i C_z K_h q \tag{13.7}$$

式中：q_{he}——拱部土压力荷载引起的水平地震荷载（kPa）；

C_i——重要性修正系数，见表13.2，此处取1.0；

C_z——场地影响系数，见表13.5，此处取1.2；

K_h——水平地震系数，取值见表 13.4，此处取 0.20；
q——拱部土压力荷载（kPa）。

表 13.2　各类公路隧道的重要性修正系数 C_i

隧道结构安全等级	重要性修正系数	
	E1 地震作用	E2 地震作用
一级	1.0	1.7
二级	0.43	1.3
三级	0.23	—

表 13.3　场地影响系数 C_z

基本地震动峰值加速度		0.05g	0.1g	0.15g	0.2g	0.3g	0.4g
洞身地质	Ⅲ级围岩	1.2	1.0	0.9	0.9	0.9	0.9
	Ⅳ级围岩	1.0	1.0	1.0	1.0	1.0	1.0
	Ⅴ级围岩	1.1	1.3	1.2	1.2	1.0	1.0
	Ⅵ级围岩	1.2	1.4	1.3	1.3	1.0	1.0

表 13.4　地震系数

基本地震动峰值加速度	0.10g	0.15g	0.20g	0.30g	0.40g
水平地震系数 K_h	0.10	0.15	0.20	0.30	0.40
竖向地震系数 K_v	0	0	0.10	0.17	0.25

所以可求得水平荷载：
$$q_{he} = C_i C_z K_h q = 1.0 \times 1.2 \times 0.20 \times 231.26 = 55.502 (\text{kPa})$$
侧边土体产生的水平地震荷载按下式计算：
$$\Delta e_e = C_i C_z q (\lambda - \lambda') \tag{13.8}$$
$$\lambda = \tan^2\left(45° - \frac{\varphi_c}{2}\right) \tag{13.9}$$
$$\lambda' = \tan^2\left(45° - \frac{\varphi_c + \theta}{2}\right) \tag{13.10}$$

式中：Δe_e——侧边地震水平荷载增量（kPa）；
λ、λ'——侧边土体在非地震及地震条件下的侧压力系数；
φ_c——围岩计算摩擦角（°），$\varphi_c = 30°$；
θ——地震角（°），见表 13.5，此处取 3.0°。

表 13.5　地震角 θ

围岩浸水情况	基本地震动峰值加速度		
	0.10g	0.20g	0.40g
非浸水	1.5°	3.0°	6.0°
浸水	2.5°	5.0°	10.0°

代入上式：

$$\lambda = \tan^2\left(45° - \frac{\varphi_c}{2}\right) = \tan^2\left(45° - \frac{30°}{2}\right) = \tan^2 30° = 0.333$$

$$\lambda' = \tan^2\left(45° - \frac{\varphi_c + \theta}{2}\right) = \tan^2\left(45° - \frac{30° + 3.0°}{2}\right) = \tan^2 28.5° = 0.295$$

$$\Delta e_e = C_i C_z q(\lambda - \lambda') = 1.0 \times 1.2 \times 231.26 \times (0.333 - 0.295) = 10.545(\text{kPa})$$

所以水平地震荷载：

$$F = q_{he} + \Delta e_e = 55.502 + 10.545 = 66.047(\text{kPa})$$

平均到每个节点：

$$66.047 \times 10^3 \times \frac{8.65 \times 1.0}{70} = 8\ 161.52(\text{N})$$

13.2.3.2 竖向地震力计算

竖向地震荷载可按下式计算：

$$q_{ve} = C_i C_z K_v q \tag{13.9}$$

式中：K_v——竖向地震系数。

由表13.4可知，此处取0。所以竖向地震荷载为0。

13.2.4 建立隧道结构模型

建立隧道模型，对各节点施加水平地震力，然后得出隧道的弯矩、剪力、轴力、变形图以及变形情况。

13.2.4.1 前处理

（1）定义单元类型：断面选取深埋段，围岩等级为Ⅴ级，衬砌材料为C30混凝土。

选用BEAM3以及Combination单元，定义衬砌的弹性模量3×10^{10} Pa，泊松比为0.2，密度2 410 g/cm³。其中BEAM单元面积为0.4 m²，$h = 0.4$ m，截面惯性矩$I_{ZZ} = 0.005\ 33$。而弹簧常数$K = 3 \times 10^8$。

（2）绘制隧道轮廓：从CAD图纸上可获得各特征点的坐标值，然后在ANSYS中定义隧道轮廓线的关键点，包括圆弧曲线端点以及圆心，然后运用表13.6所列的命令流绘制隧道的纵断面轮廓线，如图13.3所示。

表13.6 绘制隧道轮廓命令流

绘制关键点及曲线
K, 1, −3.9659, −2.5222,
K, 3, 3.9659, −2.5222,
K, 2, 0, 4.7,
K, 4, 0, 0,
K, 5, 0, 7.2,
LARC, 1, 2, 4, 4.7,
LARC, 2, 3, 4, 4.7,
LARC, 3, 1, 5, 10.5,

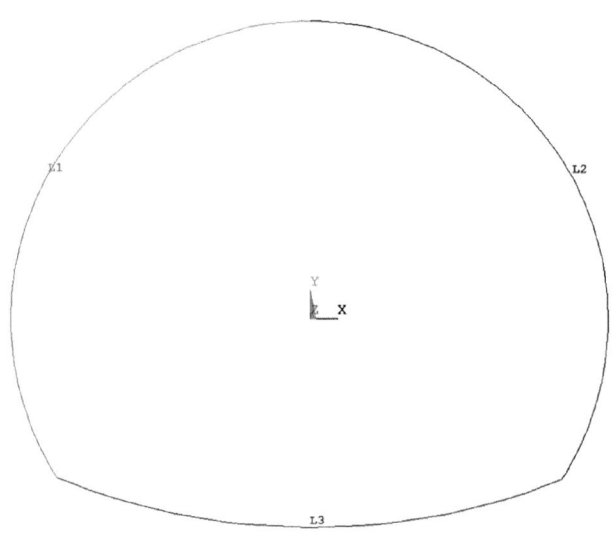

图 13.3 绘制隧道轮廓线

(3) 给线赋予特性：按步骤完成对隧道轮廓线网格的划分，将隧道分成 100 份，如图 13.4 所示。

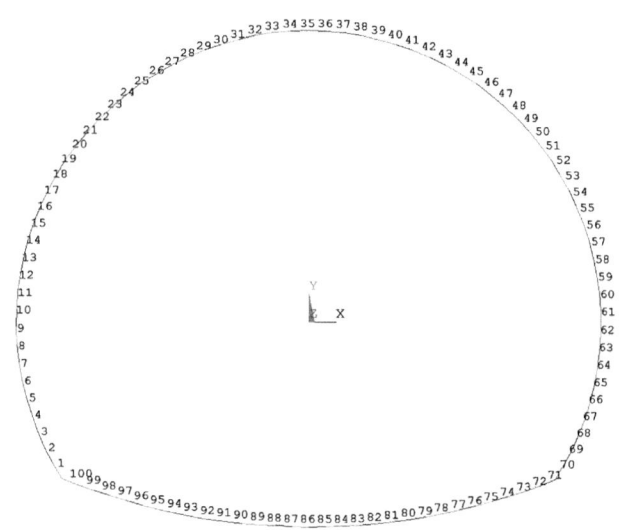

图 13.4 划分网格

(4) 添加弹簧单元：运用命令流添加 100 个弹簧单元，然后给所有的弹簧单元施加约束，命令流见表 13.7，最后添加好的弹簧单元如图 13.5 所示。

表 13.7 添加弹簧单元命令流

LOCAL, 11, 1, 0, 0, 0, , , , 1, 1, CSYS, 11,	LOCAL, 12, 1, 0, 7.2, 0, , , , 1, 1, CSYS, 12,	
psprng, 1, tran, 3e8, 1	psprng, 37, tran, 3e8, 1	psprng, 73, tran, 3e8, 1
psprng, 2, tram, 3e8, 1	psprng, 38, tran, 3e8, 1	psprng, 74, tran, 3e8, 1
psprng, 3, tran, 3e8, 1	psprng, 39, tran, 3e8, 1	psprng, 75, tran, 3e8, 1
psprng, 4, tran, 3e8, 1	psprng, 40, tran, 3e8, 1	psprng, 76, tran, 3e8, 1
psprng, 5, tran, 3e8, 1	psprng, 41, tran, 3e8, 1	psprng, 77, tran, 3e8, 1
psprng, 6, tran, 3e8, 1	psprng, 42, tran, 3e8, 1	psprng, 78, tran, 3e8, 1
psprng, 7, tran, 3e8, 1	psprng, 43, tran, 3e8, 1	psprng, 79, tran, 3e8, 1
psprng, 8, tran, 3e8, 1	psprng, 44, tran, 3e8, 1	psprng, 80, tran, 3e8, 1
psprng, 9, tran, 3e8, 1	psprng, 45, tran, 3e8, 1	psprng, 81, tran, 3e8, 1
psprng, 10, tran, 3e8, 1	psprng, 46, tran, 3e8, 1	psprng, 82, tran, 3e8, 1
psprng, 11, tran, 3e8, 1	psprng, 47, tran, 3e8, 1	psprng, 83, tran, 3e8, 1
psprng, 12, tran, 3e8, 1	psprng, 48, tran, 3e8, 1	psprng, 84, tran, 3e8, 1
psprng, 13, tran, 3e8, 1	psprng, 49, tran, 3e8, 1	psprng, 85, tran, 3e8, 1
psprng, 14, tran, 3e8, 1	psprng, 50, tran, 3e8, 1	psprng, 86, tran, 3e8, 1
psprng, 15, tran, 3e8, 1	psprng, 51, tran, 3e8, 1	psprng, 87, tran, 3e8, 1
psprng, 16, tran, 3e8, 1	psprng, 52, tran, 3e8, 1	psprng, 88, tran, 3e8, 1
psprng, 17, tran, 3e8, 1	psprng, 53, tran, 3e8, 1	psprng, 89, tran, 3e8, 1
psprng, 18, tran, 3e8, 1	psprng, 54, tran, 3e8, 1	psprng, 90, tran, 3e8, 1
psprng, 19, tran, 3e8, 1	psprng, 55, tran, 3e8, 1	psprng, 91, tran, 3e8, 1
psprng, 20, tran, 3e8, 1	psprng, 56, tran, 3e8, 1	psprng, 92, tran, 3e8, 1
psprng, 21, tran, 3e8, 1	psprng, 57, tran, 3e8, 1	psprng, 93, tran, 3e8, 1
psprng, 22, tran, 3e8, 1	psprng, 58, tran, 3e8, 1	psprng, 94, tran, 3e8, 1
psprng, 23, tran, 3e8, 1	psprng, 59, tran, 3e8, 1	psprng, 95, tran, 3e8, 1
psprng, 24, tran, 3e8, 1	psprng, 60, tran, 3e8, 1	psprng, 96, tran, 3e8, 1
psprng, 25, tran, 3e8, 1	psprng, 61, tran, 3e8, 1	psprng, 97, tran, 3e8, 1
psprng, 26, tran, 3e8, 1	psprng, 62, tran, 3e8, 1	psprng, 98, tran, 3e8, 1
psprng, 27, tran, 3e8, 1	psprng, 63, tran, 3e8, 1	psprng, 99, tran, 3e8, 1
psprng, 28, tran, 3e8, 1	psprng, 64, tran, 3e8, 1	psprng, 100, tran, 3e8, 1
psprng, 29, tran, 3e8, 1	psprng, 65, tran, 3e8, 1	FINISH
psprng, 30, tran, 3e8, 1	psprng, 66, tran, 3e8, 1	
psprng, 31, tran, 3e8, 1	psprng, 67, tran, 3e8, 1	
psprng, 32, tran, 3e8, 1	psprng, 68, tran, 3e8, 1	
psprng, 33, tran, 3e8, 1	psprng, 69, tran, 3e8, 1	
psprng, 34, tran, 3e8, 1	psprng, 70, tran, 3e8, 1	
psprng, 35, tran, 3e8, 1	psprng, 71, tran, 3e8, 1	
psprng, 36, tran, 3e8, 1	psprng, 72, tran, 3e8, 1	

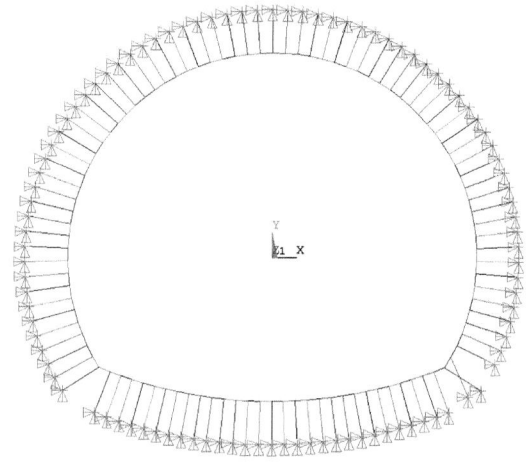

图 13.5 添加弹簧单元

13.2.4.2 弯矩、剪力以及轴力图

通过 ANSYS 后处理,得出弯矩图、剪力图以及轴力图分别如图 13.6~图 13.8 所示。

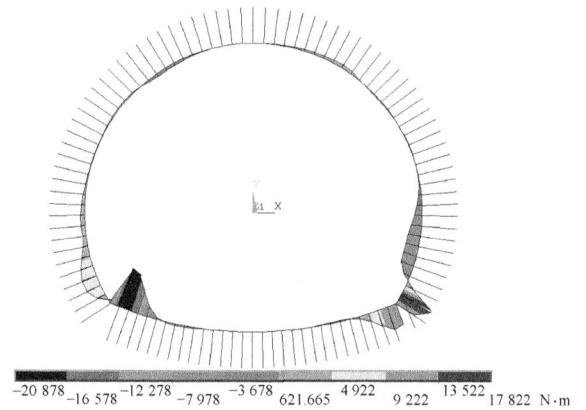

图 13.6 弯矩图

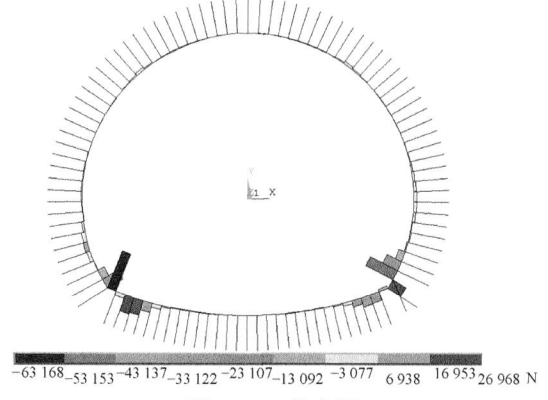

图 13.7 剪力图

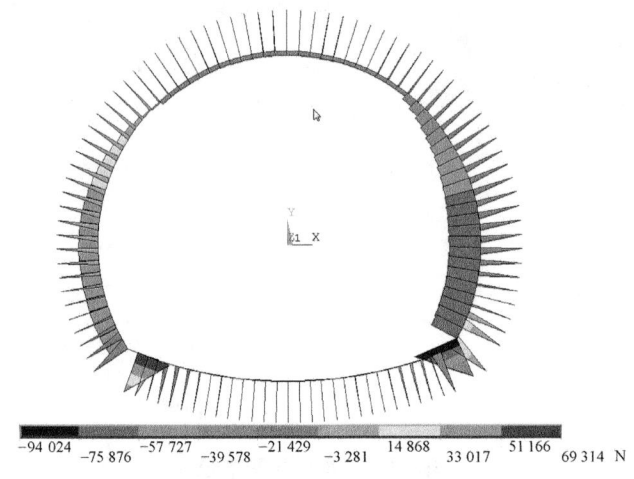

图 13.8 轴力图

13.2.4.3 得出关键数据

各点的弯矩、剪力以及轴力值见表 13.8。

表 13.8 各点的弯矩、剪力以及轴力值

ELEM	AXIAL-1	AXIAL-2	IMOMENT	JMOMENT	ISHEAR	JSHEAR
1	37 654	37 654	−3 753	4 490	−28 725	−28 725
2	38 886	38 886	4 490	7 818	−11 596	−11 596
3	39 259	39 259	7 818	7 996	−620	−620
4	39 117	39 117	7 996	6 483	5 272	5 272
5	38 734	38 734	6 483	4 401	7 253	7 253
6	38 319	38 319	4 401	2 588	6 321	6 321
7	38 029	38 029	2 588	1 671	3 193	3 193
8	37 982	37 982	1 671	2 147	−1 658	−1 658
9	38 660	38 660	2 147	2 068	275	275
10	38 751	38 751	2 068	1 711	1 245	1 245
11	38 305	38 305	1 711	1 265	1 552	1 552
12	37 356	37 356	1 265	849	1 451	1 451
13	35 925	35 925	849	524	1 134	1 134
14	34 027	34 027	524	314	730	730
15	31 672	31 672	314	222	321	321
16	28 868	28 868	222	235	−46	−46
17	25 620	25 620	235	333	−341	−341
18	21 937	21 937	333	485	−532	−532
19	17 824	17 824	485	651	−576	−576

续表

ELEM	AXIAL-1	AXIAL-2	IMOMENT	JMOMENT	ISHEAR	JSHEAR
20	13 286	13 286	651	769	-411	-411
21	8 324	8 324	769	756	46	46
22	2 937	2 937	756	500	890	890
23	-2 883	-2 883	500	-133	2 207	2 207
24	-9 143	-9 143	-133	-1 290	4 032	4 032
25	-9 309	-9 309	-1 290	-1 695	1 411	1 411
26	-9 347	-9 347	-1 695	-1 644	-179	-179
27	-9 311	-9 311	-1 644	-1 362	-983	-983
28	-9 243	-9 243	-1 362	-1 003	-1 249	-1 249
29	-9 169	-9 169	-1 003	-662	-1 190	-1 190
30	-9 103	-9 103	-662	-385	-966	-966
31	-9 052	-9 052	-385	-186	-691	-691
32	-9 018	-9 018	-186	-62	-433	-433
33	-8 998	-8 998	-62	-62	-230	-230
34	-8 987	-8 987	-62	33	-102	-102
35	-8 983	-8 983	33	49	-56	-56
36	-8 978	-8 978	49	76	-93	-93
37	-8 969	-8 969	76	136	-211	-211
38	-8 950	-8 950	136	252	-402	-402
39	-8 918	-8 918	252	438	-649	-649
40	-8 870	-8 870	438	701	-916	-916
41	-8 808	-8 808	701	1 027	-1 136	-1 136
42	-8 736	-8 736	1 027	1 372	-1 204	-1 204
43	-8 670	-8 670	1 372	1 649	-966	-966
44	-8 634	-8 634	1 649	1 713	-220	-220
45	-8 666	-8 666	1 713	1 348	1 271	1 271
46	-8 819	-8 819	1 348	273	3 745	3 745
47	-15 389	-15 389	273	-328	2 095	2 095
48	-21 549	-21 549	-328	-578	872	872
49	-27 302	-27 302	-578	-593	52	52
50	-32 649	-32 649	-593	-468	-437	-437
51	-37 588	-37 588	-468	-274	-677	-677
52	-42 113	-42 113	-274	-63	-734	-734
53	-46 218	-46 218	-63	124	-653	-653
54	-49 894	-49 894	124	252	-447	-447

续表

ELEM	AXIAL-1	AXIAL-2	IMOMENT	JMOMENT	ISHEAR	JSHEAR
55	−53 136	−53 136	252	282	−104	−104
56	−55 942	−55 942	282	167	402	402
57	−58 310	−58 310	167	−149	1 101	1 101
58	−60 246	−60 246	−149	−722	1 998	1 998
59	−61 752	−61 752	−722	−1 597	3 047	3 047
60	−62 828	−62 828	−1 597	−2 776	4 111	4 111
61	−63 465	−63 465	−2 776	−4 187	4 917	4 917
62	−63 630	−63 630	−4 187	−5 626	5 012	5 012
63	−63 262	−63 262	−5 626	−6 698	3 737	3 737
64	−62 251	−62 251	−6 698	−6 764	231	231
65	−62 303	−62 303	−6 764	−7 179	1 445	1 445
66	−62 291	−62 291	−7 179	−6 652	−1 837	−1 837
67	−61 907	−61 907	−6 652	−3 576	−10 716	−10 716
68	−60 782	−60 782	−3 576	3 922	−26 129	−26 129
69	−58 504	−58 504	3 922	17 822	−48 440	−48 440
70	−58 504	−58 504	10 822	10 846	24 308	24 308
71	−58 504	−58 504	10 846	12 002	−4 264	−4 264
72	−58 504	−58 504	12 002	8 162	14 166	14 166
73	−58 504	−58 504	8 162	4 018	15 285	15 285
74	582	582	−125	−531	10 277	10 277
75	582	582	−125	−531	5 003	5 003
76	582	582	−125	−531	1 496	1 496
77	565	565	−123	−128	−192	−192
78	577	577	−123	−128	−684	−684
79	593	593	−123	−128	−607	−607
80	606	606	−128	−28	−369	−369
81	613	613	−28	15	−161	−161
82	615	615	15	24	−34	−34
83	615	615	24	18	25	25
84	614	614	18	5	48	48
85	613	613	5	−11	58	58
86	612	612	−11	−28	63	63
87	610	610	−28	−41	49	49
88	610	610	−41	−35	−21	−21
89	613	613	−35	19	−199	−199

续表

ELEM	AXIAL-1	AXIAL-2	IMOMENT	JMOMENT	ISHEAR	JSHEAR
90	622	622	19	159	−519	−519
91	641	641	119	413	−936	−936
92	641	641	119	413	−1 201	−1 201
93	693	693	19	159	−729	−729
94	−62 303	−62 303	936	537	1 472	1 472
95	−62 303	−62 303	537	−1 239	6 551	6 551
96	−63 262	−63 262	−1 239	−5 287	14 929	14 929
97	−62 251	−62 251	−5 287	−11 892	24 365	24 365
98	−62 303	−62 303	−11 892	−19 204	26 968	26 968
99	−62 291	−62 291	−9 204	−20 878	6 177	6 177
100	−61 907	−61 907	−1 878	−3 753	−63 168	−63 168

13.2.5 计算安全系数

通过电子表格计算出各节点位置的初始偏心距，计算结果如表13.9所示。

表13.9 初始偏心距计算

NODE	M	N	e_0	e_i	NODE	M	N	e_0	e_i
1	−3 753	37 654	0.100	0.120	20	651	13 286	0.049	0.069
2	4 490	38 886	0.115	0.135	21	769	8 324	0.092	0.112
3	7 818	39 259	0.199	0.219	22	756	2 937	0.257	0.277
4	7 996	39 117	0.204	0.224	23	500	−2 883	0.173	0.193
5	6 483	38 734	0.167	0.187	24	−133	−9 143	0.015	0.035
6	4 401	38 319	0.115	0.135	25	−1 290	−9 309	0.139	0.159
7	2 588	38 029	0.068	0.088	26	−1 695	−9 347	0.181	0.201
8	1 671	37 982	0.044	0.064	27	−1 644	−9 311	0.177	0.197
9	2 147	38 660	0.056	0.076	28	−1 362	−9 243	0.147	0.167
10	2 068	38 751	0.053	0.073	29	−1 003	−9 169	0.109	0.129
11	1 711	38 305	0.045	0.065	30	−662	−9 103	0.073	0.093
12	1 265	37 356	0.034	0.054	31	−385	−9 052	0.042	0.062
13	849	35 925	0.024	0.044	32	−186	−9 018	0.021	0.041
14	524	34 027	0.015	0.035	33	−62	−8 998	0.007	0.027
15	314	31 672	0.010	0.030	34	−62	−8 987	0.007	0.027
16	222	28 868	0.008	0.028	35	33	−8 983	0.004	0.024
17	235	25 620	0.009	0.029	36	49	−8 978	0.005	0.025
18	333	21 937	0.015	0.035	37	76	−8 969	0.008	0.028
19	485	17 824	0.027	0.047	38	136	−8 950	0.015	0.035

续表

NODE	M	N	e_0	e_i	NODE	M	N	e_0	e_i
39	252	-8 918	0.028	0.048	70	10 822	-58 504	0.185	0.205
40	438	-8 870	0.049	0.069	71	10 846	-58 504	0.185	0.205
41	701	-8 808	0.080	0.100	72	12 002	-58 504	0.205	0.225
42	1 027	-8 736	0.118	0.138	73	8 162	-58 504	0.140	0.160
43	1 372	-8 670	0.158	0.178	74	-125	582	0.215	0.235
44	1 649	-8 634	0.191	0.211	75	-125	582	0.215	0.235
45	1 713	-8 666	0.198	0.218	76	-125	582	0.215	0.235
46	1 348	-8 819	0.153	0.173	77	-123	565	0.217	0.237
47	273	-15 389	0.018	0.038	78	-123	577	0.213	0.233
48	-328	-21 549	0.015	0.035	79	-123	593	0.207	0.227
49	-578	-27 302	0.021	0.041	80	-128	606	0.212	0.232
50	-593	-32 649	0.018	0.038	81	-28	613	0.046	0.066
51	-468	-37 588	0.012	0.032	82	15	615	0.025	0.045
52	-274	-42 113	0.006	0.026	83	24	615	0.040	0.060
53	-63	-46 218	0.001	0.021	84	18	614	0.029	0.049
54	124	-49 894	0.002	0.022	85	5	613	0.008	0.028
55	252	-53 136	0.005	0.025	86	-11	612	0.018	0.038
56	282	-55 942	0.005	0.025	87	-28	610	0.046	0.066
57	167	-58 310	0.003	0.023	88	-41	610	0.067	0.087
58	-149	-60 246	0.002	0.022	89	-35	613	0.058	0.078
59	-722	-61 752	0.012	0.032	90	19	622	0.030	0.050
60	-1 597	-62 828	0.025	0.045	91	119	641	0.186	0.206
61	-2 776	-63 465	0.044	0.064	92	119	641	0.186	0.206
62	-4 187	-63 630	0.066	0.086	93	19	693	0.027	0.047
63	-5 626	-63 262	0.089	0.109	94	936	-62 303	0.015	0.035
64	-6 698	-62 251	0.108	0.128	95	537	-62 303	0.009	0.029
65	-6 764	-62 303	0.109	0.129	96	-1 239	-63 262	0.020	0.040
66	-7 179	-62 291	0.115	0.135	97	-5 287	-62 251	0.085	0.105
67	-6 652	-61 907	0.107	0.127	98	-11 892	-62 303	0.191	0.211
68	-3 576	-60 782	0.059	0.079	99	-9 204	-62 291	0.148	0.168
69	3 922	-58 504	0.067	0.087	100	-1 878	-61 907	0.030	0.050

根据计算，不难发现，e_{imax} = 20.224 3 < 0.3 × 400 = 120(mm)，则构件可判定为小偏心受压构件，计算各节点安全系数。安全系数计算见表 13.10。

表 13.10 安全系数计算

序号	弯矩/(N·m)	轴力/N	轴向力偏心距/m	轴向力偏心影响系数	按小偏心计算	按大偏心计算	大小偏压判定	安全系数
1	−3 753	37 654	0.100	0.620	0.512	0.239	小偏心	0.512
2	4 490	38 886	0.115	0.511	0.428	0.231	小偏心	0.428
3	7 818	39 259	0.199	0.113	0.246	0.229	小偏心	0.246
4	7 996	39 117	0.204	0.110	0.240	0.230	小偏心	0.240
5	6 483	38 734	0.167	0.202	0.296	0.232	小偏心	0.296
6	4 401	38 319	0.115	0.515	0.437	0.235	小偏心	0.437
7	2 588	38 029	0.068	0.823	0.743	0.236	小偏心	0.743
8	1 671	37 982	0.044	0.940	1.150	0.237	小偏心	1.150
9	2 147	38 660	0.056	0.889	0.895	0.233	小偏心	0.895
10	2 068	38 751	0.053	0.899	0.929	0.232	小偏心	0.929
11	1 711	38 305	0.045	0.937	1.124	0.235	小偏心	1.124
12	1 265	37 356	0.034	0.974	1.519	0.241	小偏心	1.519
13	849	35 925	0.024	0.998	2.264	0.250	小偏心	2.264
14	524	34 027	0.015	1.007	3.671	0.264	小偏心	3.671
15	314	31 672	0.010	1.009	6.121	0.284	小偏心	6.121
16	222	28 868	0.008	1.008	8.666	0.311	小偏心	8.666
17	235	25 620	0.009	1.008	8.179	0.351	小偏心	8.179
18	333	21 937	0.015	1.007	5.776	0.410	小偏心	5.776
19	485	17 824	0.027	0.991	3.960	0.504	小偏心	3.960
20	651	13 286	0.049	0.919	2.954	0.677	小偏心	2.954
21	769	8 324	0.092	0.670	2.500	1.080	小偏心	2.500
22	756	2 937	0.257	0.327	2.544	3.062	小偏心	2.544
23	500	−2 883	0.173	0.177	−3.843	−3.119	小偏心	−3.843
24	−133	−9 143	0.015	1.008	−14.436	−0.983	小偏心	−14.436
25	−1 290	−9 309	0.139	0.358	−1.490	−0.966	小偏心	−1.490
26	−1 695	−9 347	0.181	0.149	−1.134	−0.962	小偏心	−1.134
27	−1 644	−9 311	0.177	0.165	−1.169	−0.966	小偏心	−1.169
28	−1 362	−9 243	0.147	0.305	−1.412	−0.973	小偏心	−1.412
29	−1 003	−9 169	0.109	0.553	−1.916	−0.981	小偏心	−1.916
30	−662	−9 103	0.073	0.795	−2.904	−0.988	小偏心	−2.904
31	−385	−9 052	0.042	0.946	−4.999	−0.993	小偏心	−4.999
32	−186	−9 018	0.021	1.002	−10.318	−0.997	小偏心	−10.318
33	−62	−8 998	0.007	1.008	−30.930	−0.999	小偏心	−30.930
34	−62	−8 987	0.007	1.008	−30.930	−1.001	小偏心	−30.930

续表

序号	弯矩/(N·m)	轴力/N	轴向力偏心距/m	轴向力偏心影响系数	按小偏心计算	按大偏心计算	大小偏压判定	安全系数
35	33	−8 983	0.004	1.005	−57.946	−1.001	小偏心	−57.946
36	49	−8 978	0.005	1.007	−39.108	−1.002	小偏心	−39.108
37	76	−8 969	0.008	1.008	−25.382	−1.003	小偏心	−25.382
38	136	−8 950	0.015	1.007	−14.118	−1.005	小偏心	−14.118
39	252	−8 918	0.028	0.989	−7.641	−1.008	小偏心	−7.641
40	438	−8 870	0.049	0.918	−4.389	−1.014	小偏心	−4.389
41	701	−8 808	0.080	0.753	−2.743	−1.021	小偏心	−2.743
42	1 027	−8 736	0.118	0.497	−1.872	−1.029	小偏心	−1.872
43	1 372	−8 670	0.158	0.245	−1.401	−1.037	小偏心	−1.401
44	1 649	−8 634	0.191	0.125	−1.165	−1.042	小偏心	−1.165
45	1 713	−8 666	0.198	0.115	−1.122	−1.038	小偏心	−1.122
46	1 348	−8 819	0.153	0.274	−1.426	−1.020	小偏心	−1.426
47	273	−15 389	0.018	1.005	−7.035	−0.584	小偏心	−7.035
48	−328	−21 549	0.015	1.007	−5.860	−0.417	小偏心	−5.860
49	−578	−27 302	0.021	1.001	−3.324	−0.329	小偏心	−3.324
50	−593	−32 649	0.018	1.005	−3.240	−0.275	小偏心	−3.240
51	−468	−37 588	0.012	1.008	−4.108	−0.239	小偏心	−4.108
52	−274	−42 113	0.006	1.007	−7.022	−0.214	小偏心	−7.022
53	−63	−46 218	0.001	1.002	−30.501	−0.195	小偏心	−30.501
54	124	−49 894	0.002	1.004	−15.460	−0.180	小偏心	−15.460
55	252	−53 136	0.005	1.006	−7.613	−0.169	小偏心	−7.613
56	282	−55 942	0.005	1.006	−6.809	−0.161	小偏心	−6.809
57	167	−58 310	0.003	1.004	−11.518	−0.154	小偏心	−11.518
58	−149	−60 246	0.002	1.004	−12.905	−0.149	小偏心	−12.905
59	−722	−61 752	0.012	1.009	−2.662	−0.146	小偏心	−2.662
60	−1 597	−62 828	0.025	0.994	−1.204	−0.143	小偏心	−1.204
61	−2 776	−63 465	0.044	0.941	−0.692	−0.142	小偏心	−0.692
62	−4 187	−63 630	0.066	0.835	−0.459	−0.141	小偏心	−0.459
63	−5 626	−63 262	0.089	0.693	−0.342	−0.142	小偏心	−0.342
64	−6 698	−62 251	0.108	0.565	−0.287	−0.144	小偏心	−0.287
65	−6 764	−62 303	0.109	0.559	−0.284	−0.144	小偏心	−0.284
66	−7 179	−62 291	0.115	0.513	−0.268	−0.144	小偏心	−0.268
67	−6 652	−61 907	0.107	0.566	−0.289	−0.145	小偏心	−0.289
68	−3 576	−60 782	0.059	0.873	−0.537	−0.148	小偏心	−0.537

续表

序号	弯矩/(N·m)	轴力/N	轴向力偏心距/m	轴向力偏心影响系数	按小偏心计算	按大偏心计算	大小偏压判定	安全系数
69	3 922	-58 504	0.067	0.828	-0.490	-0.154	小偏心	-0.490
70	10 822	-58 504	0.185	0.139	-0.178	-0.154	小偏心	-0.178
71	10 846	-58 504	0.185	0.138	-0.177	-0.154	大偏心	-0.177
72	12 002	-58 504	0.205	0.110	-0.160	-0.154	小偏心	-0.160
73	8 162	-58 504	0.140	0.352	-0.236	-0.154	小偏心	-0.236
74	-125	582	0.215	0.115	15.361	15.445	大偏心	15.445
75	-125	582	0.215	0.115	15.361	15.445	大偏心	15.445
76	-125	582	0.215	0.115	15.361	15.445	大偏心	15.445
77	-123	565	0.217	0.119	15.633	15.905	大偏心	15.905
78	-123	577	0.213	0.113	15.633	15.593	小偏心	15.633
79	-123	593	0.207	0.110	15.633	15.155	小偏心	15.633
80	-128	606	0.212	0.112	14.970	14.840	小偏心	14.970
81	-28	613	0.046	0.930	27.656	14.674	小偏心	27.656
82	15	615	0.025	0.996	26.580	14.614	小偏心	26.580
83	24	615	0.040	0.955	28.559	14.611	小偏心	28.559
84	18	614	0.029	0.987	18.404	14.633	小偏心	18.404
85	5	613	0.008	1.008	26.116	14.666	小偏心	26.116
86	-11	612	0.018	1.005	17.530	14.703	小偏心	17.530
87	-28	610	0.046	0.933	28.905	14.738	小偏心	28.905
88	-41	610	0.067	0.826	26.771	14.746	小偏心	26.771
89	-35	613	0.058	0.879	24.471	14.678	小偏心	24.471
90	19	622	0.030	0.985	13.691	14.459	小偏心	13.691
91	119	641	0.186	0.136	16.122	14.036	小偏心	16.122
92	119	641	0.186	0.136	16.122	14.036	小偏心	16.122
93	19	693	0.027	0.992	13.691	12.972	小偏心	13.691
94	936	-62 303	0.015	1.007	-2.053	-0.144	小偏心	-2.053
95	537	-62 303	0.009	1.008	-3.578	-0.144	小偏心	-3.578
96	-1 239	-63 262	0.020	1.003	-1.551	-0.142	小偏心	-1.551
97	-5 287	-62 251	0.085	0.719	-0.364	-0.144	小偏心	-0.364
98	-11 892	-62 303	0.191	0.125	-0.162	-0.144	小偏心	-0.162
99	-9 204	-62 291	0.148	0.303	-0.209	-0.144	小偏心	-0.209
100	-1 878	-61 907	0.030	0.984	-1.023	-0.145	小偏心	-1.023

在隧道抗震结构设计中,安全系数的要求见表 13.11。

所以可得,部分节点安全系数 K 大于标准值 1.8,建议依照抗震规范进行设防配筋。

表 13.11　衬砌和明洞结构抗震强度安全系数

材料种类与受力特征	钢筋混凝土	混凝土	石砌体
混凝土或石砌体达到抗压极限强度	—	1.8	2.0
混凝土达到抗拉极限强度	—	2.5	—
钢筋达到设计强度或混凝土达到抗压极限强度	1.5	—	—
混凝土达到抗拉极限强度（主拉应力）	1.8	—	—

主要参考文献

[1] 王克海. 桥梁抗震设计 [M]. 2版. 北京：中国铁道出版社, 2014.
[2] 公路桥梁抗震设计细则：JTG/T B02-01—2008 [S]. 北京：人民交通出版社, 2008.
[3] 公路钢筋混凝土及预应力混凝土桥涵设计规范：JTG 3362—2018 [S]. 北京：人民交通出版社, 2018.
[4] 公路工程抗震规范：JTG B02—2013 [S]. 北京：人民交通出版社, 2014.
[5] 公路工程技术标准：JTG B01—2014 [S]. 北京：人民交通出版社, 2015.
[6] 公路隧道设计细则：JTG/T D70—2010 [S]. 北京：人民交通出版社, 2010.
[7] 公路桥梁板式橡胶支座规格系列：JT/T 663—2006 [S]. 北京：人民交通出版社, 2007.